DU MÊME AUTEUR

ORDRE SOCIAL. MYTHES ET HIÉRARCHIES DANS LA FRANCE DU XVIᵉ SIÈCLE, Paris, Hachette, 1977.

LE DEVOIR DE RÉVOLTE. LA NOBLESSE FRANÇAISE ET LA GESTATION DE L'ÉTAT MODERNE (1559-1661), Paris, Fayard, 1989.

LA FRANCE DU XVIᵉ SIÈCLE (1483-1598), Paris, PUF, 1996 ; 3ᵉ éd., 2016.

LA SAINT-BARTHÉLEMY. LES MYSTÈRES D'UN CRIME D'ÉTAT. 24 AOÛT 1572, Paris, Gallimard, coll. « Les Journées qui ont fait la France », 2007.

LE POUVOIR ABSOLU. NAISSANCE DE L'IMAGINAIRE POLITIQUE DE LA ROYAUTÉ, Paris, Gallimard, coll. « L'Esprit de la cité », 2013.

LE PRINCE ABSOLU. APOGÉE ET DÉCLIN DE L'IMAGINAIRE MONARCHIQUE, Paris, Gallimard, coll. « L'Esprit de la cité », 2014.

En collaboration

HISTOIRE ET DICTIONNAIRE DES GUERRES DE RELIGION, Paris, Robert Laffont, coll. « Bouquins », 1998.

LA FRANCE DE LA RENAISSANCE. HISTOIRE ET DICTIONNAIRE, Paris, Robert Laffont, coll. « Bouquins », 2001.

DES ÉTATS DANS L'ÉTAT. LES ÉTATS PROVINCIAUX DE LANGUEDOC ENTRE FRONDE ET RÉVOLUTION, Genève, Droz, 2014.

Biographies nrf Gallimard

ARLETTE JOUANNA

Montaigne

nrf

Gallimard

INTRODUCTION

Printemps 1571, au château de Montaigne, sur les marges occidentales du Périgord, à une cinquantaine de kilomètres de Bordeaux : le propriétaire du lieu, Michel Eyquem, seigneur de Montaigne, décide de vivre désormais dans sa demeure natale. Pour souligner la solennité de cette résolution, il a fait peindre sur un mur du cabinet attenant à sa bibliothèque une phrase latine dont on peut proposer la traduction suivante : « En l'an du Christ 1571, âgé de trente-huit ans, la veille des calendes de mars, jour anniversaire de sa naissance, dégoûté depuis long-temps de la servitude de la Cour et des charges publiques [...], Michel de Montaigne a consacré ce domicile, doux refuge qu'il tient de ses pères, à sa liberté, à sa tranquillité et à son loisir[1]. » Ce qu'il célèbre ainsi, c'est une nouvelle naissance, datée symboliquement de l'anniversaire de la première — il est né le 28 février 1533. Si l'on veut comprendre l'orientation qu'il a sou-haité donner à sa vie, il faut commencer par mesurer la portée de cet événement fondateur, parfois sous-évaluée.

« Dégoûté » (*pertæsus*) : le mot est incisif. L'année précédente, Montaigne a cédé sa charge de conseiller au parlement de Bor-deaux, dont les contraintes lui pesaient. Tenter sa chance à la cour du roi ? Il l'a quelque peu fréquentée et s'est forgé une conviction : la vie du courtisan ressemble trop à un esclavage. Mieux vaut, pour un amoureux de la liberté, se dégager de toute obligation et se retirer chez soi. Les circonstances s'y prêtent : depuis la mort de son père, en juin 1568, il a hérité d'une belle seigneurie et d'une aisance confortable. Comme il l'écrira un peu plus tard, un gentilhomme campagnard, s'il « veut se tapir en son foyer et sait conduire sa maison sans querelles et sans procès, il est aussi libre que le Duc de Venise[2] ».

Il n'empêche : opter pour la « retraite » à trente-huit ans a de quoi surprendre. La maladie expliquerait-elle ce choix ? Non : dans ses *Essais*, Montaigne évoquera à plusieurs reprises la belle santé dont il a longtemps joui. Les atteintes de la « gravelle » (coliques néphrétiques), dont il pâtira à la fin de sa vie, ne se feront sentir que plus tard. L'homme est encore dans la plénitude de l'âge ; l'année suivante, peu après avoir célébré l'anniversaire de ses trente-neuf ans, il exprimera l'espoir de vivre à peu près autant d'années que celles qu'il a déjà parcourues. Il souffre cependant de sa petite taille, qui l'expose à des situations gênantes : quand il se trouve au milieu de ses gens, quiconque ne le connaît pas le prend pour un serviteur et lui demande où est son maître... Il doit compenser ce handicap par la fierté de son maintien. Il a, précise-t-il, « la taille forte et ramassée ; le visage, non pas gras, mais plein ; la complexion, entre le jovial et le mélancolique, moyennement sanguine et chaude » ; une vigueur corporelle allègre et ferme, tempérée par une « nonchalance » naturelle[3]. Un des portraits que nous possédons donne une idée de son apparence au temps où il décida de vivre dans son château : il y est représenté vêtu d'un riche habit de cérémonie ; le front est précocement dégarni, la moustache fournie, la barbe taillée en pointe, le regard vif et pénétrant, l'expression à la fois résolue et méditative[4]. Cette image un peu figée ne rend pourtant pas justice à l'« état plein de verdeur et de fête » dans lequel il dit avoir passé une bonne partie de sa vie.

Le choix de la retraite serait-il alors pur appétit de tranquillité, aspiration indolente à une vie solitaire et cloîtrée ? Pas davantage. Le mot « loisir » traduit imparfaitement en français le terme latin *otium* qui termine la phrase peinte en 1571. L'*otium* s'oppose au *negocium*, autrement dit aux obligations imposées par la nécessité de travailler ou d'assumer des tâches contraignantes ; il désigne l'indépendance de quiconque est dégagé des soucis matériels par son statut et peut par conséquent s'adonner à des activités épanouissantes : la culture personnelle, les exercices physiques développant le corps, le commerce amical avec ses pairs, la pratique des charges et des missions propres aux nobles. Loin d'être de l'oisiveté au sens péjoratif de ce terme, c'est au contraire la capacité de se livrer à des occupations honorables.

À quoi Montaigne comptait-il donc employer ce temps libre qui s'offrait à lui ? Il allait certes en consacrer une partie à la gestion de la seigneurie léguée par son père : tâche absorbante, mais par laquelle il n'entendait pas se laisser accaparer. Les chapitres des *Essais* rédigés presque aussitôt sa résolution prise indiquent des pistes pour connaître ses motivations profondes. Dans celui qui traite, justement, de l'oisiveté, il se remémore le mouvement qui l'a poussé à se retirer chez lui, « à part ». Il s'y est fixé un objectif, « car l'âme qui n'a point de but établi, elle se perd ». Il se pensait trop âgé pour songer à de grandes actions : dans un autre chapitre, il affirmera que les actes les plus admirables, autrefois ou chez ses contemporains, ont tous été exécutés avant l'âge de trente ans[5]. En revanche, il n'était pas trop tard pour aller chercher la grandeur tout au rebours des idées reçues : dans une vie banale, une condition moyenne, « basse et sans lustre ».

Pour y parvenir, il s'est lancé dans une aventure intellectuelle totalement inédite : « s'entretenir soi-même et s'arrêter et se rasseoir en soi[6] ». Cette plongée dans le for intérieur lui dévoile un univers extraordinaire, une foule d'opinions, de rêveries, de sensations et de pensées vagabondes, « chimères et monstres fantasques » qu'il va « mettre en rôle », enregistrer tels quels, sans y introduire un ordre arbitraire. Serait-ce, avant la lettre, la découverte de l'inconscient et la tentative de domestiquer, non sans quelque secrète angoisse, les obscures pulsions surgies des profondeurs[7] ? Peut-être. La mention des bizarreries enfantées par son esprit, qui fait « le cheval échappé », est surtout une manière narquoise de devancer les critiques éventuelles. En qualifiant de monstres ses songeries, en ajoutant qu'il les recense pour s'en « faire honte », il suggère la nouveauté inouïe de son entreprise et l'étonnement, voire la réprobation, qu'elle risque de déclencher chez les lecteurs. Il procède à un basculement du regard, de *devant* vers *dedans* : « Chacun regarde devant soi ; moi, je regarde dedans moi. » Une telle introspection n'est pas seulement cérébrale ; elle prodigue des jouissances sensorielles inattendues : « Je me considère sans cesse, je me contrerolle, *je me goûte* », poursuit-il[8]. Rien de commun avec un chemin de sagesse analogue à celui que préconisaient les philosophes de l'Antiquité, même si Montaigne en prise la haute qualité. Sans s'ingénier comme eux à établir en lui équilibre et harmonie, il se borne à constater — à « contempler », dit-il encore dans le chapitre *De l'oisiveté* — l'éclatement en facettes multiples d'un « moi » insaisissable. Il ne s'en tient pas là : il lui faut confronter sa propre variété à celle d'autrui, remarquée dans ses conversations avec ses amis ou dans ses lectures ; inventorier les comportements insolites décrits par les historiens des temps passés ou présents ; repérer les facéties de la Fortune et leurs effets sur ceux qu'elles frappent ; bref, répertorier les étrangetés dont les hommes sont capables et noter les réflexions et les sentiments qu'elles lui inspirent.

Sa « retraite » ne signifie nullement un repli frileux dans sa bibliothèque ; elle ne fait que manifester extérieurement la radicalité d'une mutation intime. Il continuera à s'impliquer dans la vie sociale, mais en homme dédoublé. Une partie de lui agira, se pliera aux conventions d'usage, fréquentera les cercles de sociabilité nobiliaire, voyagera, acceptera des missions pour le service public : ce sera sous l'œil curieux de l'observateur. Cette distance de soi à soi est le lieu où se construit la liberté, comme il le déclare en commentant la puissance de la coutume : « Le sage doit au-dedans retirer son âme de la presse, et la tenir en liberté et puissance de juger librement des choses ; mais, quant au-dehors, qu'il doit suivre entièrement les façons et les formes reçues[9]. » L'accomplissement ainsi conquis, à la portée de tout homme de « moyenne condition », surpasse de beaucoup celui qu'on gagne par les exploits guerriers habituellement célébrés. On distingue la nuance de défi qui se cache dans ce choix : il nargue les préjugés communs sur la réussite humaine. En témoigne la provocation de l'avis au lecteur placé en tête des *Essais*, délibérément opposée à la *captatio benevolentiæ* qu'on y attendrait : ne perds pas ton temps à me lire, prévient en substance Montaigne, le sujet de mon livre est frivole ; il ne te fournira aucune règle pour attirer la faveur du monde.

Il s'agit bien là, en effet, d'une rupture avec les idéaux mondains ordinaires, d'un retournement qui le fait naître véritablement à lui-même. Tout ce qui s'est passé auparavant n'aura été que la lente libération du conditionnement familial et social imposé par son milieu de notables tout juste agrégés à la noblesse, puis le progressif arrachement aux servitudes d'une carrière de magistrat qu'il n'a pas choisie. Des facteurs décisifs ont contribué à cette émancipation. Des rencontres, tout d'abord : un ami cher trop tôt disparu, Étienne de La Boétie ; les « sauvages » du Nouveau Monde, côtoyés à Rouen ou à Bordeaux ; tous lui ont fait discerner, de manière différente, le vrai visage de la liberté. Des découvertes, ensuite : la traduction de l'œuvre d'un théologien catalan, Raymond Sebond, commencée à la demande de son père qui y voyait le moyen de contrer la progression des protestants, puis l'épreuve de la proximité de la mort l'ont persuadé de la fragilité des certitudes théologiques ou philosophiques et de la nécessité de conquérir son autonomie mentale. Au terme de ces expériences cruciales, Montaigne est enfin Montaigne.

L'étape suivante de son existence, qui s'étend de 1571 à 1581, il la voue à mettre en œuvre son dessein : « essayer » son jugement, l'exercer et le tester au contact des singularités aperçues en s'étudiant soi-même ou en dialoguant avec les grands esprits de son temps ou d'autrefois, sans cesser pour autant d'assumer ses responsabilités de gentilhomme, de courtiser ses riches voisins et protecteurs, les Foix-Gurson, et de soutenir la cause de la paix dans la tourmente des guerres civiles qui ravagent la France. Il décide de publier le résultat de son exploration de soi dans les premiers *Essais*, parus en 1580, en deux livres. Puis il parachève son inventaire de la diversité en allant à l'étranger, dans l'espace germanique et italien.

S'ouvre alors, à partir de 1581, une troisième étape dans sa vie, durant laquelle surviennent des occasions de réaliser le rêve qui a secrètement germé en lui : faire servir à la chose publique sa connaissance des conduites humaines et l'expertise durement acquise auprès des belligérants. Son élection inopinée à la mairie de Bordeaux, suivie de sa réélection, le place pendant quatre ans, jusqu'en 1585, à la tête d'une grande ville où règne un parlement souvent indocile au souverain. Ses entrevues avec Henri III, ses liens avec les chefs ennemis, Henri de Navarre et Henri de Guise, lui font croire à la possibilité de conseiller le roi et de s'entremettre pour la pacification. Cependant, il comprend vite que les malheurs de son époque rendent cette espérance chimérique ; bien pis, ils exposent toute âme droite à la dissimulation, voire à la trahison. Les périls s'accumulent : la peste le jette pendant six mois hors de chez lui, sur les routes de Guyenne ; à la maladie du royaume correspond celle de son corps. Il a malgré tout la satisfaction de faire paraître en 1588 une nouvelle édition des *Essais*, augmentée d'additions et d'un troisième livre. Il passe ses dernières années à leur rajouter encore des compléments, tout en assistant, impuissant, aux drames qui accablent son pays. Quand il meurt, en 1592, à cinquante-neuf ans, aucune issue favorable ne se profile à l'horizon.

Une vie et une œuvre si riches ne pouvaient qu'appeler pléthore d'études. Depuis la fin du xvie siècle, nombre d'articles et d'ouvrages les ont commentées ; aujourd'hui, deux revues, l'une en France et l'autre aux États-Unis, continuent à perpétuer le souvenir du philosophe. Les approches purement biographiques ont toutefois été relativement rares[10]. Il est vrai que les sources accessibles dans les dépôts d'archives sont maigres, si bien qu'il faut renoncer, en l'état de nos connaissances, à tout savoir de ce qu'a vécu Montaigne. Les biographes s'exposent en outre à deux tentations pernicieuses : d'une part, considérer les informations répandues dans les *Essais* sur les mœurs et les pensées de leur auteur comme les éléments d'une fiche signalétique particulièrement fournie qu'il suffirait de reproduire sans s'interroger sur leur statut rhétorique ; d'autre part, chercher à ordonner leur foisonnement déroutant en y surimposant une cohérence plus ou moins artificielle. Montaigne a dit l'horreur qu'il éprouvait à l'idée que la postérité puisse se méprendre sur son compte : « Je reviendrais volontiers de l'autre monde pour démentir celui qui me formerait autre que je n'étais, fût-ce pour m'honorer[11]. » Cette menace n'a pas empêché bien des appréciations réductrices. Pendant longtemps, on l'a dépeint en épicurien nonchalant retiré dans son château pour se livrer aux délices des lettres. Animés de l'intention louable de rectifier ce portrait, des historiens ont récemment poussé le balancier un peu trop loin dans l'autre sens : Montaigne serait un « professionnel de la politique » au service de puissants patrons ou bien un ambitieux rêvant de faire carrière[12]. Sa religion a aussi donné lieu à des simplifications excessives : athée matérialiste pour les uns, il ferait preuve d'un catholicisme très traditionnel pour d'autres… Sans oublier son dernier avatar de jouisseur impénitent surtout préoccupé de conquêtes féminines[13].

Montaigne ne se laisse pas enfermer dans des définitions étroites ; la chatoyante bigarrure de sa pensée fournit la matière à de multiples analyses et suscite une fascination toujours renouvelée. Il y a de quoi s'étonner, d'ailleurs, de cet intérêt persistant — et même accru en ce XXIᵉ siècle — pour un homme qui vécut il y a si longtemps, aux prises avec les sanglantes guerres de Religion. L'explication vient sans doute de ce que, comme nous aujourd'hui, il a connu des temps incertains, difficiles, marqués par l'ébranlement des croyances, la perte des repères, la remise en cause des structures politiques, la violence des haines partisanes ; comme nous encore, il percevait mal vers quel avenir les risques omniprésents entraînaient son pays. D'où notre désir de connaître la façon dont il a affronté ces difficultés. Comment garder sa dignité intérieure au milieu des tragédies de l'histoire ? Comment faire prévaloir le rire sur l'angoisse ? Les *Essais* ne fournissent pas de réponses toutes faites à ces questions ; ils offrent à observer un homme qui tente de voir clair en lui et autour de lui, avec une lucidité et une ironie très savoureuses pour le lecteur.

Partir à la recherche de ce que fut cette vie peut aider à retrouver la saisissante actualité d'un regard si lointain. L'écrivain a signalé à quiconque s'y risque une voie à suivre : « Pour juger d'un homme, il faut suivre longuement et curieusement sa trace[14]. » Les avancées de la critique actuelle, littéraire aussi bien qu'historienne, invitent à reprendre à nouveaux frais cette patiente traque, en quête d'une image de Montaigne qui rende justice à la fois à ses ambiguïtés et à sa vigoureuse originalité. S'il est malaisé de restituer dans leur exactitude chronologique les moindres aspects d'une existence dont bien des aspects nous échappent, au moins peut-on retracer la généalogie tourmentée d'un achèvement humain et philosophique qui a servi de phare à d'innombrables esprits jusqu'à maintenant.

PREMIÈRE PARTIE

UNE LENTE NAISSANCE
À SOI-MÊME

(1533-1571)

I

LE CONDITIONNEMENT FAMILIAL
ET SOCIAL

Il avait « une liberté particulière qui était née avec lui ». Ainsi parle de Montaigne, quelques années après sa mort, l'un de ses amis, le juriste Étienne Pasquier[1]. D'où venait, chez l'auteur des *Essais*, cette humeur rétive à tout assujettissement ? Si l'on examine ses origines, c'est plutôt l'image d'un conditionnement qui vient à l'esprit. Au XVIᵉ siècle, chaque individu s'insérait dans un système de solidarités familiales et sociales qui le laissaient rarement isolé et déterminaient son destin. Michel de Montaigne ne fait pas exception à cette règle. Dès sa naissance, le 28 février 1533, il s'inscrit dans un réseau de parentés et de clientèles qui forme déjà un tissu serré autour de lui. Il est l'aîné d'une nombreuse fratrie et comme tel principal dépositaire d'une histoire lignagère transmise par son père, Pierre Eyquem. Tout l'invitait à mettre docilement ses pas dans un chemin bien tracé, à poursuivre l'ascension entamée par ses ancêtres, à faire fructifier ses terres, à persévérer dans la carrière juridique choisie pour lui. Il faut mesurer le poids de cet héritage pour évaluer l'ampleur d'une énigme : comment une pensée aussi novatrice a-t-elle pu germer dans un terreau finalement assez banal ? Comment cet ennemi des contraintes s'est-il dégagé des liens qui l'enserraient, non pour les renier, mais pour se ménager une distance intérieure par rapport à eux et conquérir une autonomie sereinement affirmée ?

Une ascension programmée vers la noblesse

La famille Eyquem s'est enrichie à Bordeaux, dès la seconde moitié du xvᵉ siècle, grâce au commerce. La capitale de la Guyenne, forte de quelque quarante mille habitants, fondait sa prospérité sur l'exportation des vins et des grains de l'arrière-pays et du pastel, plante tinctoriale cultivée dans le Lauragais et fournissant une teinture bleue. Les liaisons avec les grandes régions manufacturières de Flandre et d'Angleterre, avec les ports bretons et normands et, au sud, avec Bilbao entretenaient une intense activité sur les quais de la Garonne : de l'Europe du Nord venaient le blé, le poisson séché et les draps, de la péninsule Ibérique le fer et la laine, des terres américaines nouvellement découvertes la morue[2]. La vitalité des échanges permettait à des marchands avisés d'accroître rapidement leur fortune, de la consolider en achetant des terres et, pour certains, de caresser l'espoir de voir un jour leur famille accéder à la noblesse.

Ramon et Grimon Eyquem, bisaïeul et aïeul de Montaigne, furent de ceux-là. Ramon (1402-1478) avait hérité de son oncle maternel, le sieur de Gaujac, une maison rue de la Rousselle, dans le cœur commerçant de la cité, où des odeurs entêtantes de saumure attestaient la présence de nombreux entrepôts de hareng salé ; à l'importation du poisson il joignit l'exportation du vin et du pastel. Son fils Grimon (1450-1518/1519), demeuré seul à la tête de l'entreprise familiale après la mort sans postérité de son frère Pierre, accrut la diversité des affaires paternelles en y ajoutant la ferme des revenus de l'archevêché et la fourniture de têtes de bétail à un emboucheur, chargé de les engraisser, tout en développant la vente des vins ; il aménagea deux grands chais au nord de la ville, hors les remparts, à proximité du couvent des Chartreux[3]. Père et fils se hissèrent au rang de notables : tous deux furent élus jurats, c'est-à-dire magistrats municipaux, le premier en 1472, le second en 1485 et en 1503. Ils firent des mariages avantageux : Ramon épousa la sœur d'un conseiller au parlement de Bordeaux, Isabeau de Ferraignes ; Grimon choisit la fille d'un marchand prospère, Jeanne Du Four.

À l'aube des temps modernes, la véritable prééminence sociale provenait de la terre plutôt que de la richesse commerciale. Ramon l'avait bien compris. L'occasion s'offrit à lui, le 10 octobre 1477, d'acquérir deux belles seigneuries attenantes, Montaigne et Belbeys ; il s'était substitué à un premier acheteur qui, le moment venu, n'avait pu en régler le prix, soit 900 francs bordelais[4]. Ces terres dépendaient de la baronnie de Montravel, propriété de l'archevêque de Bordeaux, auquel elles devaient l'hommage. L'ensemble, situé au nord-est de Castillon-la-Bataille, était considérable : plus de 300 hectares de vignobles, de champs, de prairies et de forêts[5]. La seigneurie de Montaigne, entre la Dordogne et son affluent la Lidoire, était la plus vaste ; au centre, non loin du village de Saint-Michel-de-Montaigne, se dressait un modeste château, plutôt une maison forte, juchée sur une légère éminence.

L'achat de terres nobles pouvait être un premier pas vers l'accès à la noblesse. Avant les grandes enquêtes décidées par Colbert sous Louis XIV, qui définiront strictement l'appartenance au second ordre, être noble, c'était surtout être collectivement reconnu comme tel. Il fallait pour cela mener un genre de vie compatible avec la liberté nobiliaire : ne pas se livrer à un travail avilissant, porter l'épée pour servir le roi en cas de besoin, fréquenter les gentilshommes, s'adonner à la chasse ou aux jeux sportifs aristocratiques. Un marchand enrichi, acquéreur d'une seigneurie, ne pouvait certes espérer faire oublier immédiatement sa roture à ses voisins, d'autant plus qu'il devait payer le franc-fief, impôt dû par tout roturier possesseur d'une terre noble. Cependant, le pouvoir qu'il exerçait sur les paysans lui conférait un prestige certain ; s'il cessait de commercer, s'il vivait sur ses terres, si, enfin, il arrivait à se faire rayer des listes des contribuables du franc-fief et de la taille, il acquérait une réputation accréditée bien souvent par le qualificatif de « noble homme », mentionné par les actes notariés. Si son fils et son petit-fils suivaient son exemple, si, mieux encore, ils choisissaient de servir par les armes et répondaient aux convocations du ban et de l'arrière-ban, qui réquisitionnaient en cas d'urgence les possesseurs de fief, le souvenir de la roture originelle s'estompait ; au bout de la troisième génération, la famille pouvait prétendre à une noblesse « immémoriale », la plus prisée, puisque plus personne dans son entourage ne se rappelait lui avoir connu un ancêtre roturier. Cet anoblissement était dit « taisible », rendu possible parce que la noblesse se prouvait alors essentiellement par des témoignages ; en 1584, le juriste Jean Bacquet l'attestera en ces termes : « Car nous tenons en France que pour vérifier qu'un homme est noble, il suffit que les témoins déposent qu'ils ont connu son aïeul et son père, les ont vu vivre noblement, suivre les armes [...][6]. » En outre, la possession d'une seigneurie pendant trois générations, sanctionnée par trois hommages rendus au suzerain du seigneur, valait présomption de noblesse jusqu'à ce que l'ordonnance de Blois, en 1579, interdise cette voie coutumière d'accès au second ordre.

Ramon Eyquem mourut un an après avoir acquis Montaigne ; il n'eut pas le temps d'entamer le processus. Grimon, lui, cessa peu à peu, à la fin de sa vie, de faire lui-même du commerce et en abandonna le soin à ses agents ; il arrondit ses possessions terriennes par une habile politique d'acquisitions ; il vécut plus souvent dans sa seigneurie, dont il s'assura, le 17 avril 1509, la maîtrise incontestée en réglant, au prix d'un versement de 120 livres, le litige qui l'opposait aux héritiers du vendeur. Quand, le 14 mai 1510, il en afferma les revenus, il se fit décerner le titre nobiliaire d'écuyer par le notaire complaisant[7]. À sa mort, il fut enterré à Montaigne.

Son fils Pierre, né le 29 septembre 1495, franchit le pas décisif : il choisit le métier des armes. En 1515, âgé de vingt ans, il s'engagea comme archer dans la compagnie d'Odet de Foix, vicomte de Lautrec, maréchal de France et sénéchal de Guyenne. Ses frères s'orientèrent vers les deux autres voies qui conféraient la considération sociale, celles de l'Église et de la magistrature ; les deux premiers, Thomas, sieur de Saint-Michel, et Pierre, sieur de Gaujac, furent avocats avant de devenir chanoines ; le dernier, Raymond, seigneur de Bussaguet, fit une belle carrière de conseiller au parlement de Bordeaux et inaugura la série d'alliances qui allaient lier étroitement les Eyquem avec la puissante famille des La Chassaigne en épousant, le 6 février 1546, Adrienne, fille de Geoffroy de La Chassaigne, conseiller puis président au Parlement. Leurs trois sœurs firent de beaux mariages ; l'une d'elles épousa un notaire et secrétaire du roi, dont l'office était anoblissant, une autre un avocat au Parlement[8].

Pierre Eyquem participa aux guerres d'Italie pendant longtemps, déclare un passage du livre II des *Essais* sans préciser combien d'années ; il y rédigea « un papier journal suivant point par point ce qui s'y passa, et pour le public et pour le privé », malheureusement perdu[9]. Mais il n'y gagna aucun avancement. Il se peut même qu'il n'ait rapporté que désillusion de son expérience militaire. Après la victoire éclatante de Marignan en 1515, les troupes royales furent battues à La Bicoque en avril 1522 ; fait prisonnier à Pavie en 1525, François Ier connut une longue captivité à Madrid. Quand la guerre reprit, elle fut marquée par le terrible sac de Rome en 1527, désastre pour le pape alors allié de la France. C'est vraisemblablement dans les derniers mois de cette année que Pierre rentra d'Italie[10].

Il allait désormais se consacrer à fonder une famille et à

gérer sa fortune. Le 12 décembre 1528, la signature de son contrat de mariage avec Antoinette (ou Antonine) de Louppes de Villeneuve resserra des liens déjà étroits entre deux lignées pareillement sur le chemin de la noblesse. Les Louppes de Villeneuve étaient originaires d'Aragon ; d'abord installés à Saragosse, ils avaient quitté cette ville à la fin du xve siècle pour s'établir dans le sud-ouest de la France. La future épouse était la nièce d'Antoine de Louppes de Villeneuve, un marchand bordelais en relation d'affaires avec Grimon Eyquem et dont le fils et le petit-fils devaient s'illustrer comme présidents au parlement de Bordeaux ; quant au père d'Antoinette, Pierre, spécialisé dans le commerce du pastel, il s'était, lui, fixé à Toulouse où sa descendance s'enracinera, accédant à la magistrature municipale (le capitoulat) et à la noblesse[11]. Les Louppes étaient peut-être de souche juive ; en ce cas, leur conversion au christianisme serait ancienne, bien antérieure à l'expulsion des juifs hors d'Espagne en 1492 ; rien, d'ailleurs, n'atteste chez l'auteur des *Essais* la conscience d'une éventuelle ascendance israélite.

Le pacte matrimonial de Pierre et d'Antoinette prévoyait une dot de 4 000 livres, dont 2 000 devraient être placées « en terres ou rentes » et seraient doublées en cas de prédécès de Pierre. Le 15 janvier 1529, le père de l'épouse s'acquitta du versement de la dot[12]. Antoinette fut sans doute une maîtresse de maison attentive et scrupuleuse. Toutefois, son testament, écrit en 1597 au soir de sa longue vie (elle mourut en 1601, âgée de quatre-vingt-huit ans), révèle une femme quelque peu aigrie. Elle y note que la clause du contrat de mariage selon laquelle la moitié de la dot devait être employée en acquisition de biens immeubles pour lui tenir lieu de patrimoine n'a pas été respectée, à son « grand préjudice et dommage[13] ». Elle fait valoir qu'elle a « travaillé l'espace de quarante ans en la maison de Montaigne avec [son] mari en manière que par [son] travail, soin et ménagerie ladite maison a été grandement avaluée, bonifiée et augmentée », ce dont son fils Michel a bénéficié « par [son] octroi et permission » : cette insistance semble sous-entendre que son dévouement n'a pas été reconnu à sa juste valeur. Les biographes ont remarqué le silence des *Essais* sur Antoinette de Louppes. Indice d'une incompatibilité d'humeur entre le fils et la mère ? C'est possible. La clause du testament de 1567 de Pierre Eyquem qui prévoyait le cas où Antoinette et Michel « ne pourraient vivre et compatir ensemble en même maison » n'est pas nécessairement probante, car ce genre de disposition figurait fréquemment dans les actes notariés qui devaient prévoir toutes les situations ; reste qu'on peut s'étonner de celle qui ordonne à l'héritier de laisser à sa mère, outre deux chambrières, un serviteur et 100 livres par an, un libre accès aux puits et jardins du château[14]…

Une fois marié, Pierre Eyquem s'attacha à augmenter ses possessions. Il acquit à Bordeaux une autre maison dans la rue de la Rousselle ; il en possédait aussi dans la rue du Petit-Saint-Jean et au faubourg des Chartreux[15]. Son sens des affaires lui avait inspiré le projet de créer une sorte de bureau d'adresses qui aurait mis en contact ceux qui cherchaient à vendre un bien avec des acquéreurs potentiels[16]. Il résidait encore souvent à Bordeaux où, comme son père et son grand-père, il occupa des fonctions municipales ; il fut élu premier jurat et prévôt (chargé de la justice) en juillet 1530, sous-maire le 1er août 1536, premier jurat à nouveau en 1546[17]. En août 1548 une violente révolte contre la décision royale de supprimer les immunités de la Guyenne à l'égard de la gabelle, impôt sur le sel, secoua la ville ; les émeutiers assassinèrent le lieutenant du roi, Tristan de Moneins, événement tragique auquel Montaigne dit avoir assisté[18]. Une féroce répression s'ensuivit ; les jurats furent suspendus, et parmi eux Pierre Eyquem, qui fit partie ensuite de la délégation envoyée à Paris, dûment porteuse de bons vins bordelais, pour négocier le pardon du souverain. Celui-ci l'accorda en 1550 ; la ville récupéra ses privilèges, mais le nombre des jurats passa de douze à six, leur mandat étant fixé à deux ans. Pierre fut élu maire de Bordeaux le 1er août 1554, lourde responsabilité dont son fils put observer combien elle altéra la santé paternelle : « Il me souvenait, écrivit-il plus tard, de l'avoir vu vieil en mon enfance, l'âme cruellement agitée de cette tracasserie publique[19]. »

Pierre Eyquem dédia une grande partie de son activité à ses terres. En trente ans, il passa chez son notaire deux cent cinquante actes d'achat ou d'échange de façon à agrandir et à regrouper les différentes parties de son domaine[20]. En décembre 1554, il obtint de son suzerain, l'archevêque de Bordeaux, l'autorisation de fortifier le château ; l'année suivante, il le pourvut de tours et d'un mur d'enceinte, lui donnant ainsi l'allure militaire indispensable à sa réputation de noble d'épée, réputation qu'il prit également soin d'entretenir en répondant aux convocations du ban et de l'arrière-ban dans la sénéchaussée de Périgueux[21]. Il se plut aussi à embellir sa demeure ; pour faciliter la circulation dans ses terres, il construisit, sur les ruisseaux qui les traversaient, des ponts de pierre auxquels il fait fièrement allusion dans ses deux testaments. Il veilla de près à la gestion du ménage et en fit tenir les comptes par un receveur ; il ordonna en même temps à un secrétaire de noter, dans un autre journal depuis disparu, « toutes les survenances de quelque remarque, et jour par jour les mémoires de l'histoire de sa maison[22] ».

Sa « maison ». Il faut s'arrêter un instant sur la portée de ce mot. Au-delà de la demeure patrimoniale, il désignait la lignée ; il englobait en outre tout ce qui en entretenait la puissance : la terre qui assurait son renom et sa dignité ; la parentèle et les réseaux d'amis qui étendaient son influence ; le nom et le blason qui faisaient haut retentir sa réputation ; la domesticité qui contribuait à l'éclat de son genre de vie. Dans cet ensemble complexe, la terre constituait l'élément fondamental ; pour souligner cet aspect, les historiens proposent parfois le terme de « topo-lignage » comme équivalent de « maison[23] ».

Tout porte à croire que Pierre Eyquem a voulu fonder une « maison » autour de la seigneurie de Montaigne, dont Michel, premier survivant de ses enfants après le décès des deux nourrissons qui l'ont précédé, serait l'héritier et le « chef de nom et d'armes ». Cette intention, après quelques hésitations perceptibles dans le premier testament de Pierre, le 4 février 1561, sur lesquelles on reviendra, s'affirme dans celui du 22 septembre 1567, rédigé neuf mois avant sa mort. Il y instaure en effet ce qu'on appelait une « substitution », qui organisait d'avance la transmission héréditaire de la seigneurie au sein de sa descendance. Les initiatives personnelles de Michel de Montaigne s'en trouvaient singulièrement bridées : il ne pourrait vendre la seigneurie, « sauf par une grande et extrême nécessité » ; s'il mourait sans enfants mâles, elle reviendrait à l'un de ses frères, dans un ordre qu'il aurait cependant la liberté de décider ; si lesdits frères mouraient eux-mêmes sans héritiers mâles, le dernier d'entre eux aurait la possibilité de choisir l'une de ses sœurs, ou à défaut l'une de ses filles ou de ses nièces, dont un enfant mâle recueillerait l'héritage à condition de porter « le surnom et armes de [la] maison[24] ». Sentant venir la mort, Pierre Eyquem avait quelques raisons de s'inquiéter : en 1567, son fils aîné, deux ans après s'être marié, n'avait pas encore d'enfants.

La pratique de la substitution était relativement fréquente au sein de la noblesse. Elle avait pour but de pallier le manque éventuel de fils en leur « substituant » des descendants mâles pris dans des branches cadettes ou alliées, qui assureraient la survie du nom de la maison. Elle liait ainsi indissolublement trois éléments : une seigneurie, choisie pour sa valeur à la fois symbolique et économique ; un nom, associé à des armoiries synonymes de prestige social ; une continuité masculine perpétuée de génération en génération, fût-ce en ligne indirecte. Au surplus, elle mettait la terre à l'abri des créanciers en la rendant indisponible, puisque aucun des héritiers n'avait le droit de l'aliéner[25]. La seigneurie de Montaigne était propre à soutenir l'honneur d'une maison : vaste espace territorial de pouvoir sur les hommes, lieu de mémoire où Grimon était enterré et où Pierre allait l'être, elle était attachée à des armoiries, celles de la famille des anciens propriétaires, les Essarts de Montaigne, achetées avec la terre et légèrement modifiées. « Je porte, écrira Montaigne, d'azur semé de trèfles d'or, à une patte de Lion de même, armée de gueules [de couleur rouge], mise en fa[s]ce [placée horizontalement au milieu de l'écu][26]. » Par la substitution prévue dans son testament, Pierre Eyquem prenait les dispositions nécessaires pour que survive le nom destiné à la maison qu'il entendait fonder. Il a voulu arborer ce nom lui-même, ce que son fils aîné reconnaît en l'appelant « Monseigneur de Montaigne » dans la lettre qu'il lui adresse au sujet de la mort de La Boétie.

Le reste des biens du père fondateur, moins prestigieux, fut distribué aux autres héritiers. Sa femme lui avait en effet donné huit enfants, cinq garçons et trois filles. Quand il mourut, le 18 juin 1568, seuls quatre de ses fils étaient majeurs (âgés de plus de vingt-cinq ans). Michel de Montaigne, héritier universel, paracheva le règlement de la succession paternelle avec ses cadets Thomas, Pierre et Arnaud, le 22 août 1568, et avec sa mère le 31 du même mois[27]. À Thomas, né le 17 mai 1534, échut la seigneurie de Beauregard, sise en la paroisse de Mérignac ; Pierre, né le 10 novembre 1535, obtint le fief de La Brousse, situé en la juridiction de Montravel ; Arnaud, né le 14 septembre 1541, reçut tous les biens et possessions en l'île de Macau, dans l'estuaire de la Gironde. Des sommes d'argent compensèrent l'inégalité de valeur entre ces différents biens. L'aînée des filles, Jeanne, née le 17 octobre 1536, avait été dotée de 4 000 livres lors de son mariage, célébré le 5 mai 1555, avec le conseiller au Parlement Richard de Lestonnac. Pierre Eyquem avait prévu des dots de 3 000 livres pour chacune des deux filles mineures, Léonor et Marie, nées respectivement le 30 août 1552 et le 19 février 1555, qui épouseront, l'une Thibaud de Camain, seigneur de La Tour-

Carnet, lieutenant criminel au siège de Brives puis conseiller au parlement de Bordeaux, l'autre Bernard de Cazalis, écuyer, seigneur de Freyche[28]. Quant au benjamin, Bertrand, né le 20 août 1560, vingt-sept ans après l'auteur des *Essais*, alors que sa mère avait quarante-six ou quarante-sept ans, il aura la seigneurie de Mattecoulon, à quelques kilomètres au nord du château de Montaigne. On peut apprécier, au vu de cette répartition, la prospérité d'une famille dont tous les fils reçurent une terre et toutes les filles une dot confortable. Deux des frères — Pierre, seigneur de La Brousse, et Bertrand, seigneur de Mattecoulon — s'orienteront vers le métier des armes ; Arnaud, que Montaigne appelle le « capitaine Saint-Martin », voulut peut-être s'engager aussi dans cette voie, mais il mourut prématurément à vingt-sept ans, frappé par une balle au jeu de paume[29].

Demeure un mystère : pourquoi Michel de Montaigne a-t-il biffé par trois fois le nom Eyquem dans l'*Éphéméride* de Michael Beuther qui lui servait de registre-journal ? Cette sorte d'almanach historique, édité en 1551, répertoriait, pour chaque jour de l'année et sous l'indication, en haut de page, du mois et du quantième, diverses dates importantes de l'histoire, en précisant leur millésime ; comme sous chaque mention restait souvent de la place, le possesseur de l'ouvrage pouvait y ajouter l'indication d'un événement personnel[30]. Montaigne l'avait acheté peu de temps après sa parution. Or, quand il consigna en latin sa naissance, à la page du 28 février, il écrivit d'abord : « en ce jour vers onze heures du matin naquit de Pierre Eyquem de Montaigne et Antonine de Louppes, ses nobles parents, Michel Eyquem de Montaigne » ; puis, à une date ultérieure, il barra Eyquem d'un double trait, tant pour son père que pour lui. De même, à la page du 29 septembre, après avoir inscrit (en français cette fois) : « L'an 1495 naquit Pierre Eyquem de Montaigne », il raya Eyquem[31].

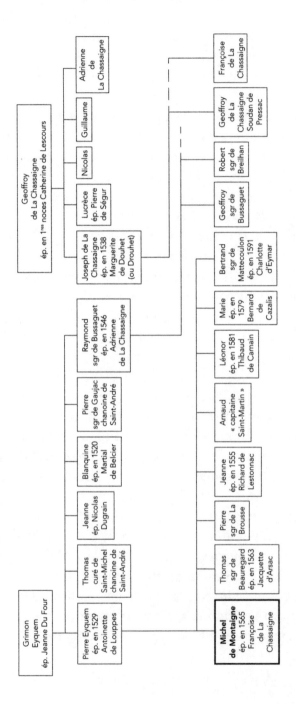

Arbre généalogique de Michel de Montaigne

On a répété à satiété que Montaigne aurait ainsi souhaité effacer son ascendance roturière, par vanité de parvenu. Pourtant, rien ne montre qu'il ait renié ses ancêtres ; bien au contraire, il n'hésitait pas à évoquer leur noblesse, ratifiant de la sorte une tradition familiale qu'il ne songeait nullement à dénoncer. Il conservait pieusement dans son château des objets lui rappelant leur souvenir, un sceau, un livre d'heures, une épée qui leur avait appartenu ; quand il médite sur sa prédisposition naturelle à la bonté, il l'attribue à sa naissance dans « une race [lignée] fameuse en prud'homie [32] ». La même raison discrédite l'hypothèse récemment soutenue selon laquelle il aurait abandonné le nom Eyquem parce qu'il aurait été un bâtard, hypothèse fondée sur un passage des *Essais* où il mentionne que sa gestation aurait duré onze mois [33] : il n'a voulu par là que donner un exemple de la diversité des théories sur la grossesse, preuve supplémentaire d'après lui des incertitudes de la science médicale et plus généralement des errements de la raison humaine.

Par ailleurs, il a explicitement déploré, dans le chapitre consacré aux noms, la coutume d'adopter celui de sa seigneurie : « C'est un vilain usage, et de très mauvaise conséquence en notre France, d'appeler chacun par le nom de sa terre et seigneurie, et la chose du monde qui fait plus mêler et méconnaître les races [34]. » Cette pratique était en effet très répandue à son époque [35] ; ses frères eux-mêmes étaient souvent appelés Beauregard, La Brousse ou Mattecoulon. Montaigne n'aurait donc fait que sacrifier à une habitude dont il percevait clairement les inconvénients. Pourquoi ? La réponse pourrait bien être à chercher dans le testament de son père. On se souvient que Pierre Eyquem avait créé une substitution prévoyant que si son aîné n'avait pas d'héritier mâle, la seigneurie irait à un fils cadet ; même si Michel aurait en ce cas la liberté de choisir parmi ses frères, il lui serait malaisé de ne pas désigner le premier d'entre eux, Thomas. Perspective difficile à accepter :

Montaigne paraît s'être mal entendu avec son frère puîné, tenté par le protestantisme et peut-être réellement converti[36]. Au surplus, il s'était profondément identifié à sa terre. Quand il regrette, dans le chapitre *De l'affection des pères aux enfants*, qu'on « prenne un peu trop à cœur ces substitutions masculines » qui fournissent « une éternité ridicule à nos noms », il pense probablement à la clause testamentaire paternelle, qui risquait, s'il n'avait pas de descendant mâle, de transmettre la possession de la seigneurie à son frère[37]. Renoncer au nom Eyquem pour s'approprier celui de Montaigne fut une manière de proclamer l'identité entre son nom, sa terre et la maison qu'il croyait pouvoir perpétuer, une identité affichée contre les éventuelles convoitises fraternelles.

À quel moment a-t-il pris conscience qu'il avait peu de chances d'avoir un fils ? Sa première fille, Thoinette, née le 28 juin 1570, mourut deux mois plus tard ; la seconde, Léonor, née le 9 septembre 1571, survécut, mais les quatre suivantes, nées respectivement en 1573, 1574, 1577 et 1583, décédèrent toutes en bas âge. Il semble alors s'être résigné à l'inéluctable et admettre que la seigneurie de Montaigne pourrait passer à une branche cadette, ruinant ainsi son espoir de voir ses descendants conserver le monopole du nom et de la terre. Son frère Thomas arborait le nom de Montaigne : une série d'actes datés des années 1572-1574 sont passés par « Thomas de Montaigne, seigneur d'Arsac[38] ». Leur cousin germain Geoffroy, fils de leur oncle Raymond Eyquem de Bussaguet, s'en parait aussi ; dans l'acte de partage de la succession de Pierre de Gaujac, frère de Pierre Eyquem, en date du 11 janvier 1575, figurent conjointement « Messire Michel de Montaigne, seigneur dudit lieu », et « Monsieur Geoffroy de Montaigne, seigneur de Bussaguet[39] ». Ce dernier, à qui Michel prêta 2 000 livres pour acheter une charge de conseiller au parlement de Bordeaux en 1571, signa dès 1581 « Montaigne » les arrêts et les rapports auxquels il participa[40]. Cette situation a sans doute nourri l'amertume avec laquelle l'auteur des *Essais* constate la fragilité du lien entre le nom et la personne qu'il désigne[41].

Et puis Montaigne se ressaisit et tenta un ultime effort pour garder à la fois la seigneurie et le nom dans sa descendance, même indirecte. Il se décida tardivement à fonder lui-même une substitution, qui — le fait n'a pas été assez souligné — dérogeait ouvertement à celle de Pierre Eyquem. Dans le contrat de mariage de Léonor, en date du 26 mai 1590, il indiqua que la seigneurie irait au fils puîné de sa fille, « à la charge de porter par lui et ses hoirs descendants de lui le nom et armes de Montaigne » ; si Léonor n'avait que des filles, la terre serait transmise au second fils de sa fille aînée, aux mêmes conditions, et ainsi de suite « au mâle le plus proche de ladite demoiselle de la race de Montaigne[42] ». Par cette clause de substitution, Montaigne restaurait le monopole de la possession du nom et de la seigneurie dans sa « race », entendons sa descendance. Est-ce pour cette raison que, dans un acte du 21 mai 1593, son cousin Geoffroy est appelé simplement « Me Geoffroy Decquien [d'Eyquem], *dit* Montaigne Bussaguet », comme si le patronyme Montaigne n'était pour lui qu'un nom d'usage sans valeur légale ? Il fallut à Geoffroy solliciter un arrêt du Parlement, en 1595, pour que soit confirmé son droit à porter ce nom[43].

Quant à Thomas, le frère puîné de Michel, il ne pouvait que se sentir lésé par la substitution créée par le contrat de mariage de Léonor, qui le privait du bénéfice de celle qu'avait instaurée leur père ; le 21 novembre 1607, il déposa une requête au parlement de Bordeaux contre Léonor et sa mère et invoqua le testament paternel pour réclamer la seigneurie. Son fils, Pierre-Mathias, réitéra cette requête le 5 avril 1610, en vain toutefois, car il décéda sans postérité[44]. Au vu de ces querelles familiales, on peut concevoir l'importance symbolique que revêtait pour une maison la conservation de la terre qui lui donnait son nom et son prestige social.

Ainsi, en choisissant de porter le seul nom de Montaigne, le fils aîné de Pierre Eyquem n'avait sans doute pas le sentiment de renier ses ancêtres. Tout au contraire, la seigneurie incarnait pour lui la continuité familiale puisque son père et son grand-père y étaient enterrés, ce qui la constituait en signe concret de la cohésion de la race. Bien loin d'être désavoué, le nom Eyquem était en quelque sorte métaphoriquement englobé dans celui de Montaigne. Michel ira jusqu'à dire de sa terre, non sans s'écarter quelque peu de la vérité : « C'est le lieu de ma naissance et de la plupart de mes ancêtres : ils y ont mis leur affection *et leur nom*[45]. »

Quoi qu'il en soit, Michel de Montaigne a dû, dès sa naissance et une fois passés les dangers de la toute petite enfance, incarner pour son père la promesse d'un brillant lignage, axé autour d'une seigneurie dotée d'une forte valeur symbolique. Il n'est pas étonnant que l'héritier de la maison ait fait à ce titre l'objet d'un intense investissement affectif paternel : constatation qui permet de comprendre l'étonnant récit qu'il donne de son éducation.

Une éducation soignée

À peine né, Montaigne fut mis en nourrice chez une paysanne d'un village alentour, comme cela se faisait couramment dans les familles aisées. Cet usage, en supprimant chez les mères l'aménorrhée due à l'allaitement, entraînait pour elles le risque de grossesses annuelles[46]. Ce fut le cas pour Antoinette de Louppes : de 1530 à 1536 elle mit au monde six enfants, dont les deux premiers moururent en bas âge. Les quatre dernières naissances s'échelonnèrent entre 1541 et 1560, avec des intervalles intergénésiques plus longs. Montaigne s'est apitoyé sur le sort des nourrices, parfois obligées de faire allaiter leurs propres enfants par des chèvres afin de s'occuper de nourrissons étrangers, qu'elles se mettaient alors à aimer d'une « affection bâtarde, plus véhémente que la naturelle ». Il se pliera pourtant lui-même à la coutume et exposera ses nouveau-nés aux périls d'une séparation précoce de leur mère, avec en l'occurrence des conséquences tragiques qui lui arracheront ce soupir : « Ils me meurent tous en nourrice[47]. » Plainte qui permet de nuancer le supposé désintérêt de Montaigne pour ses enfants, souvent allégué parce qu'à un autre endroit des *Essais* il avoue ne plus se souvenir exactement du nombre de ceux qui sont morts ainsi aux mains d'une mère de substitution[48].

Une fois réintégré dans le giron familial, au bout d'un temps difficile à préciser, le petit garçon bénéficia d'un enseignement particulièrement novateur. Quel lecteur des *Essais* ne s'est pris à rêver en découvrant le séduisant tableau que trace leur auteur de sa première éducation ? Éveil matinal au son d'un instrument de musique ; apprentissage du latin comme une langue vivante, parlée par un précepteur allemand spécialement affecté à son service (parfois identifié avec le médecin Horstanus) et jargonnée par ses parents et ses domestiques, si bien qu'à six ans l'enfant n'entendait « non plus de français ou de périgourdin que d'arabesque [d'arabe] » ; initiation au grec « par forme d'ébat et d'exercice[49] ». Son père, écrit-il, avait ramené d'Italie ces méthodes d'enseignement ; elles s'inspiraient surtout des idées diffusées par Érasme dans son célèbre *De pueris instituendis*, relayées par le traité très influent de Jacques Sadolet, le savant évêque de Carpentras, et dont l'esprit allait imprégner également le chapitre de Montaigne sur l'institution des enfants[50].

Toutefois, une fois dissipé le charme prenant de l'évocation de cette formation « en toute douceur et liberté, sans rigueur et contrainte », surgit une question. Non qu'une telle éducation soit incroyable ; certes peu ordinaire, elle n'était pas sans exemple : Henri Estienne, rejeton d'une illustre dynastie d'imprimeurs, jouit dans son enfance de la même méthode directe, le latin étant utilisé par tous autour de lui, y compris par les serviteurs[51]. Ce qui surprend en revanche, dans la narration de Montaigne, c'est l'absence totale de mention de ses frères et sœurs, au point qu'on pourrait avoir l'impression qu'il était enfant unique[52]. Cependant, Thomas et Pierre, nés respectivement un et deux ans après lui, ont sûrement été plongés dans le même bain de latinité. Leur petite sœur Jeanne, de trois ans plus jeune que son aîné, en a sans doute profité, car elle devint bonne latiniste et helléniste : un chroniqueur rapporte qu'un collègue parlementaire de son mari vint proposer à celui-ci, en grec pour n'être pas compris d'elle, une partie de débauche : elle le réprimanda vertement dans cette langue[53].

Alors pourquoi ce silence de Montaigne sur ses frères ? Il est probable que sa mémoire a déformé les faits. S'il se présente comme le seul objet de la sollicitude paternelle, c'est parce que le plan éducatif a été conçu spécialement pour lui, en tant que futur chef de nom et d'armes de la maison ; le sentiment d'en être le principal destinataire a évacué dans son esprit le souvenir de la fratrie. Le poids d'une telle responsabilité a pu lui paraître difficile à porter ; aussi n'en retient-il pas que les résultats bénéfiques. Sous les protestations de gratitude à l'égard du père perce un désaveu à peine caché : ce corps si « tendre et sensible » qui est le sien, ne serait-il pas la conséquence d'une éducation trop molle ? Et tant d'efforts n'eurent-ils pas un résultat décevant, puisque, quand il fut soumis aux méthodes scolaires du collège, fréquenté dès l'âge de six ans, son latin « s'abâtardit incontinent[54] » ?

Pierre Eyquem choisit en effet de l'envoyer au collège de Guyenne, fondé à Bordeaux en 1533 par le corps municipal. Là encore, Montaigne oublie de signaler que ses deux frères cadets y allèrent également[55]. Les jurats avaient appelé en 1534 un principal remarquable, André de Gouvéa, d'origine portugaise, qui avait fait ses preuves dans la direction du collège Sainte-Barbe à Paris. Gouvéa s'entoura de régents de talent : son frère Antoine, le pédagogue et grammairien Mathurin Cordier, l'érudit espagnol Jean Gelida[56]. Il compléta l'équipe enseignante en recrutant des humanistes réputés, dont plusieurs furent en même temps des « précepteurs domestiques » pour Montaigne, c'est-à-dire des répétiteurs qui avaient une chambre où logeaient plusieurs élèves et auxquels les *Essais* rendront hommage : Nicolas Grouchy, auteur d'un savant traité sur les Comices des Romains ; Guillaume Guérente, commentateur d'Aristote ; l'Écossais George Buchanan, historien et poète, qui dédia en 1544 l'un de ses *Carmina* aux trois petits Montaigne [57] ; Marc-Antoine Muret, « que la France et l'Italie reconnaissent pour le meilleur orateur du temps [58] ». Le principalat d'André de Gouvéa à Bordeaux dura jusqu'en mars 1547, date à laquelle il partit avec un certain nombre de ses régents pour l'université de Coïmbre ; il fut remplacé par Jean Gélida.

Montaigne entra au collège de Guyenne en 1539, l'année où y furent engagés Buchanan et le grand pédagogue Élie Vinet, qui deviendrait plus tard le principal du collège. Sa connaissance du latin lui permit de sauter une ou plusieurs classes. Il garda un souvenir mitigé de cette période scolaire ; non sans exagération, il dit en être sorti à treize ans sans aucun fruit qu'il pût mettre en compte [59]. Le chapitre des *Essais* sur l'institution des enfants fait de l'éducation dispensée à domicile par un précepteur particulier une formation bien préférable pour un « enfant de maison ». Montaigne regrette que son père, par souci de bien faire, ait rompu avec son premier projet et se soit laissé « enfin emporter à l'opinion commune » en l'envoyant dans un collège où les méthodes donnaient encore une large part à la mémoire et où la discipline était contraignante. Il a laissé un tableau peu attrayant des collèges en général, selon lui véritables « geôles de jeunesse captive [60] ». Tel n'était certainement pas le cas de celui de Guyenne, dont les maîtres partageaient une même ouverture d'esprit et une même culture érasmienne, ce qui leur valut d'ailleurs d'être soupçonnés de sympathie pour la Réforme protestante. Marc-Antoine Muret fut inquiété à plusieurs reprises et même brûlé en effigie à Toulouse avant de renouer avec l'orthodoxie et de trouver refuge à Rome, où il gagna une réputation européenne d'orateur ; d'autres se convertirent, tels Mathurin

Cordier, parti pour Genève vraisemblablement peu avant la sco-
larisation de Montaigne, Nicolas Grouchy, mort à La Rochelle en
1572, et George Buchanan, devenu par la suite un ardent propa-
gandiste de la Réforme en Écosse. Toutefois, malgré la valeur de
l'enseignement dispensé au collège de Guyenne, « c'était toujours
collège ». Montaigne aurait même pu, soutient-il, y prendre les
livres en horreur si l'un de ses précepteurs (lequel ?) n'avait eu
l'intelligence de le laisser se plonger à la dérobée dans les *Métamorphoses* d'Ovide, l'*Énéide* de Virgile et les comédies de Plaute
et de Térence, dans des versions non expurgées, semble-t-il, qu'il
savourait grâce à sa parfaite connaissance du latin. Il eut plaisir
aussi à tenir des rôles dans les pièces de théâtre qu'on faisait
interpréter aux élèves ; à l'en croire, il possédait « une assurance
de visage et souplesse de voix et de geste » qui lui permirent d'incarner des personnages dans les tragédies latines de Buchanan, de
Guérente et de Muret, représentées au collège[61].

En affirmant avoir terminé sa période scolaire à treize ans,
Montaigne n'entendait probablement pas se référer à sa sortie
hors des murs du collège, car les élèves désireux de continuer
leurs études y restaient pour suivre des cours de philosophie
dans le cadre de la « faculté des Arts », préparatoire aux facultés
spécialisées de droit, de médecine ou de théologie[62]. Il aurait
entamé ce cycle de deux ans en 1546 ; c'est à ce moment-là qu'il
a dû recevoir l'enseignement de Marc-Antoine Muret et avoir
un rôle dans sa tragédie *Julius Cæsar*, jouée en 1547. L'enseignement fut interrompu lors de la révolte contre la gabelle en
août 1548, mentionnée plus haut ; cependant, à cette date, Montaigne venait de quitter définitivement le collège de Guyenne.

Les années obscures

On perd ensuite complètement la trace de l'auteur des
Essais jusqu'en 1555 ou 1556. Une chose paraît certaine : la

compétence qu'il déploiera une fois devenu conseiller au parlement de Bordeaux suggère qu'il a fait des études juridiques.
Mais où ? Sans doute pas à Paris, qui ne possédait pas de
faculté de droit. Le plus plausible est que ce fut à Toulouse, où
résidait la famille de son grand-père maternel et où son oncle
Pierre Eyquem de Gaujac avait étudié[63]. La faculté toulousaine
était réputée ; des magistrats éminents, tels Henri de Mesmes,
Guy du Faur de Pibrac et Paul de Foix la fréquentèrent et
devinrent des amis de Montaigne. Celui-ci, dans une anecdote
illustrant la force de l'imagination, s'est dépeint jeune adolescent chez « un riche vieillard pulmonique » auquel, selon
la théorie d'un médecin, la vue de son visage frais et joyeux
aurait dû rendre la santé ; une addition de l'édition de 1595
précise que cela se passa dans la capitale languedocienne[64]. Il
y retournera plus tard, car il raconte avoir assisté en 1560 au
curieux procès d'un imposteur qui avait usurpé pendant huit
ans l'identité d'un paysan nommé Martin Guerre, trompant
jusqu'à la femme de ce dernier, affaire rendue célèbre par
le commentaire que l'un des juges, le juriste Jean de Coras,
publia en 1561[65].

Il est permis de penser que l'orientation vers un cursus de
droit, préalable à une carrière dans une cour de justice, a été
voulue par son père. Pierre Eyquem ne pouvait que constater le
prestige des parlementaires à Bordeaux ; son entourage familial
l'y incitait, puisque les Eymar, cousins de sa femme, son frère
Raymond de Bussaguet et le beau-père de celui-ci, Geoffroy de
La Chassaigne, faisaient partie du Parlement. Les conseillers
des cours souveraines revendiquaient une noblesse coutumière
acquise au bout de trois générations, que le roi légaliserait par
l'édit sur les tailles de 1600. Des alliances se nouaient entre les
membres les plus importants de la cour bordelaise, dont certains
étaient d'ailleurs de noblesse ancienne, et les gentilshommes
d'épée ; la famille des Belcier, établie au Parlement depuis le
début du siècle et au sein de laquelle Blanquine Eyquem, sœur

de Pierre, avait trouvé un époux, comptait des mariages avec les lignées aristocratiques des Polignac ou des Lubéac[66]. Montaigne a donc pu se sentir dirigé vers la magistrature par les souhaits paternels. Il le suggérera plus tard, en évoquant les voies conduisant aux « occupations publiques » : « Enfant, on m'y plongea jusques aux oreilles, et il succédait [cela réussissait] : si m'en dépris-je de belle heure[67]. » Le « on » suggère bien une pression familiale, de même qu'une sourde réticence de l'intéressé…

Une éducation juridique toulousaine n'était pas incompatible avec une formation plus littéraire, qui pourrait avoir été suivie à Paris. Montaigne eut l'occasion d'y aller plusieurs fois ; en 1551, par exemple, il a pu accompagner son oncle Raymond Eyquem, seigneur de Bussaguet, chargé par le Parlement d'une mission à la Cour. Il a certainement fréquenté le prestigieux Collège royal fondé en 1530 par François Ier. Cette institution n'avait pas de locaux propres ; les lecteurs royaux devaient enseigner dans les murs des collèges existants. Les leçons étaient publiques et ne débouchaient pas sur la collation de grades. Le jeune étudiant y aurait écouté les cours d'André Turnèbe, successeur en 1547 de Jacques Toussaint dans la chaire de grec ; il a loué en lui « le plus grand homme qui fut il y a mille ans[68] ». Il profita aussi de l'enseignement médical de Jacques Dubois, dit Sylvius, entré au Collège en 1553, qu'il entendit un jour exposer les meilleures méthodes pour éviter que l'estomac ne devienne paresseux[69]. De nombreux achats de livres datent de ces années-là : l'*Éphéméride* de Beuther, où il notait les événements familiaux, paru en 1551 ; des œuvres de la littérature latine acquises chez le libraire parisien Michel Vascosan, dont l'atelier servait de lieu de rencontre pour les érudits. Il est possible également que George Buchanan ait introduit son ancien élève dans son cercle d'amis, composé de poètes néolatins parmi lesquels figuraient, outre Turnèbe, Jean Dorat, le maître du jeune Ronsard, Théodore de Bèze, qui succéderait à Calvin à Genève, Michel de L'Hospital, le futur chancelier, et Paul de Montdoré, savant mathématicien.

Montaigne citera plus tard tous ces noms en louant leur savoir poétique et dédiera à L'Hospital les poèmes de La Boétie ; c'est probablement en leur compagnie qu'il commença lui-même à versifier en latin, expérience assez vite abandonnée[70].

Ses études ne furent pas si assidues qu'elles ne lui aient laissé le temps de courir après les plaisirs et de s'amuser, quand il revenait chez lui, avec les jeunes aristocrates du voisinage. Dans le chapitre sur l'affection des pères aux enfants, il relate un souvenir plaisant, apparemment antérieur à son entrée en magistrature ou du moins à son mariage. Il fut « autrefois », raconte-t-il, familier de la maison d'un vieux gentilhomme, dans lequel Florimond de Raemond, son successeur dans la charge de conseiller au parlement de Bordeaux, a reconnu Jean de Lusignan, sénéchal de l'Agenais[71]. Ce personnage avait trois filles à marier et un fils « déjà en âge de paraître », dont les divertissements bruyants, avec leurs amis, troublaient la quiétude paternelle ; le patriarche avait en effet, « à cause de l'âge, pris une forme de vie fort éloignée de la nôtre ». « La nôtre » ? Voilà un pronom possessif qui englobe Montaigne dans la joyeuse bande. Ce fut lui qui imagina la solution : il osa dire au père qu'il lui « siérait mieux de nous faire place, et de laisser à son fils sa maison principale (car il n'avait que celle-là de bien logée et accommodée), et se retirer en une sienne terre voisine, où personne n'apporterait incommodité à son repos, puisqu'il ne pouvait autrement éviter notre importunité, vu la condition de ses enfants. Il m'en crut depuis, et s'en trouva bien[72] ». Aux jeunes le confort matériel requis par leurs jeux, au vieux père la paix d'un retrait à l'écart...

Est-ce de ce temps que datent ces « étroits baisers de la jeunesse, savoureux, gloutons et gluants », que Montaigne évoque avec gourmandise dans le chapitre sur les senteurs parce qu'ils imprégnaient longtemps sa moustache de leur odeur[73] ? Ou encore les lettres enflammées qu'il écrivait aux dames et qui pourraient, assure-t-il, servir de modèle à tous les amoureux si elles avaient été conservées ? Peut-être est-ce à cette période

qu'apparurent deux atteintes, « légères toutefois et préambu-
laires », d'un mal — la syphilis ? — dû à ce qu'il appelle « les
erreurs de [sa] jeunesse » ; non qu'il ait beaucoup goûté les
amours vénales, mais il était de ceux « en qui le corps peut
beaucoup » et il dut s'appliquer à tempérer l'ardeur amoureuse
qui l'avait saisi, confesse-t-il, à un âge très tendre[74].

La passion pour la liberté qu'il commençait à ressentir était
néanmoins bridée par le manque de ressources personnelles.
Montaigne déclare avoir vécu pendant près de vingt ans sans
« autres moyens que fortuits, et dépendant de l'ordonnance et
secours d'autrui » ; or il avait des goûts dispendieux : « J'aimais
à me parer [...] et me seyait bien[75]. » Si la bourse de ses amis
s'ouvrait volontiers pour lui, le souci de les rembourser lui pesait.
« Je ne fus jamais mieux[76] », soutient-il pourtant. Voire... Des
commentateurs n'ont pas manqué de déceler quelque acrimonie
dans le huitième chapitre du livre II, où il se plaint que les lois
permettent aux pères de conserver la pleine possession de leurs
biens sans en ouvrir l'accès à leurs jeunes fils, alors que ceux-ci
sont désireux de « paraître et de jouir du monde[77] ». Pour sa
part, il dut attendre d'avoir trente-deux ans pour recevoir de
Pierre Eyquem, à son mariage, le quart des revenus de tous les
domaines (sans y comprendre le château) et trente-cinq ans pour
avoir la pleine possession de la seigneurie.

Cette situation suggère l'existence de quelques tensions dans
la relation entre le père et le fils. Montaigne a fait état d'une
précoce déception paternelle : « Celui qui me laissa sa maison en charge pronostiquait que je la dusse ruiner, regardant
à mon humeur si peu casanière[78]. » Craintes indéniablement
excessives ; quand il les mentionne, l'héritier de Pierre Eyquem
précise qu'il a transmis la « maison » telle qu'il l'a reçue, « sinon
un peu mieux ». Cependant il a admis le peu de goût qu'il avait
pour l'administration du domaine et notamment son renonce-
ment à tenir comme son géniteur un journal où seraient réperto-

riés tous les détails de sa gestion[79] ; le *Mémorial des affaires de feu
Messire Michel de Montaigne, après le décès de Monsieur son père*,
dont on n'a retrouvé que la couverture en vélin, ne contenait
apparemment qu'un état des comptes en 1568. Certains passages
des *Essais* accentuent à dessein l'incompétence supposée de leur
auteur, qui aurait peiné à différencier un chou d'une laitue et
n'aurait su ni compter, ni reconnaître la plupart des monnaies,
ni savoir distinguer les diverses variétés de grains ou de fruits[80] :
exagération calculée qui révèle le rejet du modèle de parfait gentilhomme campagnard qu'aurait voulu lui imposer son père. Le
premier testament de Pierre Eyquem, en 1561, trahit en effet ses
doutes au sujet de son aîné, si loin d'être le bon ménager dont il
avait rêvé. Il y répartit ses terres entre ses fils et précise : « Veux
aussi que damoiselle Antoinette de Louppes, ma femme […]
soit dame et usufruiteresse de tous et chacun mes biens, en les
gouvernant comme un bon père de famille et en entretenant,
nourrissant et pourvoyant nos enfants et filles selon la portée
de nos biens[81]. » Il accordait donc plus de confiance aux talents
de gestionnaire de sa femme qu'à ceux de ses fils majeurs, qui
se trouvaient de ce fait, y compris Michel, sous le contrôle de
leur mère.

Ces dispositions, on l'a vu, devaient être corrigées dans le testament de 1567 ; pourtant elles ont laissé des traces, perceptibles
dans le portrait du père consigné dans les *Essais*, où la tendre
admiration se colore d'ironie. Par la multiplication même des
éloges, Montaigne creuse la distance qui le sépare de Pierre
Eyquem. Celui-ci avait des qualités d'athlète hors du commun :
adonné à des exercices physiques exigeants, il était capable, à
plus de soixante ans, de sauter par-dessus une table en prenant
appui sur son pouce et de grimper dans sa chambre en sautant
trois ou quatre marches à la fois. Son fils, en un contraste délibéré, se présente sans aucune habileté corporelle, maladroit « à la
danse, à la paume, à la lutte […] à nager, à escrimer, à voltiger et
à sauter […] », ne sachant « ni équiper un cheval de son harnais,

ni porter à poing un oiseau et le lâcher, ni parler aux chiens, aux oiseaux, aux chevaux[82] ». Le père avait réussi à se garder vierge jusqu'au mariage ; il faisait preuve d'une parfaite courtoisie et d'une loyauté irréprochable ; il se distinguait par sa conscience et son scrupule religieux — mais son fils ajoute : « penchant plutôt vers la superstition que vers l'autre bout[83] ». Il aimait à recevoir chez lui des hommes doctes : par exemple, dans les années 1540, l'humaniste Pierre Bunel, qui remit à son hôte un exemplaire de la *Theologia naturalis* du Catalan Raymond Sebond, ou encore, en 1555, John Rutherford, qui rédigea pendant son séjour l'épître liminaire de son savant traité sur l'art de la rhétorique (publié à Paris deux ans plus tard). Montaigne s'amuse de la considération dévotieuse qu'avait son père pour les savants hébergés au château : il les traitait « comme personnes saintes et ayant quelque particulière inspiration de sagesse divine, recueillant leurs sentences et leurs discours comme des oracles, et avec d'autant plus de révérence et de religion qu'il avait moins de loi [possibilité] d'en juger, car il n'avait aucune connaissance des lettres, non plus que ses prédécesseurs ». Et Montaigne de commenter lapidairement : « Moi, je les aime, mais je ne les adore pas[84]. » La culture de Pierre Eyquem n'était peut-être pas aussi lacunaire que le laisse entendre son fils ; une épigramme latine signée par lui a été publiée en 1512 dans un recueil de pièces poétiques[85]. Tout cela laisse deviner les réserves éprouvées par Montaigne à l'égard de l'idéal de vie que son père rêvait de lui voir adopter.

Enfin établi

Après cette longue période d'études entrecoupées de plaisirs, l'occasion s'ouvrit enfin de faire entrer Michel de Montaigne dans une carrière honorable : en 1554 fut érigée à Périgueux une cour des aides, institution qui jugeait le contentieux fiscal en dernier ressort. Cette innovation suscita des résistances tant de la part du parlement de Bordeaux que des cours des aides de Paris et de Montpellier ; les édiles de Périgueux en obtinrent cependant la confirmation en s'engageant à verser au roi 50 000 écus pour la finance des nouveaux offices créés et à y placer des hommes de valeur. Une quinzaine de charges furent ainsi mises sur le marché. Pierre Eyquem de Gaujac, oncle de Montaigne, en acquit une, vraisemblablement dans l'intention de la transmettre à son neveu : il la lui résigna en effet en 1555 ou 1556. L'installation officielle de la jeune cour eut lieu le 29 novembre 1554[86]. Sa longévité fut courte : un édit de mai 1557 l'abolit et décida sa translation au parlement de Bordeaux. La mesure, comme on le verra, rencontra l'hostilité des parlementaires. Intégrés d'abord dans une chambre des requêtes mal acceptée et que le roi dut supprimer, les anciens officiers de Périgueux se virent finalement répartis en novembre 1561 entre les deux chambres des enquêtes de la cour bordelaise[87]. Montaigne siégea dans la première ; il allait y avoir comme collègue Étienne de La Boétie, avec lequel il noua une profonde amitié. Il assuma ses tâches de magistrat jusqu'à ce qu'il cède son office en juillet 1570.

Restait à lui trouver une épouse. Le mariage était une affaire qui se négociait au terme de tractations familiales où le sentiment comptait moins que le souci de consolider une ascension sociale, de renforcer la chaîne des parentèles et d'engendrer une descendance. « On ne se marie pas pour soi, quoi qu'on dise ; on se marie autant ou plus pour sa postérité, pour sa famille », dira Montaigne[88]. En l'occurrence, il se conforma à la coutume, bien que, à l'en croire, s'il eût suivi son penchant secret il eût « fui d'épouser la sagesse même ». Il se laissa donc marier : « Toutefois je ne m'y conviai pas proprement, on m'y mena, et y fut porté par des occasions étrangères[89]. »

À qui fait allusion ce « on » ? Sans doute aux chefs respectifs des familles Eyquem et La Chassaigne, entre lesquelles des liens avaient déjà été tissés, on l'a dit, par le mariage de Raymond

Eyquem, seigneur de Bussaguet et frère de Pierre Eyquem, avec Adrienne, fille de Geoffroy de La Chassaigne. La mort d'Adrienne, suivie de celle de Raymond en juin 1563, fragilisait l'union entre les deux lignées ; un nouveau mariage devait la restaurer[90]. L'essentiel était de constituer un système d'alliances suffisamment riche pour asseoir la domination, parer aux éventuels revers de fortune et saisir les occasions de conquérir dignités et honneurs. Il suffit de jeter un coup d'œil au tableau de la parentèle des La Chassaigne pour mesurer combien leur réseau s'était augmenté par des mariages répétés entre les familles qui le composaient[91].

Le 22 septembre 1565 fut signé le contrat de mariage entre Michel de Montaigne et Françoise de La Chassaigne, petite-fille du patriarche Geoffroy, second président au parlement de Bordeaux, et fille de Joseph, conseiller dans cette même cour. L'épouse, âgée de vingt ans alors que son mari en avait trente-deux, apportait 7 000 livres de dot, somme considérable, dont 4 000 à payer dans les six mois suivant le mariage et 3 000 quatre ans plus tard ; en attendant que cette dette soit acquittée, Joseph de La Chassaigne devait verser à son gendre des intérêts à 7,5 % par an[92]. L'année suivante, en 1566, l'alliance entre les Eyquem et les La Chassaigne fut encore resserrée par le mariage de Thomas, frère de Montaigne, avec Jacquette d'Arsac, belle-sœur de Louise de La Chassaigne, elle-même tante de Françoise. Ladite Jacquette, par ailleurs, était la belle-fille d'Étienne de La Boétie…

La famille à laquelle s'alliait Montaigne s'était illustrée dans la magistrature[93]. À la différence des Eyquem, elle avait voulu étayer son anoblissement par l'acquisition d'une lettre de noblesse : le bisaïeul de Françoise, Jean, procureur général au parlement de Bordeaux, en obtint une, enregistrée en novembre 1517 à la chambre des comptes de Paris moyennant 160 écus d'or[94]. Geoffroy de La Chassaigne, grand-père de Françoise, fit une brillante carrière au Parlement, contrariée cependant par la révolte bordelaise contre la gabelle de 1548, qui lui valut d'être destitué de sa charge de président pour n'avoir pas incité plus énergiquement ses collègues à la sévérité ; bien qu'ayant été acquitté, il ne fut réintégré officiellement dans sa présidence qu'en 1560. Il avait épousé en premières noces Catherine de Lescours, d'une famille alliée aux Lur et aux Ségur ; il était « soudan » de Pressac, ancien titre en droit bordelais correspondant à celui de baron[95]. Son fils Joseph obtint lui aussi une présidence du Parlement en octobre 1568 et y fut installé en juillet de l'année suivante.

Le mariage de Michel de Montaigne et de Françoise de La Chassaigne résulta donc d'un arrangement entre deux familles qui cherchaient à consolider leur alliance. Faut-il en déduire qu'il fut sans amour ? Montaigne, dans un passage des *Essais*, a ridiculisé d'avance les efforts que feront ensuite de nombreux commentateurs pour tenter de résoudre cette insoluble question : « Qui pour me voir une mine tantôt froide, tantôt amoureuse envers ma femme, estime que l'une ou l'autre soit feinte, il est un sot[96]. » Les indications qu'il a pu laisser sont ambiguës. Quand il publia la *Lettre de consolation de Plutarque à sa femme*, dans la traduction de La Boétie, comprise dans les *Œuvres* de son ami éditées à Paris en 1571, il la fit précéder d'une lettre à Françoise, datée du 10 septembre 1570, qui évoque la perte de leur première fille, Thoinette ; il s'y élève contre le préjugé du temps selon lequel un galant homme ne devrait pas être amoureux de son épouse : « Vivons, ma femme, vous et moi, à la vieille [mode] française[97] » ; en d'autres termes, aimons-nous sans nous soucier du qu'en dira-t-on. Toutefois, cette épître dédicatoire a un statut éminemment rhétorique ; elle n'empêche pas son auteur d'exprimer ailleurs l'opinion que l'amour n'a rien à voir avec le mariage, dont le but est surtout de perpétuer la lignée. Le plaisir sexuel est à chercher en dehors de ces liens sacrés ; en « chatouillant trop lascivement » une épouse, on risque de la dévergonder[98]. Pourtant, dans le chapitre sur la modération, Montaigne se plaint que les théologiens, par des préceptes rigoureux dont il admet du bout des lèvres la pertinence, brident excessivement « l'amitié que nous portons à nos femmes » ; la chasteté dans le mariage est recommandable, mais jusqu'à un certain point[99]... Voilà qui permet de suspecter d'ironie facétieuse les confidences qu'il aurait faites à Florimond de Raemond, son successeur au parlement de Bordeaux ; ce dernier affirme en effet, en parlant des *Essais* : « J'ai ouï dire souvent à [leur] auteur qu'encore que plein d'amour, d'ardeur et de jeunesse il eût épousé sa femme très belle et bien aimable, si est-ce qu'il s'était jamais joué avec elle qu'avec le respect de cet honneur que la couche maritale requiert, sans avoir oncques vu à découvert que la main et le visage, non pas même son sein, quoique parmi les autres femmes il fut extrêmement folâtre et débauché[100]. »

Montaigne a affirmé qu'il avait « en vérité plus sévèrement observé les lois de mariage [qu'il] n'avait ni promis ni espéré[101] ». Faut-il l'en croire ? Autre question impossible à trancher ! Françoise de La Chassaigne dut cependant éprouver des soupçons. On devine une surveillance conjugale pesante dans l'allusion, narquoisement admirative et quelque peu nostalgique, que fait le chapitre *Des cannibales* à la polygamie des Indiens du Brésil et aux qualités de leurs épouses : « C'est une beauté remarquable en leurs mariages, que la même jalousie que nos femmes ont pour nous empêcher de l'amitié et bienveillance d'autres femmes, les leurs l'ont toute pareille pour la leur acquérir. Étant plus soigneuses de l'honneur de leurs maris que de toute autre chose, elles cherchent et mettent leur sollicitude à avoir le plus de compagnes qu'elles peuvent, d'autant que c'est un témoignage de la vertu du mari. Les nôtres crieront au miracle ; ce ne l'est pas : c'est une vertu proprement matrimoniale, mais du plus haut étage[102]. » Quant à la fidélité de Françoise, certains biographes l'ont parfois mise en doute, sans argument vraiment convaincant ; on trouva en effet dans son coffre, après le décès accidentel en 1568 de son jeune beau-frère Arnaud, une chaîne d'or qu'Antoinette de Louppes avait donnée à ce dernier. Selon le roman parfois échafaudé à partir de ce faible indice, la chaîne aurait été un gage d'amour offert par Arnaud à Françoise... Elle fut restituée à Antoinette le 23 mai 1569 par acte notarié[103].

Désormais pourvu d'une charge honorable, marié et prêt à perpétuer la maison, Michel de Montaigne avait suffisamment rassuré son géniteur pour que celui-ci efface, dans le testament de 1567, les traces de ses premières inquiétudes. Pourtant, sous son apparente soumission, l'héritier du nom et des armes de Montaigne avait probablement déjà manifesté bien des signes d'indépendance d'esprit et de réticence à se laisser conduire. Cette propension à l'indocilité combattait en lui le vif désir de complaire à un père qu'il admirait malgré les limites qu'il percevait en lui ; elle se heurtait aussi au sentiment de sa responsabilité d'aîné, « à qui l'honneur de la maison est en charge[104] ». Le moyen de triompher de ces contradictions intimes sans briser les liens qui le rattachaient à l'histoire familiale ne lui apparaissait encore qu'obscurément ; tout l'amenait à se conformer au projet paternel et aux pressions de la parentèle. Il s'engagea donc dans une voie qu'il n'avait pas choisie et qu'il allait bientôt qualifier de « servitude » ; il tint malgré tout à la suivre scrupuleusement jusqu'à la mort de Pierre Eyquem.

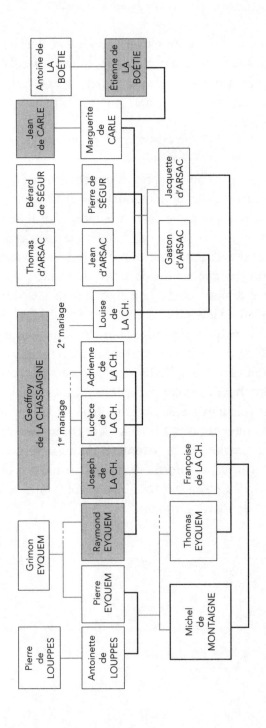

Le réseau de parentèles des La Chassaigne

En maigre : les filiations. En gras : les mariages. En cellules grisées : le statut de magistrat

II

SERVITUDES PARLEMENTAIRES
ET AULIQUES

On se souvient que Montaigne, au moment où il décida de se retirer dans son château, en 1571, fit peindre sur un des murs du cabinet attenant à sa bibliothèque une phrase latine expliquant les motifs de son choix. Une partie des mots employés a parfois été traduite de façon édulcorée ; il est donc nécessaire d'y revenir brièvement. Rappelons-en l'essentiel : Montaigne se dit « *pertæsus* » (dégoûté, excédé) par deux réalités bien distinctes. Il qualifie la première de « *servitii aulici* ». Le terme *aulici* est dérivé de *aula*, qui ne peut en aucun cas se rapporter à la cour de parlement, comme on l'a souvent cru ; il s'agit plutôt de la Cour royale, dans laquelle on s'expose à une *servitude* — le sens de *servitium* dépasse en effet beaucoup en vigueur le vocable français *service*. L'expression « servitude des Cours » se rencontre d'ailleurs dans les *Essais* à propos des « cérémonies » mondaines et correspond à un lieu commun très répandu dans la littérature morale du temps[1]. L'autre objet du dégoût de Montaigne concerne les charges publiques (*munerum publicorum*), cette fois, sans ambiguïté possible, celles que Montaigne a occupées à la cour des aides de Périgueux puis au sein du parlement de Bordeaux.

Bien qu'il mentionne ces charges en seconde position, il est préférable de commencer par les décrire, car elles ont constitué le fil directeur de son existence entre 1556 et 1570 ; son expérience de la cour du roi a été intermittente et n'a suscité dans son esprit qu'une tentation obsédante difficilement conjurée. Dans les deux cas, il s'agit de comprendre pourquoi il a ressenti cette période de sa vie comme un assujettissement contraire à son irrépressible goût pour la liberté.

Les années de magistrature

L'entrée de Montaigne en magistrature fut assez mouvementée. Son oncle, Pierre Eyquem de Gaujac, avait acheté, on l'a dit, une charge de conseiller à la cour des aides érigée à Périgueux en 1554 ; il l'a transmise à son neveu en 1555 ou 1556 — la date précise est ignorée — avec une dispense d'âge pour ce dernier[2]. Montaigne n'a pas exercé très longtemps dans cette ville ; peut-être même n'a-t-il pas été très assidu, car la jeune cour a dû lui paraître dès le début promise à un avenir bien incertain : les protestations du parlement de Bordeaux et des cours des aides de Paris et de Montpellier, dont les ressorts se trouvaient amoindris, furent telles que le roi dut se résoudre à la supprimer, en mai 1557, et décider que ses membres seraient incorporés au Parlement bordelais.

De nouvelles difficultés surgirent aussitôt ; le Parlement n'était pas prêt à obtempérer et émit de vigoureuses récriminations. Le gouvernement royal recula et imagina alors une solution bâtarde, dont l'échec était prévisible : par l'édit de septembre 1557, il ordonna d'accueillir les nouveaux venus dans une chambre des requêtes du palais — à ne pas confondre avec les requêtes de l'Hôtel, tribunal des maîtres des requêtes — dont la création, décrétée en 1543, n'avait pas encore été mise en œuvre. Cette chambre devait s'adjoindre à celles qui existaient déjà au parlement de Bordeaux : la grand-chambre, la plus prestigieuse, qui jugeait en dernier ressort et présidait, lors des assemblées plénières, à l'enregistrement des actes royaux ; les deux chambres des enquêtes, qui instruisaient les affaires et préparaient les arrêts ; enfin la tournelle, qui s'occupait des crimes, ainsi appelée parce que les magistrats des autres chambres y siégeaient à tour de rôle[3]. La nouvelle chambre, instituée sous le titre de « cour des aides et chambre des requêtes du palais de Bordeaux », possédait un statut spécial, puisque ses membres, en sus de l'accueil des requêtes des justiciables et du jugement en première instance des causes de certains privilégiés, conservaient pour la Guyenne leur ancienne compétence en matière de contentieux fiscal, ce qui leur valait des gages annuels de 500 livres, supérieurs à ceux des magistrats des enquêtes qui n'en percevaient que 375 — à quoi s'ajoutaient, pour les uns comme pour les autres, des épices, taxes accordées aux rapporteurs de chaque affaire traitée.

On devine que cette différence de salaire ne pouvait que provoquer l'animosité contre les arrivants ; il faut préciser qu'au moins deux d'entre eux étaient protestants, ce qui accrut la méfiance[4]. Ils furent soumis, dès leur installation officielle, le 3 décembre 1557, à une série de vexations. Le président en exercice de la grand-chambre, Christophe de Roffignac, contesta leurs attributions financières, restreignit l'ampleur de leur juridiction et surtout leur refusa l'accès aux séances plénières avec les autres chambres[5]. Du fait de cette marginalisation systématique subie par la chambre des requêtes nouvellement créée, on a pu soutenir avec raison que Montaigne n'a pas vraiment fait partie du parlement de Bordeaux avant novembre 1561, date à laquelle les anciens officiers de Périgueux, après la suppression de la chambre controversée, furent purement et simplement incorporés de force dans les deux chambres des enquêtes existantes[6]. Là encore, cela ne se passa pas sans difficulté. L'édit d'août 1561 prescrivant cette suppression et cette incorporation souleva de si vives remontrances qu'il fallut des lettres royales de « jussion », le 20 septembre, pour obliger le Parlement à l'enregistrer ; il obtempéra de mauvaise grâce le 13 novembre[7]. Montaigne fit partie des huit conseillers admis dans la première des deux chambres des enquêtes. Il y devint le collègue d'Étienne de La Boétie et de Joseph d'Eymar, son parent par sa mère[8]. Figuraient aussi dans d'autres chambres son oncle Raymond Eyquem de Bussaguet (jusqu'à la mort de celui-ci en 1563), son beau-frère Richard de Lestonnac, époux de sa sœur Jeanne, et son futur beau-père, Joseph de La Chassaigne, fils du président Geoffroy.

Les gages des nouveaux conseillers étaient cette fois alignés sur ceux de leurs collègues. Mais l'introduction d'un effectif aussi important, alors que le nombre des affaires jugées n'augmentait pas dans les mêmes proportions, signifiait une concurrence accrue pour se répartir les plus avantageuses. La résistance se traduisit, dès le lendemain de l'incorporation autoritaire, par un conflit révélateur du poids symbolique des signes extérieurs de prééminence. Le 14 novembre 1561, le conseiller Sarran de Lalanne, qui avait été reçu au Parlement deux ans après la création de la chambre des requêtes, réclama la préséance sur les nouveaux venus. Or ce fut Michel de Montaigne que ceux-ci élurent pour exprimer leur défense : choix qui traduit sans doute la réputation de bon orateur qu'il avait déjà réussi à acquérir auprès d'eux. Montaigne s'efforça de démontrer que dès 1557 ils appartenaient au « corps de la cour » et devaient donc précéder Sarran de Lalanne, installé deux ans plus tard[9]. Argumentation inacceptable pour les anciens conseillers du Parlement : c'eût été admettre que la chambre des requêtes supprimée avait réellement fait partie de la cour bordelaise[10]. Le jugement trancha, sans surprise, en faveur de Sarran de Lalanne. Tout cela donne une idée des conditions difficiles dans lesquelles Montaigne dut commencer à exercer à Bordeaux. Toutefois, le crédit de ses parents au Parlement et l'appui de La Boétie, magistrat expérimenté de deux ans et demi plus âgé que lui, finirent par le faire accepter et lui permettre de se consacrer à sa fonction.

En quoi le travail dans une chambre des enquêtes consistait-il ? Les procès jugés provenaient le plus souvent d'appels issus des cours inférieures — tribunaux de sénéchaussées ou bien présidiaux érigés en 1552. Pour chacun de ces procès était nommé un rapporteur qui s'informait de l'objet de la querelle, prenait connaissance des arguments des parties et examinait les pièces justificatives. Ce magistrat faisait ensuite un rapport devant la cour, puis, quand celle-ci avait délibéré, il notait la décision prise, le nom du président qui y apposait sa signature, la liste des conseillers présents et le montant des épices qui lui revenaient. Le jugement ne devenait cependant définitif qu'après l'aval de la grand-chambre ; il n'était alors plus susceptible d'appel, le Parlement étant une cour souveraine qui jugeait en dernier ressort.

Des historiens ont retrouvé quarante-sept arrêts du parlement de Bordeaux dont Montaigne a été le rapporteur, échelonnés entre le 17 décembre 1562 et le 14 août 1567, dont dix ont été rédigés de sa main[11]. Son nom apparaît aussi fréquemment parmi les conseillers qui ont simplement délibéré sur une affaire. Ces traces de son activité suffisent à récuser l'image trop longtemps reçue d'un magistrat nonchalant qui aurait montré peu de zèle pour sa tâche ; Montaigne a été un conseiller régulier, remplissant avec sérieux ses obligations[12]. Il possédait dans sa bibliothèque un répertoire des coutumes de Guyenne, indispensable pour juger dans une province où la domination du droit écrit n'invalidait nullement le droit coutumier, auquel d'ailleurs il a avoué son attachement[13].

Il est parfois difficile de se faire une idée de la nature exacte des litiges sur lesquels il a eu à faire un rapport, notamment quand le jugement se bornait à infirmer l'appel sans autre précision. Le plus souvent, il s'agissait de transactions commerciales, de droits seigneuriaux ou de contrats de métayage et de fermage contestés, d'héritages controversés, de rentes non acquittées ; un cas porte même sur un bénéfice ecclésiastique disputé. Les épices perçues par Montaigne en tant que rapporteur étaient très variables ; elles s'échelonnaient ordinairement entre 4 et 8 écus, avec un exemple exceptionnel de 20 écus à propos d'une dissension entre deux religieux. Ces sommes pouvaient être augmentées d'une taxe supplémentaire quand il assumait le rôle de commissaire, chargé de recueillir « les dires desdites parties ».

Si répétitif que fût ce travail, il a sans doute contribué à façonner la réflexion de Montaigne. L'écoute des versions contradictoires des justiciables ne pouvait que lui faire mesurer la relativité de la vérité et la fragilité de la parole d'autrui ; plusieurs fois, dans les *Essais*, il se plaira à exposer les versants antagonistes d'un même argument. « Il n'y a raison qui n'en ait une contraire », écrira-t-il dans la phrase qui ouvre le chapitre 15 du deuxième livre ; il fera du reste peindre cette maxime, empruntée au philosophe grec Sextus Empiricus, sur l'une des solives de sa « librairie ». Plus généralement, sa compétence de rapporteur a pu l'aider dans le projet qu'il s'était fixé : enregistrer ses pensées et ses rêveries, les « mettre en rôle[14] ».

En tant que conseiller au parlement, Montaigne eut à participer à diverses activités incombant à la cour. Au début de 1565, il prépara avec des collègues l'accueil à réserver au roi Charles IX et à sa mère Catherine de Médicis, qui devaient s'arrêter à Bordeaux au printemps avant d'aller à Bayonne retrouver leur sœur et fille Élisabeth, reine d'Espagne, accompagnée du duc d'Albe ; le 24 janvier, il proposa d'ordonner les harangues qui seraient adressées au roi autour du thème du bon gouvernement, idéal souvent évoqué lors des entrées royales ; il insista notamment sur la nécessité de réformer la justice[15]. Selon l'édit royal du 2 mai 1565, il fut désigné, avec huit autres conseillers, pour faire partie de l'une des deux chambres extraordinaires créées à Saintes et à Périgueux, vraisemblablement dans le but de mettre en place la paix après la première guerre civile[16]. La chambre où il fut envoyé siégea à Saintes ; ce fut pour lui l'occasion de connaître Henri de Mesmes, grand magistrat parisien chargé de présider cette instance, à moins qu'il ne l'ait déjà rencontré à Toulouse — s'il y a bien poursuivi des études juridiques — où de Mesmes, né un peu avant lui, en 1531, avait fréquenté dans sa jeunesse la faculté de droit. C'est à ce haut personnage qu'il dédiera, le 30 avril 1570, une lettre destinée à servir de préface à son édition des *Règles de mariage* de Plutarque traduites par La Boétie[17].

Montaigne a aussi été amené à officier à la tournelle, en novembre 1567, pour une durée d'un an[18]. Puis, de 1568 à 1569, il fit de nouveau partie de la première chambre des enquêtes, mais aucun arrêt rapporté par lui pendant cette année n'a été identifié. Ses services le qualifiaient assurément pour accéder à la grand-chambre. Le 14 novembre 1569 son nom, avec celui de trois autres conseillers, fut proposé pour cette promotion, puis finalement rejeté parce que son beau-frère, Richard de Lestonnac, siégeait dans la grand-chambre[19]. Le Parlement essayait en effet d'éviter la formation de clans familiaux au sein d'une chambre, argument souvent invoqué par les plaideurs pour récuser les magistrats liés par la parenté à leurs adversaires. On peut toutefois s'interroger sur la validité de cet argument opposé à Montaigne, tant la cour bordelaise était peuplée de familles unies par des intermariages.

Il lui était cependant loisible de demander une dispense au roi. A-t-il fait cette démarche ? On ne sait. Le plus probable est qu'il songeait déjà à sa « retraite » et que cet échec à se faire admettre à la grand-chambre l'a conforté dans son intention. Le 23 juillet 1570, il résigna sa charge à Florimond de Raemond. La vente elle-même, à caractère privé puisque théoriquement la vénalité des charges était interdite, eut lieu le 10 avril 1570, pour la somme considérable de 8 400 livres[20].

Pourquoi, au terme de ces longues années consacrées à la magistrature, Montaigne s'en est-il dit « dégoûté » ? Il a déclaré à plusieurs reprises sa vive conscience de la faillibilité de la justice humaine. À cet égard, son passage à la tournelle a dû être décisif. Il y a fait allusion tardivement, dans le troisième livre des *Essais* : il avoue qu'il lui est arrivé alors de « manquer à la justice ». Entendons qu'il a été de ceux qui n'ont pu se résoudre, au moment du vote, à se ranger du côté des partisans d'une condamnation à mort. Dans un fragment rajouté après 1588, il a explicité ses raisons : « L'horreur du premier meurtre [celui perpétré par l'accusé] m'en a fait craindre un second, et la haine de la première cruauté m'a fait haïr toute imitation[21]. » La justice à laquelle il a ainsi « manqué », c'est évidemment celle des lois de son temps et de son pays, irrémédiablement distincte de la justice transcendante que les juges ne parvenaient même plus à percevoir. « La droiture et la justice, si l'homme en connaissait qui eût corps et véritable essence, il ne l'attacherait pas à la condition des coutumes de cette contrée ou de celle-là[22]. »

Montaigne a vécu plus intensément qu'un autre le grand effondrement des certitudes anciennes, issues de l'harmonieuse construction théologique parachevée au XIIIᵉ siècle par Thomas d'Aquin : elles portaient à croire en la possibilité pour les hommes de connaître l'ordre juste que l'on pensait inscrit par Dieu dans tout l'univers et d'en reproduire un reflet fidèle dans la cité terrestre. À Florence, cette croyance avait déjà été ébranlée par Machiavel, qui raillait l'illusion consistant à chercher dans le ciel des modèles pour le gouvernement humain. En France, ce fut le traumatisme des affrontements religieux qui détruisit cette utopie[23]. Le 3 janvier 1562, à la veille du déclenchement de la première guerre civile, le chancelier Michel de L'Hospital, que Montaigne admirait, avait osé cette phrase étonnante : « Il ne faut considérer seulement si la loi est juste en soi, mais si elle est convenable au temps et aux hommes pour lesquels elle est faite. » La justice d'une loi se mesure donc à son adaptation aux situations présentes et non à l'aune d'une valeur suréminente et intemporelle, tout comme l'excellence d'un soulier provient de son ajustement au pied qu'il chausse et non de sa conformité à des normes théoriques[24]. Montaigne se souvient peut-être de cette affirmation du chancelier quand il écrit : « La justice en soi, naturelle et universelle, est autrement réglée que cette autre justice, spéciale, nationale, contrainte au besoin de nos polices [gouvernements][25]. » Être l'agent d'une justice imparfaite, dont il a dénoncé vigoureusement la variabilité selon les pays et les peuples, ne pouvait que finir par le rebuter.

Son malaise s'accrut sans doute au spectacle des querelles qui divisaient ses collègues. La Réforme avait fait de notables progrès en Guyenne ; quelques-uns des parlementaires exprimaient leur sympathie pour les idées nouvelles ; la plupart au contraire s'effrayaient du péril encouru par l'orthodoxie et voulaient la défendre vigoureusement. Des clans s'étaient formés, rendant l'administration de la justice encore plus partisane. Montaigne s'est trouvé tiraillé entre des factions antagonistes.

Les dissensions religieuses au parlement de Bordeaux

La volonté réformatrice de Luther commença à faire des adeptes en Guyenne dès le début des années 1520 ; elle fut bientôt relayée par celle de Calvin, dont l'*Institution de la religion chrétienne*, parue en latin en 1536 et traduite en français par son auteur en 1541, connut un vif succès. À Nérac, Marguerite de Navarre, sœur de François Ier, accueillait dans sa cour des adeptes d'un retour à la pureté évangélique, tels Lefèvre d'Étaples et Gérard Roussel, qui, malgré leur modération, incitaient indirectement les esprits les plus radicaux à la dissidence. Dès 1546, le protestantisme s'était solidement implanté à Agen, à Clairac, à Sainte-Foy et à Bergerac, ces deux dernières villes étant situées dans un rayon de 50 kilomètres autour du château de Montaigne. En 1557, une église calviniste fut créée à Bordeaux ; à Noël 1560, la reine de Navarre, Jeanne d'Albret, fille de Marguerite et mère du futur Henri IV, officialisa sa conversion à la Réforme et entreprit de faire du calvinisme la religion officielle du Béarn[26]. En 1559 se tint à Paris le premier synode national des réformés.

Un certain nombre de nobles en Guyenne furent attirés par ceux qu'on appelait les « mal sentants de la foi ». L'éloquence enflammée des prédicateurs protestants captivait beaucoup d'auditeurs et les poussait à réfléchir aux fondements de leur croyance. Blaise de Monluc, capitaine gascon resté ferme dans la défense du catholicisme, en a laissé le témoignage dans ses *Commentaires* : « Il n'était pas fils de bonne mère qui n'en voulait goûter[27]. » Montaigne confessera bien plus tard avoir lui-même ressenti la force d'attraction de la Réforme, moins peut-être à cause de sa séduction que par goût juvénile du risque, du défi que représentait la rupture avec la religion établie : « Si rien eût dû tenter ma jeunesse, l'ambition du hasard et difficulté qui suivaient cette récente entreprise [la Réforme] y eût eu bonne part[28]. »

La fracture religieuse atteignit sa propre famille. Son frère Thomas de Beauregard s'est laissé tenter par les idées nouvelles ; La Boétie mourant lui en aurait fait le reproche, si l'on se fie au récit que Montaigne a fait des derniers instants de son ami[29]. Plus certaine est l'adhésion au protestantisme de sa sœur Jeanne de Lestonnac. Celle-ci ne put cependant empêcher deux de ses enfants de devenir des catholiques ardents : sa fille Jeanne entra dans les ordres après son veuvage, fonda en 1605 les Religieuses de Marie-Notre-Dame, congrégation vouée à l'éducation des filles, et sera canonisée le 15 mai 1949 ; son fils Roger entra dans la Compagnie de Jésus en 1589[30]. Les familles religieusement déchirées n'étaient pas rares ; en Guyenne, de grandes lignées nobiliaires en offrent l'exemple, tels les Duras, les Caumont, les La Force, les Lomagne[31]. Ce n'est pas l'un des moindres paradoxes de cette époque troublée que l'existence de catholiques engagés au service d'un prince protestant : Bertrand de Mattecoulon, frère de Montaigne, catholique, combattra à

Coutras, le 20 octobre 1587, dans l'armée d'Henri de Navarre ; trois des fils du marquis de Trans, bien que restés fidèles à la religion traditionnelle, mourront à Moncrabeau au sein de la même armée, le 29 juillet 1587, dans une bataille contre les troupes royales.

Très vite, toutefois, la peur des troubles sociaux combattit chez beaucoup de gentilshommes l'attirance qu'ils avaient pu éprouver pour la Réforme. En Guyenne, ils furent alarmés par la tournure antinobiliaire que prenaient les revendications des paysans. Ceux-ci se laissaient volontiers persuader par certains prédicateurs que s'ouvraient pour eux des temps nouveaux où ils n'auraient à payer ni la dîme à l'Église, ni le cens au seigneur, ni l'impôt au souverain. Des soulèvements se produisirent contre des seigneurs abusifs : le 23 novembre 1561, le baron de Fumel fut sauvagement assassiné par ses tenanciers. À la contestation religieuse se mêlaient d'inquiétantes aspirations subversives ; si l'on en croit Monluc, les gentilshommes venus menacer les séditieux du châtiment que préparait contre eux le jeune roi Charles IX s'entendaient répondre : « Quel roi ? Nous sommes les rois. Celui-là que vous dites est un petit reyot de merde ; nous lui donnerons des verges, et lui donnerons métier pour lui apprendre de gagner sa vie comme les autres[32]. » Cette même année 1561 fut marquée par une terrible vague d'iconoclasme : les réformés, prenant au pied de la lettre les textes bibliques de l'Exode et du Deutéronome prescrivant de ne faire « aucune image taillée » de Dieu pour éviter la tentation de l'idolâtrie, se ruaient dans les églises et détruisaient les crucifix et les statues des saints[33].

Si Montaigne ne fut pas directement touché, la prestigieuse lignée des Foix-Candale, protecteurs de sa famille, subit les contrecoups de ces mouvements qui semblaient mettre en péril l'ordre social. L'évêque d'Aire, Christophe de Foix-Candale, vit sa cathédrale dévastée par les iconoclastes ; à Madaillan, près d'Agen, des parents de Frédéric de Foix-Candale, frère de

Christophe, soulevèrent contre eux la colère paysanne pour avoir exigé trop rudement leurs redevances seigneuriales[34]. Ces grands nobles, comme beaucoup de gros propriétaires, effrayés par la perspective — au demeurant plus fantasmée que réelle — d'un renversement total des hiérarchies, se crurent abandonnés par le gouvernement royal. Par l'édit de janvier 1562, Catherine de Médicis, avec l'avis du chancelier Michel de L'Hospital, essaya en effet d'éteindre le feu qui couvait en légalisant partiellement le culte protestant et donc en renonçant, au moins temporairement, à l'ancien idéal de l'unité de foi. Pari audacieux mais prématuré : il provoqua une forte réaction de rejet de la part des catholiques et déclencha finalement la guerre civile au lieu de l'empêcher. L'incompréhension s'accrut chez les catholiques de Guyenne quand, malgré les victoires de Monluc sur les protestants à Targon et à Vergt, les 15 juillet et 9 octobre 1562, l'édit d'Amboise qui mit un terme à cette première guerre, en mars 1563, opéra un retour à la politique de tolérance civile, certes moins généreuse qu'en 1562, suffisante pourtant à attiser le ressentiment des défenseurs intransigeants de l'orthodoxie.

Face à cette apparente capitulation du pouvoir royal, restait la solution de l'autodéfense contre les réformés, perçus comme de dangereux agitateurs. Un « syndicat » catholique se forma dès la fin de l'année 1561, à l'initiative de l'avocat Jean Lange, et fit des adeptes au Parlement bordelais, dont les présidents Christophe de Roffignac et Geoffroy de La Chassaigne, le grand-père, on s'en souvient, de la future épouse de Montaigne. L'effroi causé, dans la nuit du 26 au 27 juin 1562, par la tentative des huguenots de s'emparer du château Trompette, cette forteresse qui protégeait Bordeaux et son port, accrut la détermination des magistrats les plus radicaux ; sous leur influence, la cour décida, le 17 juillet 1562, d'imposer à tous ses membres une profession publique de foi catholique[35]. Le Conseil royal cassa le syndicat en janvier 1562 ; cependant la fièvre d'association défensive réapparut vers la fin de la première guerre, alimentée cette fois par des grands nobles. Une ligue, créée par Monluc, surgit à Agen en février 1563 ; une autre se constitua au début de mars à Toulouse, étendue à tout le ressort du parlement de la ville ; Frédéric de Foix-Candale s'inspira de ces précédents pour fonder la sienne dans le Bordelais, le 13 mars, à laquelle adhéra notamment son parent Germain-Gaston de Foix-Gurson, marquis de Trans, le puissant voisin et protecteur de Montaigne[36]. L'implication de Monluc dans ces trois ligues souligne la communauté de leurs objectifs.

Or les Foix-Candale disposaient au sein du parlement de Bordeaux d'un réseau d'obligés, grâce auquel ils pouvaient influencer ses décisions. Les présidents Roffignac et La Chassaigne en faisaient partie ; selon une note anonyme, La Chassaigne aurait même été l'un des conseillers favoris de Frédéric de Foix-Candale[37]. Les parlementaires les plus résolus à faire triompher l'unité religieuse se sentirent renforcés dans leur hostilité à l'hérésie par l'appui de cette redoutable lignée ; ils y furent encouragés également par le zèle militant de l'archevêque de Bordeaux, Antoine Prévost de Sansac, ardent réformateur de l'Église catholique. Ils se dressèrent avec une énergie renouvelée contre le premier président du Parlement Jacques Benoist de Lagebaston qui, lui, soutenait la politique royale de pacification. La vie de la cour bordelaise fut vite empoisonnée par les affrontements entre Lagebaston et les partisans de l'éradication du « venin » protestant[38].

Les données dont nous disposons sur ces dissensions intestines proviennent des registres secrets du Parlement, où se trouvaient consignées les délibérations ; comme leur nom l'indique, ces registres, destinés uniquement à l'usage interne, ne devaient pas être communiqués au roi. Les originaux ayant disparu, seules sont disponibles des copies tardives et incomplètes, faites aux XVIIe et XVIIIe siècles[39]. La plus fidèle, compilée vers 1770, garde la trace d'une vigoureuse intervention de Montaigne dans l'anta-

gonisme qui opposa, à la fin de l'année 1563, le président Lagebaston à un membre turbulent de la ligue des Foix-Candale,
François de Pérusse des Cars (ou d'Escars), grand sénéchal de
Guyenne. Ce dernier revendiquait le droit d'entrer dans le palais
de l'Ombrière, siège du Parlement, avec les hallebardiers de sa
garde et de les amener jusqu'à la porte de la chambre des huis-
siers, droit refusé avec indignation par Lagebaston. Le conflit
éclata le samedi 18 décembre. Le grand sénéchal avait pris soin
de récuser, pour l'examen de la prérogative qu'il réclamait, le
président et tous les magistrats liés à celui-ci par la parenté ou
l'amitié. Lagebaston riposta en récusant à son tour Pérusse des
Cars et ses amis, parmi lesquels il cita les présidents Roffignac
et La Chassaigne, l'archevêque de Bordeaux Prévost de Sansac
et... Michel Eyquem de Montaigne, catalogué par là dans le
camp des ultracatholiques.

Tous ceux qu'avait désignés la récusation du président Lagebaston durent sortir et furent ainsi exclus de la délibération.
Mais, juste avant de quitter l'assemblée, Montaigne tint à s'exprimer : « Et ledit Eyquem a dit qu'il n'y avait lieu qu'ils sor-
tissent, car ledit président n'était recevable par les arrêts de la
cour de proposer de récuser aucun [...] lors qu'il était récusé, et
en sortant a dit qu'il nommait [récusait] toute la cour. » Cho-
qués par cette manifestation d'humeur, ses collègues le firent
rappeler pour qu'il s'explique ; il précisa qu'il n'avait aucune
inimitié contre Lagebaston, qui était un ami de toute sa famille,
mais que permettre à des récusés de récuser eux-mêmes d'autres
magistrats, c'était « une ouverture mauvaise » faite à la justice
et une infraction aux arrêts du Parlement ; dans ces conditions
il pouvait tout aussi bien se mettre lui-même à récuser toute la
cour ; toutefois il n'entendait pas aller jusque-là et « se dépar-
tait de son dire en ce qu'il avait nommé toute la cour[40] ». Cette
riposte situe exactement la position de Montaigne au sein des
affrontements religieux : sans démentir ses liens avec les adhé-
rents de la ligue ultracatholique des Foix-Candale, il prenait

soin de rappeler ses attaches familiales avec Lagebaston, chef des modérés ; il se plaçait au-dessus des partis en soulignant la nécessité de respecter avant tout les règles de la justice, quelles que fussent les querelles internes ; enfin, il faisait preuve de modération en rétractant une phrase dictée par l'irritation. Cette attitude porta peut-être ses fruits en la circonstance, puisque la cour, une fois les récusés sortis, commença par remontrer « que ces divisions ne sont bonnes pour le service du Roi et repos public » et qu'il fallait « vivre en paix et union » ; puis elle restreignit les récusations lancées par Pérusse des Cars au seul président Lagebaston, sans tenir compte de celles de ce dernier[41].

Rien ne prouve qu'au sein des luttes intérieures qui troublaient le Parlement, le futur auteur des *Essais* ait souscrit sans réserve au radicalisme confessionnel de ses protecteurs, même s'il s'est très tôt prononcé en faveur de la défense de la religion traditionnelle contre les innovations protestantes[42]. Des biographes ont beaucoup spéculé sur le sens de la profession de foi catholique qu'il fit le 12 juin 1562 devant le parlement de Paris. La raison de sa présence dans cette enceinte à cette date est mal connue. Les magistrats parisiens venaient tout juste de décider, le 6 juin, d'exiger de chacun d'entre eux une profession publique de catholicisme ; si Montaigne se soumit à cette formalité quand il fut introduit devant eux, c'est vraisemblablement par égard pour la prestigieuse cour qui le recevait et non, comme cela a été avancé, par militantisme religieux[43].

Les indices que l'on peut glaner sur sa conduite pendant les trois premières guerres de Religion qui se sont déroulées au cours de ses années de magistrature montrent surtout son horreur des désordres. En décembre 1567, peu après le début du deuxième conflit, alors qu'il résidait chez lui, il adressa une lettre alarmante à son ami le conseiller Jean Belot, qui s'empressa de la communiquer au Parlement. Vingt-cinq cavaliers armés avaient été aperçus aux environs de Castillon, sans doute envoyés par les huguenots qui venaient de prendre Orléans ; ils cherchaient à rejoindre Henri de Navarre à Montauban ; il était donc urgent de renforcer la garde des villes voisines[44]. L'inquiétude manifestée par Montaigne dans cette missive traduit sa peur de voir se rallumer la guerre civile ; il craignait assurément pour la sécurité de son château, menacé par la proximité du passage de ces troupes.

Le troisième conflit l'atteignit dans sa propre famille. En octobre 1568, la ville de Blaye, qui contrôlait le trafic sur l'estuaire de la Gironde au nord de Bordeaux, fut prise par les protestants. Cette présence ennemie à l'aval du port mettait en danger l'approvisionnement des Bordelais ; bientôt se fit sentir une pénurie de denrées de première nécessité. Les parlementaires décidèrent alors, en novembre 1569, de dépêcher une délégation vers le roi pour demander des secours ; mais les envoyés furent capturés par la garnison de Blaye, qui exigea de fortes rançons pour les libérer. Parmi les otages figurait Joseph de La Chassaigne, le beau-père de Montaigne. Des négociations commencèrent ; La Chassaigne dut s'engager à verser une lourde rançon de 5 000 livres et à livrer deux de ses enfants en garantie du paiement de cette somme[45].

Un épisode surprenant a marqué ces tractations. À la Saint-Jean de 1570, selon le rapport indigné que vint faire au Parlement un des jurats de Bordeaux, un groupe de personnes aida le protestant Pierre Casaux à s'échapper clandestinement de la ville, alors que tous les réformés étaient tenus en principe de rester consignés dans leurs maisons. Dans ce groupe avaient été repérés au moins un des frères de Montaigne, Pierre de La Brousse — peut-être deux, si celui qui est désigné sous le nom de « capitaine Arsac » est Thomas de Beauregard —, son beau-frère Richard de Lestonnac et son oncle Pierre, chanoine de Saint-André[46]. Le but de l'opération était de faciliter la libération des otages en favorisant l'évasion d'un notable protestant. L'événement met en relief le pragmatisme du « clan Montaigne », qui faisait passer la solidarité familiale avant les exigences catholiques. On ne connaît pas la position personnelle de Montaigne en la circonstance ; il est toutefois plausible qu'il approuvait ses proches et partageait leur réalisme.

Les divisions au sein du Parlement bordelais furent vigoureusement critiquées par le chancelier de L'Hospital dans une véhémente harangue prononcée devant la cour le 11 avril 1565, lors d'un lit de justice, séance solennelle destinée à affirmer l'autorité royale ; ces rivalités, selon lui, amenaient les magistrats à se lancer des injures et presque à se battre, les détournant ainsi de leur devoir d'obéissance au roi. Les contestations ne disparurent pas pour autant ; elles continuèrent pendant de longues années à dresser les partisans de l'intransigeance contre ceux de la modération. Il est probable que ces querelles fatales à l'unité parlementaire inspiraient à Montaigne perplexité et ironie ; elles n'ont pu qu'accroître son désenchantement à l'égard d'une justice polluée par les factions.

Y avait-il une échappatoire ? De son propre aveu, il a ressenti la tentation d'aller chercher fortune et honneurs à la Cour royale, avant de se rendre compte que, là aussi, il ne trouverait que servitude.

La tentation de la Cour

Montaigne a eu plusieurs occasions de fréquenter la cour du roi. Il a pu accompagner son oncle Raymond Eyquem de Bussaguet quand le Parlement chargeait celui-ci d'une mission auprès du souverain ; une première opportunité, déjà mentionnée, s'est offerte en 1551. Il est sans doute revenu à la Cour entre 1554 et 1556 : quand, dans le chapitre sur l'institution des enfants, il fait allusion à son précepteur Buchanan, il déclare l'avoir revu « à la suite de feu monsieur le maréchal de Brissac[47] ». Buchanan fut affecté en 1554 à l'éducation du fils de Brissac, Charles-Timoléon ; celui-ci devint ensuite page du duc d'Orléans, futur

Charles IX, en 1556[48]. La rencontre n'a pas nécessairement eu lieu à la Cour ; cette hypothèse est pourtant assez crédible. Montaigne cite des détails sur Henri II et son entourage qui ont la saveur de souvenirs vécus ; il signale notamment la difficulté qu'avait le souverain à retenir les noms gascons et dit avoir connu le célèbre écuyer Carnavalet, qui « servait notre roi Henri second[49] ».

En septembre 1559, les registres secrets du Parlement indiquent que le conseiller Eyquem fut « absent pour le service du roi et par le congé de la cour [de parlement] » : il s'agit de Raymond de Bussaguet, mais Michel a dû le suivre dans cette mission officielle[50]. Henri II venait de mourir, mortellement frappé, le 30 juin 1559, par la lance de Gabriel de Montgomery, au cours d'un tournoi festif faisant partie des réjouissances célébrant la paix du Cateau-Cambrésis. « À peine fûmes-nous un an, pour le deuil du roi Henri second, à porter du drap à la Cour », écrit Montaigne[51]. Il fit probablement partie de la suite du jeune roi François II qui accompagna jusqu'à la frontière sa sœur Claude, donnée en mariage au duc de Lorraine ; il raconte qu'à Bar-le-Duc on montra au souverain un portrait que René d'Anjou, roi de Sicile, avait fait de lui-même ; ce tableau lui aurait suggéré l'idée de se peindre dans les *Essais*[52].

L'occasion suivante est plus insolite. Le 26 novembre 1561, les registres secrets révèlent que « maître Michel Eyquem de Montaigne, conseiller du roi en la cour [de parlement], s'en allant en cour [du roi] pour autres affaires », fut chargé de porter au monarque des lettres rédigées par le président Roffignac. Car la situation s'aggravait en Guyenne ; des protestants avaient attaqué un couvent à Marmande ; cinq ou six mille d'entre eux marchaient sur La Réole. Ces lettres lui furent confiées parce qu'il devait déjà aller à la Cour « pour autres affaires » : il avait d'abord à remettre des missives au roi et à la reine de Navarre, à Nérac, puis des messages à Catherine de Médicis et au chancelier de L'Hospital, afin d'alerter ces différents destinataires sur les risques d'une guerre imminente. C'était un long voyage à cheval en perspective. On apprend que Roffignac fut invité à écrire ses lettres au plus vite, car « ledit de Montaigne voulait partir la nuit[53] ». L'auteur des *Essais* s'est souvent ouvert du plaisir qu'il éprouvait à chevaucher : « Je ne démonte pas volontiers quand je suis à cheval, car c'est l'assiette en laquelle je me trouve le mieux, et sain et malade. » Il rappelle aussi qu'il a excellé dans l'art de faire le courrier à cheval, « propre à gens de [sa] taille, ferme et courte[54] ». Aurait-il été choisi pour ses qualités de cavalier, capable de galoper toute une nuit ? En partie seulement. Ses collègues devaient savoir qu'il avait acquis une expérience de la Cour. Il venait en outre de s'illustrer tout récemment par sa défense des anciens officiers de Périgueux, le 14 novembre 1561, dans la querelle de préséance déjà citée avec le conseiller Sarran de Lalanne ; l'ascendant qu'il avait réussi à prendre commençait à être reconnu.

Si l'on en croit le chapitre des *Essais* consacré aux « cannibales » du Brésil, Montaigne aurait ensuite fréquenté la Cour à Rouen, « du temps que le feu Roi Charles neuvième y était » ; il y aurait rencontré trois Indiens Tupinamba. Les commentateurs actuels se perdent en conjectures sur l'authenticité de ce récit. Charles IX est entré à Rouen le 27 octobre 1562, au lendemain de la reconquête de la ville sur les protestants, et en est reparti le 12 novembre. La présence de Montaigne dans la capitale normande à ce moment-là n'est pas impossible : on a vu qu'il était au parlement de Paris le 12 juin et qu'il y fit profession publique de foi catholique. Le 17 novembre, il était de retour à Bordeaux, où les registres secrets consignent son nom ce jour-là. Le problème est qu'aucun chroniqueur n'indique que des « sauvages » brésiliens aient assisté aux cérémonies qui honorèrent le roi à Rouen, ce qui a conduit des chercheurs à conclure que l'entrevue de Montaigne avec les « cannibales » a eu plutôt lieu le 9 avril 1565 lors de l'entrée de Charles IX à Bordeaux, pendant laquelle il est avéré que des Indiens du Brésil ont fait partie des festivités[55]. On reviendra sur cette énigme en évoquant la réflexion des *Essais* sur la prétendue barbarie du Nouveau Monde ; toujours est-il qu'en l'état actuel de nos connaissances il est difficile de savoir si ce contact avec la cour de Charles IX s'est produit à Rouen à l'automne de 1562 ou à Bordeaux en avril 1565.

Montaigne a certainement fait d'autres visites à la Cour royale avant sa « retraite » dans son château. Le relevé des séances du Parlement auxquelles on est sûr qu'il a participé met en évidence six périodes plus ou moins longues, durant les années 1563-1567, où il fut absent de la cour bordelaise[56] ; il a pu les mettre à profit pour aller à Paris. Ensuite il se rendit dans la capitale en juin 1568 pour veiller à l'impression de sa traduction de la *Théologie naturelle* de Raymond Sebond, dont la dédicace à son père date du 18 de ce mois ; il y retourna au cours de l'été de 1570 pour faire éditer les *Œuvres* de son ami Étienne de La Boétie. Il a peut-être fréquenté l'une des résidences royales pendant ces séjours.

Il a confié plus tard la satisfaction qu'il ressentait à côtoyer les milieux curiaux : « De ma complexion, je ne suis pas ennemi de l'agitation des cours ; j'y ai passé partie de la vie, et suis fait à me porter allègrement aux grandes compagnies, pourvu que ce soit par intervalles et à mon point [à mon heure][57]. » Il éprouvait une fascination mêlée d'ironie pour ceux qu'il appelait les « grands », princes, ducs et pairs, étoiles brillantes situées bien au-dessus de lui, qui savaient néanmoins nouer des relations de familiarité courtoise avec leurs inférieurs. Il se targuait de bénéficier de leur confiance ; il se plaît par exemple à dévoiler un aveu que lui aurait fait Louis de Bourbon, duc de Montpensier, selon lequel ce grand seigneur aurait essayé, pour se mortifier, de porter un jour de fête solennelle, à la cour de François Ier, une haire — « c'est, explique Montaigne, une matière tissue de poil de cheval, de quoi les uns d'entre eux faisaient des chemises, et d'autres des ceintures à géhenner leurs reins » —

et n'aurait pu endurer ce supplice jusqu'à la nuit comme il en avait l'intention[58]...

L'univers bigarré de la Cour séduisait le philosophe : il y rencontrait aussi bien des esprits d'élite, comme Jacques Amyot, grand aumônier du roi, dont il admirait les élégantes traductions de Plutarque et avec qui il a pu converser, que d'étourdissants virtuoses de la danse, tels les deux célèbres maîtres à danser milanais Paluel et Pompée[59]. Il a même voulu, se souvient-il, adopter la désinvolture étudiée des courtisans : « J'ai volontiers imité cette débauche [dérèglement] qui se voit en notre jeunesse, au port de leurs vêtements : un manteau en écharpe, la cape sur une épaule, un bas mal tendu, qui représente [manifeste] une fierté dédaigneuse de ces parements étrangers, et nonchalante de l'art[60]. » Sans doute désirait-il se parer de la *sprezzatura* louée par Baldassare Castiglione dans *Le Livre du Courtisan*, ouvrage qu'il a lu assez tôt, semble-t-il : cette aisance décontractée, qui devait paraître naturelle et effacer toute trace d'affectation, convenait bien selon lui à « la gaieté et liberté française ».

Il a profité également des bonnes fortunes d'une Cour peuplée de beautés renommées. La passion amoureuse lui aurait servi de dérivatif après le deuil de la mort de La Boétie, survenue le 18 août 1563 : « Ayant besoin d'une véhémente diversion pour m'en distraire, je me fis, par art, amoureux, et par étude, à quoi l'âge m'aidait. L'amour me soulagea et retira du mal qui m'était causé par l'amitié[61]. » À la Cour, le « doux commerce [...] des belles et honnêtes femmes » se bornait souvent à devenir le « serviteur » d'une dame dévotement courtisée ; ce service se prêtait parfois à un érotisme contrôlé, si l'on en croit cette singulière confidence : « Je ne prends pour miracle, comme fait la reine de Navarre en l'un des contes de son *Heptaméron* (qui est un gentil livre pour son étoffe), ni pour chose d'extrême difficulté, de passer des nuits entières, en toute commodité et liberté, avec une maîtresse de longtemps désirée, maintenant la foi qu'on lui aura engagée de se contenter des baisers et simples attouchements[62]. » Toujours est-il que Montaigne n'était pas homme à s'en tenir là ; son corps, reconnaît-il, exigeait d'autres satisfactions. Il évoquera plus tard avec nostalgie ses expériences d'amant, dans lesquelles il s'engageait sans s'asservir, respectant loyalement la « convention libre » établie avec chacune de ses partenaires[63]. Au prix de quelques mésaventures, suggérées plaisamment à demi-mot ; pour avoir consenti qu'une dame aimée cachât leur liaison en feignant d'accorder ses faveurs à un autre, il se vit finalement expulsé du cœur de sa belle par l'amant de façade, qui avait bien su profiter de la situation[64]... Autre risque propre à la quête amoureuse : à la différence du sexe féminin, que Montaigne imagine toujours prêt à s'ouvrir, le sexe masculin, sujet à des pannes intempestives, peut se montrer indocile, « refusant avec tant de fierté et d'obstination nos sollicitations et mentales et manuelles[65] ». Dans un plaidoyer étincelant de verve burlesque, il entreprend alors de se faire l'avocat de ce membre séditieux, pourvoyeur pourtant de jouissances savoureuses.

Cherchait-il à la Cour autre chose que la société des grands et la satisfaction de ses plaisirs ? Assurément ; il a admis avoir ressenti la tentation de l'ambition — jamais, d'ailleurs, totalement surmontée[66]. Il espérait probablement conquérir les honneurs et les bienfaits que seul dispensait le roi. Des biographes ont supposé qu'il aurait caressé l'espoir d'obtenir un poste d'ambassadeur[67]. Il est vrai qu'il a dédié deux chapitres des *Essais* à des hommes ayant exercé cette fonction. Le premier souligne la nécessité de mentir où se trouvent souvent les négociateurs pour être fidèles aux instructions de leur maître ; le second nuance — après 1588 — cette constatation en notant que les ambassadeurs ont quelquefois la liberté de conseiller le roi et de former par là son jugement[68]. Malgré tout, leur charge lui semblait bien contraignante ; dans ces premières années, ses attentes n'ont pas dû prendre encore une forme très précise.

Très vite cependant, sa lucidité l'a mis en garde contre l'espérance d'une ascension sociale procurée par la faveur royale.

C'était s'exposer à des difficultés sans nombre pour un résultat bien incertain ; c'était surtout beaucoup trop dispendieux. Pour paraître à la Cour, il ne fallait pas lésiner sur les dépenses, en habits, en domestiques, en chevaux. Un cadet, à la rigueur, serait excusable « de mettre sa légitime [sa portion d'héritage] au vent » afin d'attirer l'attention du souverain ; un aîné, conscient comme Montaigne d'être responsable de « l'honneur de sa maison », ne devait pas risquer de dilapider la fortune familiale[69].

En outre, bien des aspects de la Cour royale le choquaient : non pas tant l'extravagance vestimentaire à la mode — comme cette braguette trop saillante qui faisait une silhouette grotesque — que le laisser-aller de certains gentilshommes qui se permettaient de venir « en lieu de respect » sans porter l'épée au côté, comme s'ils venaient de la garde-robe, c'est-à-dire du cabinet d'aisances[70]. La remarque mérite qu'on s'y attarde. Cette allure « débraillée » est toute différente de la nonchalance étudiée que Montaigne a essayé d'imiter : elle confond les espaces publics et privés ; elle menace l'ordre social en détruisant les signes extérieurs des distinctions hiérarchiques, puisque l'épée signale la vocation guerrière de la noblesse. Le philosophe aura beau revenir souvent sur l'importance de ne pas juger la nature profonde des hommes d'après leurs habits et leurs attributs honorifiques, il n'en sous-estime pas moins la valeur des symboles visibles : il estime qu'il est « bien requis en un État » de « nous distinguer extérieurement et nos degrés [statuts sociaux][71] ». Aussi compare-t-il le désordre apparemment superficiel de ces nobles dépourvus d'épée au fendillement d'un enduit qui révèle la fragilité du mur.

Il y a plus grave : l'obligation pour les courtisans de se découvrir devant le monarque, même s'ils sont à quelque distance, paraît à Montaigne contraire à « la particulière liberté de la noblesse de ce Royaume[72] ». La Cour est ainsi un lieu d'asservissement des nobles ; à cet égard, le péril est trop grand, mesuré à la liberté dont ils bénéficient chez eux. S'ils se voient assujettis, c'est bien parce qu'ils l'ont cherché : « La subjection essentielle et effectuelle [effective] ne regarde d'entre nous que ceux qui s'y convient et qui aiment à s'honorer et enrichir par tels services[73]. » Montaigne s'est vite rendu compte que cette servitude volontaire — celle-là même que stigmatisait son ami Étienne de La Boétie — pèserait trop lourdement sur lui, alors que commençait à germer dans son esprit le projet de se consacrer à l'observation de ses pensées intimes. Non qu'il ne fût capable de jouir d'une solitude intérieure « au milieu des villes et des cours des rois[74] » ; mais cet objectif serait finalement plus facile à atteindre dans son château, sans qu'il s'y sente isolé, car il y profiterait tout de même des multiples relations sociales indispensables à l'essor de sa réflexion.

A peut-être joué aussi, dans son dégoût de la Cour, le souvenir mortifiant de quelques déconvenues, qu'il mentionne implicitement en méditant sur le peu de chances qu'un homme libre et franc comme lui avait de réussir dans un milieu où régnait la dissimulation : « La facilité de mes mœurs, on l'eût nommée lâcheté et faiblesse ; la foi et la conscience s'y fussent trouvées scrupuleuses et superstitieuses ; la franchise et la liberté, importune, inconsidérée et téméraire[75]. » Transpose-t-il plus ou moins consciemment son propre cas dans celui de La Boétie, quand il déplore que n'aient pas été reconnues à leur juste valeur les qualités de son ami, « desquelles la chose publique eût pu tirer du service, et lui de la gloire[76] » ? Repousser les mirages de la quête de la faveur royale à la Cour n'a pas été facile ; Montaigne a pris conseil de son entourage, comme il le rappelle dans une phrase où résonne sourdement l'écho d'une amertume mal guérie : « J'ai bien trouvé le chemin plus court et plus aisé, avec le conseil de mes bons amis du temps passé, de me défaire de ce désir [d'ambition] et de me tenir coi, [...] jugeant aussi bien sainement de mes forces qu'elles n'étaient pas capables de grandes choses[77]. » Il n'entendait pas pour autant renoncer à fréquenter les milieux curiaux ; il les rejoindrait, le moment venu.

Il se libérait seulement de l'illusion qu'il pouvait faire fortune en servant le prince à la manière des courtisans. Et d'ironiser, en citant l'ancien chancelier François Olivier, sur la vanité des Français, ces singes qui veulent à tout prix grimper au plus haut des arbres et qui, une fois arrivés, montrent leur cul…

La décision de s'installer chez lui n'a toutefois pas été que le résultat de ces rejets successifs, portant sur les contraintes de la magistrature et les faux-semblants de la Cour ; ces facteurs négatifs ne suffiraient pas à expliquer l'originalité surprenante du mouvement qui l'a amené à entreprendre l'inventaire de son monde intime. Ce choix a aussi été le fruit d'une lente maturation personnelle, mise en branle par des rencontres et des découvertes qui lui ont dessillé les yeux et montré le chemin de la véritable liberté. Il convient maintenant d'évoquer ces expériences fondatrices, qui ont joué un si grand rôle dans la longue naissance de Montaigne à lui-même.

III

ÊTRE LIBRE : L'AMI ET LE SAUVAGE

Deux figures emblématiques cristallisent la réflexion de Montaigne sur l'importance de conquérir une autonomie intérieure : l'ami parfait et le cannibale. Elles se sont imposées à son esprit à la suite de rencontres : la première avec Étienne de La Boétie, son collègue au parlement de Bordeaux, trop tôt disparu, la seconde avec des « sauvages » brésiliens ramenés du Nouveau Monde par des marchands. Ces deux événements décisifs sont évoqués à plusieurs reprises dans les *Essais* ; cependant, leur réalité objective s'est souvent dérobée aux commentateurs qui ont tenté de la reconstituer. C'est qu'ils ont surtout donné matière à la construction de deux paradigmes idéalisés, propres à fournir au philosophe la solution du problème qui le hantait : comment concilier la liberté avec l'obéissance ? L'ami se soumet aux lois de son pays, mais porte sur elles un regard radicalement neuf qui lui permet d'échapper à l'asservissement ; il offre en outre la jouissance d'une douce égalité. Le sauvage, lui, vit sans lois, dans l'innocence originelle d'une humanité encore accordée aux préceptes de la nature. Chacun à sa manière propose une leçon dont Montaigne ne pouvait manquer de tirer profit.

Un texte appelant à l'étonnement

Avant même de connaître La Boétie, Montaigne a lu son œuvre, le *Discours de la servitude volontaire*. Ce traité a immédiatement exercé sur lui une fascination singulière. On ne saurait trop insister sur le projet qu'il a d'abord formé de placer le *Discours* au cœur de ses *Essais*, comme si son propre texte ne prenait sens qu'à la lumière de celui de son ami, comme si tout ce qu'il écrivait lui-même n'en était que l'ornement illustratif, tels des « grotesques », ces motifs fantasques dont les peintres entouraient leurs tableaux pour les rehausser[1]. Il renonça plus tard à ce dessein, quand les protestants publièrent l'ouvrage, d'abord partiellement en 1574, puis intégralement en 1577[2] ; il estima qu'ils en avaient fait par là un dangereux pamphlet au service de la rébellion et qu'il valait mieux ne pas encourager leur néfaste entreprise. Reste que sa première intention invite à s'interroger sur ce qui, dans le livre de La Boétie, a bien pu éveiller en lui un si profond intérêt.

Le *Discours* était au début un manuscrit destiné à une diffusion restreinte dans le milieu parlementaire, auprès d'amis choisis. Toutefois, après sa publication par les réformés, il connut un retentissement inattendu, qui devait se répercuter ensuite jusqu'à nos jours[3]. Chaque époque a voulu y trouver une argumentation favorable à ses obsessions ; si bien qu'on a du mal aujourd'hui à percevoir, au-delà des interprétations successives accumulées depuis, la saveur première d'un opuscule conçu par un jeune homme sous l'emprise d'une ardente émotion. Montaigne a varié sur l'âge auquel son auteur l'aurait écrit : avant d'avoir atteint sa dix-huitième année, commence-t-il par déclarer. Dans une addition postérieure à 1588, il rectifie : à seize ans, sans doute pour minimiser la valeur contestataire de ce qu'il présente comme un exercice de jeunesse. La Boétie étant né à Sarlat le 1er novembre 1530, la date de rédaction se situerait donc entre

1546 et 1548, contemporaine par conséquent de la révolte contre
la gabelle, qui commença en Périgord dès 1545. Un remaniement ultérieur de ce texte, vers 1552-1554, est probable, puisqu'un
passage fait allusion à la *Franciade* préparée par Ronsard ; de
sorte que le tout premier état du manuscrit, celui peut-être dont
Montaigne a eu une copie entre les mains, demeure inconnaissable : difficulté supplémentaire pour qui cherche à comprendre
ce que l'œuvre de La Boétie a représenté pour le philosophe.

Si l'on essaie d'aborder le *Discours*, tel qu'il nous est parvenu,
en faisant abstraction des connotations révolutionnaires qu'on
lui a trop souvent attribuées, on ne peut manquer d'être saisi
par la force de l'appel à l'étonnement qui y résonne d'emblée. Il
y a de quoi « s'ébahir » en constatant que, dans une monarchie,
« tant d'hommes, tant de bourgs, tant de villes, tant de nations »
se soumettent à un roi, donc à un seul homme. Et cet ébahisse-
ment génère aussitôt une série de questions passionnées : « Mais
ô bon Dieu, que peut être cela ? Comment dirons-nous que cela
s'appelle ? Quel malheur est celui-là ? Quel vice ? Ou plutôt quel
malheureux vice — voir un nombre infini de personnes, non
pas obéir, mais servir [...] souffrir les pilleries, les paillardises,
les cruautés, non pas d'une armée, non pas d'un camp barbare
contre lequel il faudrait dépendre [dépenser] son sang et sa vie
devant, mais d'un seul [...][4]. »

Clairement, cette véhémence vise à secouer le lecteur, à
ouvrir ses yeux, à l'inciter à observer de plus près une situation
qui a fini par lui paraître naturelle, dans l'ordre des choses.
Pour mieux provoquer sa stupéfaction, La Boétie force le trait.
La monarchie française, à la fin du règne de François Ier ou au
début de celui d'Henri II, n'a rien d'une tyrannie ; le souverain
ne gouverne pas seul et prend l'avis de son Conseil ; ses ordonnances ne deviennent applicables que si les cours souveraines,
notamment les parlements, les enregistrent après avoir vérifié
si elles sont conformes à la justice et aux traditions anciennes
du royaume. Il est vrai que François Ier a manifesté d'inquié-

tants accès d'autoritarisme, qui l'ont parfois amené à passer outre aux remontrances du parlement de Paris et à exiger un enregistrement forcé ; au point qu'en 1527 le président Charles Guillart décelait chez le monarque une propension alarmante à faire un usage *ordinaire* du pouvoir absolu, alors qu'un tel pouvoir devait rester un remède d'exception à n'utiliser que sous la menace d'un péril imminent[5]. Quant à Henri II, il a fait sentir le poids redoutable de sa colère au parlement de Bordeaux lors de la répression du soulèvement contre la gabelle, en 1548. La Boétie appartenait au milieu des magistrats de cette cour, par sa fonction de conseiller et par sa parenté, puisque son oncle maternel, Jean de Calvimont, était président au Parlement bordelais depuis 1526. Il ne pouvait que partager les appréhensions de ses collègues.

Autrement dit, ce que dénonce le *Discours*, c'est une monarchie qui aurait effectivement dégénéré en tyrannie : tableau bien propre à émouvoir les membres des cours souveraines, qui croyaient sincèrement apercevoir les germes dangereux d'une telle évolution dans les pratiques abusives de François Ier et d'Henri II. L'auteur leur lance ainsi un avertissement : voilà ce qui vous attend, si vous n'êtes pas vigilants, sous un régime absolu qui concentrera le pouvoir aux mains d'un seul homme. Ceux qui éprouvaient la même crainte — notamment les réformés — ne s'y sont d'ailleurs pas trompés : ils ont, affirme Montaigne, donné le nom de *Contr'Un* au traité de La Boétie[6]. Le même procédé de dramatisation se remarque dans la description enflammée des extorsions fiscales dont seraient victimes les contribuables en France, sans doute inspirée d'auteurs comme Philippe de Mézières, à la fin du XIVe siècle, ou Juvénal des Ursins, au siècle suivant, qui avaient déjà amplifié les conséquences de l'instauration autoritaire de l'impôt permanent — la taille — en affirmant qu'elle réduisait les Français à l'état de serfs[7]. On peut aussi déceler dans ces pages frémissantes, comme le fit le magistrat Jacques-Auguste de Thou, un écho déclamatoire de l'indignation provoquée par la violation des privilèges de la Guyenne en matière de gabelle.

Ces exagérations délibérées sont un artifice rhétorique efficace pour appeler le lecteur à un retour sur lui-même et l'inviter à s'interroger sur les motifs de son obéissance au roi. Or que fait découvrir cette réflexion ? Une réalité inattendue : ce qui assoit le pouvoir du souverain, c'est le consentement de ses sujets. La servitude est volontaire. Il y a là un renversement complet du fondement de la légitimité monarchique : celle-ci ne vient pas d'en haut, du droit divin, comme le répètent à satiété juristes et théologiens ; elle naît d'en bas, de l'assentiment des gouvernés. « Ce sont donc les peuples mêmes qui se laissent ou plutôt se font gourmander, puisqu'en cessant de servir ils en seraient quittes ; c'est le peuple qui s'asservit, qui se coupe la gorge, qui, ayant le choix ou d'être serf, ou d'être libre, quitte sa franchise et prend le joug : qui consent à son mal ou plutôt le pourchasse[8]. » Cette constatation porte La Boétie à comparer le monarque à une statue aux pieds d'argile et à oser cette exhortation aux assujettis : « Soyez résolus de ne servir plus, et vous voilà libres[9]. » Il suffit de ne plus obéir, et le tyran s'écroule.

La Boétie offrirait-il, à bien y regarder, un message révolutionnaire ? Nullement. Témoin sa vie, qui fut celle d'un sujet fidèle et d'un exécutant loyal des ordres royaux. Comme le souligne Montaigne, s'il regrettait de ne pas être né à Venise, cette république oligarchique dirigée par des patriciens, « il avait une autre maxime souverainement empreinte en son âme, d'obéir et de se soumettre très religieusement aux lois sous lesquelles il était né[10] ». Il a par conséquent fait partie de ceux qui consentent à l'obéissance. Et pourtant, assure encore Montaigne, il croyait certainement ce qu'il écrivait, « car il était assez consciencieux pour ne mentir pas même en se jouant ».

Cette apparente contradiction entre la parole et le comportement de La Boétie se résout si l'on est attentif à l'argumentation du *Discours*, qui appelle à distinguer entre deux types de consentements : les uns sont indignes, caractéristiques d'une âme d'esclave ; les autres sont raisonnés, propres à des hommes libres. En provoquant l'étonnement du lecteur, l'auteur lui pose indirectement cette question : et toi, pourquoi te soumets-tu ? La plupart du temps, en effet, les hommes consentent à obéir pour de mauvais motifs. Par habitude, tout d'abord : l'accoutumance finit par abêtir et empêcher de sentir le poids de l'asservissement. Par lâcheté ensuite, paresse intellectuelle ou peur : La Boétie se fait peut-être ici l'écho de penseurs italiens comme Matteo Villani, Coluccio Salutati ou même Savonarole, qui dénonçaient la servilité de leurs concitoyens[11]. Par intérêt enfin, ou par ambition : servir le tyran peut procurer bien des avantages. Tous ces mobiles sont déshonorants ; malheureusement, ils fournissent la clé de la plus grande partie des comportements humains.

Seuls « quelques-uns, mieux nés que les autres », échappent à cet abrutissement commun ; ils ont le goût inné de la liberté ; même si elle disparaissait du monde, ils seraient capables de l'imaginer et de la sentir dans leur esprit. La liberté, qu'est-ce à dire ? Pour La Boétie, elle consiste à être « sujet à la raison, et serf de personne » ; en d'autres termes à dépendre de son propre jugement et non de celui d'autrui. Il laisse entrevoir comment atteindre cet objectif : vivre selon des lois sur lesquelles tous s'accorderaient, qui seraient donc l'émanation d'un consensus et non de la volonté d'un seul[12]. Non qu'il préconise de changer de régime politique ; il ne livre dans son traité aucune solution toute faite au dilemme. Ce qu'il suggère aux « bien nés », c'est de s'approprier en quelque sorte les lois de leur pays en leur accordant une adhésion lucidement assumée et toujours en alerte, dont le modèle est probablement, pour ce magistrat, la vigilance sourcilleuse des parlements, qui prétendaient être la conscience du roi et voulaient, par leurs remontrances, lui faire entendre « la voix de la raison » en vérifiant la justice de ses lois[13]. De cette façon leur obéissance sera libre : elle résultera de la soumission réfléchie à leur discernement personnel et non de la subordination aveugle à un homme[14]. Il s'agit d'opérer, plutôt qu'une transformation politique, une mutation intérieure pour passer de la condition d'esclave à celle de citoyen autonome. Idéal assigné, il est vrai, à une élite, qui constituerait, par les liens de parfaite amitié noués entre ses membres, le meilleur rempart contre la tyrannie. Il est malgré tout possible que La Boétie, si méprisant qu'il soit pour le « gros populas », ait rêvé de faire partager plus largement cet idéal, puisque, pensait-il, toute âme possède en elle « quelque naturelle semence de raison[15] ».

On voit bien quelle portée cette leçon était susceptible de revêtir aux yeux de Montaigne. Elle lui apprenait qu'il pouvait garder son indépendance tout en consentant aux conditionnements familiaux et sociaux qui pesaient sur lui, voire aux coutumes et aux lois du royaume : il suffisait d'instaurer à leur égard une distance critique et de les passer au crible d'une appréciation raisonnée. Cela exigeait un travail de retour sur soi, d'éducation du regard porté sur sa propre conduite et sur celle de son entourage ; exigence qui coïncidait avec le dessein de se consacrer à l'observation de son for intérieur. Son admiration pour le *Discours* devait immanquablement susciter en lui le vif désir de connaître son auteur.

Le miracle de l'amitié

La rencontre eut lieu, ainsi que Montaigne le rapporte bien longtemps après, « par hasard en une grande fête et compagnie de ville[16] ». Ce fut pour les deux jeunes conseillers le commencement d'une amitié « si entière et si parfaite que certainement il ne s'en lit guère de pareilles, et, entre nos hommes, il ne s'en voit aucune trace en usage ». Elle s'épanouit dans leurs contacts professionnels et dans la fréquentation de leurs maisons respectives à Bordeaux, rue de Rostaing pour La Boétie, rue du Mirail pour

Montaigne, à proximité du collège de Guyenne[17]. Curieusement, la mémoire de l'auteur des *Essais* hésite sur la durée de cette exceptionnelle communion d'âmes, qui fut d'ailleurs entrecoupée de longues séparations : six ans, selon l'avertissement au lecteur mis en tête de son édition de *La Mesnagerie de Xénophon* traduite par son ami, ce qui, puisque La Boétie est mort le 18 août 1563, place l'origine de leur relation aux environs de l'été de 1557 ; « quatre ou cinq années », selon le chapitre consacré à leur amitié, ou, après une correction ultérieure, « quatre années », ce qui en situe le début en 1559[18].

À cette date, La Boétie, de deux ans et demi plus âgé, jouissait déjà d'une grande considération. Nanti d'une licence en droit civil obtenue à l'université d'Orléans, il avait été reçu le 17 mai 1554 au parlement de Bordeaux dans la charge laissée vacante par Guillaume de Lur-Longa, auquel il dédia le *Discours de la servitude volontaire*. Son père, Antoine (mort en 1540 ou 1541), issu d'une famille de notables sarladais, n'avait pourtant exercé que les fonctions relativement modestes de syndic des états de Périgord en 1524 et, l'année suivante, de lieutenant particulier du sénéchal de cette province. C'est l'oncle maternel de La Boétie, le président Jean de Calvimont, homme influent, plusieurs fois diplomate officieux du roi François Ier, qui favorisa sa carrière parlementaire. La même année 1554, le jeune magistrat épousa Marguerite de Carle, de quinze ans son aînée, veuve de Jean d'Arsac, fille et sœur de présidents au Parlement ; un autre frère de Marguerite, Lancelot de Carle, était un poète et un humaniste célèbre et devint évêque de Riez. Cette parenté illustre, jointe à sa propre réputation de lettré, explique que La Boétie se soit vu confier des missions importantes : à la fin de 1560, il fut envoyé auprès de la Cour royale pour demander plus de régularité dans le versement des gages des parlementaires bordelais et fit partie de la délégation de conseillers qui prêta serment de fidélité, en janvier 1561, au jeune roi Charles IX ; à l'automne de 1561, il accompagna le lieutenant général Charles

de Coucy, seigneur de Burie, afin de pacifier les troubles survenus en Agenais[19]. Aux premiers temps de la relation d'amitié
qui l'attacha à Montaigne, il a dû jouer le rôle d'un affectueux
mentor à l'égard d'un jeune collègue moins expérimenté ; les
trois poèmes latins qu'il lui a dédiés mêlent à la célébration
émue de leur « alliance » quelques conseils de sagesse, mettant
notamment en garde contre le vagabondage amoureux[20].

Quelle fut exactement, pour Montaigne, la nature de cette
communion dont il a chanté la perfection ? À cette question,
bien des biographes ont peiné à apporter une réponse précise. Le
thème de la « parfaite amitié » est en effet très présent dans les
œuvres de nombreux auteurs de l'Antiquité, tels Aristote, Cicéron ou Plutarque ; à leur suite, les humanistes de la Renaissance
en ont fait l'un de leurs sujets de prédilection[21]. Les descriptions
des *Essais* s'en nourrissent visiblement ; d'où le soupçon qu'elles
ne soient finalement qu'une variation rhétorique autour d'un lieu
commun familier aux moralistes, élaborée alors que s'estompait
peu à peu le souvenir du défunt et n'ayant plus qu'un lien assez
distant avec la réalité.

Des arguments analogues ont été puisés dans la lettre, adressée à Pierre Eyquem, où Montaigne a raconté la mort de La
Boétie et qu'il a publiée en 1571 avec le recueil des œuvres de son
ami[22]. En apparence, elle possède tous les traits d'une narration
fidèle composée aussitôt après l'événement. Le 9 août 1563, La
Boétie, malgré les premières atteintes de son mal — vraisemblablement une dysenterie mal soignée —, manifesta l'intention
de se rendre dans le Médoc, sans doute pour visiter le domaine
d'Arsac. Montaigne lui conseilla de s'arrêter d'abord à Germignan chez son beau-frère Richard de Lestonnac, à deux lieues
seulement de Bordeaux et à l'abri de la peste qui menaçait. C'est
là que, voyant son état empirer, le malade adressa ses recommandations et ses adieux à sa famille et rédigea son testament,
daté du 14 août 1563, par lequel il légua la plus grande partie de
sa bibliothèque à Montaigne[23]. Après ce jour, celui-ci ne quitta

plus Germignan et resta au chevet de son ami jusqu'à l'issue fatale survenue le 18 août. Le récit de ces instants douloureux, empreint de solennelle gravité, prête au mourant des paroles édifiantes ; si bien qu'on peut avoir le sentiment, en le lisant, qu'il n'est qu'une mise en scène soigneusement construite, peut-être élaborée longtemps après la disparition de l'ami et destinée à illustrer l'idéal d'une bonne mort pleine de résignation chrétienne et de dignité stoïcienne. La lettre présente d'ailleurs des ressemblances avec celle qu'écrivit Lancelot de Carle, le frère de Mme de La Boétie, sur la mort du duc François de Guise assassiné en février 1563[24].

L'expérience vécue avec l'auteur du *Discours de la servitude volontaire* s'effacerait-elle derrière les recompositions littéraires d'un écrivain soucieux avant tout de cultiver sa réputation de lettré ? S'en tenir à cette conclusion, ce serait oublier que, si Montaigne évoque l'amitié parfaite chère aux Anciens, c'est pour mieux faire sentir le malheur de sa quasi-disparition à l'époque où il vit, qui ne connaît le plus souvent que des amitiés conventionnelles ; la comparaison avec ces amitiés ordinaires fait justement ressortir le caractère unique de sa relation avec son ami. Plutôt que de traquer les réminiscences d'un *topos* érudit dans le chapitre des *Essais* consacré à l'amitié, il est plus fructueux d'analyser les remarques fort réalistes qu'il contient sur les soi-disant « amis » des temps modernes.

Ces amitiés banales, explique Montaigne, sont caractérisées par l'absence de liberté. Celles qui accompagnent les liens de parenté ne sont pas choisies. Il en va de même de celles qui naissent au sein de l'institution du mariage : « c'est un marché qui n'a que l'entrée de libre » et dont la durée est « contrainte et forcée[25] ». Quant à celles qui se nouent habituellement entre voisins ou collègues, voire entre personnes de statut social différent, elles sont fondées sur « les offices et les bienfaits[26] » : entendons par là qu'elles reposent sur un échange de dons et de contre-dons. En offrant un service — un « bon office » — ou en octroyant un « bienfait », on s'acquiert un obligé qui se voit alors chargé d'une dette envers le donateur et doit lui rendre la pareille dès qu'il le pourra. Ainsi se créent des réseaux : soit un simple réseau d'amitié s'il s'agit d'un échange de services entre égaux, soit un réseau de dépendance si le don est un « bienfait », ce qui suppose qu'il vient d'un supérieur et que l'inférieur, ne pouvant fournir un don équivalent, répond par une promesse d'allégeance. Les historiens qui ont étudié ces interactions ont noté que les partenaires utilisent pour les décrire un vocabulaire affectif, où « amitié » voisine avec « affection », « fidélité », « dévotion »[27].

La correspondance active et passive de Montaigne fournit des exemples de ces sortes de rapports. Quand, le 13 juin 1585, le maréchal de Matignon, lieutenant général en Guyenne, lui adresse une lettre pour accréditer le message transmis oralement par un porteur spécial, il signe : « Votre entremetteur et très parfait ami[28]. » Cette amitié parfaite n'est évidemment pas une référence à l'idéal antique. Matignon se situe dans une position de supériorité à l'égard de Montaigne, qui, alors maire de Bordeaux, fait partie du réseau de ses obligés. S'il se proclame son *ami*, c'est pour lui rappeler qu'il en attend une totale obéissance en échange de la protection qu'il lui dispense. Lui-même n'est qu'un « entremetteur » — un intercesseur, un *broker* (courtier) selon la terminologie des chercheurs anglo-saxons — ; il dépend de plus puissant que lui, à savoir du roi, auprès de qui il peut s'entremettre pour favoriser ceux qui lui sont dévoués.

Voici maintenant une autre espèce d'« amitié », cette fois avec un égal ou peut-être légèrement inférieur. Dans une lettre écrite à Matignon le 9 février 1585, moment de grave tension politique, Montaigne déclare que si le sieur de La Rocque, « qui est fort de [ses] amis », doit aller « se battre par nécessité », il vaudrait mieux que ce soit à bonne distance de l'endroit où se trouve Matignon[29]. Il a donné ce « conseil » à cet homme, apparemment pour ne pas susciter les soupçons d'Henri de Navarre, le gouverneur protestant de la Guyenne. Recommandation que l'on peut interpréter ainsi : La Rocque étant l'*ami* de Montaigne, il est son débiteur et lui doit un service ; il s'en acquittera en suivant le « conseil » donné. La même lettre montre par ailleurs comment on peut mobiliser un réseau d'obligés : elle raconte qu'un seigneur voisin a rassemblé « vingt ou trente de ses amis » pour former une expédition punitive contre des bohémiens.

Dans ce genre de liens, fait observer Montaigne, l'amitié s'énonce avec des « mots de division et de différence : bienfait, obligation, reconnaissance, prière, remerciement, et leurs pareils[30] ». Elle obéit à des objectifs déterminés. C'est précisément ce à quoi échappe l'alliance qui l'unit à La Boétie : elle n'a pas de motivation mondaine, elle est littéralement *sans cause*. Impossible, de prime abord, d'en rendre raison. En 1580, dans la première édition des *Essais*, Montaigne se borne à constater cette incapacité : « Si l'on me presse de dire pourquoi je l'aimais, je sens que cela ne se peut exprimer. » Puis, quand il y revient plus tard, après 1588, pour tenter malgré tout de formuler une explication, il commence par proposer : « parce que c'était lui », épaississant ainsi le mystère. Enfin, dans une dernière rédaction, aboutissement de la longue maturation du souvenir, il complète sa phrase et ajoute, d'une encre différente : « parce que c'était moi », ce qui achève de rejeter la source de l'amitié dans l'indicible et suggère la circularité totale d'une union parfaite[31].

Cette circularité est synonyme de liberté. Elle ne crée pas des obligés, ou plutôt elle détruit la notion même d'obligation : « Si, en l'amitié de quoi je parle, l'un pouvait donner à l'autre, ce serait celui qui recevrait le bienfait qui obligerait son compagnon. Car cherchant l'un et l'autre, plus que toute autre chose, de s'entre-bienfaire, celui qui en prête la matière et l'occasion est celui-là qui fait le libéral, donnant ce contentement à son ami d'effectuer en son endroit ce qu'il désire le plus[32]. » Tout est commun entre des amis de cette sorte ; le don, au sens social du terme, n'a pas de sens pour eux ; leur accord, à la différence des liens imposés par les conventions, résulte d'une « liberté volontaire[33] ».

Ils sont en outre libres de cet asservissement subtil généré par l'élan incontrôlé du désir sexuel. Des commentateurs ont parfois spéculé sur la nature éventuellement homosexuelle de leur attachement, dans lequel le plus amoureux serait La Boétie, qui aurait souffert de sa laideur physique et de la nature volage de son amant. Montaigne a pourtant tenu à souligner combien l'inclination qui le portait vers son ami était exempte de la chaleur « âpre et poignante » de la concupiscence, dont les intermittences engendrent la frustration. Certes, constate-t-il, la pédérastie, cette « licence grecque » tolérée chez les Anciens entre un adulte et un jeune garçon, pouvait avoir des avantages si l'aîné initiait en même temps l'adolescent à la sagesse. Elle est, précise-t-il, « justement abhorrée par nos mœurs » ; elle introduit « une disparité d'âges et différence d'offices entre les amants » nécessairement créatrice d'inégalité[34]. Rien de commun avec ce qu'il a vécu avec La Boétie, qui n'était que légèrement plus âgé que lui ; ils jouissaient dans leur union d'une parfaite égalité.

Cette expérience unique a ainsi fait naître dans l'esprit de Montaigne le paradigme rêvé d'une république des égaux. Il utilise parfois le mot de « compagnon » pour désigner l'ami, terme qu'il emprunte au *Discours de la servitude volontaire* et qui avait, dans la langue du XVIe siècle, une signification politique[35]. Il n'est que d'évoquer la véhémente protestation du « brave Montbrun » : selon le mémorialiste Brantôme, ce capitaine huguenot, qui venait de remporter une victoire en 1574, avait reçu, pour avoir commis quelque insolence, une lettre d'Henri III « un peu brave et haute et digne d'un roi » ; furieux, il se serait exclamé : « Comment ! […] Le roi m'écrit comme roi et comme si [je] le devais reconnaître ! Je veux qu'il sache que cela serait bon en temps de paix, et que lors je le reconnaîtrai pour tel ; mais en temps de guerre, qu'on a le bras armé et le cul sur la selle, tout le monde est compagnon[36]. » En soulignant le compagnonnage des parfaits amis, Montaigne ne pensait naturellement pas à la fraternité égalitaire des temps de guerre ; il imaginait une société choisie de « bien nés » dans laquelle ne subsisteraient aucune obligation, aucune servitude, aucune allégeance imposée.

C'est à travers ce modèle que l'auteur des *Essais* revit son amitié avec La Boétie : elle lui a ouvert une voie pour assumer librement sa dépendance à l'égard de sa parenté, de ses protecteurs ou des lois de son pays. Bonheur trop bref, constamment regretté ; dans le journal de voyage qu'il tint lors du long périple entrepris à partir de l'automne de 1580 en Allemagne et en Italie, il notera, alors qu'il prenait les eaux à La Villa, près de Lucques : « Je tombai en un pensement si pénible de M. de La Boétie, et y fus si longtemps sans me raviser, que cela me fit grand mal[37]. » Il fit peindre dans sa bibliothèque, au-dessus des étagères contenant ses livres, une phrase — aujourd'hui disparue — célébrant la mémoire de l'ami perdu[38]. Par-delà le poids du deuil, le souvenir des moments vécus ensemble continua à lui enseigner l'importance d'un dépouillement intérieur, d'une réflexion sur l'asservissement irréfléchi que peuvent susciter les exigences de la société. Une autre rencontre, plus troublante encore, allait renforcer cette leçon : celle des « cannibales ».

La liberté du sauvage

La découverte par les Espagnols et les Portugais d'un continent mystérieux, que les cartographes baptisèrent du prénom du navigateur florentin Amerigo Vespucci, bouleversa l'image du monde que se faisaient les Européens et suscita à la fois leur curiosité et leurs convoitises. Les rois de France s'intéressèrent plus tardivement que leurs voisins au Nouveau Monde ; mais des pêcheurs et des marchands normands, bretons ou basques allèrent très tôt exploiter les richesses offertes par l'ouverture de cet espace commercial. Un marin d'Honfleur, Binot Paulmier de Gonneville, commença dès 1503 à rapporter du Brésil des peaux et le « bois de braise » — dont le pays tira son nom — qui donnait une belle teinture rouge. Bien d'autres imitèrent son exemple, ramenant à l'occasion des « sauvages » avec leurs cargaisons de marchandises. Cinquante d'entre ces derniers furent exhibés lors de l'entrée festive d'Henri II à Rouen, les 1er et 2 octobre 1550 : ils figurèrent dans un « village brésilien » reconstitué pour la circonstance.

On se souvient de l'incertitude qui pèse sur les circonstances exactes dans lesquelles Montaigne a pu s'entretenir avec un Indien Tupinamba ramené du Brésil avec deux de ses congénères. Selon le chapitre des *Essais* dédié aux « cannibales », l'événement se serait produit à Rouen, au moment d'un séjour de Charles IX dans la ville. Le roi s'y est rendu tout d'abord du 27 octobre au 12 novembre 1562, alors que la cité venait d'être reprise aux protestants et qu'elle avait subi le pillage de l'armée royale victorieuse. Ces ravages ont-ils été assez limités pour être compatibles avec ce que décrit Montaigne, selon lequel les trois Brésiliens auraient été invités à admirer « la forme d'une belle ville » ? Ce n'est pas impossible, car des historiens tendent à minimiser l'ampleur des déprédations commises par les soldats[39]. Plus problématique est le fait qu'aucun chroniqueur des cérémonies organisées pour honorer le souverain ne signale la présence d'Amérindiens. L'entrevue se serait-elle déroulée plutôt le 17 août 1563, à l'occasion de l'entrée solennelle que fit Charles IX dans la capitale normande ? Non plus, car ce jour-là, à Germignan, La Boétie agonisait lentement et son ami se trouvait à son chevet[40].

Une solution de l'énigme a été proposée : le dialogue aurait eu lieu en fait à Bordeaux, le 9 avril 1565, jour où se déroulèrent les festivités de l'entrée du roi dans la ville. On possède des comptes rendus détaillés de ces réjouissances. Les représentants de douze nations étrangères y figurèrent, dont ceux de trois peuples du Nouveau Monde, qualifiés respectivement d'« Américains », de « Sauvages » et de « Brésiliens ». Les « capitaines » de chaque nation firent une harangue au roi, traduite par un interprète. Montaigne fit partie des magistrats qui déjeunèrent alors au palais de l'Ombrière, siège du Parlement, et qui défilèrent ensuite, revêtus de leurs robes rouges ; il a pu profiter des services de l'interprète pour échanger quelques paroles avec les Indiens. Une coïncidence curieuse semble fortifier cette hypothèse : au cours du lit de justice que le roi vint tenir devant le Parlement, le 11 avril suivant, auquel le futur auteur des *Essais* a certainement assisté, le chancelier Michel de L'Hospital mentionna dans son discours une anecdote rapportée par Plutarque sur Pyrrhus, roi d'Épire, qui cessa de croire que les Romains étaient un peuple barbare quand il vit pour la première fois leur armée. Or c'est précisément la même anecdote qui ouvre le chapitre de Montaigne sur les cannibales, comme s'il liait le souvenir de leur rencontre avec celui d'un discours qui l'avait frappé[41].

Il n'en reste pas moins qu'on a du mal à comprendre pourquoi il aurait localisé à Rouen un fait survenu à Bordeaux. Est-ce parce que cette ville symbolisait, par l'intensité de ses relations avec le Brésil, la nouveauté des découvertes d'un monde étrange ? Ou parce que la participation antérieure d'Amérindiens aux fastes de l'entrée rouennaise du roi Henri II, les 1er et 2 octobre 1550, avait indissolublement associé une image exotique à la cité ? Ou encore à cause du retentissement qu'eut, pour les catholiques, la reconquête de cette place stratégique sur les réformés ? Ces explications ne satisfont guère ; le mystère demeure entier. On peut cependant persister à penser que l'absence de mention de « sauvages » dans les relations officielles du séjour de Charles IX à Rouen, à l'automne de 1562, ne constitue pas une preuve décisive et que la mémoire de Montaigne ne l'a pas trahi quand il y place l'entretien qui l'émerveilla si fort.

Selon son récit, l'entourage du roi aurait demandé aux Brésiliens ce qui les surprenait le plus dans le spectacle qu'ils avaient sous les yeux. Trois choses, auraient-ils répondu[42]. La première était de voir « tant de grands hommes, portant barbe, forts et armés, qui étaient autour du Roi [...] obéir à un enfant ». Cela fait écho à l'étonnement devant le prodige de l'obéissance auquel appelait La Boétie, rendu plus vif par le fait que Charles IX n'avait que douze ans, si du moins l'épisode se situe bien en 1562. Montaigne a sans doute reçu cette réponse comme une confirmation de la leçon de son ami et une invitation à imiter ces esprits neufs, capables de percevoir la bizarrerie de réalités qui semblent naturelles. La conversation qu'il eut ensuite avec le chef de ces Indiens le renforça dans cette conviction : la supériorité de son interlocuteur était à la fois consentie et éphémère, puisqu'elle provenait de l'élection de ses compagnons et ne se manifestait plus, en temps de paix, que par des honneurs symboliques. Bel exemple incitant à réfléchir sur les fondements du pouvoir.

Le deuxième objet de surprise pour les Tupinamba était la misère des mendiants postés devant d'opulents hôtels. Ce tableau pourrait évoquer la figure évangélique du pauvre Lazare mourant de faim près du palais d'un homme fortuné ; toutefois, les cannibales, bien loin d'en appeler aux rétributions de l'au-delà, en tiraient des conclusions inquiétantes : pourquoi les pauvres n'attaquent-ils pas les riches et ne mettent-ils pas le feu à leurs maisons ? Quant à la troisième chose dont ils s'étonnaient, Montaigne prétend ne pas se la rappeler ; il s'agit peut-être d'une ruse pour laisser tout loisir à ses lecteurs d'imaginer quelque incongruité politique, sociale ou religieuse, dont les « sauvages » auraient décelé l'ineptie. « Tout cela ne va pas trop mal, observe-t-il ; mais quoi, ils ne portent point de hauts de chausses. »

Montaigne disposait d'autres sources pour satisfaire sa curiosité de l'Amérique. Il a lu l'*Histoire nouvelle du Nouveau Monde* de Girolamo Benzoni, dont la traduction par Urbain Chauveton parut en 1579. Il a probablement pris connaissance aussi des livres de deux hommes qui participèrent à l'expédition menée au Brésil de 1555 à 1560 par le chevalier de Villegagnon ; le premier, André Thevet, dépeignit les mœurs des Brésiliens dans un ouvrage qui eut une large audience, *Les Singularitez de la France Antarctique, autrement nommée Amérique* (1557) ; le second, Jean de Léry, raconta son expérience dans l'*Histoire d'un voyage fait en la terre de Brésil* (1578)[43]. Montaigne recueillit également le témoignage d'un de ses serviteurs, qui vécut dix ou douze ans dans la baie de Guanabara (actuel Rio de Janeiro), lieu où débarqua Villegagnon ; il lui fit rencontrer « plusieurs matelots et marchands qu'il avait connus dans ses voyages » afin de confronter ses dires aux leurs. Il accumula ainsi des renseignements bien plus crédibles, assure-t-il, que ceux que fournissent les cosmographes — allusion possible à Thevet, cosmographe du roi, et à sa *Cosmographie universelle*, publiée en 1575 ; il les compléta en collectionnant, dans le cabinet attenant à sa bibliothèque, quelques objets usuels rapportés du Brésil, hamacs, épées ou bâtons servant à marquer le rythme des danses[44].

L'écho de ce savoir se retrouve dans les *Essais*, au chapitre *Des cannibales*, idéalisé par le souvenir et remodelé par la réflexion. Les descriptions qu'on y lit offrent une méditation sur l'ambiguïté de la notion de barbarie. Le cannibalisme que l'on reproche aux sauvages est bien moins cruel que les horreurs perpétrées pendant les guerres de Religion par des hommes prétendument civilisés, comme le rappelle un passage célèbre : « Je pense qu'il y a plus de barbarie à manger un homme vivant qu'à le manger mort, à déchirer, par tourments et par géhennes, un corps encore plein de sentiment, le faire rôtir par le menu, le faire mordre et meurtrir aux chiens et aux pourceaux (comme nous l'avons, non seulement lu, mais vu de fraîche mémoire, non entre des ennemis anciens, mais entre des voisins et concitoyens, et, qui pis est, sous prétexte de piété et de religion) que de le rôtir et manger après qu'il est trépassé[45]. » Et Montaigne de conclure :

« Nous les pouvons donc bien appeler barbares, eu égard aux règles de la raison, mais non pas eu égard à nous, qui les surpassons en toute sorte de barbarie. » Comme on le voit, il se garde de l'excès qui consisterait à faire des Indiens les parangons de toute perfection — en cela, il n'est nullement le précurseur du mythe du « bon sauvage » ; simplement, il dénie à ses contemporains le droit de se dire supérieurs à eux. La « barbarie » des cannibales n'est que relative.

L'anthropophagie et la polygamie, ces traits qui scandalisent les explorateurs, sont pour Montaigne à replacer dans un système de valeurs étrange mais cohérent. Il reconnaît même une certaine grandeur à la conception que les Tupinamba se font de l'honneur, capable d'en remontrer aux gentilshommes de son temps. Ils tuent et mangent leurs prisonniers parce que « c'est pour eux la forme la plus extrême de la vengeance » : ce signe éclatant de leur vaillance guerrière prouve que leur victoire sur l'ennemi a été complète. La vertu suprême consiste à leurs yeux à savoir défier l'adversaire ; elle se manifeste tout autant dans la défaite, par exemple par les sarcasmes que les vaincus, faits prisonniers, adressent jusqu'aux derniers instants à ceux qui se préparent à les dévorer. L'admiration du philosophe pour cette singulière bravoure le pousse à une observation, à l'évidence destinée à ses compatriotes, sur la nature de la véritable vaillance : elle réside « dans la fermeté, non pas des jambes et des bras, mais du courage et de l'âme[46] ». Paradoxalement, l'héroïsme des Indiens se conjugue avec la douceur de l'amitié qu'ils vouent à leurs femmes et même avec une remarquable sensibilité poétique : leurs chansons, recueillies auprès des matelots et des marchands revenus du Brésil, supportent la comparaison, d'après Montaigne, avec les œuvres du poète grec Anacréon...

Mais la curiosité passionnée de l'auteur des *Essais* s'intéresse surtout à la façon dont les Brésiliens parviennent à subsister, privés de tous les artifices considérés dans le Vieux Monde comme absolument indispensables. Ils vivent « sans » : « sans lettres, sans loi, sans roi, sans religion quelconque[47] ». Ils ne connaissent pas l'agriculture, ignorent la propriété, ne possèdent pas de monnaie et ne pratiquent pas de commerce ; chez ces hommes nus n'existent ni rangs sociaux, ni organisation politique, ni droit privé ou public, ni structures de parenté[48]. Cette répétition dans l'affirmation du dépouillement, qui tend à faire du sauvage une figure allégorique de la simplicité naturelle, s'inspire peut-être d'un ouvrage anonyme italien, *La Pazzia*, paru à Venise en 1540 et traduit en français en 1566 sous le titre *Les Louanges de la folie* ; ce livre, qui se situe dans la lignée de l'*Éloge de la folie* d'Érasme, signale, à propos du « peuple nouvellement découvert en l'Inde occidentale », qu'il vit « sans lois, sans lettres et sans aucuns sages[49] ». Montaigne gomme tous les indices contraires à une telle image, par exemple ceux d'un artisanat rudimentaire et d'une économie de troc ; il se persuade ainsi de la réalité de ce qu'il veut prouver : la société des cannibales, dépourvue de tout ce qui fait d'ordinaire la « soudure » de celles de l'Europe, n'en est pas moins tout à fait viable.

Ce prodige résulte, note-t-il, de la proximité avec la nature : « Ils sont sauvages, de même que nous appelons sauvages les fruits que nature, de soi et de son progrès ordinaire, a produits. » Certes, la nature se montre exceptionnellement généreuse envers eux ; leur mode de vie n'est réalisable que parce que la fertilité de leur terre leur procure tout ce dont ils ont besoin et que la douceur de leur climat leur permet de vivre sans vêtements[50]. Ils se distinguent pourtant des animaux, car ils n'agissent pas par simple instinct : leur conduite révèle au contraire leur capacité de discernement et la liberté de leurs choix. Ils ont du reste auprès d'eux des guides qui leur tiennent lieu de prêtres et les exhortent à agir vertueusement ; ils suivent les règles naturelles de leur propre volonté[51].

La félicité résultant de la conjonction de tant de facteurs favorables est malgré tout fragile ; Montaigne ne manque pas de souligner que le contact avec les Européens lui sera inévitablement fatal. Les trois Tupinamba qu'il a rencontrés se sont déjà laissé piéger : ils ont accepté de quitter leur terre natale, « ignorant combien coûtera un jour à leur repos et à leur bonheur la connaissance des corruptions de deçà [de ce côté de l'Océan], et que de ce commerce naîtra leur ruine, comme je présuppose qu'elle soit déjà bien avancée[52] ». Dans le chapitre *Des coches*, il reviendra plus tard sur les destructions commises par les Espagnols chez d'autres Indiens d'Amérique, beaucoup plus évolués, les Aztèques du Mexique et les Incas du Pérou. La lecture de l'*Histoire générale des Indes* rédigée par le chroniqueur espagnol Francisco López de Gómara et surtout de la *Très brève relation de la destruction des Indes* du dominicain Bartolomé de Las Casas l'aura, à ce moment-là, ancré dans le sentiment que l'inhumanité de la conquête a irrémédiablement gâché les promesses d'une culture brillante, entachée toutefois, en l'occurrence, par la pratique de sacrifices humains ; il prédira la fin du Nouveau Monde, hâtée « par notre contagion[53] ».

Les cannibales brésiliens sont exposés aux mêmes dangers. La vulnérabilité qui laisse présager leur extinction prochaine, jointe aux avantages extraordinaires de la situation géographique dont ils jouissent, donne au tableau de leur mode de vie l'allure d'un paradis précaire et presque d'une rêverie ; Montaigne le rapproche d'ailleurs des « fictions » imaginées par Platon sur l'âge d'or ou sur l'île mythique de l'Atlantide, engloutie par les eaux[54]. La vie « sans loi » des sauvages pousse en effet à l'extrême la liberté à l'égard de toute règle imposée, cette liberté que La Boétie, pour sa part, n'atteignait qu'au prix d'une acceptation critique et vigilante des lois de son pays. Elle prend de ce fait une dimension indéniablement utopique ; mais, comme les étonnements auxquels appelle le *Discours de la servitude volontaire*, elle incite à s'interroger sur les ressorts de l'obéissance et sur les fondements de la cohésion politique et sociale[55]. Là est certainement son utilité pour l'observateur. Montaigne y perçoit un idéal qui, tout inaccessible qu'il est, l'aide à comprendre et à suivre le chemin de libération plus réaliste — et néanmoins exigeant — indiqué par son ami.

Va-t-il jusqu'à voir dans les peuples du Brésil, comme l'hypothèse en a parfois été avancée, « une sorte de preuve expérimentale de la théorie épicurienne de la pluralité des mondes », ce qui expliquerait leur singularité tout en les excluant de la descendance d'Adam[56] ? Non, sans doute, bien que, dans *Des coches*, il s'interroge sur l'éventualité d'autres mondes à découvrir et que, dans l'*Apologie de Raymond Sebond*, il estime qu'une telle pluralité a de la vraisemblance[57]. Il se plaît plutôt à imaginer ces êtres vierges de pollution comme les témoins des origines lointaines de l'humanité, au temps où elle n'avait pas rompu avec les lois naturelles. Il lui suffit que les relations des explorateurs et des marchands le convainquent de la possibilité d'une existence entièrement libre, ignorante des superstructures accumulées par des générations perverties, même si les traces en sont placées dans un « ailleurs » voué à la disparition.

Un « ailleurs » qui est peut-être beaucoup moins loin dans le temps et dans l'espace qu'on pourrait le penser, quoique menacé par les mêmes périls. Les mésaventures du petit village pyrénéen de Lahontan, près d'Orthez, en témoignent. Montaigne, qui raconte son histoire dans le chapitre *De la ressemblance des enfants aux pères*, le connaissait bien, puisqu'il y partageait avec le baron de Caupène en Chalosse « le droit de patronage d'un bénéfice », c'est-à-dire celui de disposer des revenus de la cure et de proposer la nomination du desservant. En 1572, cette prérogative donna lieu à une contestation devant le parlement de Toulouse entre d'une part Montaigne et son oncle Pierre Eyquem de Gaujac, chanoine de Saint-André et curé de Lahontan, et d'autre part Marguerite de Caupène, alors veuve du fils de Blaise de Monluc[58].

Les habitants de ce village obéissaient de temps immémorial à leurs coutumes particulières, consenties d'un commun accord ; ils offraient l'image d'une petite république libre. « Ils fuyaient

les alliances et le commerce de l'autre monde », expression qui
suggère bien la ressemblance de leur isolement originel avec
celui des cannibales. Et puis l'un d'eux, saisi d'ambition, envoya
son fils s'instruire dans une ville voisine et en fit un notaire ;
revenu chez lui, celui-ci initia ses voisins aux usages des régions
« de deçà » — formule qui fait aussi écho à la description du
monde brésilien. Des litiges survinrent ; il fallut faire appel à
des juges ; les procès se multiplièrent. Pis encore : un médecin
s'éprit d'une fille du village, l'épousa et vint vivre chez elle ;
bientôt les villageois furent assaillis de nombreuses maladies,
que ce praticien sut très bien diagnostiquer en eux. Voilà leur
ancienne liberté définitivement perdue « et leurs vies de moitié
raccourcies[59] ». De même que pour les cannibales, Montaigne
idéalise la vie menée autrefois à Lahontan, en réalité peuplé
surtout de contrebandiers qui profitaient de leur situation limi-
trophe entre la France et le Béarn[60]… Son récit mi-comique
mi-tragique, adapté aux besoins de la démonstration, corrobore
l'inéluctable dégradation à laquelle s'exposent ceux qui vivent
selon les lois de nature dès lors qu'ils entrent en communication avec des gens corrompus. Il n'est pourtant pas sans laisser
subsister un espoir : qui sait si, dans quelque coin reculé et
inviolé des montagnes pyrénéennes ou alpines, ne survivent pas
de libres sauvages, derniers représentants de la « naïveté » initiale
des mœurs humaines ?

Espoir bien mince, cependant. Pour un homme vivant en
France, au temps des guerres de Religion, le seul moyen de
recouvrer cette ingénuité naturelle était de créer en soi les conditions mentales de la nudité des cannibales, en adoptant leur
regard neuf, en sachant voir comme eux l'absence de fondement
de la plupart des coutumes. Il pourra alors se résoudre à accorder
son allégeance à ces usages, mais ce sera par une décision raison-

née et non en se laissant porter aveuglément par une habitude irréfléchie. Dans l'adresse au lecteur placée en tête des *Essais*, Montaigne révèle combien sa nostalgie de la pureté perdue a influencé le dessein de son livre : « Que si j'eusse été entre ces nations qu'on dit vivre encore sous la douce liberté des premières lois de nature, je t'assure que je m'y fusse volontiers peint tout entier, et tout nu. » Cette nudité sera bien sûr métaphorique ; elle lui permettra néanmoins de se dépouiller intérieurement de toute révérence indue envers les lois du monde. En ce sens, la leçon du sauvage prolonge et complète celle de l'ami.

IV

L'EXPÉRIENCE DU DOGMATISME
ET DE LA MORT

L'appel à réexaminer l'autorité de la coutume et des conventions, que la rencontre avec Étienne de La Boétie tout autant qu'avec les cannibales du Brésil a fait entendre à Montaigne, l'amenait à tourner son regard vers son for intime afin d'y débusquer les assentiments serviles aux idées reçues. Deux autres événements ont renforcé cette invite et l'ont incité à prendre ses distances avec les servitudes de toute sorte qui enchaînent la liberté. Le premier fut la demande que lui adressa son père, dans les années 1560, de traduire du latin en français le traité d'un théologien catalan du XVe siècle, Raymond Sebond, où les dogmes de la religion chrétienne se trouvaient prétendument démontrés par les seules forces de la raison ; le second fut un accident de cheval, en 1567 ou 1568, qui lui fit croire sa dernière heure arrivée. Ces expériences l'amenèrent à découvrir la nécessité de se libérer des deux principales entraves à l'exercice hardi de la pensée : d'une part l'attachement obstiné à des certitudes soi-disant rationnelles ; d'autre part l'angoisse générée par l'inéluctabilité de la mort. Le processus ainsi enclenché mettra du temps pour atteindre son plein développement ; mais il a incontestablement joué un rôle dans la décision prise en 1571 de se « retirer » chez lui.

La traduction du traité de Raymond Sebond

Selon Montaigne, son père reçut un jour la visite de Pierre Bunel, humaniste toulousain réputé, qui lui offrit la *Theologia naturalis* de Raymond Sebond[1]. Cet hôte de marque, qui avait été soupçonné de sympathie pour l'hérésie avant d'être totalement disculpé, lui aurait recommandé ce livre comme « très utile et très propre à la saison », apte par conséquent à combattre le crédit dont commençaient à jouir « les nouvelletés de Luther ». Il est malaisé de savoir quand exactement il fit ce présent : sans doute entre 1538, date à laquelle il revint de Venise à la suite de son protecteur Georges de Selve, évêque de Lavaur, et 1547, année de son décès. Il aurait déclaré à Pierre Eyquem qu'il n'était pas nécessaire de maîtriser le latin pour déchiffrer l'ouvrage, « bâti d'un espagnol baragouiné de terminaisons latines » : de bonnes connaissances en italien et en espagnol y suffiraient. C'était se montrer très optimiste. Le destinataire de ce cadeau ne put en tirer profit et l'oublia « sous un tas d'autres papiers abandonnés », jusqu'à ce que, quelques jours avant sa mort, il le redécouvre, prie son fils de le traduire à son intention puis commande de faire imprimer la traduction.

Ce récit soulève plusieurs questions. Ramon Sibiuda (nom francisé en Raymond Sebond), qui enseigna à l'université de Toulouse, a écrit dans un latin tout à fait conforme aux règles de la rhétorique scolastique. Son ouvrage, intitulé à l'origine *Scientia libri creaturarum* (Science du livre des créatures), fut achevé juste avant sa mort, en 1436. Il connut un succès certain : on en conserve une trentaine de manuscrits ; les premières éditions parurent au début des années 1480, l'une à Lyon et l'autre à Deventer, cette dernière sous un titre — *Theologia naturalis* — qui allait être repris par les éditions ultérieures. Qu'il répondît à une attente du public est attesté par l'adaptation qu'en publia en 1499 un moine chartreux flamand, Pierre Dorland, sous la

forme plus attrayante d'un dialogue entre un maître et son disciple et avec un titre poétique : *Viola animæ* (La viole de l'âme),
publication suivie de nombreuses rééditions. Des traductions
en français virent bientôt le jour : l'une à Lyon, dès 1519, par
un traducteur inconnu ; l'autre à Paris, par Jean Martin, en 1555
puis 1566, intitulée *La Théologie naturelle de Dom Raymon Sebon*[2].
Il est possible que Montaigne ait lu cette version française de
J. Martin, qui accentuait la perspective moralisatrice de l'œuvre
et adoucissait son dogmatisme.

Pierre Eyquem a-t-il pu, quelques jours seulement avant de
mourir, demander une traduction à son fils puis, satisfait du
résultat, envisager de la faire éditer ? En ce cas, Montaigne aurait
été extraordinairement rapide ! Quand son travail est publié à
Paris en 1569, il date la dédicace à son père du 18 juin 1568, jour
de la mort de ce dernier, avec la particularité curieuse que, se
trouvant probablement alors dans la capitale et ignorant l'aggravation de l'état de santé du dédicataire, il lui souhaite une
longue et heureuse vie ; il a sans doute désiré conserver cette
date symbolique pour célébrer la survie de la volonté paternelle
à travers la parution du livre[3]. Il est vrai que dans cette dédicace
il indique que la tâche lui fut confiée « l'année passée », donc
en 1567 : cela ne suppose guère moins d'invraisemblable célérité.
Peut-être Montaigne confond-il deux étapes : la mission que
son père lui donna peu de temps avant son décès porterait alors
sur la publication d'une œuvre déjà traduite, cette requête suc-
cédant à un commandement antérieur concernant la traduction
elle-même.

Toujours est-il que la plupart des commentateurs estiment
qu'il commença à traduire Sebond assez tôt[4]. Ce pourrait être
dès l'échec du colloque de Poissy, à l'automne de 1561. Ce colloque, qui réunit des théologiens catholiques et protestants, avait
été voulu par Catherine de Médicis et le chancelier Michel de
L'Hospital dans l'espoir de ramener les dissidents au sein de
l'Église romaine, en leur faisant au besoin quelques conces-

sions. Certains catholiques modérés croyaient en effet possible, à ce moment-là, de s'accorder avec les réformés sur les dogmes essentiels et de transiger sur des points considérés comme secondaires. Ces conciliateurs, que Calvin avait stigmatisés du nom de « moyenneurs », attendaient beaucoup du colloque ; mais les théologiens calvinistes qui y furent invités, conduits par Théodore de Bèze, restèrent hostiles à toute forme de compromis. Les discussions s'envenimèrent ; ce fut l'échec de cette tentative de concorde[5].

Montaigne a dû en suivre les péripéties avec d'autant plus d'attention qu'il a avoué, dans le chapitre *C'est folie de rapporter le vrai et le faux à notre suffisance*, avoir un temps cru, un peu à la manière des moyenneurs, qu'il pouvait faire des distinctions parmi les dogmes et ne retenir que les plus importants : « [...] je le puis dire pour l'avoir essayé [expérimenté], ayant autrefois usé de cette liberté de mon choix et triage particulier, mettant à nonchaloir [négligeant] certains points de l'observance de notre Église, qui semblent avoir un visage ou plus vain ou plus étrange [...][6]. » Confesser cette tentation lui fournit l'occasion de déplorer le désarroi provoqué dans les consciences par ceux des catholiques qui, justement, pensent « faire bien les modérés et les entendus, quand ils quittent [abandonnent] aux adversaires aucuns articles de ceux qui sont en débat ». Or cette réflexion est étrangement proche de celle par laquelle il commente le don de Bunel à son père et qui vise cette fois les protestants, puisque ceux-ci, à ses yeux, poussent bien plus loin encore que les « moyenneurs » l'audace de « contrôler » les dogmes par la raison : sous leur néfaste influence, le peuple, dès « qu'on a mis aucuns articles de sa religion en doute et à la balance, [...] jette tantôt après aisément en pareille incertitude toutes les autres pièces de sa créance[7] ». Il a sans doute vu un exemple de cette hardiesse néfaste dans celle dont fit preuve Théodore de Bèze au colloque de Poissy en déclarant que le corps du Christ « est éloigné du pain et du vin autant que le plus haut ciel est éloigné de la terre » ; quand, plus tard, il écrira une « apologie » du traité de Sebond, il se souviendra de cette assertion et raillera l'obstination des réformés à affirmer qu'« il n'est pas en la puissance de Dieu de faire que son corps soit en paradis et en la terre, et en plusieurs lieux ensemble », c'est-à-dire à la fois au ciel et dans une multitude d'hosties consacrées[8].

La proximité des considérations qu'inspirent à Montaigne le souvenir de son éphémère égarement et celui des circonstances qui ont motivé le cadeau de Pierre Bunel incite à penser que la prière paternelle n'a pas été la seule cause de son intérêt pour la *Theologia naturalis* ; selon toute apparence, il fut aussi aiguillonné par le désir de sortir du trouble où l'avait jeté son essai de faire un « triage » parmi les dogmes. Il atteste en avoir été guéri par ses entretiens avec des « hommes savants », qui l'ont persuadé de la valeur des points estimés à tort comme mineurs ; il a pu également chercher un remède à ses perplexités dans le traité du théologien catalan, qui disait offrir une méthode rationnelle infaillible pour étayer la solidité de la doctrine chrétienne. Il prit toutefois la précaution de solliciter l'avis de l'éminent humaniste André Turnèbe, dont il avait probablement suivi les cours à Paris ; cet homme renommé pour sa science et son intégrité lui aurait certifié que l'ouvrage contenait « quelque quintessence tirée de S. Thomas d'Aquin[9] ». Avis, d'ailleurs, qui ne manque pas de surprendre : en effet, l'œuvre de Sebond a été mise sur la liste des livres interdits — l'Index — par les censeurs du pape Paul IV, en 1558-1559 ; en 1564, cette censure fut restreinte au seul prologue[10]. Turnèbe, qui est mort le 12 juin 1565, ignorait-il ces faits quand il a été consulté, ou en négligeait-il la gravité ? Montaigne ne connaissait peut-être pas les sentences romaines ; il se fia en tout cas au jugement de son ancien maître et se lança dans la traduction de la *Theologia naturalis*. Il allait bientôt s'apercevoir que les démonstrations qu'elles contenaient péchaient par excès de présomption et recelaient des contradictions.

En rédigeant la dédicace à son père, le traducteur se flatte d'avoir dépouillé Sebond de son « port farouche et maintien barbaresque » et de l'avoir revêtu d'un bel « accoutrement à la française ». Les spécialistes qui ont analysé son travail s'accordent à reconnaître la clarté et l'élégance de sa langue, qui allège la pesanteur du latin scolastique. Mais les écarts de la traduction ne se bornent pas à la rectification des lourdeurs stylistiques ; ils portent tout autant sur le fond. Le prologue en fournit un exemple particulièrement net. Sebond, dans le texte original, y annonce son intention avec une étonnante assurance. La doctrine qu'il propose conduira les hommes à la vérité « infailliblement, sans difficulté et sans peine » (*infallibiliter, sine difficultate et labore*) ; elle sera compréhensible par toutes sortes de gens qui, sans avoir fait de longues études, l'assimileront « en moins d'un mois » (*infra mensem*). Il s'agit en somme d'un précis de théologie — sous la forme d'un gros in-folio ! — accessible au tout-venant des fidèles. Il leur faudra seulement, guidés par Sebond, savoir lire le premier des deux livres que Dieu leur a octroyés pour les instruire : celui de la Nature, donné avant le second, la Bible. Certes, l'auteur précise que la compréhension de ce livre primitif n'est possible que grâce à la lumière de la foi ; il n'en affirme pas moins que le déchiffrement du spectacle de l'univers suffit à convaincre les chrétiens, sans l'aide des clercs et avant même de lire les Écritures : ce qui ne pouvait qu'indisposer les théologiens romains, prompts à soupçonner des relents de pélagianisme, cette hérésie du IVᵉ siècle qui faisait la part trop belle à la volonté humaine. Cependant la hardiesse rationalisante du prologue s'atténue parfois dans le corps de l'ouvrage ; si, pour Sebond, la raison peut suffire à démontrer l'existence de Dieu en décryptant le langage de la Création, certains passages de son œuvre suggèrent que les vérités chrétiennes, but ultime auquel doit conduire la théologie naturelle, sont elles-mêmes « au-dessus de tout intellect, au-dessus de tout jugement, et au-dessus de toute opinion et toute pensée de tous les hommes[11] ».

Montaigne était bien conscient des exagérations du prologue ; sa traduction en estompe la témérité. Là où Sebond assure que la vérité peut s'atteindre « sans difficulté et sans peine », il ajoute « autant qu'il est possible à la raison naturelle ». Dans la phrase certifiant que le livre enseignera au lecteur « tout » ce qu'il est tenu de connaître, il insère un « presque » qui en amoindrit notablement la portée ; dans celle qui promet au chrétien de le délivrer de « tous » ses doutes, il remplace « tous » par « plusieurs[12] ». Ces inflexions ne sont pas sans receler une bonne dose d'ironie ; d'entrée de jeu, Montaigne avertit que les évidences auxquelles Sebond pense parvenir ne pourront pas garantir une totale sécurité et qu'il ne faudra pas s'y laisser engluer. Parallèlement, il laisse voir qu'il ressent, tout comme le théologien catalan voire plus intensément, l'urgence de combattre les adversaires de la foi ; quand le texte latin invoque la nécessité, « en cette fin du monde » (*nunc in fine mundi*), de se « roidir » et fortifier, il renchérit et écrit « en cette *décadence* et fin du monde[13] ». Face à un danger si pressant, il faut faire feu de tout bois ; le livre de Sebond offre une arme utilisable pour lutter contre l'ébranlement des âmes.

La suite de la traduction présente une ambivalence analogue. D'une part, y sont affaiblies toutes les assertions d'un optimisme rationnel trop prononcé. Presque chaque fois que l'auteur écrit *ergo concluditur* (on conclut donc que), Montaigne traduit : « il nous faut croire que » ou « il est vraisemblable que » ; il n'hésite pas à remplacer le titre du chapitre 166 — *Hic ostenditur quæ sit voluntas Dei* (Ici est montré quelle est la volonté de Dieu) — par « Digression à l'utilité de son livre », ce qui transforme une leçon dogmatique en argument rhétorique[14]... D'autre part, sur les points contestés par les protestants, tels que l'eucharistie, la pénitence, la foi et les œuvres, il se montre fidèle à l'original[15]. De façon générale, la distance critique qu'il marque à l'égard des certitudes contenues dans la *Théologie naturelle* ne l'empêche pas d'en souligner la valeur édifiante, comme s'il incitait le lecteur à croire en dépit de l'obscurité des dogmes. Par là, il met en relief les ambiguïtés de Sebond, qui pensait pouvoir affirmer conjointement la capacité de la raison à prouver l'existence de Dieu et la difficulté à penser les articles de la foi chrétienne ; il se révèle ainsi sensible aux contradictions de l'auteur et trahit l'intensité du dialogue qu'il mène avec ses propres angoisses[16]. Les dilemmes que dévoile sa traduction n'allaient pas cesser de le hanter. Pour mieux en mesurer l'ampleur, il faut évoquer dès à présent la réponse qu'il leur apportera plus tard, dans les *Essais*, en faisant l'« apologie » de Raymond Sebond.

Une apologie paradoxale

Le postulat d'une « théologie naturelle », autrement dit de la possibilité pour la seule raison de parvenir à des vérités théologiques, soulevait des polémiques dont Montaigne était sans doute conscient quand il accepta de traduire le traité du théologien catalan[17]. La publication de son travail en 1569 à Paris, chez l'imprimeur-libraire Guillaume Chaudière, dut réveiller les discussions autour d'un ouvrage dont l'audace rationalisante était à peine tempérée par le traducteur. Vers le milieu des années 1570, Montaigne décida donc d'examiner les critiques adressées à Sebond et d'exposer ses réflexions dans le long chapitre 12 du deuxième livre des *Essais*, intitulé *Apologie de Raymond Sebond*, autant pour clarifier ses propres conceptions que pour réfuter les contradicteurs du Catalan.

La première des objections qu'il considère fait valoir l'inutilité de recourir à des démonstrations rationnelles pour appuyer la doctrine chrétienne : la foi et l'influx de la grâce divine y suffisent. Montaigne en convient ; il ajoute toutefois une observation qui adoucit notablement l'implacable démolition des prétentions de la raison à laquelle il se livre ensuite : « Ce n'est pas à dire que ce ne soit une très belle et très louable entreprise d'accommoder encore au service de notre foi les outils naturels et humains que Dieu nous a donnés[18]. »

La seconde sorte d'objections est beaucoup plus dangereuse. Ceux qui s'en servent ne dédaignent pas l'usage de la raison ; bien au contraire, ils opposent à Sebond une rationalité supérieure et mieux conduite, qui ruine ses raisonnements mais s'attaque du même coup aux fondements de la religion. Cette fois, le ton de Montaigne se fait véhément : il va « secouer » ces présomptueux, « froisser et fouler aux pieds l'orgueil et humaine fierté, leur faire sentir l'inanité, la vanité et dénéantise de l'homme, leur arracher des poings les chétives armes de leur raison, leur faire baisser la tête et mordre la poussière sous l'autorité et révérence de la majesté divine[19] ». Qui cette diatribe enflammée vise-t-elle ? Sans doute les « athéistes », ou du moins les esprits forts qui se plaisent à scandaliser en affichant leur irréligion, bien qu'ils soient en petit nombre à son époque[20] ; plus certainement les protestants, qu'il accuse de se fier à leur propre jugement pour critiquer les dogmes catholiques ; de manière générale, tous ceux qui prennent leurs opinions pour des évidences incontestables.

Afin de confondre la suffisance de ces adversaires il entreprend de prouver avec méthode l'impuissance de la raison, la vacuité de toute certitude, voire la totale absurdité de la croyance à la supériorité humaine sur les animaux. L'homme n'est nullement le miracle de la création ; l'habileté de l'araignée ou la perspicacité du renard suffisent à ridiculiser son outrecuidance. Cette argumentation radicale représente un renversement total des convictions admises sur la place de l'homme au sein de l'univers[21]. Elle entraîne par conséquent les thèses de Sebond dans son élan ravageur et les détruit en même temps que celles de ses ennemis, puisque tous, d'une manière différente mais tout aussi vaine, estiment pouvoir se fier à la raison : c'est un

« tour d'escrime » risqué, un « coup désespéré » qui laisse tous les combattants sur le carreau[22]. Montaigne prend soin d'en avertir la haute dame qui, à l'en croire, l'a chargé de défendre l'auteur de la *Theologia naturalis* ; s'adressant à elle, il lui recommande de n'utiliser son apologie paradoxale qu'en cas d'extrême nécessité, par exemple si « quelqu'un de ces nouveaux docteurs » voulait « faire l'ingénieux, aux dépens de son salut et du vôtre[23] ». Cette personne pourrait bien être Marguerite de Valois : elle a déclaré, dans ses Mémoires, avoir lu la traduction du traité de Sebond en 1576, quand elle était en résidence surveillée au Louvre après la fuite de son époux Henri de Navarre[24] ; les « nouveaux docteurs » seraient en ce cas les réformés que son mariage avec leur chef avait amenés auprès d'elle. L'usage de l'arme à double tranchant que lui propose Montaigne risque de la troubler, puisqu'il peut désarçonner les catholiques tout comme les protestants ; il lui conseille donc, non sans quelque ironique condescendance — les intelligences féminines n'étant pas, selon lui, aptes à discuter de questions théologiques trop complexes —, de se tenir plutôt « dans la route commune, il ne fait mie [pas] bon être si subtil et si fin ».

Pour les esprits de moyenne force, en effet, les raisonnements du théologien catalan gardent leur utilité ; Montaigne mentionne « un homme d'autorité, nourri aux lettres », qui lui a « confessé avoir été ramené des erreurs de la mécréance par l'entremise des arguments de Sebond[25] ». C'est vraisemblablement cette considération qui le portera à faire réimprimer sa traduction à Paris en 1581, après lui avoir apporté de nombreuses corrections : preuve qu'il ne sous-estimait pas l'efficacité du livre en un temps de déchirements confessionnels. Son travail de traducteur sera d'ailleurs plusieurs fois réimprimé, jusqu'en 1641 ; cette longévité atteste qu'il répondait à une attente du public[26].

Pour autant, les inflexions apportées par la traduction aux passages les plus catégoriques de la *Théologie naturelle* laissaient deviner, aux yeux de tout lecteur attentif, le travail de sape des prétendues vérités rationnelles que l'*Apologie* allait mener à son terme. Montaigne n'entendait cependant pas — on y reviendra — renverser l'autorité de l'Église catholique ; il assumait une soumission lucide à ses préceptes tout comme aux lois de son pays. Ce qui le révulsait, c'était chez les théologiens l'arrogance dogmatique, et chez les fidèles de tout bord l'attachement orgueilleux à des idées supposées irréfutables, qui suscitait le besoin de les imposer à autrui et provoquait des affrontements meurtriers[27]. Quand il a commencé à traduire Sebond et à émousser les excès de son traité, les guerres de Religion ne faisaient que menacer ou venaient tout juste de débuter ; au moment où il rédige, par antiphrase, son « apologie », les antagonismes religieux révélaient toute leur puissance destructrice : cinq conflits avaient déjà dressé des Français contre d'autres Français ; des massacres, tel celui de la Saint-Barthélemy, avaient fait des milliers de victimes. Après 1580, alors que la situation se sera encore aggravée, il fustigera la « présomption d'estimer ses opinions jusque-là que, pour les établir, il faille renverser une paix publique et introduire tant de maux inévitables et une si horrible corruption des mœurs que les guerres civiles apportent, et les mutations d'État […][28] » : phrase qui visera autant les catholiques ligueurs que les protestants. Toute certitude recèle une violence prête à se déchaîner.

Les philosophes de l'Antiquité sont eux-mêmes touchés par la démonstration de Montaigne, bien que leurs doctrines n'aient pas eu de conséquences si tragiques. Il les classe en trois sortes. Les premiers — aristotéliciens, épicuriens, stoïciens — pensent avoir trouvé la vérité ; les deuxièmes — sectateurs de la nouvelle Académie platonicienne — déclarent qu'on ne peut la saisir ; les troisièmes enfin — partisans de Pyrrhon, philosophe sceptique du IVe siècle avant J.-C. — suspendent leur jugement[29]. Les deux premières catégories de penseurs se ressemblent, dans la mesure où ils recourent tous à des affirmations, que ce soit pour assurer qu'ils possèdent la connaissance ou qu'ils ne savent rien. Pyrrhon, lui, refuse de trancher, moyen radical de ne pas tomber dans le piège du dogmatisme. L'œuvre de son disciple Sextus Empiricus (*Hypotyposes pyrrhoniennes*), traduite par Henri Estienne et publiée en 1562, a rendu sa pensée familière aux humanistes. Montaigne a certainement lu très tôt cette traduction[30]. Selon lui, le « mot sacramental » des pyrrhoniens « est ἐπέχω, c'est-à-dire je soutiens, je ne bouge[31] ». Il fera peindre cette devise sur l'une des poutres de sa bibliothèque ; il la fera aussi graver, avec l'effigie d'une balance en équilibre, au revers des jetons frappés en 1576 — dont on n'a conservé qu'un exemplaire —, portant à l'avers ses armoiries entourées du collier de l'ordre de Saint-Michel[32].

L'*Apologie* laisse toutefois deviner des réserves à l'égard de l'idéal d'immobilité figuré par l'équivalence parfaite entre les deux plateaux de la balance. Proclamer que toutes les thèses se valent, comme le font les pyrrhoniens, aboutit à stopper l'élan de la pensée et à bloquer toute possibilité de véritable dialogue. « Si vous établissez que la neige est noire, ils argumentent au rebours qu'elle est blanche. Si vous dites qu'elle n'est ni l'un ni l'autre, c'est à eux de maintenir qu'elle est tous les deux[33]. » Ils sont prêts à soutenir tout et son contraire, afin de montrer qu'ils sont indifférents à ce qu'ils profèrent et que leur âme est parvenue à la tranquillité parfaite, l'ataraxie. De ce point de vue, Montaigne n'est pas un pyrrhonien tout à fait orthodoxe : il préfère retenir de Pyrrhon le modèle d'un philosophe en mouvement, à la recherche d'un savoir dont il sait qu'il ne l'atteindra jamais[34]. Dans l'édition de 1588, il corrige la stabilité évoquée par l'image de la balance en l'accompagnant d'une interrogation qui suggère la mobilité incessante de l'esprit, le cheminement sans fin vers une vérité inaccessible : « Que sais-je[35] ? » L'équilibre ne saurait être que provisoire. Se « rasseoir en soi » ne signifie pas « s'arrêter en soi », comme il le précise dans un ajout postérieur ; sans une quête incessante, l'homme ne vit qu'à demi : « son aliment c'est admiration [étonnement], chasse, ambiguïté[36] ».

L'éminente dignité qu'il confère à tout questionnement intellectuel permet de comprendre le compliment, déjà cité, accordé
à Sebond en répondant aux premières objections qui lui étaient
adressées : il est louable de se servir des « outils naturels et
humains que Dieu nous a donnés ». Le théologien catalan a
eu raison de chercher à connaître ; ce qui lui a manqué, c'est
l'humilité qui lui aurait permis de voir dans son interprétation
du livre de Nature une simple hypothèse. Montaigne entend
bien se prémunir contre une telle présomption et ne pas imiter tous ceux qui s'attachent si obstinément à leurs opinions
qu'ils s'y « trouvent hypothéqués, asservis et collés comme à
une prise qu'ils ne peuvent démordre[37] ». L'expérience de la
traduction de la *Theologia naturalis* lui a fait sentir le danger de
ce genre d'esclavage ; elle lui a ainsi montré le chemin à suivre.
En ce sens, elle rejoint la leçon prodiguée tant par La Boétie
que par les cannibales : l'essentiel n'est-il pas de pourchasser
en soi toutes les propensions à la servitude, que ce soit en reje-
tant une obéissance aveugle aux lois, en s'étonnant des usages
incongrus communément reçus ou en se méfiant des certitudes
trop évidentes ? Pour cela, une méthode identique : observer le
fonctionnement de son esprit afin d'y débusquer les mécanismes
mentaux irréfléchis, sans négliger de s'ouvrir à l'infinie variété
des spéculations humaines.

La chute de cheval

Montaigne a connu très tôt le poids d'une autre espèce d'asservissement : celui que fait peser sur l'âme la peur de la mort.
Dans sa jeunesse, « parmi les dames et les jeux », un saisisse-
ment soudain le glaçait : il venait brusquement de penser à l'un
de ses amis qui, « la tête pleine d'oisiveté, d'amour et de bon
temps », avait été terrassé par une fièvre mortelle au sortir d'une

fête joyeuse[38]. L'effrayante fragilité de la vie en assombrissait la saveur. Un accident survenu au cours de la deuxième ou de la troisième guerre civile — il ne se rappelle plus très bien la date exacte — allait, sinon le délivrer complètement de cette crainte, du moins l'alléger et lui faire pressentir l'inanité de tout ce que les philosophes ont pu écrire sur ce sujet. Il a raconté l'épisode dans le chapitre *De l'exercitation*[39].

L'événement s'est produit lors d'une promenade à cheval entreprise à une lieue de son château, en compagnie de quelques-uns de ses serviteurs. Le contexte n'était toutefois pas très favorable au délassement : Montaigne évoque dans son récit le bruit tout proche d'arquebusades. Ce détail donne à penser que l'incident pourrait avoir eu lieu à l'automne de 1568, donc au début de la troisième guerre. Le prince de Condé et l'amiral de Coligny venaient de s'enfuir vers La Rochelle. La reine de Navarre, Jeanne d'Albret, et ses deux enfants, Henri et Catherine, avaient quitté le Béarn et s'apprêtaient à rejoindre les fugitifs ; après une étape à Nérac ils gagnèrent Mussidan, du 17 au 28 septembre, en passant par la moyenne vallée de la Dordogne, non loin de la demeure de Montaigne, harcelés par les troupes catholiques conduites par Blaise de Monluc, ce qui peut expliquer la proximité des escarmouches entendues[40].

Le maître de maison pensait être en sécurité, son lieu de retraite étant tout proche ; il avait néanmoins pris la précaution de garder son épée à la main. Pour cette escapade, il avait choisi un cheval aisé à conduire et peu ferme. Au retour de la chevauchée, l'un de ses gens voulut faire prendre le galop à son roussin, puissante bête de labour ; il ne put l'arrêter et fondit « comme un colosse sur le petit homme et petit cheval » : monture et cavalier furent renversés, ce dernier se voyant projeté à dix ou douze pas, « le visage tout meurtri et tout écorché […], n'ayant ni mouvement ni sentiment, non plus qu'une souche ».

Environ quatre ans après, Montaigne se remémore les impressions qu'il a éprouvées. Il se demande si l'on peut expérimenter la mort, l'« apprivoiser » et en quelque sorte l'« essayer », afin de savoir si elle est si effrayante qu'on le dit. L'expérience qu'il a vécue lui paraît propre à satisfaire sa curiosité. Il a été en effet bien près de mourir ; son évanouissement a duré deux heures ; quand on l'a relevé, il a vomi « un plein seau de bouillons de sang pur ». Or, ce que son souvenir lui restitue de ses perceptions, ce n'est nullement, ô surprise, une sensation d'angoisse ; c'est au contraire une agréable douceur. Le choc fut si soudain et inattendu qu'il n'a pas eu le temps d'avoir peur. Il ne ressentait aucun mal. « Je fermais les yeux pour aider, ce me semblait, à pousser hors [ma vie], et prenais plaisir à m'alanguir et à me laisser aller. » Il s'agitait pourtant et déchirait son pourpoint avec ses ongles, mais ces mouvements inconscients ne traduisaient aucune douleur. Voilà qui dément l'opinion de beaucoup de personnes, y compris, précise-t-il, celle de son ami La Boétie, selon laquelle les gestes désordonnés des agonisants témoigneraient de leurs souffrances. « Cependant, poursuit-il, mon assiette était à la vérité très douce et paisible [...]. C'eût été sans mentir une mort bienheureuse [...]. Je me laissais couler si doucement et d'une façon si douce et si aisée que je ne sens guère autre action moins pesante que celle-là était. »

Au terme de sa narration, il résume l'« instruction » qu'il en a tirée : se méfier des idées reçues et des peurs imaginaires. Au lieu de se laisser contaminer par les appréhensions collectives, il faut être attentif à son for intérieur et, en l'occurrence, y découvrir le contraire de ce qui était redouté. « Chacun est à soi-même une très bonne discipline [sujet d'étude], pourvu qu'il ait la suffisance de s'épier de près. » S'épier : autrement dit se mettre à l'écoute non seulement de son esprit mais aussi de son corps, qui lui a procuré la jouissance insolite dont il se fait le témoin ; l'accident lui a révélé l'« étroite couture » entre la chair et l'âme.

Bien plus, s'observer ne suffit pas : il faut, ajoute-t-il, « communiquer » le résultat de ses observations. C'est pour cela que Montaigne, quand il relit après 1588 le récit de sa chute, lui accole une longue méditation sur l'entreprise des *Essais*, qui sont en quelque sorte le compte rendu fidèle des explorations de son univers intime[41]. Il s'en est fait le rapporteur, comme jadis il rapportait les procès jugés devant la chambre des enquêtes à Bordeaux. Non qu'il veuille dispenser à autrui une leçon, une « doctrine » philosophique, ce qui serait tomber dans l'orgueil qu'il condamne ; il entend simplement inviter chacun à s'émerveiller comme lui de la diversité étonnante des ressources offertes par l'esprit et le corps humains.

Il a cherché dans l'histoire de l'Antiquité s'il existait d'autres exemples d'hommes ayant « apprivoisé » la mort. Le chapitre *De juger de la mort d'autrui* en signale trois. Les deux premiers — un ami de Cicéron, Pomponius Atticus, et un philosophe stoïcien, Cléanthe — ont connu un destin semblable : atteints tous les deux d'une grave maladie, ils furent guéris par le jeûne ; ce remède leur procura tant d'agrément qu'ils décidèrent de poursuivre leur abstinence et de finir leur vie en cet état plaisant. Le troisième cas, plus développé, est emprunté aux lettres de Sénèque. Un jeune homme, Tullius Marcellinus, malade, « entreprit de s'en aller de cette vie, non de s'enfuir ; non d'échapper à la mort, mais de l'essayer. Et, pour se donner loisir de la marchander [l'examiner], ayant quitté toute nourriture, le troisième jour après, s'étant fait arroser d'eau tiède, il défaillit peu à peu, et non sans quelque volupté, à ce qu'il disait[42] ».

Voilà, commente Montaigne, « des morts étudiées et digérées ». Toutefois, elles ont été volontaires. Il a abordé de front le problème du suicide dans le chapitre *Coutume de l'île de Cea*. Selon les stoïciens, se suicider, c'est choisir une « sortie raisonnable », échapper à toute souffrance et prouver sa souveraine liberté[43]. Y a-t-il songé lui-même après la mort de son ami Étienne de La Boétie ? Une citation inhabituellement longue empruntée à une lettre de Sénèque suggère à demi-mot qu'il a éprouvé cette tentation, repoussée par la pensée de la douleur qu'il causerait à ses proches[44]. De surcroît, cet acte, indépendamment du fait que l'Église catholique le prohibe, est « une confession de notre impuissance », qui témoigne de l'incapacité à jouir de la vie[45]. Il est préférable de ne pas se laisser asservir par la crainte de la mort afin de vivre pleinement. Comment y parvenir ? Le chapitre *Que philosopher c'est apprendre à mourir*, l'un des premiers rédigés, propose une voie, inspirée par les préceptes de Cicéron et des stoïciens mais aussi par la tradition chrétienne du *memento mori* : la mort étant « le but de notre carrière », il convient d'en faire « l'objet nécessaire de notre visée », de s'accoutumer sans cesse à l'idée de mourir et d'en ôter ainsi l'effrayante « étrangeté[46] ». Remède fragile ! Il suffit des lamentations excessives de l'entourage du mourant pour anéantir, au moment suprême, tous les efforts accomplis pour se libérer de l'appréhension. La fin du chapitre brosse un pittoresque tableau de ces manifestations de deuil : « les cris des mères, des femmes et des enfants, la visitation de personnes étonnées et transies, l'assistance d'un nombre de valets pâles et éplorés, une chambre sans jour, des cierges allumés, notre chevet assiégé de médecins et de prêcheurs », tout cela affole l'agonisant et détruit une sérénité si durement acquise. Et Montaigne de conclure : « Heureuse la mort qui ôte le loisir aux apprêts de tel équipage. » À tout prendre, mourir à la guerre est beaucoup moins terrible[47].

Le souvenir de la mort frôlée lors de sa chute de cheval, qui eût été rapide, ne pouvait que renforcer une telle conclusion. Certes, une mort violente sur un champ de bataille est plus glorieuse que celle qui résulte d'un accident. Cette différence n'est pourtant pas aussi importante qu'on pourrait le penser. Montaigne professera à la longue que la mort n'est que le *bout* de la vie et non son *but*, ce qui relativise les circonstances qui la produisent[48]. Il admire l'opinion de César, selon lequel la mort la plus souhaitable est « la moins préméditée […] et la plus courte » : celle, par conséquent, qui vous surprend sans que vous ayez eu le temps de vous en épouvanter. Dans un ajout, il précise : « Si César l'a osé dire, ce ne m'est plus lâcheté de le croire[49]. » Il fallait quelque audace pour s'écarter si clairement de l'idéal catholique de la « bonne mort », qui permet au pécheur de faire son examen de conscience et de recevoir les sacrements[50]. Non qu'il le récuse ; il en mesure seulement la difficulté. Une mort « courte » lui fera peut-être, en outre, goûter une saveur inattendue, comme celle qu'il a ressentie lorsqu'il fut renversé de sa monture... En tout cas, la jouissance paradoxale découverte à cette occasion a quelque peu adouci sa crainte de la mort ; s'il revient souvent ensuite sur les différentes façons de bien mourir, ce n'est plus avec l'angoisse glacée qui le saisissait parfois dans sa jeunesse.

« Nous ne sommes jamais chez nous, nous sommes toujours au-delà[51]. » La leçon que Montaigne retient de son accident converge ainsi avec celles que lui ont léguées ses autres expériences. Quand, en 1571, il décide de se « retirer » dans son château, sa conviction est bien arrêtée. Ce qu'il a vécu jusque-là — pratique de la magistrature, contacts avec la Cour, amitié avec La Boétie, rencontre des cannibales, rejet des certitudes de Sebond, « essai » de la mort —, tout lui indique une même direction : il trouvera la liberté *chez lui*, entendons dans son univers intérieur tout autant que dans la demeure de ses pères ; il échappera aux asservissements en rompant avec les automatismes de pensée et de comportement inévitablement induits par les ambitions ordinaires. Il s'appliquera désormais à réaliser ce que lui a dicté sa conscience au sortir du long évanouissement causé par sa chute de cheval : « s'épier » et « communiquer ». Il en a bien mesuré la difficulté : « C'est une épineuse entreprise, et plus qu'il ne semble, de suivre une allure si vagabonde que celle de notre esprit ; de pénétrer les profondeurs opaques de ses replis internes ; de choisir et arrêter tant de menus airs de ses

agitations. Et est un amusement [activité] nouveau et extraordinaire, qui nous retire des occupations communes du monde,
oui, et des plus recommandées[52]. » La *recommandation*, il va, au
rebours des jugements mondains, la chercher dans l'originalité
d'un projet sans précédent, d'un « dessein farouche et extra-
vagant », comme il le qualifie en dédiant à Mme d'Estissac le
chapitre sur l'affection des pères pour leurs enfants ; mais il sait
que là réside la véritable grandeur. Son rapport à l'existence en
sera foncièrement changé.

DEUXIÈME PARTIE

LES EXPLORATIONS
D'UN GENTILHOMME PÉRIGOURDIN

(1571-1581)

V

DU BON USAGE DE LA RETRAITE

La décision de vivre désormais chez lui n'a nullement représenté pour Montaigne une césure brutale, un repli dans sa tour d'ivoire. Elle n'est que le signe extérieur d'un retournement intérieur, d'un basculement de son regard du « dehors » vers le « dedans », non pour s'y enfermer, mais pour y observer avec curiosité le jaillissement de la réflexion au contact du monde environnant. Son esprit, pour se mettre en branle, a besoin en effet de rencontres, avec ses proches, avec les acteurs de la politique de son temps ou avec les grands auteurs anciens ou contemporains. En explorateur de l'intime, il s'attache à découvrir à la fois sa propre diversité et celle des personnes côtoyées au cours de ses conversations, de ses lectures ou de ses voyages ; il « essaie » son jugement en le confrontant à celui d'autrui. Plus tard, il notera qu'il aurait volontiers publié ses « verves » sous forme de lettres, s'il avait eu à qui parler, comme autrefois il échangeait des idées avec La Boétie[1]. À défaut d'un ami de cette envergure, c'est avec le lecteur que les *Essais* vont engager un dialogue, en espérant que cet interlocuteur sera « suffisant ».

La phrase un peu grandiloquente qu'il a fait peindre pour solenniser sa retraite célèbre donc une rupture dans son mode de pensée plutôt que dans son mode de vie — une rupture déjà bien amorcée et sans cesse à recommencer. Placée sous ses yeux dans le cabinet attenant à sa bibliothèque, cette sentence constitue en quelque sorte un aide-mémoire destiné à lui rappeler la radicalité du projet de se « rasseoir en soi » et de préserver l'autonomie de son moi tout en continuant à l'exposer aux dispersions mondaines.

La gestion de la seigneurie et de la « maison »

S'installer sur ses terres impose des obligations : il faut surveiller la bonne marche de l'économie domestique et assurer la rentabilité de l'exploitation agricole. La mort de son père a chargé Montaigne de lourdes responsabilités ; le souci de perpétuer la « maison » lui imposait de ne pas s'y dérober. Une seigneurie est un ensemble complexe qui comporte plusieurs parties : un domaine ou réserve, que le seigneur possède en pleine propriété ; des censives, sur lesquelles sa propriété est indirecte, terres concédées à des paysans moyennant le paiement d'un cens en nature, en espèces ou mixte ; éventuellement un ou plusieurs fiefs, attribués à des vassaux qui doivent prêter hommage. La seigneurie de Montaigne ne semble pas avoir compris de fiefs à proprement parler, bien que les censives y soient appelées de ce nom, coutume fréquente dans le Bordelais[2] ; en revanche, elle constituait elle-même un fief dépendant de l'archevêque de Bordeaux, auquel elle devait l'hommage. Le nombre de censives qu'elle englobait paraît assez important : le registre où Pierre Eyquem recensait le versement du cens annuel dû par les censitaires — celui de son fils n'a pas été retrouvé — contient quatre-vingt-dix-sept mentions, s'échelonnant de 1527 à 1558[3]. Le cens acquitté était le plus souvent mixte, associant aux espèces monétaires des grains, froment et seigle, et parfois une ou deux poules, voire une moitié ou un huitième de volaille… Quant au domaine, Montaigne l'exploitait par l'intermédiaire d'un intendant, ce qui ne le délivrait pas de tout souci : « Je suis, chez moi, soupire-t-il, répondant de tout ce qui va mal. Peu de maîtres, je parle de ceux de moyenne condition comme est la mienne […] se peuvent tant reposer sur un second qu'il ne leur reste bonne part de la charge[4]. »

Selon toute apparence, il ne jouissait pas du droit de justice ; pour le rigoureux juriste Charles Loyseau, sa seigneurie n'était donc pas « vraie et parfaite[5] ». Il avait cependant le droit de ban, c'est-à-dire le pouvoir d'ordonner aux paysans d'utiliser, contre redevance, ses six moulins, son four et ses pressoirs[6]. Il pouvait sans doute leur demander des corvées ; l'allusion des *Essais* aux « cent hommes » qui venaient travailler chez lui, empêchés de le faire par la terrible peste survenue à l'automne de 1586, désigne peut-être ces corvéables réquisitionnés pour les vendanges, à moins qu'il ne s'agisse de journaliers embauchés à cette occasion. Le seigneur de Montaigne paraît avoir été plutôt exigeant dans la perception des sommes qui lui étaient dues ; si ses censitaires ne s'en acquittaient pas, il n'hésitait pas à les y contraindre par voie de justice. Témoin les « lettres de committimus et de debitis » — permettant le recours à un sergent ou à un huissier — qu'il se fit octroyer le 3 octobre 1573 par la chancellerie de Bordeaux, parce que plusieurs de ses « emphythéotes tenanciers » — les paysans possédant des tenures — ne lui payaient pas leurs « cens, rentes […] honneurs, agrières et autres droits et devoirs seigneuriaux[7] ». Il veillait aussi de près à recouvrer ses créances : le 14 mai 1569, une veuve, Huguette Perreau, demeurant au village de Penot dans la juridiction de Montravel, endettée envers lui et apparemment incapable de le rembourser, dut pour se libérer lui faire donation irrévocable du tiers de tous ses biens meubles et immeubles, moyennant quoi Montaigne, représenté dans cet acte par son clerc Jean Dumas, la tint quitte, elle et son fils, « de tous et chacun les arrérages de rentes qu'ils pourraient devoir[8] ». La donation faite le 21 janvier 1572 par Pierre Bernyer d'une maison avec une terre et deux pièces de vigne a peut-être été faite pour des motifs analogues[9]. Montaigne possédait plusieurs maisons à Bordeaux, dont il percevait les loyers. On le découvre ici beaucoup plus attentif à son argent qu'il ne veut bien le laisser entendre.

Tout cela lui procurait un beau revenu, qu'il chiffre à plus de 2 000 écus, soit plus de 6 000 livres, ce qui est largement supérieur aux 1 200 écus de rente que le capitaine huguenot François de La Noue estimait nécessaires à l'honnête aisance d'un gentilhomme campagnard et infiniment au-dessus des 300 livres annuelles que gagnait un bon artisan[10]. Toutefois, il jugeait cette richesse fragile, sujette aux aléas des intempéries ou des épidémies. Pendant longtemps, il a vécu dans l'angoisse d'un accident imprévu porteur de ruine, jusqu'à ce que « le plaisir de certain voyage de grande dépense » — vraisemblablement le long périple en Allemagne et en Italie entrepris à partir de septembre 1580 — le délivre de « cette sotte imagination » et l'accoutume à vivre au jour le jour, sans s'inquiéter du lendemain ; dans l'édition de 1588, il déclare préférer qu'on lui soumette le montant de ses dépenses tous les deux mois plutôt que chaque soir, bien que la somme en paraisse plus grosse[11]. En temps ordinaire, ni ses propres besoins ni ceux de ses proches — pourtant dispendieux, insinue-t-il — n'excédaient ses ressources[12]. Il eut des raisons de s'alarmer quand il fut chassé de son domaine par la peste ; néanmoins, sa fortune se rétablit assez vite, puisqu'à sa mort elle a été évaluée à 60 000 livres en capital terrien et à 30 000 livres en créances, ce qui le place au niveau d'un riche parlementaire[13].

Il a prétendu s'acquitter à contrecœur — « dépiteusement » — de ses tâches de maître de maison et n'avoir eu comme ambition que de transmettre le patrimoine familial sans l'avoir ni diminué ni agrandi[14]. En fait, il a profité de la mise en vente par le roi d'une partie des biens du clergé pour étendre son domaine : il acquit en juillet 1578 la forêt de Saint-Claud (ou Bretenord) et en avril 1579 des redevances et des terres sises dans la seigneurie de Montravel, aliénées par l'archevêché de Bordeaux[15]. Ces acquisitions s'ajoutaient à la part d'héritage reçue de son oncle Pierre Eyquem de Gaujac, doyen de Saint-André, mort le 24 juillet 1573 ; le partage fut établi le 11 janvier 1575 entre lui et ses deux cousins cohéritiers — Geoffroy de Montaigne, sieur de Bussaguet, et Robert de Montaigne, sieur de Breilhan, tous deux fils de Raymond Eyquem de Bussaguet. Michel de Montaigne reçut deux petites maisons situées dans la rue du Hâ à Bordeaux et attenantes au jardin de sa « maison ancienne » (rue de la Rousselle), deux prés, la moitié d'un moulin, treize vaches, deux rentes foncières et deux droits de patronage, l'un sur une chapelle appelée de Bugson et l'autre sur la cure de Lahontan, dans le village pyrénéen dont, on s'en souvient, Montaigne s'est plu à raconter comment il avait perdu son ancienne liberté[16]. Les revenus de cette cure restaient cependant indivis entre les trois cohéritiers. Cet accord fut complété le 2 juin 1575 par une sentence arbitrale précisant les modalités tant de l'héritage de l'oncle Pierre Eyquem de Gaujac que de celui, antérieur, d'un autre oncle, Thomas, curé de Saint-Michel de Montaigne ; curieusement, cet acte obligea Michel de Montaigne à rendre « les armes qui sont à son château de Montaigne audit sieur de Bussaguet toutes fois et quantes qu'il les enverra quérir[17] ». Une partie de l'héritage de Thomas Eyquem comportait des devoirs envers les vicaires et les prêtres bénéficiers de l'église de Saint-Michel, notamment le paiement d'une rente pour faire dire des messes le jour de la Saint-Thomas et le versement d'une redevance ou « exporle » pour la tenure roturière de deux pièces de vigne ; devoirs dont Montaigne n'était pas très prompt à s'acquitter, puisqu'il fallut un jugement du tribunal présidial de Guyenne, le 17 décembre 1586, pour l'y obliger[18].

Il ne négligeait pas de s'occuper de la vente de son vin ; en 1585, il se fit recevoir comme « bourgeois » de Libourne afin de bénéficier des privilèges de la ville et d'y exporter les vins de son cru[19]. Le titre juridique de « bourgeois » d'une ville n'était nullement incompatible avec la noblesse[20]. Pourtant, dans un passage du chapitre consacré à la vanité, écrit vraisemblablement après cette date, il affirme n'être « bourgeois d'aucune ville » et ne se targue que de la bulle de bourgeoisie romaine octroyée par la chancellerie pontificale[21]. En choisissant d'habiter son château il avait apparemment perdu le droit de bourgeoisie de Bordeaux que possédaient ses ancêtres, même s'il put en jouir temporairement en tant que maire de la ville ; il devait donc solliciter un arrêt du Parlement bordelais quand il voulait, par dérogation aux privilèges de la cité, y introduire son vin. Une permission de ce genre, consécutive à une requête de sa part, lui fut accordée le 7 mai 1588 — alors qu'il était absent de Bordeaux — pour cinquante tonneaux de vin, à condition que ce vin provienne bien de chez lui et qu'il soit conduit par « personnes et mariniers catholiques[22] » ; en pleine huitième guerre de Religion, les parlementaires veillaient à ne pas exposer inconsidérément les Bordelais à la contamination de l'hérésie…

L'attention de Montaigne était également requise par le souci de sa « maison », composée de sa famille, de sa domesticité et des jeunes gentilshommes hébergés au château. Il a évoqué plusieurs fois dans les *Essais* le personnel qui le servait. Il avait deux laquais, que leurs mères paysannes, note-t-il, avaient cessé d'allaiter huit jours après leur naissance pour pouvoir donner le sein aux bébés qu'on leur confiait ; plusieurs valets, contre lesquels il lui arrivait de s'emporter et dont l'un lui servait de secrétaire, voire de lecteur ; un cuisinier ; un boulanger qui lui préparait, selon ses goûts, du pain sans sel ; un barbier ; un tailleur dont il raille la propension au mensonge ; un portier « d'ancien usage et cérémonie », qui accueillait gracieusement les hôtes de passage ; une gouvernante pour sa fille ; un peintre dont il aimait admirer le travail — peut-être celui qui décora sa chambre, sa bibliothèque et le cabinet attenant[23]. Contrairement à son père et à beaucoup de gentilshommes de son entourage, il se passait d'un apothicaire ou d'un médecin attitré, jugeant que ces praticiens ne faisaient qu'altérer la santé par leurs drogues ; il se contentait d'en faire venir quand il était malade[24]. Il mentionne en outre un jardinier, un muletier, un palefrenier ; de temps en temps, il engageait des enfants trouvés pour en faire des marmitons dans sa cuisine, sans réussir toutefois à les retenir bien longtemps[25]. Cela faisait beaucoup de serviteurs, sans compter les femmes attachées à son épouse ; il n'arrivait pas à mémoriser leurs patronymes et les appelait « par le nom de leur charges ou de leur pays[26] ». Enfin, il cite « [son] prêtre », desservant la chapelle située au rez-de-chaussée de sa tour, où les habitants du château et possiblement des paysans des alentours venaient entendre la messe ; au sommet de l'édifice, une grosse cloche sonnait l'Angélus deux fois par jour, à l'aube et au crépuscule, appelant ceux qui l'entendaient à réciter l'*Ave Maria*[27]. La responsabilité d'un seigneur était en effet tout autant spirituelle que matérielle ; la conscience qu'en avait Montaigne a dû compter dans la fermeté avec laquelle il est resté fidèle au catholicisme.

La « maison » d'un gentilhomme comprenait encore des jeunes pages qu'il « nourrissait » chez lui, leur fournissant à la fois l'hébergement et l'éducation. Montaigne en mentionne deux. Le souvenir du premier, mort dans une embuscade pendant les guerres civiles, lui arrache cette plainte : « En un tel mécompte je perdis hommes et chevaux, et m'y tua-t-on misérablement entre autres un page gentilhomme italien, que je nourrissais soigneusement, et fut éteinte en lui une très belle enfance et pleine de grande espérance[28]. » Le second est le sieur de Verres, pour lequel il intervint auprès du conseiller au Parlement Claude Dupuy ; ce gentilhomme était emprisonné pour une affaire de duel, et Montaigne fit valoir en sa faveur que c'était un « homme nourri en [sa] maison, apparenté de plusieurs honnêtes familles et surtout qui a toujours vécu honorablement et innocemment, qui [lui] est fort ami[29] ». Des jeunes filles nobles pouvaient aussi faire partie de la « maison » de son épouse ; dans l'almanach de Beuther qui lui servait d'agenda, il a signalé que la sœur du baron de Savignac, mort le 4 avril 1589, était « nourrie par [sa] femme[30] ». L'importance de sa maison, estimait-il, manifestait assez sa dignité de gentilhomme pour qu'il n'ait pas à la rehausser par des vêtements somptueux, du moins « en son privé », c'est-à-dire chez lui : il ne se vêtait guère que de noir ou de blanc, à l'imitation de son père[31].

À toutes ces charges s'ajoutait celle des membres de sa famille qui séjournaient au château. Ses deux jeunes sœurs, Léonor et Marie, vécurent avec lui jusqu'à leur mariage, survenu le 28 septembre 1579 pour la seconde — à laquelle il s'engagea à payer une dot de 4 500 livres — et le 2 septembre 1581 pour la première[32]. S'il faut en croire la lettre-préface, datée du 26 novembre 1588, que Marie de Gournay plaça en tête d'une œuvre dédiée à Montaigne, son « père d'alliance », celui-ci aurait encore à ce moment-là hébergé chez lui sa mère, Antoinette de Louppes, et deux de ses frères, Pierre de La Brousse et Bertrand de Mattecoulon[33]. Avec sa femme Françoise de La Chassaigne et sa fille Léonor, seule survivante de leurs six enfants, il connaissait des moments de paisible intimité ; il jouait aux cartes avec elles et misait de petites sommes à ces jeux ; il assistait aux leçons données à sa fille et s'amusa un jour du pudibond effroi de la gouvernante, qui fit sauter un peu rudement à l'adolescente un passage du livre qu'elle lisait où figurait le mot « fouteau », nom vulgaire du hêtre : moyen infaillible, commente-t-il, d'attiser sa curiosité ! Léonor était alors « d'une complexion tardive, mince et molle » et commençait à peine à « se déniaiser de la naïveté de l'enfance[34] ». Françoise veillait avec compétence à la bonne marche de la maisonnée ; elle contrôlait l'exactitude du service du personnel et savait pratiquer avec libéralité l'art de l'hospitalité, indispensable à la sociabilité nobiliaire. Jacques-Auguste de Thou a raconté dans ses Mémoires comment il fut très bien accueilli par elle en septembre 1589, en compagnie de Gaspard de Schomberg, colonel général de la cavalerie allemande, et de

Geoffroy de La Chassaigne, seigneur de Pressac, en l'absence du maître de maison[35].

Malheureusement, l'autorité domestique ne s'exerçait pas au château sans cris ni explosions de colère contre des valets insolents ou négligents. Pour préserver sa tranquillité, Montaigne s'efforçait de tempérer l'irascibilité de « ceux qui ont loi de se pouvoir courroucer en [sa] famille ». Qui désignait-il par cette prudente périphrase ? Sa mère ? Sa femme ? Il leur faisait observer que « la criaillerie téméraire et ordinaire passe en usage et fait que chacun la méprise » : formule qui laisse planer quelque doute sur l'efficacité de ses exhortations[36]. La vie dans les pièces communes devait plus d'une fois exercer sa patience et l'exposer aux dispersions qu'il redoutait. Comment, dans ces conditions, rester fidèle à sa volonté d'autonomie intérieure ?

La métaphore de l'arrière-boutique exprime ce dilemme et suggère la solution. « Il faut se réserver une arrière-boutique toute nôtre, en laquelle nous établissons notre vraie liberté et principale retraite et solitude. En cette-ci faut-il prendre notre ordinaire entretien de nous à nous-mêmes, et si privé que nulle accointance ou communication étrangère y trouve place[37]. » Cette phrase célèbre du chapitre *De la solitude* a des résonances multiples sur lesquelles il faudra revenir. Si l'on choisit de considérer la réalité matérielle qu'elle évoque, elle permet d'entrevoir le lien entre la vie relationnelle et le repli sur soi. La boutique d'un artisan ou d'un petit commerçant s'ouvrait sur la rue et facilitait le contact avec le chaland ; l'arrière-boutique, espace privé situé le plus souvent de plain-pied, n'en était pas séparée par une cloison fermée : une porte fréquemment franchie assurait le va-et-vient entre les deux.

L'arrière-boutique de Montaigne, à la différence de celle de l'artisan, ne tolérait pas d'autre habitant que lui ; mais la porte communiquant avec sa « boutique » n'en restait pas moins toujours entrebâillée. La configuration de sa *librairie* — sa bibliothèque —, située au troisième niveau de la tour d'angle où il aimait se réfugier, en est la parfaite illustration. C'est dans cette pièce qu'il se dérobait « à la communauté et conjugale, et filiale, et civile[38] ». De forme circulaire, elle abritait le long de ses murs cinq séries d'étagères où étaient rangés un millier de livres, dont beaucoup provenaient du legs de son ami Étienne de La Boétie. Entre les étagères, trois fenêtres, au nord-est, au sud-est et à l'ouest, lui procuraient des vues sur les différentes parties de son domaine ; il pouvait ainsi alterner la réflexion, la lecture, la dictée de ses pensées et la surveillance de ses terres : « Chez moi, je me détourne un peu plus souvent [qu'en voyage] à ma librairie, d'où tout d'une main je commande à mon ménage. Je suis sur l'entrée et vois sous moi mon jardin, ma basse-cour, ma cour, et dans la plupart des membres de ma maison. Là, je feuillette à cette heure un livre, à cette heure un autre, sans ordre et sans dessein, à pièces décousues ; tantôt je rêve, tantôt j'enregistre et dicte, en me promenant, mes songes que voici[39]. »

Au plafond, les poutres portaient des sentences peintes, certaines étant recouvertes par d'autres ajoutées dans un deuxième temps. Soixante-quinze ont été dénombrées et soixante-huit déchiffrées. Elles étaient pour la majeure partie empruntées aux grands textes de l'Antiquité et pour quelques-unes à la Bible ; seules deux venaient de contemporains, Michel de L'Hospital et George Buchanan[40]. Presque toutes appelaient à méditer sur la vanité de la quête humaine de la connaissance. Attenant à la « librairie », un petit cabinet rectangulaire, doté d'une cheminée, était décoré de peintures aujourd'hui presque effacées ; selon les témoignages d'anciens visiteurs, elles représentaient des scènes inspirées de l'Antiquité : le jugement de Pâris, les amours de Vénus et de Mars, la mort d'Adonis, Cimon prisonnier tétant le sein de sa fille pour ne pas mourir de faim, un combat de gladiateurs, un naufrage. Au deuxième niveau de la tour et juste au-dessous de la « librairie », une chambre, ornée également de peintures (disparues) et pourvue d'une vaste cheminée, permettait au maître des lieux de dormir quand il le souhaitait « sans femme, à la royale[41] » ; elle possédait également un petit cabinet, chauffé lui aussi par une cheminée et servant probablement de garde-robe, qui communiquait par un escalier étroit avec la coupole de la chapelle. Celle-ci, au rez-de-chaussée, offrait aux regards des fidèles, derrière l'autel, l'image de saint Michel terrassant le dragon. Des latrines étaient aménagées dans l'escalier en colimaçon qui reliait les divers étages.

Les bâtiments du château se répartissaient autour d'une cour centrale carrée[42]. D'un des côtés de la tour de Montaigne partait une courtine menant à la tour Trachère, appelée selon une tradition tardive « tour de Madame », où il est possible que Françoise de La Chassaigne se soit effectivement établie ; de l'autre côté, une muraille abritant des communs rejoignait le corps de logis. S'il n'avait pas craint la dépense, Montaigne aurait aimé flanquer sa librairie, de chaque côté, d'une « galerie de cent pas de long et douze de large » ; car « tout lieu retiré requiert un promenoir[43] ». Il s'est contenté de terminer quelques murs, de réparer des bâtiments, d'améliorer les cheminées et les latrines[44]. Aujourd'hui la tour du philosophe et les deux tourelles, l'une rectangulaire et l'autre ronde, qui lui sont accolées sont les seuls vestiges authentiques de cet ensemble ; le corps de logis, les écuries et les communs, déjà profondément modifiés dans les années 1860 par l'un des derniers propriétaires, ont été détruits par un incendie en 1885 ; la reconstruction du château lui donna une allure pseudo-médiévale.

Tel est le cadre de vie où sont nés les *Essais*. Leur écriture a été intermittente ; elle ne pouvait se réaliser que lorsque Montaigne résidait chez lui[45]. Si l'on accepte les dates proposées par Pierre Villey, il ne se serait consacré de façon à peu près continue à la rédaction des deux premiers livres que dans les années 1572-1573 et 1576-1579. Pendant longtemps il a dicté ses réflexions, en déambulant dans sa bibliothèque, à un valet qui les consignait ; méthode qui avait ses inconvénients, car un secrétaire impudent en profita un jour pour lui voler une partie de ses écrits[46]. C'est plus tard qu'il commencera à écrire dans les marges d'un exemplaire imprimé de son œuvre les ajouts et corrections qu'il désirera apporter. Certaines de ses « rêveries » se sont sans doute perdues, car elles surgissaient à toute occasion, « à cheval, à la table, au lit », et il n'avait pas toujours près de lui un valet pour les noter[47]. Il s'est souvent plaint de l'infidélité de sa mémoire. Une pensée lui venait-elle à l'improviste, au milieu de ses affaires domestiques ? Le temps de traverser la cour pour rejoindre sa « librairie », elle s'évanouissait s'il ne la donnait « en garde à quelque autre[48] ». On aime à l'imaginer se hâtant alors à grands pas, suivi d'un secrétaire chargé de noter à la volée sur son écritoire l'idée qui venait de traverser l'esprit de son maître.

Les essais du jugement

Le titre qu'il a donné à son œuvre a dû surprendre bien des lecteurs. Il l'a explicité en parlant de son jugement, « duquel ce sont ici les essais », et plus largement en évoquant l'ensemble de sa vie intérieure : « C'est ici purement l'essai de mes facultés naturelles », observées avec les « yeux internes[49] ». Il les « essaie », autrement dit les expérimente, les évalue, les teste en les regardant s'exercer à propos de divers objets. « Le jugement est un outil à tous sujets, et se mêle partout. À cette cause, aux essais que j'en fais ici, j'y emploie toute sorte d'occasion. [...] Je prends de la fortune le premier argument. Ils me sont également bons. » Une mouche pourrait servir de motif. Le thème abordé importe peu pour lui, puisque son attention s'attache surtout au fonctionnement de son esprit réagissant à une stimulation extérieure ; il s'efforce de s'examiner comme s'il était un étranger, un voisin, voire un arbre[50]. Ce dessein est devenu pour lui un principe de vie ; si l'on veut comprendre le sens qu'il donne à sa « retraite », il faut tenter de saisir ce qui en fait la profonde originalité.

Les « occasions » lui en sont tout d'abord procurées par la lecture. Dans le chapitre *Des livres*, il rappelle les auteurs qui lui ont donné le plus de plaisir. Au premier rang viennent les Anciens : Sénèque et Plutarque (ce dernier dans la traduction d'Amyot), ses écrivains de prédilection, suivis de Platon, de Pline le Jeune et de Cicéron — bien que la réputation de l'éloquence cicéronienne lui paraisse surfaite. Il aime les poètes — Virgile, Lucrèce, Ovide, Catulle, Martial, Horace —, les historiens, tels César et Salluste, les auteurs de comédies comme Plaute et Térence. Parmi les modernes, il goûte les œuvres de Rabelais et de Boccace, les histoires de Philippe de Commynes et de François Guichardin, les Mémoires de Martin et Guillaume Du Bellay, les traités de Jean Bodin. Il les lit la plume à la main : il note souvent ses commentaires dans les marges, mentionne à la fin de chaque ouvrage la date à laquelle il a achevé de le lire et parfois l'appréciation qu'il a portée sur lui ; il a recopié, pour conclure ce même chapitre, les remarques que lui ont inspirées l'histoire d'Italie de Guichardin et les Mémoires de Commynes et des frères Du Bellay[51].

Que cherche-t-il dans ces livres, outre le plaisir de fréquenter d'illustres esprits ? Essentiellement des opinions remarquables et des relations de faits étonnants, de comportements singuliers ou de bizarreries naturelles. Cette quête est particulièrement sensible dans ses premiers chapitres, qui ressemblent de ce fait à ces cabinets de curiosités où les érudits de son temps aimaient à exposer leurs collections d'objets rares. Ce qui intéresse Montaigne, ce n'est pourtant pas de collectionner des étrangetés : ce sont les réflexions qu'elles font naître en lui. Par exemple, dans le chapitre *Par divers moyens on arrive à pareille fin*, il analyse, à partir d'anecdotes empruntées à Plutarque et à Bodin, comment, pour aboutir à un résultat identique, les hommes peuvent adopter des conduites diamétralement opposées : illustration de la mutabilité et de l'imprévisibilité humaines. Un peu plus loin, il décrit une série d'actes extravagants, tel celui de Xerxès qui fit fouetter l'Hellespont parce qu'une tempête avait détruit le pont sur lequel il voulait le traverser, et médite sur la pulsion qui pousse à concentrer sa fureur sur des éléments extérieurs qui n'y peuvent rien. Le contact avec l'insolite a pour but de provoquer ce qu'il appelle « l'admiration », à savoir l'étonnement, ce « fondement de toute philosophie », qui ébranle l'imagination, réveille l'intelligence et l'invite à sortir des sentiers battus[52].

D'autres opportunités lui sont offertes par les conversations avec ses amis. Il les aime chaleureuses et gaies, de préférence autour d'une bonne table. Sa « retraite » est très sociable : il se dit « né à la société et à l'amitié[53] ». Les humanistes ont développé à la Renaissance l'art de la conversation lettrée au sein de compagnies choisies qui se réclament d'une « république des Lettres » idéale ; un Italien, Stefano Guazzo, en a retracé les usages dans un livre, *La civil conversazione* (1574), qui a eu un grand succès[54]. Montaigne affirme son goût pour une forme virile d'échange amical qu'il appelle « l'art de conférer » ; il lui a consacré tout un chapitre. Il le voit comme une joute courtoise entre des interlocuteurs qui confrontent leurs points de vue ; le jugement s'y essaie avec plus de force que dans la lecture, nécessairement plus statique. Mais tout entretien, même apparemment superficiel, peut être fructueux ; ainsi, d'une discussion avec un ancien maître d'hôtel du cardinal Caraffa, il tire une comparaison plaisante entre la science de composer un repas et celle de gouverner un empire[55].

Montaigne découvre également bien d'autres incitations à s'étonner et à réfléchir dans le spectacle des événements de son temps : les affrontements tragiques des guerres civiles, les cruautés et les trahisons, les mutations politiques lui fournissent maint sujet de méditation. Le déchaînement des persécutions contre les sorcières qui caractérise son époque l'amène à constater — et à s'en indigner — les folies auxquelles la peur du diable entraîne les hommes. Ses voyages sont aussi d'abondants pourvoyeurs de situations surprenantes, propres à tester le jugement.

À chaque fois, il se fait le greffier de ses pensées. Cependant, il clame bien haut son refus d'ordonner leur foisonnement : pour les exposer, il n'a pas d'autre « sergent de bande » (officier chargé de ranger les troupes) que la « fortune[56] ». S'en remettre au hasard, tant dans la rencontre de faits ou d'êtres inhabituels que dans la description des idées qu'ils lui inspirent, est en effet un aspect essentiel de sa démarche : c'est la meilleure façon d'étouffer toute prétention doctorale[57]. Il n'a pas l'intention de faire un traité savant : le classement, la mise en catégories réduirait la chatoyante diversité humaine, ne pourrait rendre compte de ses multiples facettes et passerait à côté de son mystère. Il se défend vigoureusement d'être un « faiseur de livre », autrement dit d'un ouvrage érudit qui « pue l'huile et la lampe » : pour mieux repousser pareille supposition, incompatible avec le noble loisir d'un gentilhomme, il dépeint son occupation comme un « honnête amusement [occupation] » et souligne son aspect ludique[58]. Il ne se veut pas non plus un « philosophe », sinon « imprémédité et fortuit », quand ses lectures le confrontent aux grandes philosophies des temps anciens[59]. Et pour montrer que seule la discontinuité reflète la diversité et l'incohérence humaines, il adopte un style « à sauts et gambades », dissocie volontairement de leurs titres le contenu de ses chapitres, utilise dans ses phrases des modélisateurs tels que « à l'aventure [peut-être], aucunement, quelque, on dit, je pense, et semblables » et donne à sa pensée une allure « enquêteuse, non résolutive ». L'objectif est de dérouter le lecteur, de le surprendre, de faire surgir en lui cet étonnement déstabilisant si propice à l'éclosion de la pensée[60].

Les *Essais* sont ainsi le registre de réflexions vagabondes, de sensations fugaces, de rêveries fantasques. Les consigner sur le papier a pour résultat de fixer leurs contours, de les doter de « couleurs plus nettes », de leur « donner corps », sans masquer leur irréductible contingence : bref, d'aider celui qui les décrit à en prendre conscience et donc à les goûter, voire, quand il s'agit de passions, à en adoucir l'impétuosité : l'exercice joue en ce cas un rôle thérapeutique[61]. Montaigne a placé cette activité au cœur de son existence : il en a fait « [son] étude, [son] ouvrage, [son] métier ». Mais il affirme pareillement que son « métier », c'est tout uniment *vivre*[62]. Qu'est-ce à dire, sinon que la vie n'est autre chose que la saveur de ces émotions et pensées changeantes, saveur qui ne serait pas si prégnante si l'écriture ne l'avait rendue plus présente à l'esprit ? Vivre, c'est justement être présent à soi, c'est s'éprouver vivant. Dans l'ensemble des *Essais* résonne l'appel à ne pas se laisser emporter hors de soi par des leurres fallacieux — ambitions, espérances, résolutions — qui projettent l'âme au-delà de la plénitude du vécu. « Je fais coutumièrement entier ce que je fais, et marche tout d'une pièce », assure Montaigne ; l'observation de l'œil intérieur, attentif à saisir la moindre nuance de l'intime, ne fait paradoxalement que renforcer cette adhésion à lui-même[63]. Il ne veut nullement enseigner par là « comment vivre », bien que son œuvre ait pu être lue en ce sens[64]. Il se contente de poser la question : Qu'est-ce que vivre ? Et il tente d'y répondre en proposant sa « façon de vie », tout en sachant qu'il en existe « mille contraires », toutes aussi fécondes que la sienne, puisque tous les hommes sont « garnis de pareils outils et instruments pour concevoir et juger[65] ».

Ce faisant, est-ce réellement lui qu'il peint, comme le prétend l'avis au lecteur ? Rien n'est moins sûr. Tout d'abord parce que l'écriture est impuissante à saisir un moi multiple, qui offre tant de visages divers et contradictoires. « Honteux [réservé], insolent ; chaste, luxurieux ; bavard, taciturne ; laborieux [dur à la peine], délicat ; ingénieux, hébété ; chagrin, débonnaire [affable] ; menteur, véritable ; savant, ignorant, et libéral, et avare, et prodigue, tout cela, je le vois en moi aucunement, selon que je me vire » : où est le « vrai » Montaigne[66] ? Il change en outre au gré de l'écoulement du temps. Tout au plus se reconnaît-il une « forme maîtresse », en l'occurrence une complexion lourde et lente, et admet-il « quelque constance d'opinions », engendrée en lui « par accident[67] ». Dans l'arrière-boutique, il découvre une foule — *turba*, précise-t-il en citant le poète latin Tibulle —, une multitude d'incarnations diverses de ses virtualités ; le *Je* qui s'exprime dans les *Essais* n'est que le producteur et le greffier des créations insolites de son esprit et de son imagination.

Bien plus, l'observation modifie son objet, puisque, on l'a vu, elle accentue et avive les nuances de ce qu'elle décrit. Son livre est « consubstantiel » à Montaigne, parce qu'il le « fait » tout comme il est fait par lui[68] ; d'une facture toute provisoire toutefois, car, sitôt croqué par l'écriture, le modèle est déjà autre. « Quel que je sois, je le veux être ailleurs qu'en papier[69]. » L'auteur doit à son œuvre un surplus d'intensité de vie ; or ce surplus n'est pas exprimable dans des phrases, si subtiles soient-elles ; la vie court devant elles et elles s'acharnent à la rattraper. Le livre des *Essais* est voué à rester incomplet, inachevé, toujours en chantier, toujours à s'enrichir d'ajouts. Jusqu'à sa mort, Montaigne ne cessera d'y travailler.

Pourtant, il parle bien de lui ; il pressent qu'on pourrait mal le comprendre et le soupçonner de présomption. Le chapitre qu'il a consacré à ce défaut suggère que son entourage, surpris par la singularité de son projet, a dû plus d'une fois l'en accuser ; il révèle également son souci permanent de se justifier. Sa parade est l'autodépréciation ; son œuvre, à l'en croire, n'est qu'un ramas d'« inepties », une « rhapsodie » qui divulgue « sa maladive qualité » : comment penser qu'il cherche à être encensé ? Il n'en demeure pas moins qu'on le devine atteint par les suspicions de ses proches, qui rejoignent probablement des doutes personnels. Le caractère inaccoutumé de son entreprise suscite assurément de l'orgueil en lui, car il sait qu'il défriche une voie jusque-là inexplorée : « C'est le seul livre au monde de son espèce », dit-il des *Essais*[70]. À la différence de saint Augustin dans les *Confessions* — qu'il n'a peut-être pas lues —, il ne cherche pas Dieu dans l'espace intérieur ; il y épie la variété de ses pensées intimes[71]. Cependant la solitude du défricheur ne va pas sans quelque angoisse. Une sourde inquiétude affleure sous l'ironie de cette constatation : « Tant y a que, sans l'avertissement d'autrui, je vois assez ce peu que tout ceci vaut et pèse, et la folie de mon dessein. » Autant qu'à son lecteur, il s'adresse à lui-même cette interrogation : « Ai-je perdu mon temps de m'être entretenu tant d'heures oisives à pensements si utiles et si agréables ? [...] Ai-je perdu mon temps de m'être rendu compte de moi si continuellement, si curieusement[72] ? »

Il n'est pas jusqu'à la fierté du novateur qui ne soit suspecte. En écrivant, Montaigne ne risque-t-il pas de succomber à la tentation de la gloire, l'une de ces passions qui justement arrachent l'homme à lui-même ? Il évoque implicitement ce péril à propos de Pline et de Cicéron, qui voulaient conquérir la renommée en publiant les lettres qu'ils envoyaient à leurs amis ; il moque en eux la contradiction entre leur mépris de la gloire et le soin qu'ils mettaient à placer leur nom au front de leurs livres[73]. Sa raillerie l'atteint lui aussi : il a fait étalage de son nom et de ses titres sur la couverture du livre premier des *Essais* de 1580, au point que l'imprimeur, Simon Millanges, a dû, faute de place, réduire sa marque aux dimensions d'un petit fleuron. Il est conscient des pièges de l'amour-propre : le souci de la réputation a des racines trop vivaces en la nature humaine pour être complètement extirpé[74]. Afin de mieux le chasser, il s'efforce, avec une violence autoflagellatrice souli-gnée par la répétition d'interjections telles que « par Dieu ! », « pour Dieu ! », de ridiculiser l'illusion qui consiste à croire en l'immortalité de son nom. Les patronymes sont peu fiables ; l'orthographe en est incertaine ; la fréquence des homonymes peut attacher la renommée à quelqu'un qui ne la mérite pas, si bien qu'un palefrenier nommé Pompée Le Grand pourrait se

parer de la gloire du général romain ; le lien est fragile entre
le nom et la personnalité profonde de celui qui le porte ; de
plus, si ce nom parvient à survivre sur terre, l'âme du défunt en
jouira-t-elle dans l'au-delà[75] ?

À cela s'ajoute possiblement la peur secrète d'avoir trahi son
père et la continuité de la maison. Les *Essais*, ce fils de papier,
peuvent-ils remplacer le fils de chair qu'il n'a pas su donner ?
Une bonne partie du chapitre *De l'affection des pères aux enfants*
est dédiée à la comparaison entre la procréation charnelle et la
création intellectuelle. Montaigne se sent « père et mère » de
son livre et se demande s'il ne vaut pas mieux engendrer de
l'accointance des Muses que de l'accointance de sa femme ; il
pousse la provocation jusqu'à faire, par deux fois, l'éloge de la
stérilité biologique[76]. Le paradoxe cache mal la tristesse de ne
pas avoir eu de garçons : quand il rappelle la douceur de l'éducation dispensée à sa fille Léonor, il lâche cet aveu : « J'eusse
été beaucoup plus religieux [scrupuleux] encore en cela envers
des mâles, moins nés à servir et de condition plus libre : j'eusse
aimé à leur grossir le cœur d'ingénuité et de franchise[77]. » Phrase
où l'on sent percer un reproche à l'égard de Pierre Eyquem, qui
n'a pas su, par la mollesse de la formation qu'il lui a donnée, lui
« grossir le cœur ».

Se faire l'observateur de son monde intérieur, n'est-ce pas, en
effet, se rendre coupable d'une autre trahison, celle de la vocation militaire propre à la noblesse ? Ses amis gentilshommes
n'ont vraisemblablement pas manqué de l'insinuer. Il y avait
certes d'illustres exemples de nobles ayant conjugué la vaillance
guerrière et l'écriture ; mais ils produisaient des *Mémoires historiques*, tels Guillaume et Martin Du Bellay, des *Commentaires*
sur les événements qu'ils avaient vécus, comme Monluc sur les
traces de César, ou des *Discours politiques et militaires*, comme
François de La Noue. Montaigne a peut-être caressé un temps
l'idée d'écrire un ouvrage d'histoire. À en croire un témoignage
figurant dans un recueil de discours d'orateurs fameux publié en

1635, il aurait entrepris de narrer le voyage en Pologne d'Henri d'Anjou, élu roi de ce pays en 1573, et n'aurait pas donné suite à ce dessein, soit en raison d'un « léger mécontentement qu'il reçut lors de la Cour », soit à cause de la piteuse issue de l'aventure polonaise — l'abandon peu honorable de son nouveau royaume par Henri quand il apprit la mort de son frère Charles IX[78]. Dans un passage des *Essais*, Montaigne révèle avoir été exhorté à écrire sur les affaires de son temps par son entourage, qui l'estimait plus impartial que d'autres ; il a résisté à ces conseils, d'une part parce que la tâche lui paraissait trop pesante, d'autre part parce que, ne voulant pas contraindre sa liberté, il estimait qu'il eût « publié des jugements, à [son] gré même et selon raison, illégitimes et punissables[79] ». Il s'est adonné également à la poésie latine puis renonça à publier ses vers, car ils sentaient trop l'emprunt au dernier des poètes qu'il venait de lire[80].

Ces hésitations et ces doutes laissent deviner que la gestation des *Essais* n'a pas seulement été le fruit de l'exploration jubilatoire de la diversité du moi : elle s'est aussi accompagnée du sentiment inquiet de l'« extravagance » d'un projet si différent de celui que se proposaient habituellement les gentilshommes autour de lui et qui a dû susciter, dans les premiers temps, leur condescendance amusée. C'est pourquoi on ne peut dissocier les longs passages où il décrit sa démarche introspective de ceux qu'il consacre à persuader ses pairs qu'il s'agit là d'une occupation très utile à la noblesse. Démonstration paradoxale, essentielle toutefois à bien comprendre, car elle éclaire l'autre face du sens qu'il veut donner à sa retraite.

Un nouvel idéal nobiliaire

Montaigne se voit comme un gentilhomme d'épée ; il est donc pour lui très important de prouver que son choix représente en fait une sublimation et non un reniement des valeurs nobiliaires. Les témoignages attestant sa conviction de faire partie de la gentilhommerie et de partager sa vocation guerrière sont multiples. Il se déclare « soldat et Gascon » ; dans le chapitre *De la vanité*, il parle de sa « profession » en donnant au mot une connotation militaire[81]. Il est difficile de savoir s'il a vraiment combattu et, en ce cas, dans quelles circonstances. Certaines pages des *Essais* semblent suggérer une activité guerrière : il y mentionne les « épaisses poussières » soulevées l'été par la cavalcade des troupes, « dans lesquelles on nous tient enterrés au chaud, tout au long d'une journée », ou encore les chevauchées nocturnes des « corvées de guerre », qui lui troublent l'estomac au point de le faire vomir ; il indique qu'il se « mêle plus volontiers » à la guerre là où elle est plus éloignée de sa maison ; dans le Beuther, il révèle avoir été présent au siège de La Fère en août 1580 — ce qui, d'ailleurs, ne veut pas nécessairement dire qu'il y ait participé[82]. Toutefois, le « nous » qu'il emploie volontiers pour décrire les réalités militaires peut se borner à signifier que sa conscience nobiliaire l'englobe symboliquement dans la communauté des guerriers. Du reste, beaucoup faisaient comme lui ; les nobles qui ne servaient pas par les armes formaient l'énorme majorité du second ordre, ce qui ne les empêchait pas de porter l'épée au côté et de placer la vaillance au sommet des vertus humaines.

Il est fier de sa noblesse ; au cours du voyage qu'il entreprendra en Allemagne et en Italie, il laissera souvent ses armoiries dans les lieux où il séjournera, imitant en cela une coutume des gentilshommes. Il pratique les distractions propres aux nobles : « Ce sont nos exercices que la chasse, la paume [le jeu de paume], la butte [le tir au but][83]. » Il n'apprécie pourtant pas beaucoup la chasse, car il supporte mal d'entendre gémir les animaux sous la dent de ses chiens ; mais l'excitation de la poursuite lui procure un « plaisir violent ». Quand Henri de Navarre viendra loger chez lui, le 19 décembre 1584, il lui offrira ce divertissement en faisant « élancer un cerf en [sa] forêt[84] ».

De même que tous ses pairs, il est fasciné par les chevaux, auxquels il consacre un chapitre des *Essais* ; il se plaît à regarder les spectacles de dressage et juge que les Français ont acquis une supériorité incontestable dans l'art équestre[85].

Sa maison est ouverte aux nobles du voisinage et il fréquente la leur. Il a noué des liens d'amitié avec les membres d'illustres familles : les trois fils de Germain-Gaston de Foix-Gurson, marquis de Trans, son voisin et protecteur, dont le premier a épousé en 1579 Diane de Foix, dédicataire du chapitre sur l'institution des enfants ; Philibert de Gramont, comte de Guiche, et sa femme Diane d'Andouins, qui se fait appeler Corisande (du nom d'une héroïne du roman d'Amadis) et à laquelle Montaigne dédie le chapitre contenant vingt-neuf sonnets de La Boétie ; Louis de Madaillan, baron d'Estissac, tôt disparu, et Jean de Durfort, vicomte de Duras, dont les épouses, Louise de La Béraudière et Marguerite d'Aure-Gramont, sont aussi honorées de la dédicace de chapitres des *Essais* (sur l'affection des pères envers les enfants et sur la ressemblance des enfants aux pères)[86].

C'est avec ces partenaires choisis qu'il apprécie de discuter de sujets politiques et militaires. Les gentilshommes aimaient à écouter les récits de faits d'armes mémorables, à évaluer la conduite des capitaines et à examiner si le comportement des belligérants se conformait aux lois de la guerre et de l'honneur ; ces échanges leur permettaient de confronter leurs conceptions de l'héroïsme et de discuter des stratégies les plus efficaces sur un champ de bataille. On entend un écho de ces conversations dans les premiers chapitres des *Essais*, qui reproduisent les différents points de vue des interlocuteurs sur les grands combats des temps anciens et contemporains. À la bataille de Dreux, victoire catholique (19 décembre 1562) qui hâta le dénouement de la première guerre civile, le duc de Guise devait-il temporiser, comme le fit jadis le général grec Philopœmen, au lieu de secourir le connétable de Montmorency ? Lors du siège de Mussidan par l'armée royale, en avril 1569, les protestants eurent-ils raison de crier à la trahison parce qu'ils furent délogés de force pendant les pourparlers d'accord[87] ? De nombreux traités sur les vertus guerrières sont nés au XVIᵉ siècle de tels débats passionnés ; le frère de Françoise de La Chassaigne, Geoffroy, seigneur de Pressac, publia en 1582 un ouvrage intitulé *Le Cléandre, ou De l'honneur et de la vaillance*. Montaigne, lui, ne s'intéressait pas seulement à ces questions pour la casuistique de l'honneur qu'elles contribuaient à développer ; il y voyait l'occasion d'observer le mouvement de l'esprit s'essayant aux opinions contradictoires.

Cependant, les préoccupations habituelles du milieu nobiliaire qu'il côtoyait lui paraissaient fâcheusement limitées. Dans la famille des Foix-Candale, il est vrai, François, évêque d'Aire-sur-Adour, se distinguait par sa science de mathématicien, d'alchimiste et de philosophe ; il a traduit et publié en 1579 le *Pimandre*, recueil ésotérique attribué au mythique Hermès Trismégiste. L'auteur des *Essais* l'a peut-être consulté au sujet de la réforme grégorienne du calendrier en 1582, qui, en France, supprima dix jours du mois de décembre et à laquelle il eut du mal à se faire[88]. Néanmoins, pour les dilemmes mathématiques, mieux valait interroger un esprit rigoureux, tel celui de Jacques Pelletier, à la fois mathématicien, médecin et poète, qui fut principal du collège de Guyenne de 1572 à 1579 et que Montaigne reçut chez lui ; ils conférèrent ensemble du mystère des asymptotes, ces « deux lignes s'acheminant l'une vers l'autre pour se joindre, qu'il vérifiait toutefois ne pouvoir jamais, jusques à l'infinité, arriver à se toucher[89] ».

Pour les gentilshommes d'épée, les distractions consistaient aussi en jeux de société où le jugement s'exerçait sans trop de peine : ainsi, celui où il fallait « trouver plus de choses qui tiennent par les deux bouts extrêmes : comme Sire, c'est un titre qui se donne à la plus élevée personne de notre état, qui est le Roi, et se donne aussi au vulgaire, comme aux marchands, et ne touche pas ceux d'entre deux[90] ». Mais les divertissements les plus prisés étaient les narrations facétieuses et les séries de bons mots ; Montaigne ne méprisait pas « les devis pointus et coupés que l'allégresse et la privauté introduit entre les amis, gaussant et gaudissant plaisamment et vivement les uns les autres » : l'esprit y découvrait toujours matière à s'enrichir[91]. La mésaventure arrivée à Louis de Foix, comte de Gurson, lui a fourni le prétexte d'un conte particulièrement savoureux qu'il dut narrer avec délectation à un auditoire complice. Le jour de son mariage avec sa cousine Diane de Foix, Louis fut saisi de la peur qu'on lui nouât « les aiguillettes » — ces liens qui fermaient les hauts de chausses —, autrement dit qu'on lui jetât un sort le rendant impuissant. Cette crainte était étonnamment répandue et s'explique par le fait qu'on attendait souvent d'un nouvel époux, au lendemain de sa nuit de noces, qu'il fasse état du nombre d'assauts amoureux qu'il s'était montré capable de fournir, ce qui ne pouvait manquer de créer en lui une anxiété paralysante. Montaigne délivra son ami de ses appréhensions en combattant la superstition par un talisman : il lui conseilla d'attacher sur ses reins, en marmonnant quelques oraisons, une pièce d'or gravée de figures astrales que Jacques Pelletier lui avait confiée pour ses vertus... contre les coups de soleil ; le stratagème réussit et le marié put s'acquitter sans défaillances de son devoir conjugal[92].

Dans cette histoire, un détail ne manque pas d'intriguer : Montaigne indique qu'il a prêté pour l'occasion sa robe de nuit à l'époux et lui a recommandé de la jeter sur le lit pour en « abriter » la consommation du mariage. Il y a là sans doute une manière malicieuse de suggérer qu'il insufflerait de la sorte à Louis de Foix une partie de sa propre énergie virile. Un biographe trop imaginatif en a déduit qu'il aurait été l'amant de Diane, et même — pourquoi s'arrêter en si bon chemin — de toutes les belles dédicataires des *Essais*, voire de Marguerite de Valois[93]... C'est beaucoup s'avancer, sans aucune preuve. Il n'en est pas moins vrai que Montaigne a dû souvent adopter envers les grandes dames qu'il rencontrait le ton de badinage amoureux qui était de mode dans les milieux de cour ; on le voit à l'œuvre dans le chapitre dédié à l'autre Diane — la belle Corisande, comtesse de Guiche — où il promet à celle-ci de lui murmurer un jour à l'oreille de quelle brûlante ardeur était animé Étienne de La Boétie quand il écrivait des vers à sa maîtresse[94]. La façon dont il évoque ses rapports avec les femmes de la haute noblesse trahit peut-être les fantasmes érotiques qu'elles éveillaient en lui ; elle a surtout pour but de faire croire à sa familiarité avec les grands et de se persuader qu'il faisait bien partie de leur monde, malgré l'immense distance sociale qui l'en séparait. Le personnage ainsi composé flattait la soif de reconnaissance toujours latente en lui.

Toujours est-il que les gentilshommes qu'il côtoyait lui paraissaient avoir des préoccupations très superficielles, y compris quand ils discutaient des choses de la guerre. « Ceux auxquels ma condition me mêle plus ordinairement, sont, pour la plupart, gens qui ont peu de soin de la culture de l'âme, et auxquels on ne propose pour toute béatitude que l'honneur, et pour toute perfection que la vaillance[95]. » Ils se laissent enfermer dans ces perspectives trop étroites par les attentes de l'opinion commune, pour laquelle « la forme propre, et seule, et essentielle, de noblesse en France, c'est la vacation militaire[96] ». Baldassare Castiglione avait déjà, dans *Le Livre du Courtisan*, moqué les hommes d'épée qui ne songent qu'à la guerre et leur avait conseillé de s'enfermer en temps de paix dans un coffre, bien graissés, avec toutes leurs armes, de façon à ne pas être tout rouillés quand le moment serait venu d'en sortir ; conseil que devait reprendre plaisamment François de La Noue plus tard[97]. Montaigne n'est certes pas insensible à la grandeur de l'héroïsme, dont, jadis, Caton et Alcibiade et, de son temps, le duc François de Guise et le maréchal Pierre Strozzi lui présentent des modèles prestigieux ; il a consacré un développement à la beauté du mode de vie militaire — tout en mentionnant, dans un ajout postérieur, le mépris que Platon ressentait pour cette activité[98]. Mais il lui paraît aberrant d'attacher la dignité de noblesse, qui devrait signaler une excellence humaine hors du commun, à la seule vaillance. Car cette qualité, telle qu'on l'entend habituellement, ne permet pas vraiment de distinguer les hommes d'élite : si on la caractérise par la force des bras et des jambes, elle est commune avec des portefaix ; si on la définit par la fermeté du courage, les guerres civiles ont montré qu'elle était partagée par des marchands et des artisans, qu'on a vu, dans les affrontements, « aller à pair de vaillance et de science militaire avec la noblesse[99] ».

De surcroît, le consensus sur la prééminence sociale dont doit jouir le courage guerrier se trouve brisé par les hommes de robe, pour lesquels la sagesse lettrée des juges est bien supérieure. Montaigne reconnaît volontiers l'excellence des robins les plus remarquables : il place deux d'entre eux — les chanceliers François Olivier et Michel de L'Hospital — dans sa liste des grands hommes de son temps ; parlant de la science d'Adrien Turnèbe, robin apte à parler pertinemment de guerre ou d'affaires d'État, il blâme ceux qui méprisent la robe et n'admirent que les manières courtisanes[100]. Cependant, l'aspiration des magistrats des cours souveraines à la noblesse, dont les plus éminents bénéficient déjà coutumièrement avant d'y être officiellement admis en 1600, aboutit en définitive à former « un quatrième état » qui s'ajoute aux trois autres et obéit à ses règles propres, ce que regrette Montaigne. Il en résulte, dans le royaume, une dualité de lois, « celles de l'honneur et celles de la justice, en plusieurs choses fort contraires ». Les juges, en effet, appliquent la législation royale qui tente d'interdire les duels ; les gentilshommes, eux, s'en remettent à l'épée comme au seul moyen honorable de se venger d'une insulte. D'où l'antagonisme entre les premiers et les seconds : n'est-il pas étrange, s'exclame Montaigne, que « ceux-là aient la paix, ceux-ci la guerre en charge ; ceux-là aient le gain, ceux-ci l'honneur ; ceux-là le savoir, ceux-ci la vertu ; ceux-là la parole, ceux-ci l'action ; ceux-là la justice, ceux-ci la vaillance ; ceux-là la raison, ceux-ci la force ; ceux-là la robe longue, ceux-ci la courte en partage[101] ? » Cette série d'oppositions ne discrédite pas l'un ou l'autre camp ; elle souligne seulement l'irrémédiable division de la noblesse.

La concurrence des valeurs civiles de la robe pousse les hommes d'épée à accentuer encore leur identité guerrière. Ils se battent en duel à la moindre occasion pour ce qu'ils appellent le « point d'honneur » : plus le prétexte de la querelle est futile, plus le défi qu'ils lancent à la mort paraît exemplaire[102]. Montaigne est d'autant plus conscient de la nécessité d'un idéal nobiliaire qui puisse dépasser les dissensions du second ordre qu'il a éprouvé leur nocivité au sein de sa propre famille. Son frère, Bertrand de Mattecoulon, a été mêlé à Rome, en juin 1583, à un duel entre deux gentilshommes français, Esparzat et La Villate. Selon la coutume qui commençait à se répandre, les deux duellistes avaient recruté des seconds qui s'affrontèrent à leurs côtés. Mattecoulon, second d'Esparzat, expédia promptement celui de La Villate et aida ensuite Esparzat à tuer son adversaire. Cela revenait à se mettre à deux contre un, conduite peu honorable. Le mémorialiste Brantôme, qui raconte l'épisode dans son *Discours sur les duels*, s'en indigna ; il faut préciser qu'il n'éprouvait aucune sympathie pour l'auteur des *Essais*, car il était apparenté à la puissante famille des Daillon du Lude contre laquelle Montaigne, en tant que conseiller juridique, avait défendu Mme d'Estissac, dédicataire du chapitre *De l'affection des pères aux enfants*, dans une affaire de succession[103]. Mattecoulon et Esparzat s'enfuirent, furent rattrapés par la justice du pape et emprisonnés. Montaigne affirme que son frère fut libéré « par une bien soudaine et solennelle recommandation de notre roi ». Apparemment, il se vante ; on n'a pas trouvé trace, jusqu'à présent, d'une telle intervention royale. Il tente d'excuser Mattecoulon ; il déplore toutefois que les lois du point d'honneur aillent « si souvent choquant et troublant celles de la raison[104] ». L'impulsion qui pousse à risquer sa vie et à donner la mort pour un motif frivole provient d'une fausse idée de la vertu nobiliaire.

Au rebours de la vaillance dévoyée dont se targuent trop de gentilshommes, il en existe une autre, « vraie, parfaite et philosophique [...] bien plus grande que cette-ci et plus pleine, qui est une force et assurance de l'âme, méprisant également toute sorte d'accidents ennemis : équable [égale], uniforme et constante, de laquelle la nôtre n'est qu'un bien petit rayon[105] ». Cette vaillance authentique peut se pratiquer chez soi aussi bien que sur les champs de bataille, dans une vacation privée comme dans une charge publique. Au fil de la rédaction des *Essais*, Socrate apparaît de plus en plus comme la meilleure incarnation de cette haute vertu : un Socrate universel, capable à la fois de pensées sublimes et de courage guerrier, menant une vie dénuée d'ambition, aimant boire avec ses amis ou bien jouer avec des enfants. Cet homme complet est l'archétype d'un humanisme noble, propre à dépasser l'antagonisme entre les conceptions militaires ou lettrées de la noblesse[106]. Par l'intermédiaire de cette figure éminente, Montaigne propose aux nobles un renversement paradoxal de leurs valeurs et une « nouvelle leçon » : la difficulté est à chercher dans la « facilité » ; la hauteur, dans la bassesse ; l'héroïsme et l'âpreté, dans la bienveillance et la douceur[107].

On voit bien l'avantage que retire Montaigne de cette sublimation du paradigme nobiliaire : il parvient ainsi à se convaincre que son choix de vie ne fait pas de lui un membre indigne de la noblesse et peut se justifier aux yeux des gentilshommes qui l'entourent. Mais il ne s'identifie pas complètement à Socrate, qui lui sert surtout à faire ressortir, en insistant sur l'exceptionnalité d'une vertu admirable, le caractère superficiel des activités ordinaires des nobles de son temps ; un tel parangon est difficilement imitable. Un autre personnage de l'Antiquité offre un exemple plus abordable, le Romain L. Thorius Balbus. Le chapitre *De l'incommodité de la grandeur* évoque sa vie et la déclare, contre l'avis de Cicéron, bien supérieure à celle de l'héroïque Régulus : c'était un « galant homme, beau, savant, sain, entendu et abondant en toute sorte de commodités et plaisirs, conduisant une vie tranquille et toute sienne, l'âme bien préparée contre la mort, la superstition, les douleurs et autres encombriers [entraves] de l'humaine nécessité, mourant enfin en bataille, les armes à la main, pour la défense de son pays[108] ». Cette existence « tranquille et toute sienne », apte à jouir des plaisirs et à faire preuve de courage, ne serait-ce pas celle dont rêve Montaigne ? Il n'est pas jusqu'à la « belle mort » de Balbus qui ne lui paraisse enviable : on se souvient de sa prédilection pour une mort « courte », dont les champs de bataille sont les meilleurs pourvoyeurs. Dans le dernier chapitre des *Essais*, il comparera encore, au sujet d'un vers de Virgile sur la beauté du trépas au combat, les lenteurs douloureuses d'une mort de maladie, dans son lit, à l'heureuse rapidité de celle que procure un bon coup d'arquebuse[109].

Montaigne pouvait-il parvenir à faire adopter par les gentils-hommes de son temps l'idéal de noblesse inédit qu'il leur pro-posait ? Quelques-unes des plus grandes familles de l'aristocratie nobiliaire avaient certes réussi, dans un renouveau remarquable de la culture chevaleresque, une étonnante synthèse entre la violence guerrière et les aspirations humanistes[110] ; elles n'en restaient pas moins peu ouvertes à l'art de l'introspection qu'il préconisait. La plupart ne songeaient qu'à la quête de l'honneur et aux exploits sur les champs de bataille. Quant aux simples gentilshommes campagnards dont le seigneur normand Gilles de Gouberville a décrit l'existence dans son *Journal*, ils se pré-occupaient surtout de la mise en valeur de leurs terres, de la perception de leurs droits seigneuriaux et de la réussite de leurs procès[111]. Il y eut pourtant des lecteurs des *Essais* qui y virent un ouvrage essentiel pour la formation des jeunes nobles ; en 1595, Alexandre de Pontaymery, auteur d'un traité destiné aux gentilshommes, considéra que Montaigne resterait toujours « vivant aux esprits de la Noblesse, qui s'achève et se parfait au moindre de ses *Essais*[112] ».

Ce serait évidemment restreindre à l'excès la « nouvelle leçon » de Montaigne que de la supposer destinée seulement à la gentilhommerie. Elle visait beaucoup plus profond et plus loin. Elle s'adressait d'abord à lui-même : il s'agissait d'apaiser ses doutes intimes sur la pertinence d'une entreprise dont il redoutait que la hardiesse et la singularité ne l'isolent. Elle concernait surtout les lecteurs amis qui ressentiraient à son exemple l'impérieuse nécessité d'observer la variété fascinante de l'espace intérieur et de ne pas se laisser arracher à soi par les occupations mondaines, sans pour autant rompre avec elles. C'est en ce sens que le mot « leçon » peut se comprendre sous la plume d'un homme si soucieux de ne pas apparaître comme un docteur de sagesse enseignant aux autres comment vivre. L'exposé de sa démarche investigatrice n'était pas, reconnaissait-il, sans quelque « dessein de publique instruction[113] » ; il ne voulait par là que suggérer une voie pour tester le jugement et non un modèle de vie, car toutes les formes d'existence, fussent-elles très éloignées de la sienne, pouvaient l'emprunter avec profit.

VI

VIVRE AU CŒUR DES GUERRES
DE RELIGION

En choisissant de demeurer dans son château, Montaigne ne pouvait se dissimuler qu'il s'engageait dans un pari malaisé à tenir : se retirer chez soi sans se mettre à part, rester ouvert à toutes les rencontres sans se laisser disperser. Deux sortes de périls menaçaient cette téméraire synthèse. D'une part, il s'exposait à la tentation toujours latente de l'ambition, à laquelle, dira-t-il plaisamment plus tard, il tournait le dos à la manière des rameurs d'aviron, qui avancent à reculons : il suffisait d'un « mot favorable d'un grand » pour qu'aussitôt renaisse le désir de s'élancer « vers le crédit du monde[1] ». D'autre part, il pouvait se laisser entraîner dans la folie meurtrière des guerres civiles qui ravageaient la France, céder à la peur et faire de sa maison un camp retranché, ou, pis encore, se rallier à la violence partisane. Dès avant 1581, date à laquelle il devint maire de Bordeaux, il s'est trouvé impliqué dans les troubles politiques et religieux ; il a accepté au moins une mission ; il a sans doute assisté aux intrigues diplomatiques de la cour de Nérac. Cependant, il a réussi à sauvegarder sa liberté intérieure, non sans combats et dilemmes intérieurs dont les deux premiers livres des *Essais* recueillent les échos.

Une autonomie fragile

La fréquentation des familles illustres de Guyenne, d'un statut très supérieur à celui de Montaigne, induisait pour lui le risque d'être englobé au sein de leurs réseaux de clientèle et de devoir les servir, risque d'autant plus grave que ces réseaux servaient souvent à alimenter les factions confessionnelles. Une des tendances de la critique récente le dépeint comme un « client » des deux branches de la puissante lignée des Foix, les Foix-Candale et les Foix-Gurson ; le marquis de Trans, Germain-Gaston de Foix-Gurson, conseiller du roi en son Conseil privé, personnage considérable qui avait combattu à Pavie et assumé une ambassade en Angleterre en 1559, aurait été son « patron ». Un analyste a même qualifié l'auteur des *Essais* d'« homme de paille » du clan catholique des Foix, « programmé » pour servir d'intermédiaire entre eux et Henri de Navarre, chef des protestants, ce qui en aurait fait un véritable « professionnel de la politique[2] ».

Les liens qui unissaient un noble de statut moyen à un seigneur plus haut placé étaient complexes ; tous n'entraînaient pas nécessairement une situation de dépendance. Les réseaux structurant le monde nobiliaire se fondaient sur l'échange de services et sur la réciprocité du don et du contre-don. Le cas d'échange entre partenaires de statut à peu près équivalent, instituant des rapports d'amitié sociale, a été évoqué plus haut[3]. Quand l'échange était inégal, la position de l'inférieur variait selon la nature du don reçu. Si les bienfaits consistaient en pensions et en charges qui conditionnaient l'ascension sociale du bénéficiaire, celui-ci devenait le « client » de son patron, voire sa « créature », puisqu'il était en quelque sorte « fait » par lui. S'il s'agissait de dons de moindre poids — aide pour un procès, assistance dans un conflit ponctuel, intercession pour l'obtention d'une distinction purement honorifique —, le destinataire se reconnaissait l'obligé de son bienfaiteur ; toutefois, le service qu'il avait à rendre en contrepartie pouvait se limiter au devoir de visiter la maison du donateur, de figurer dans sa suite lors de ses déplacements et de lui fournir des informations ; l'obligation de s'acquitter de sa dette relevait simplement de l'honneur, surtout s'il disposait lui aussi d'un « capital relationnel » comprenant des « amis » qu'il pouvait mobiliser[4]. Enfin, il arrivait qu'un gentilhomme décidât librement de se « donner » à un grand et de se déclarer son « fidèle » : cette promesse de fidélité le contraignait tout en lui permettant, s'il jugeait que la protection escomptée de son maître lui faisait défaut, de proclamer haut et fort son « malcontentement » et de porter ailleurs son dévouement. Ces différents types de liens étaient muables selon les circonstances, si bien qu'il est difficile d'attribuer une étiquette définitive aux rapports de tel noble avec tel autre[5].

Montaigne ne semble pas s'être comporté en client dépendant des Foix. En 1571, il reçut certes une faveur notable par l'intermédiaire de Germain-Gaston de Foix-Gurson, marquis de Trans ; dans l'*Éphéméride* de Beuther qui lui sert d'agenda, il indique, à la date du 28 octobre : « L'an 1571, suivant le commandement du roi et la dépêche que Sa Majesté m'en avait faite, je fus fait chevalier de l'Ordre de Saint-Michel par les mains de Gaston de Foix, marquis de Trans. » Le message royal était daté du 18 octobre. L'ordre de Saint-Michel avait été fondé par Louis XI en 1469 pour renforcer le loyalisme de la haute noblesse ; son insigne était un médaillon où figurait l'archange saint Michel terrassant le dragon, icône des valeurs chrétiennes et chevaleresques ; ce médaillon était suspendu, en temps ordinaire, à un simple ruban noir et, dans les occasions solennelles, à un collier d'or garni de coquilles Saint-Jacques. Les portraits de Montaigne le représentent souvent avec ce grand collier.

La plupart des biographes ont estimé inexplicable que cette récompense, conférée à l'origine à de rares gentilshommes de nom et d'armes appartenant aux maisons les plus prestigieuses, ait été accordée à un noble de fraîche date, tout juste sorti du milieu de la robe. C'est mal connaître la conjoncture des années 1560-1570. À partir de l'aggravation des dissensions religieuses, les souverains éprouvèrent le besoin d'asseoir davantage leur pouvoir dans le royaume en distribuant plus largement des honneurs capables d'attiser la loyauté des récipiendaires. En ce qui concerne l'ordre de Saint-Michel, la rupture survint le 29 septembre 1560 : ce jour-là, date de la fête du saint, fut créée une fournée de dix-huit promus, ce qui apparut comme une nouveauté scandaleuse[6]. Cet accroissement du nombre des chevaliers se poursuivit ensuite systématiquement, par l'intégration de nobles de moyenne naissance. Montaigne a constaté cette banalisation : la fortune l'a bien servi, observe-t-il avec ironie, puisque, ne pouvant le hausser jusqu'à cette dignité, elle a rabaissé celle-ci jusqu'à lui. Brantôme, dont on a vu qu'il ne l'aimait pas, l'a raillé d'avoir par là abandonné la robe pour l'épée[7].

L'attribution généreuse d'autres charges curiales honorifiques participa d'une politique analogue ; parmi ces charges figurait notamment celle de gentilhomme ordinaire de la chambre du roi. Or Montaigne en fut honoré en 1573. En dispensant ce type de bienfait, de même que le collier de l'ordre de Saint-Michel, le souverain s'assurait la fidélité de gentilshommes dotés d'une certaine influence locale, qui pouvaient par conséquent servir de relais à son autorité dans les provinces. Des historiens ont proposé d'appeler « noblesse seconde » cette catégorie, recrutée dans les rangs de la noblesse moyenne[8]. Même si ces distinctions se dépréciaient peu à peu, elles permettaient aux nobles qui les recevaient de s'imaginer inclus dans la familiarité du monarque et de se faire les propagateurs de l'obéissance.

On peut concevoir pourquoi Montaigne intéressait le pouvoir royal. Il conservait des attaches avec le monde parlementaire bordelais, souvent indocile ; il possédait un « capital relationnel » suffisamment riche dans les milieux nobiliaires de Guyenne, tant catholiques que protestants, et se révélait donc apte à servir la cause de la pacification. Il comptait par exemple parmi ses « intimes amis » le gentilhomme huguenot René de Valzergues, sieur de Céré, qui mourut devant Brouage le 3 août 1577[9]. Une mention portée dans le Beuther donne une idée de l'importance relative de ses réseaux, à une date il est vrai tardive : le 27 février 1589, il signale le mariage dans son château de M. de Belcier, d'une famille alliée, avec Mlle de Sallebeuf, et ajoute qu'il les a « fiancés » deux jours auparavant en présence des principaux seigneurs du pays, en particulier de MM. de La Motte Gondrin, père et fils (Antoine-Arnaud de Pardaillan, seigneur de Gondrin, marquis d'Antin et de Montespan, et son fils Hector), du seigneur de Montréal (Hector de Pontbriant), du seigneur de Blancastel (peut-être Bertrand de Lavardac) et de plusieurs autres non nommés[10].

Pour que Montaigne bénéficie des dons royaux, il a fallu qu'il soit signalé à l'attention du souverain. Germain-Gaston de Foix-Gurson a joué en l'occurrence le rôle d'intermédiaire, de courtier : c'est lui qui, consulté par la Cour, a dû fournir le nom de l'impétrant, éventuellement avec d'autres, et qui lui remit le collier de l'ordre de Saint-Michel. Le récent chevalier, qui avait désiré cet honneur et probablement sollicité en ce sens le marquis de Trans, s'en trouva lié par un devoir de reconnaissance, mais sans doute pas au point de se sentir entièrement dépendant, puisque le don reçu l'attachait tout autant au roi ; les services à rendre au marquis ont pu se borner à lui rendre fréquemment visite dans ses châteaux tout proches, au Fleix ou à Gurson, à lui fournir des informations diverses ou encore à être son procureur pour un acte notarié, comme ce fut le cas en mars 1579 lors de la signature du contrat de mariage de Louis de Foix[11]. La verve satirique avec laquelle Montaigne brosse le portrait de Germain-Gaston de Foix-Gurson, « le plus tempestatif maître de France », est un indice de sa liberté à l'égard de son protecteur ; il savait que celui-ci était outrageusement trompé par ses proches, mais, quand il recevait ses confidences, il se gardait bien de l'en avertir. Il alla jusqu'à s'autoriser plus tard une « gausserie » assez cruelle au sujet de la perte que le vieux gentilhomme fit de ses trois fils au combat de Moncrabeau, le 29 juillet 1587 : ce père, ironise-t-il, avait berné la justice divine, puisque, fier de ces morts héroïques, il avait pris comme une grâce cet « âpre coup de verge de Dieu[12] ».

Quelques années après avoir reçu du roi de France la charge de gentilhomme ordinaire de sa chambre, Montaigne fut gratifié de la même manière, en 1577, cette fois par le chef des protestants, le roi Henri de Navarre. À l'en croire, il n'avait nullement demandé une telle distinction. Il nota dans son Beuther, à la date du 30 novembre : « Henri de Bourbon, roi de Navarre, sans mon su et moi absent, me fit dépêcher à Lectoure des lettres patentes de gentilhomme de sa chambre. » Là encore, ce bienfait répondait à la nécessité pour le donateur de s'acquérir des soutiens en Guyenne. L'année précédente, Henri de Navarre avait été confirmé dans sa charge de gouverneur de cette province par le traité de Paris, dit « de Beaulieu », qui terminait la cinquième guerre civile ; il lui fallait donc y affirmer son pouvoir en distribuant généreusement des honneurs afin de se constituer des réseaux multiconfessionnels. Montaigne pouvait lui être utile : son cercle relationnel comprenait le comte de Guiche et le vicomte de Duras, protestants ayant abjuré après la Saint-Barthélemy et dont les femmes appartenaient à l'entourage de Marguerite de Valois[13]. La même charge de gentilhomme de la chambre du souverain béarnais récompensera plus tard, en 1584, son frère Bertrand de Mattecoulon. Pour le don de 1577, le marquis de Trans, qui s'était rapproché du roi de Navarre dont il était parent, a pu servir d'intermédiaire ; plus certainement, ce rôle a été tenu par Louis III de Bourbon, duc de Montpensier, qui avait confié une mission à Montaigne en 1574 — sur laquelle on reviendra — et avait donc eu l'occasion de l'apprécier. Le nouveau promu s'insérait de la sorte dans de multiples liens d'allégeance, ce qui servait son but de médiation entre les partis et lui conservait une certaine autonomie envers les intercesseurs qui avaient œuvré pour lui.

La préservation de sa liberté face aux faveurs intéressées des puissants exigeait cependant de lui une vigilance soutenue, qu'il s'est plu à expliciter dans les *Essais*. Il s'y montre expert en « la science du bienfait et de reconnaissance, qui est une subtile science et de grand usage » ; il analyse avec beaucoup de lucidité les risques de servitude qu'elle comporte. « Comme le donner est qualité ambitieuse et de prérogative, aussi est l'accepter qualité de soumission[14]. » À l'exemple de nombre de ses contemporains, il emprunte au langage financier pour décrire les relations qui en découlent : un don qui « hypothèque » sa volonté par la gratitude lui revient beaucoup trop cher ; il préfère les offices qui sont à vendre et ne demandent que de l'argent. Il se targue d'être la personne la moins « endettée » de tous ceux qui l'entourent. S'il lui arrive de donner gratuitement sa fidélité à des grands, c'est toujours avec réserve, en évitant l'emphase révérencieuse caractéristique des déclarations habituellement adressées par les fidèles à leurs protecteurs ; il n'a « ni la faculté ni le goût de ces longues offres d'affection et de service », où résonnent ces mots de « servile prostitution […] : la vie, l'âme, dévotion, adoration, serf, esclave » ; par contraste avec ces flatteries hyperboliques, son « parler sec, rond et cru » peut paraître hautain. Je « m'offre maigrement et fièrement à ceux à qui je suis », affirme-t-il[15].

Une telle indépendance a son revers. Il l'admet volontiers : dans ses rapports avec les grands, son manque d'humilité lui a souvent valu des déconvenues : « Un ambitieux s'en fût pendu[16]. » Les princes, déplore-t-il, « n'acceptent pas les hommes à moitié et méprisent les services limités et conditionnés. Il n'y a remède ; je leur dis franchement mes bornes : car esclave, je ne le dois être que de la raison. » Belle phrase tout droit sortie du *Discours de la servitude volontaire* de son ami La Boétie ! Il blâme les rois qui attendent une sujétion excessive de leurs créatures[17].

Cette fierté hautement affichée n'est pas sans révéler quelque secrète amertume à l'égard des souverains qu'il a fréquentés. Il ne pourra s'empêcher de la manifester plus tard, quand Henri de Navarre, devenu roi de France, lui proposera de rémunérer ses services ; « Sire, lui répondra-t-il, Votre Majesté me fera, s'il lui plaît, cette grâce de croire que je ne plaindrai jamais ma bourse aux occasions auxquelles je ne voudrais épargner ma vie. Je n'ai jamais reçu [un] bien quelconque de la libéralité des Rois, non plus que [je l'ai] demandé ni mérité[18]. » Les distinctions qu'il avait reçues étaient purement honorifiques et n'avaient pas vraiment acheté sa loyauté.

On peut saisir également un écho de ce mélange de déférence et d'amour-propre dans la correspondance qu'il entretint après 1581 avec le maréchal de Matignon, lieutenant général en Guyenne. Il ne faisait pas partie de sa clientèle à proprement parler ; néanmoins le maréchal, on l'a vu, se présentait dans une lettre du 13 juin 1585 comme son « entremetteur et très parfait ami », autrement dit comme un dispensateur de bienfaits auquel Montaigne devait à la fois allégeance personnelle et obéissance[19]. Celui-ci le servit avec dévouement, tout en sachant opposer une fermeté courtoise à ses désirs trop impérieux. Par exemple, le 12 juillet 1584, après avoir reçu un « commandement » du maréchal lui enjoignant de venir le rejoindre, il se contente de répondre qu'il espère arriver « au premier jour » mais qu'il a encore, depuis Montaigne, des informations à glaner sur les agissements des protestants à Sainte-Foy. Il préserve ainsi sa capacité d'initiative, tout en prenant soin d'exprimer, dans une phrase où il met habilement en balance le lien privé et le devoir public, sa satisfaction de constater que son assistance n'est pas désagréable à Matignon : c'est, assure-t-il, « le plus grand bien que j'attende de cette mienne charge publique[20] ». Dans une autre lettre, le 9 février 1585, consécutive à un « commandement » identique du maréchal, il « supplie très humblement » ce dernier de croire « qu'il n'est rien qu['il] fasse plus volontiers » ;

cependant il doit aller au château du Fleix pour y négocier avec des représentants du roi de Navarre ; et il ajoute : « J'espère vous aller baiser les mains un jour de la semaine prochaine ou vous avertir s'il y a [une] juste occurrence qui m'en empêche[21]. » Manière, une fois de plus, de résister aux appels trop pressants de Matignon et même d'annoncer que cette temporisation pourrait se prolonger, dans l'intérêt du service royal. La liberté de ton qu'il se permet se dévoile aussi dans la lettre du 26 janvier 1585, où il souhaite que son correspondant, qui lui avait demandé de l'accompagner à Bayonne pour y rencontrer Henri de Navarre, lui laisse en cette éventualité le temps de prendre les eaux en chemin[22]… Il n'en proteste pas moins de son « affection » et prend toujours soin de signer : « Votre très humble serviteur ».

Montaigne était assez adroit pour ménager la susceptibilité du lieutenant général, car il savait bien qu'il pouvait en avoir besoin. Le cas s'est produit le 12 juin 1587. Ce jour-là, il lui adressa une requête pour le compte de la dame de Mauriac, Jeanne de Ségur, veuve d'Antoine de Taillefer. Cette protestante voulait célébrer dans son château le mariage de son fils Isaac avec une catholique, Isabeau de Bouchard, sœur de David de Bouchard, vicomte d'Aubeterre ; sa fille Anne et son gendre Jacques de Brenieu, qui habitaient à Lectoure et voulaient assister à la noce, devaient posséder un passeport, délivré par Matignon, pour circuler dans cette région troublée. L'affaire illustre une alliance interconfessionnelle remarquable entre une famille récemment reconvertie au catholicisme, les Bouchard, et trois familles protestantes, les Taillefer, les Ségur et les Brenieu ; Montaigne y avait intérêt car il était parent des Taillefer-Ségur et ami de David de Bouchard[23]. Est-ce à contrecœur qu'il a cédé à la prière de la dame de Mauriac ? Dans *Les Essais*, il déclare en effet : « Mes amis m'importunent étrangement quand ils me requièrent de requérir un tiers » : demander à ce tiers — ici Matignon — une faveur pour un ami, c'est, en cas de succès, lui reconnaître une créance sur soi, ce à quoi Montaigne répugne. Il prétend que, confronté à ce type de situation, il fait des lettres de recommandation « sèches et lâches[24] ». Pourtant, celle qu'il écrit pour la dame de Mauriac est « très humble et très affectionnée » ; il se rappelle au bon souvenir du maréchal, qu'il n'a pas vu depuis longtemps. On le surprend là au milieu des inévitables compromis de l'existence, aux prises avec les sollicitations de ses amis et parents et avec la nécessité d'attirer les bonnes grâces du détenteur de l'autorité. La préservation de l'indépendance n'allait pas sans louvoiements ; du moins Montaigne y est-il parvenu sans se renier.

Les dangers des affrontements religieux

Un autre piège, infiniment plus périlleux, le menaçait : entre 1571 et 1580, temps pendant lequel il rédigea les deux premiers livres des *Essais*, le royaume se trouva en proie à quatre guerres civiles successives, elles-mêmes faisant suite à trois autres. Le projet d'observer son univers intime et de décrire ses découvertes demandait quelque sérénité : comment la préserver au sein de ces querelles fratricides ? Le péril était d'autant plus grand que la Guyenne, placée sous le gouvernement du roi Henri de Navarre et voisine de ses possessions béarnaises et navarraises, terres protestantes, était particulièrement exposée ; la proximité avec la catholique Espagne, dont le roi Philippe II inondait le Sud-Ouest d'espions à sa solde, rendait l'affrontement confessionnel encore plus âpre qu'ailleurs ; en outre, le château de Montaigne se situait à proximité de l'axe stratégique qui permettait les communications des huguenots entre Montauban et La Rochelle. Il constatait qu'il était « assis dans le moyau [milieu] de tout le trouble des guerres civiles de France[25] ».

Quand il se résolut à se retirer chez lui, il pouvait néanmoins croire que la paix de Saint-Germain, qui venait de terminer, le 8 août 1570, le troisième conflit de Religion, serait durable.

L'édit qui la sanctionnait légalisait de nouveau très partiellement le culte réformé, en l'autorisant dans les faubourgs de deux villes par gouvernement et dans certains autres lieux bien spécifiés ; pour la première fois, les réformés obtenaient en garantie des « places de sûreté », La Rochelle, Montauban, Cognac et La Charité-sur-Loire. Les efforts de Charles IX et de sa mère Catherine de Médicis pour faciliter l'apaisement paraissaient porter leurs fruits : le mariage préparé entre la sœur du roi, Marguerite de Valois, et le protestant Henri de Navarre devait être le symbole de la réconciliation. La rupture avec la séculaire unité de foi semblait entérinée, sans que soit malgré tout abandonné l'espoir d'une réunion future, obtenue par la persuasion et non par la violence, la grâce de Dieu aidant. Cette situation est présente à l'esprit de Montaigne quand il écrit, sans doute aux environs de 1572, le chapitre *De la coutume et de ne changer aisément une loi reçue.* Il considère qu'« en ces dernières nécessités où il n'y a plus que tenir [où la résistance est impraticable] », il est préférable, pour éviter le pire, de ne pas s'obstiner dans l'intransigeance et de « faire vouloir aux lois ce qu'elles peuvent, puisqu'elles ne peuvent pas ce qu'elles veulent[26] ». La formule, empruntée à une comédie du poète latin Térence et devenue proverbiale, tempère d'ironie le réalisme de la constatation : compte tenu de l'importance acquise par les réformés dans le royaume, la reconnaissance légale de la division religieuse, fût-elle temporaire, constitue la seule solution viable.

Mais beaucoup de catholiques exaltés, notamment à Paris, ville de quelque trois cent mille habitants où les protestants formaient une petite minorité, ne se résignaient pas à cette paix qu'ils jugeaient monstrueuse. À leurs yeux, un homme personnifiait le scandale : l'amiral Gaspard de Coligny, chef militaire des huguenots, dont la tête avait été mise à prix lors de la guerre précédente et que maintenant Charles IX accueillait avec tous les honneurs dans son Conseil et à la Cour. Pour détruire la paix honnie, c'était lui qu'il fallait abattre. Le 22 août 1572, alors que les noces de Marguerite et d'Henri avaient été fastueusement célébrées quatre jours auparavant, l'amiral fut blessé par une arquebusade tirée par Maurevert, gentilhomme lié à la grande famille catholique des Guises. Ceux-ci, que des griefs personnels opposaient à Coligny, furent immédiatement soupçonnés ; il est possible aussi que l'agression ait été commanditée par des extrémistes faisant partie de la clientèle guisarde, qui auraient voulu agir à l'insu de leurs patrons tout en souhaitant les impliquer afin de les contraindre à prendre la tête d'une croisade contre l'hérésie. Le mystère demeure[27]. Toujours est-il que l'attentat déclencha une mécanique infernale : dans la nuit précédant le 24 août, jour de la Saint-Barthélemy, Charles IX, sa mère et le Conseil, estimant que la réaction de colère des nombreux gentilshommes protestants réunis dans la capitale à l'occasion du mariage princier menaçait leur vie et la stabilité de l'État, décidèrent de faire exécuter les chefs huguenots considérés comme les plus dangereux, dont Coligny. Le peuple parisien se crut alors autorisé par cet acte à exterminer sans distinction tous les hérétiques et s'abandonna à une furie meurtrière que le roi n'avait ni voulue ni prévue ; dans les provinces, plusieurs villes furent le théâtre de massacres analogues. Bilan : environ trois mille morts à Paris, autour de dix mille pour l'ensemble du royaume.

Montaigne n'a fait aucune allusion directe à la Saint-Barthélemy, ni dans les *Essais*, ni dans l'*Éphéméride* de Beuther, où la page correspondant au 24 août 1572 n'a pas été arrachée, contrairement à ce qu'ont affirmé plusieurs biographes[28]. En revanche, la page correspondant au 3 octobre 1572, jour où commencèrent les massacres à Bordeaux, est absente dans le Beuther. Dans ce dernier cas, une explication a été proposée : si l'on en croit le récit du carnage bordelais rapporté par le pasteur Simon Goulart, figurèrent parmi les massacreurs le jurat Pierre Lestonnac et le capitaine Eymar, fils d'un conseiller au

Parlement ; or ces noms sont ceux de parents de Montaigne. Il est donc possible que celui-ci ait voulu arracher la page du 3 octobre afin d'occulter un événement peu glorieux pour des membres de sa famille[29].

Le silence concernant le 24 août 1572 est plus surprenant. Certes, il peut signifier l'obéissance au devoir d'oubli du passé préconisé par le roi dans chacun des édits de pacification. Un historien a toutefois attiré l'attention sur un passage du premier chapitre du livre III des *Essais*, écrit bien après les faits, où se trouve peut-être une évocation voilée de la Saint-Barthélemy. Montaigne y envisage une hypothèse : « Le Prince, quand une urgente circonstance et quelque impétueux et inopiné accident du besoin de son état lui fait gauchir sa parole et sa foi, ou autrement le jette hors de son devoir *ordinaire* », peut abandonner « sa raison à une plus universelle et puissante raison[30] ». Ce texte pourrait s'appliquer à Charles IX, qui regarda effectivement l'attentat contre Coligny comme un accident imprévu et justifia son ordre ultérieur d'exécution par l'urgence du péril visant son État et par l'impossibilité de recourir à sa justice ordinaire. À quelqu'un qui lui demanda à ce sujet : « Quel remède ? », Montaigne dit avoir répondu : « Nul remède » ; après 1580, il ajoute : « Il le fallait faire. »

Fait-il par là implicitement référence à la décision royale ? Il précise néanmoins que c'était seulement si le roi « fut véritablement géhenné [déchiré] entre ces deux extrêmes », à savoir la perte de l'État ou le reniement de sa foi, et à condition qu'il manifeste clairement sa douleur face à ce « coup de la verge divine ». L'adverbe *véritablement* suppose un doute ; Montaigne le laisse en suspens, se bornant à qualifier ailleurs le souverain de « notre pauvre feu roi Charles neuvième », vilipendé sous le nom de Néron par les réformés[31]. En juriste expérimenté, il connaissait la doctrine classique de l'état d'urgente nécessité, justifiant des mesures exceptionnelles[32] ; il semble ainsi admettre, pour des situations d'exception, la légitimité du recours à une justice extraordinaire envers des sujets séditieux — et non envers tous les protestants en tant que tels — tout en s'interrogeant sur la réalité de l'imminence du danger invoquée en la circonstance. Il est à remarquer que le président au parlement de Bordeaux Jacques de Lagebaston, avec lequel Montaigne a pu en discuter, exprima une position voisine dans une lettre adressée au monarque[33].

Quand, après 1588, Montaigne relut ce passage, il éprouva cependant le besoin d'en corriger l'incertitude. Il réexamina l'hypothèse d'une grave menace pesant sur le royaume et conclut de manière différente : si un monarque, placé devant le terrible choix de déroger à la justice ordinaire ou de risquer la ruine de l'État, renonçait à recourir au remède « si pesant » d'une exécution sanglante et préférait s'en remettre totalement à Dieu, il n'en serait pas moins estimable ; il resterait de la sorte fidèle à sa foi et à son honneur, « choses qui à l'aventure [peut-être] doivent lui être plus chères que son propre salut, oui, et que le salut de son peuple[34] ». La réflexion, même assortie d'un adverbe modalisateur, est remarquable, en un temps où circulait la maxime latine selon laquelle le salut du peuple — *salus populi* — doit être la suprême règle. À la date où il rédigea cette addition, Montaigne avait pu mesurer les excès où conduisait la rhétorique du bien public, notamment lors de l'assassinat du duc de Guise sur l'ordre d'Henri III en décembre 1588 ; après ce second crime d'État, relisant la phrase où il constatait que « le bien public requiert qu'on trahisse et qu'on mente », il rajouta : « et qu'on massacre[35] ».

Si les auteurs de l'attentat contre Coligny ont voulu tuer la paix, ils ont parfaitement réussi : la guerre reprit pour la quatrième fois, marquée par le siège de La Rochelle. La paix qui la termina en juillet 1573 fut fragile. Dès le printemps de 1574, une prise d'armes des protestants en Poitou et en Saintonge ouvrit un cinquième conflit. Ce fut pour Montaigne l'occasion de se voir confier une mission sur laquelle une page des registres secrets du parlement de Bordeaux donne des informations. Des troubles ayant éclaté dans l'armée du Périgord à cause d'une rivalité entre deux gentilshommes — le sieur de Limeuil et André de Bourdeille, frère de Brantôme —, il fut chargé en mai 1574 par Charles de Montferrand, gouverneur de Bordeaux, d'aller en avertir Louis de Bourbon, duc de Montpensier, chef de l'armée royale dans le Sud-Ouest, qui se trouvait alors dépêché par le roi en Poitou pour combattre le huguenot François de La Noue[36]. Montaigne signale dans son Beuther qu'au camp de Sainte-Hermine, situé à quelques lieues au nord de Fontenay-le-Comte, il reçut des mains du duc une lettre destinée au Parlement bordelais ; à son retour, il en fit la lecture devant ses anciens collègues, au cours d'une « audience en la chambre du Conseil » où, note-t-il avec une intime satisfaction, il fut placé « au-dessus [des] gens du roi ». C'est vraisemblablement lors de ce déplacement qu'il fit à Poitiers une visite au doyen de Saint-Hilaire, Jean de Madaillan d'Estissac, parent de Mme d'Estissac, dont il évoque dans les *Essais* le goût extrême pour la solitude[37].

D'autres missions lui ont-elles été attribuées pendant les années 1570 ? Des spéculations ont été émises sur l'identité d'un personnage nommé Montaigne, que Catherine de Médicis envoya en Espagne en septembre 1572 et en mars 1579 pour lui rapporter des nouvelles de ses petites-filles, nées de l'union de Philippe II et d'Élisabeth de Valois, et auprès du duc de Savoie en août 1573 afin de l'informer sur l'état du royaume[38]. Il est pourtant peu probable que ce soit l'auteur des *Essais*. Il s'agit plus sûrement d'un homonyme, François Montaigne, secrétaire de la reine mère, qui recevait en 1571 400 livres d'appointements annuels[39].

La cinquième guerre civile se différencia des précédentes par une nouveauté étonnante : pour la première fois, des catholiques modérés s'allièrent aux protestants afin de combattre les armées royales. Bien des grands seigneurs catholiques avaient interprété le massacre de la Saint-Barthélemy comme une manifestation intolérable du pouvoir absolu ; or l'analyse politique de ces « malcontents » possédait des points communs avec celle des réformés et notamment des penseurs « monarchomaques », autrement dit ceux qui combattent le pouvoir d'un seul. Tous les censeurs des tueries se regroupèrent sous la direction du frère du roi, François d'Alençon, qui avait blâmé la Saint-Barthélemy ; cette coalition fut victorieuse, ce qui explique que le traité de Paris, dit « de Beaulieu », qui entérina la paix en mai 1576 fut extraordinairement favorable aux protestants. Il étendit leur liberté de culte à tout le royaume, sauf à Paris et à 2 lieues alentour, et réhabilita les victimes de la Saint-Barthélemy ; il prévit la tenue d'États généraux, qui furent effectivement réunis à Blois le 6 décembre 1576. Le marquis de Trans y fit partie des représentants de la noblesse de Guyenne[40].

C'était une extension inouïe de la coexistence confessionnelle ; elle ne pouvait être acceptée par les catholiques les plus intransigeants, qui se rassemblèrent au sein d'une « sainte Ligue » et déclenchèrent le sixième conflit. Elle provoqua la réflexion de Montaigne dans un chapitre sur la liberté de conscience qui n'a pas toujours été bien compris. Il y mentionne l'empereur Julien, surnommé par la tradition chrétienne « l'Apostat », qui, au IVe siècle de notre ère, rétablit le polythéisme. Il reconnaît à cet empereur d'éminentes qualités humaines ; mais il est bien loin de voir dans son action une preuve de « tolérance ». Ce mot, sous sa plume et sous celle de ses contemporains, ne désigne que la résignation à un mal qu'il faut supporter[41]. Se fondant sur le récit de l'historien romain Ammien Marcellin, il estime que Julien ne rétablit la pluralité de religions que pour saper la cohésion sociale et empêcher ainsi le peuple de s'unir et de se révolter contre lui. En somme, résume Montaigne, « l'empereur Julien se sert, pour attiser le trouble de la dissension civile, de cette même recette de liberté de conscience que nos Rois viennent d'employer pour l'éteindre ». Il souligne de la sorte l'ambiguïté d'une telle « recette » : d'un côté, elle peut favoriser la division, comme le montre l'exemple de Julien ; de l'autre, elle peut atténuer la violence des opinions en leur permettant de s'exprimer librement. C'est donc un acte hasardeux, un pari risqué sur l'avenir, une décision d'où peut sortir soit un bien, soit un mal. Et Montaigne reprend à ce sujet la formule déjà utilisée à propos de la paix de Saint-Germain : il préfère croire, « pour l'honneur de la dévotion de nos rois [...] que, n'ayant pu ce qu'ils voulaient, ils ont fait semblant de vouloir ce qu'ils pouvaient[42] ». La phrase, on l'a dit, emprunte au poète comique latin Térence sa connotation satirique ; elle donne aussi un écho ironique à l'adage souvent cité par les juristes hostiles au pouvoir absolu, selon lequel le roi ne doit pas vouloir tout ce qu'il peut[43]. Montaigne souligne ainsi l'ampleur du retournement de la conjoncture politique : les monarques n'en sont plus à lutter contre les tentations d'un pouvoir excessif ; ils sont contraints de réduire leur vouloir aux dimensions d'un pouvoir amoindri. Par « dévotion », ils auraient dû préserver l'unité de religion ; sous la pression de la nécessité, ils ont essayé la seule solution qui était à leur portée, à savoir la coexistence confessionnelle, dans l'espoir qu'elle relâcherait les tensions.

La sixième guerre se termina en septembre 1577 par l'édit de Poitiers, qui restreignit à nouveau la liberté de culte des protestants en la ramenant à peu près aux limites que lui avait imposées l'édit d'Amboise en 1563, tout en maintenant les places de sûreté (huit en l'occurrence). Pour parfaire la paix, Catherine de Médicis entreprit de rétablir l'entente entre sa fille Marguerite et son gendre le roi de Navarre. Marguerite passa une bonne partie de l'hiver de 1578-1579 à Nérac, où fut signé le 28 février un traité complétant l'édit de Poitiers ; les époux décidèrent dans l'été de 1579 de s'y installer durablement. La reine avait amené dans sa suite trois cents personnes, dont toutes ses dames d'honneur ; elle instaura au château de la ville une vie de cour

brillante et raffinée. Le poète Salluste Du Bartas en fut l'ornement. Pétrie de néoplatonisme et de pétrarquisme, Marguerite
prônait l'« honnête amour », sentiment courtois et romanesque
qui soumettait l'amant à de longs préalables amoureux. Elle se
réjouissait du climat apaisé qui régnait entre catholiques et protestants ; à en croire ses Mémoires, les uns allaient à la messe,
les autres au prêche, et tout le monde se réunissait ensuite pour
se promener et se distraire en écoutant de la musique, en jouant
au jeu de paume et en dansant le soir. L'éclat de la cour de
Nérac fut tel que Shakespeare s'en est apparemment inspiré dans
l'une de ses comédies, *Peines d'amour perdues*, qui met en scène
les amours d'un roi de Navarre et d'une princesse de France[44].
Montaigne eut probablement l'occasion de fréquenter ce milieu ;
c'est là que la reine lui aurait demandé de faire l'apologie de
Raymond Sebond ; c'est là aussi qu'il aurait rencontré pour la
première fois Henri de Navarre. Malgré les efforts de Marguerite, les présences féminines suscitaient bien des intrigues ; les
pourparlers précédant la signature du traité de Nérac ont sans
doute inspiré à l'auteur des *Essais* cette réflexion, où se trahissent
ses penchants misogynes : « Et j'ai vu de mon temps les plus
sages têtes de ce Royaume assemblées, avec grande cérémonie et
publique dépense, pour des traités et accords, desquels la vraie
décision dépendait cependant en toute souveraineté des devis du
cabinet des dames et inclination de quelque femmelette[45]. » Un
autre participant, Agrippa d'Aubigné, dut regarder avec quelque
suspicion cette vie courtisane où les convictions religieuses semblaient s'estomper ; la confidence qu'il fit à Montaigne sur la
distance entre les désirs des prétendants au trône et leur réalisation — allusion possible aux espoirs d'Henri de Navarre, encore
bien utopiques — a peut-être eu pour cadre la cour de Nérac[46].

La parenthèse pacifique fut, une fois de plus, de courte
durée ; sous l'apaisement apparent fermentaient les ressentiments. Le prince Henri de Condé, irrité par le refus des catholiques de Picardie de lui restituer le gouvernement de la province

comme le prévoyait le traité de Poitiers, s'empara de La Fère le 29 novembre 1579. Ce fut le début de la septième guerre, dite « des Amoureux » parce que d'Aubigné et Sully ont prétendu qu'elle était due aux menées de Marguerite de Valois et de ses dames d'honneur. À cette date, Montaigne achevait les deux premiers livres des *Essais* et s'apprêtait à partir pour Paris afin de veiller à leur édition, avant de s'engager dans un long périple qui allait le conduire en Allemagne puis en Italie et l'éloigner momentanément des troubles de France.

Au cours de ces conflits successifs, le risque était omniprésent pour Montaigne. Les régions de forte implantation calviniste étaient proches de son château. Dans la vallée de la Dordogne, presque tous les villages à l'intérieur d'une zone comprise entre les bastions réformés de Castillon, de Sainte-Foy-la-Grande, de Bergerac et d'Eymet avaient adhéré à la foi nouvelle. Au nord de la rivière, la progression des protestants se montrait moins vigoureuse, mais les habitants des plaines du Fleix et de La Force étaient largement acquis à la Réforme[47]. La Lidoire, cours d'eau qui traversait la seigneurie de Montaigne, servait pratiquement de frontière entre les zones majoritairement protestantes et les zones majoritairement catholiques. Quand il voulait parler des réformés, il arrivait à Montaigne d'écrire : « nos voisins[48] ».

À cette imbrication géographique répondait souvent la division religieuse au sein des familles, dont celle de Montaigne offrait d'ailleurs un exemple. Les abjurations consécutives à la Saint-Barthélemy, telles celles des seigneurs de Guiche et de Duras, compliquaient encore la donne. Il était parfois difficile de savoir qui était ami ou ennemi, d'autant plus que la prudence pouvait pousser un homme à feindre et à déguiser sa véritable appartenance confessionnelle. Un jour, Montaigne, accompagné de son frère Pierre de La Brousse, rencontra un gentilhomme qui cachait son adhésion au parti protestant et avait cousu des croix blanches sur sa casaque, sans parvenir à masquer l'effroi qui le trahissait. Lui-même eut à souffrir d'une méprise : des troupes catholiques qui ne l'avaient pas reconnu le prirent pour un ennemi et l'attaquèrent ; il perdit dans l'aventure des chevaux et des hommes, y compris ce jeune page italien dont, on s'en souvient, il déplora amèrement la mort. Au sein de ce Périgord bigarré, son château était à la merci d'un coup de main. Il refusait pourtant de le fortifier, ayant constaté que les maisons des environs qui avaient souffert d'un pillage étaient précisément celles qui étaient les mieux défendues : cela avait suscité l'envie de les attaquer. « Toute garde porte visage de guerre[49]. » Cette confiance lui valut le salut lors d'une mémorable tentative d'assaut, malaisée à dater d'après le récit qu'il en donne. Un de ses voisins, parent par alliance qu'il connaissait seulement de nom, se présenta à la porte de sa cour, bientôt rejoint par d'autres individus : ils prétendaient être poursuivis par des ennemis et demandaient l'asile. Montaigne pressentait bien qu'ils projetaient un mauvais coup ; il dissimula toutefois sa méfiance et accueillit ses hôtes imprévus avec un visage si ouvert et si bienveillant qu'il désarma leurs mauvaises intentions (avouées plus tard par l'homme en question)[50].

En cette occasion le malheur avait été évité ; il demeurait néanmoins menaçant. L'angoisse risquait toujours d'anéantir la paix intérieure. Il fallait préserver l'arrière-boutique des atteintes de la souffrance et y maintenir la sérénité, voire la gaieté, « et y rire comme sans femme, sans enfants et sans biens, sans train et sans valets, afin que, quand l'occasion adviendra de leur perte, il ne nous soit pas nouveau de nous en passer[51] ». « Comme sans » : l'expression a une résonance stoïcienne ; elle rappelle également la première épître aux Corinthiens de saint Paul (VII, 29-31), où l'apôtre recommande « que ceux qui ont des femmes soient comme n'en ayant pas […] et ceux qui usent du monde comme n'en usant pas ». Les thèmes pauliniens ne sont pas absents des *Essais* ou des sentences peintes sur les poutres de la librairie ; cependant, en l'occurrence, saint Paul décrit l'attitude du veilleur tendu dans l'espérance du retour du Christ, alors que Montaigne, lui, cherche à se déprendre de toute attache trop forte de façon qu'on puisse le dépouiller sans l'« écorcher[52] ».

Malgré tout, il n'a pas hésité à s'engager dans la tourmente en choisissant résolument le camp catholique. Il l'a fait sans se laisser contaminer par les passions partisanes et en prenant soin de mesurer son adhésion ; plaisamment, il s'est dit prêt à offrir en cas de besoin une chandelle à saint Michel et une autre à son dragon, ou encore, dans une réminiscence rabelaisienne, à soutenir le bon parti « jusques au feu, mais exclusivement[53] ». Il n'était pas facile de raison garder au milieu des controverses qui opposaient protestants et catholiques ; les théologiens des deux bords rivalisaient de déclarations péremptoires sur la nature de Dieu et sur le sens de son action, comme si l'intelligence humaine pouvait parvenir à des certitudes : « Dieu ne peut mourir, Dieu ne peut se dédire, Dieu ne peut faire ceci ou cela. » Comment s'y retrouver au sein de ce « tintamarre » d'affirmations métaphysiques, dont jadis, dans un tout autre contexte, les philosophes de l'Antiquité avaient déjà donné un exemple édifiant[54] ?

Le doute, salutaire garde-fou

La position religieuse de Montaigne n'est pas facile à interpréter ; elle a donné lieu à des supputations parfois diamétralement opposées. Dans les années 1570, le regard qu'il portait sur les réformés ne se caractérisait pas encore par une hostilité systématique ; il comptait des amis parmi eux ; en outre, le durcissement de la frontière confessionnelle effectué par les clarifications doctrinales du concile de Trente, achevé en 1563, était relativement récent. Il approuve notamment la retenue des protestants à prononcer le nom de Dieu ; il admire leur dévouement à leurs chefs, que les catholiques feraient bien d'imiter[55]. Cependant, ces qualités pèsent peu à ses yeux comparées à leurs intentions supposées subversives : il considère en effet qu'en voulant imposer leurs convictions par la violence, ils renversent « l'état ancien » du royaume[56]. Selon lui, ce sont des présomptueux, des rebelles, qui plongent leur pays dans la guerre civile.

Pour expliquer la dérive qu'il leur attribue, il propose, démarche inhabituelle chez lui, une classification des humains en trois catégories. Dans la première se placent les gens simples et ignorants, tels les paysans, qui font généralement de bons croyants. Puis viennent les demi-savants, les « métis », qui se sont engagés dans la quête de la connaissance sans conserver l'humilité nécessaire, ce qui les pousse à prendre leurs opinions pour des vérités : les protestants correspondent à cette description. Enfin, très au-dessus, de rares esprits, au terme d'une « longue et religieuse investigation », ont pris conscience de la relativité du savoir et rejoignent ainsi l'ignorance des premiers : mais c'est une ignorance paradoxalement « doctorale », acquise par un patient travail qui fait d'eux également des « bien croyants », d'une manière bien sûr toute différente de celle des ignorants du rang inférieur[57].

Or Montaigne se classe personnellement dans la région moyenne, celle des « métis », qui ont « le cul entre deux selles ». Il y voisine donc avec les protestants. Il reconnaît par là qu'il fait partie des esprits dangereux, ceux qui cherchent à connaître, qui s'exposent en conséquence à la tentation pernicieuse de croire qu'ils savent et peuvent troubler l'ordre public par leurs élucubrations. Il lui faut se munir d'un garde-fou qui l'empêchera d'extravaguer comme les réformés. Ce garde-fou, ce sera le doute pyrrhonien appliqué méthodiquement à toute certitude ; il lui permettra, le niveau supérieur des esprits se trouvant hors de portée, de redescendre volontairement au « premier et naturel siège », d'où il s'est « pour néant essayé de partir », et de se mettre à l'école de l'innocence naïve des paysans[58]. Le recours au doute ne fait pas de lui l'adepte d'un scepticisme doctrinal qui l'enfermerait dans un système : il y voit une médication efficace contre les outrecuidances d'un esprit trop prompt à se persuader qu'il possède la vérité[59].

Pour renouer avec la simplicité originelle, c'est à coups de verges qu'il fustige son orgueil. Comment analyser autrement l'accumulation de sarcasmes dont il accable la raison dans l'*Apologie de Raymond Sebond*, chapitre si long que certains lecteurs, tel Étienne Pasquier, s'en sont étonnés[60] ? À l'évidence, Montaigne n'en amasse autant qu'afin de se guérir lui-même et de combattre les mirages du savoir auxquels il se sent toujours prêt à céder. Pareillement, les phrases peintes sur les poutres de sa librairie, ce lieu dont les murs sont tapissés d'ouvrages érudits dont il vient savourer la science, sont pour lui un constant rappel à la modestie, une exhortation à mesurer le néant de l'homme. Quand il déambule en dictant ses réflexions à un secrétaire, il peut voir, en levant les yeux, soit des sentences empruntées aux *Hypotyposes* de Sextus Empiricus, le disciple de Pyrrhon, soit des citations à connotation sceptique d'auteurs latins comme Lucrèce ou Épictète, soit des aphorismes tirés de l'Ecclésiaste montrant que tout est vanité, soit des maximes de saint Paul sur la folie de la sagesse humaine[61]. Cette rude thérapie le protège du vertige qui saisit l'esprit aventuré sur de trop hauts sommets ; elle le défend du « dérèglement des pensées », d'où risquent de surgir « péché, maladie, irrésolution, trouble, désespoir » ; grâce à elle, il peut éviter l'angoisse, rançon de tout questionnement intellectuel, et jouir de la sérénité des êtres simples, les laboureurs, les sauvages, voire les animaux. Un tel médicament est en même temps libérateur : immunisé contre l'illusion de croire posséder la vérité, l'esprit peut donner libre cours à sa quête sans s'y sentir englué comme une souris dans de la poix[62].

Le doute a pour effet de vider l'âme, de la nettoyer de ses prétendues évidences, de la rendre « propre à recevoir d'en haut quelque force étrangère » et à « faire plus de place à la foi ». Un passage ajouté après 1580 précise qu'elle deviendra de la sorte « une carte blanche préparée à prendre du doigt de Dieu telles formes qu'il lui plaira y graver[63] ». Voilà qui soulève la question controversée de la foi de Montaigne. Pour y voir plus clair, il convient de rappeler qu'Henri Estienne, le traducteur des *Hypotyposes pyrrhoniennes* (1562), avait, suivant l'esprit érasmien de l'*Éloge de la folie*, jugé dans sa préface que le scepticisme de Pyrrhon constituait le meilleur remède à la maladie du dogmatisme et, partant, la meilleure propédeutique à la foi chrétienne : à condition d'en faire un instrument et non une fin, il pouvait servir de rempart contre l'orgueil humain[64]. Un théologien catholique, Gentien Hervet, dans la préface à sa traduction de *Contre les Mathématiciens*, autre œuvre de Sextus (1569), a considéré lui aussi que le scepticisme était une arme pour fortifier l'orthodoxie[65]. Cette attitude a souvent été qualifiée de *fidéisme*. C'est oublier que le mot, apparu au XIXᵉ siècle, est anachronique pour le XVIᵉ siècle. Il définit une doctrine théologique qui sépare radicalement la raison de la Révélation : elle dénie à la première toute capacité d'accéder à la vérité et à la seconde tout fondement rationnel. Elle est condamnée par l'Église parce qu'elle introduit dans l'esprit humain « une déchirure qui le place dans l'alternative catastrophique d'une croyance gratuite (donc fragile) et d'une incroyance totale[66] ».

Cette position ne correspond pas tout à fait à celle de Montaigne. Tout d'abord, le scepticisme n'a pas chez lui la visée ouvertement apologétique que lui conféraient Henri Estienne et Gentien Hervet. Certes, il l'utilise à la façon d'un outil décapant qui pourrait disposer l'âme à recevoir la foi. Il voit en celle-ci un don miraculeux, absolument gratuit, accordé sans que l'homme y soit pour quelque chose ; elle provient d'une « infusion extraordinaire » qui ne doit rien à « nos efforts et arguments ». À cet égard, il est quelque peu protestant ! La foi opère de cette façon une « divine métamorphose », qui ne se produit que si Dieu daigne tendre « extraordinairement la main » à l'homme et le soulever « par des moyens purement célestes[67] ». Toutefois, le propos de Montaigne n'est nullement de confier à son lecteur s'il a été touché ou non par cette main divine ; par conséquent, les spéculations à ce sujet sont vaines. Peut-être a-t-il estimé qu'en brisant l'orgueil en lui par le moyen du pyrrhonisme il avait accompli ce qui dépendait humainement de lui, sans penser pour autant que cela suffirait à attirer la grâce ; tout au plus sa démarche révèle-t-elle une certaine confiance dans cette *possibilité*, même s'il demeure persuadé que l'homme n'a « aucune communication à l'être » et que Dieu reste inconnaissable[68]. La phrase où il met côte à côte la raison et la croyance n'est pas dénuée d'ambiguïté : « C'est aux chrétiens une occasion de croire, que de rencontrer une chose incroyable. Elle est d'autant plus selon raison, qu'elle est contre l'humaine raison[69]. » Y aurait-il pour lui, comme pour Pascal plus tard, une raison du cœur que la raison ratiocinante ne connaît pas ? Montaigne n'en dit pas plus et nous laisse sur son mystère. Il a mis cependant en garde par avance contre toute tentative d'enfermer sa pensée dans une catégorie définitive : « Pour haïr la superstition, je ne me jette pas incontinent à l'irréligion[70]. »

Son intention, encore une fois, n'est pas d'éclairer le lecteur sur ce point ; il entend seulement employer son « humaine raison » à questionner, à avancer des opinions, y compris en matière de théologie, en toute liberté puisqu'il les donne pour des pensées subjectives, à prendre ou à laisser, et non pour des certitudes[71]. « Je propose des fantaisies informes et irrésolues […] non pas pour établir la vérité, mais pour la chercher. » Après 1588, il précisera : « Je propose […] ce que je discours selon moi, non ce que je crois selon Dieu […] d'une manière laïque, non cléricale[72]. » Cela revient à distinguer le dire humain — « humaniste », écrira-t-il aussi — du dire théologique[73]. Cette séparation justifie ses audaces. La première des deux phrases qui viennent d'être citées a été rajoutée en 1582, après l'examen des *Essais* par les censeurs pontificaux à Rome[74] ; contrairement à ce qu'on pourrait croire, elle a moins pour but de servir de paravent contre les foudres romaines que d'associer paradoxalement la censure et la témérité : « Me remettant toujours à l'autorité de leur censure, qui peut tout sur moi, je me mêle ainsi témérairement à toute sorte de propos[75]. »

Le magistère ecclésiastique constitue en effet une autre sorte de garde-fou, indispensable aux esprits trop faibles pour prendre conscience de leurs limites et savoir recourir au remède du doute pyrrhonien. Les théologiens catholiques, spécialistes qui se sentent appelés par Dieu, offrent des points de repère doctrinaux ; ils opposent à la cacophonie des controverses religieuses les « formules de foi établies par les anciens » et transmises par la tradition[76]. En cela l'Église romaine est un rempart contre le désordre ; elle assure la stabilité sociale. Elle prodigue en outre, à la différence des protestants, les beautés d'une liturgie suscitant « l'émotion des sens », ce qui convient à la condition corporelle des hommes[77]. Pour toutes ces raisons, Montaigne se satisfait de son appartenance catholique. En se déclarant soumis d'avance aux règles émises par l'autorité ecclésiale, il se sent libre d'exprimer ses réflexions personnelles, tout en affirmant bien haut qu'il n'entend nullement par là rivaliser avec les théologiens, seuls à émettre une parole autorisée.

Cela donne chez l'auteur des *Essais* cet extraordinaire mélange de pratique catholique très traditionnelle et de libre questionnement. Il entend régulièrement la messe, se confesse et communie chaque fois qu'il sent les atteintes de la maladie, récite souvent le *Notre Père* et se signe fréquemment, « mêmement au bâiller », usage dévot recommandé par Érasme[78]. Il s'irrite de constater que les catholiques de son temps pratiquent trop souvent de façon superficielle, par habitude sociale : « Nous prions par usage et par coutume » ; « Nous sommes Chrétiens à même titre que nous sommes ou Périgourdins ou Allemands[79] ». C'est la conséquence de l'engluement sociologique du christianisme qu'il critique, et non, contrairement à une interprétation trop répandue, le christianisme proprement dit ; dans beaucoup de passages des *Essais*, il regrette que les chrétiens trahissent les exigences de leur foi par leur comportement hypocrite et leurs vices[80].

Parallèlement à cette conduite de pratiquant irréprochable, il lâche la bride à sa raison, sans cesser de lui rappeler obstinément la nécessaire humilité. Entreprise légitime, la raison étant un don divin : il convient donc de s'en servir, « par jugement et liberté volontaire ». L'inaccessibilité de la vérité ne doit pas décourager la recherche, qui est la marque distinctive de l'esprit humain : « Nous sommes nés à quêter la vérité. » Là résident la dignité de l'homme, sa supériorité sur les autres créatures, quoi qu'en dise l'*Apologie de Raymond Sebond* ; sa conscience n'est ni celle d'un ange ni celle d'un cheval[81]. L'élan qui le porte naturellement vers la connaissance possède sa grandeur, voire lui procure de la jouissance, bien qu'il sache ne pouvoir atteindre son but : « Il ne faut pas trouver étrange si gens désespérés de la prise n'ont pas laissé d'avoir plaisir à la chasse[82]. » La métaphore cynégétique évoque l'excitation joyeuse que Montaigne avoue ressentir à la poursuite d'une proie fuyant devant lui — tout en supportant mal la mise à mort.

D'où la hardiesse de ce qu'on peut appeler ses « expériences de pensée[83] ». Exercer le jugement, c'est multiplier les points de vue et oser toutes les interrogations. Il envisage l'hypothèse, on l'a vu, de la pluralité des mondes. Il aime à lire Lucrèce, dont il annote le *De natura rerum*, dans l'édition procurée en 1565 par l'humaniste Denis Lambin, en essayant d'en comprendre les thèses matérialistes ; il a acheté le *Catéchisme* de Bernardino Ochino, livre prohibé par l'Inquisition romaine, dont il a fait cadeau à Pierre Charron venu le visiter le 2 juillet 1586 ; sa bibliothèque comporte d'ailleurs une trentaine de *libri prohibiti*[84]. Il s'interroge sur la survie après la mort ; n'est-il pas vain de chercher à acquérir une réputation durable si, une fois trépassé, on n'en a aucun sentiment ? L'immortalité de l'âme séparée du corps, question qui soulevait les passions dans le milieu lettré de son temps, lui paraît impossible à concevoir[85]. Mais si le corps survit, si les satisfactions charnelles que nous offrent les cinq sens perdurent, n'est-ce pas supposer des « commodités terrestres et finies » dans l'infini de l'au-delà ? Et si elles disparaissent, « ce ne sera plus nous » ! Le seul moyen d'échapper à l'abîme vertigineux ouvert par cette énigme est de se convaincre que l'au-delà est justement au-delà des spéculations humaines et qu'en ce qui concerne les promesses divines, « il faut les imaginer inimaginables, indicibles et incompréhensibles[86] ».

Les explorations aventureuses de la raison exposées dans les *Essais* ne sont pas seulement pour leur auteur la source d'un plaisir intellectuel mêlé d'angoisse ; elles ont aussi une incontestable dimension ludique. Il faut, en les analysant, faire la part du goût de Montaigne pour la provocation. Il a mis en garde son lecteur, qui pourrait à bon droit, suppute-t-il, lui adresser ce reproche : « Tu te joues souvent ; on estimera que tu dis à droit, ce que tu dis à feinte. » Étienne Pasquier l'a noté : « Il prenait plaisir de déplaire plaisamment[87]. » Une anecdote racontée par le magistrat bordelais Pierre de Lancre donne probablement l'occasion de le prendre sur le fait. Cet auteur prétend que lorsque Montaigne soutenait « quelque avis et point de religion qu'il ne pouvait pas bien défendre, il pensait bien échapper disant que c'était l'avis du père Maldonat, le croyant le plus suffisant théologien de son temps et de sa connaissance et son intime ami[88] ». Montaigne appréciait en effet l'esprit à la fois ouvert et rigoureux de cet éminent jésuite, rencontré peut-être à Paris et sûrement à Épernay et à Rome, ainsi que l'indique son *Journal de voyage*. Pierre de Lancre, expert en démonologie et bardé de certitudes, semble rapporter une expérience personnelle : il a dû se trouver plus d'une fois désarçonné par ce talent pour la dérobade. Toujours est-il qu'il laisse entrevoir un Montaigne facétieux, avançant des idées périlleuses et mystifiant l'interlocuteur inquiet en déclarant avec assurance : Maldonat est de cet avis, donc ce que je dis est parfaitement orthodoxe… Au cours d'une conversation, ce genre de subterfuge pouvait lui être nécessaire afin de se garantir ; en

écrivant son œuvre, il se fiait à la sagacité du « diligent lecteur »,
capable de décrypter les facettes subtiles de son raisonnement.
La provocation, tout comme l'étonnement, a une vertu désta-
bilisante, utile pour réveiller l'esprit et le pousser à « essayer »
son jugement.

Une telle liberté fait des *Essais* un livre d'une étonnante singularité. On peut certes discerner en lui quelques éléments de
l'évangélisme érasmien ; on peut encore y repérer des analogies
avec la théologie négative, ce courant de la tradition chrétienne
qui dénie à la parole humaine toute capacité à dire ce qu'est
Dieu et prône une « docte ignorance » dont Montaigne a dû lire
une description dans les œuvres de Nicolas de Cusa, achetées
par lui à Venise en novembre 1581[89]. Cependant, aucune de ces
affinités ne suffit à caractériser sa pensée religieuse[90]. Son horreur
des affirmations catégoriques, malgré sa pratique dévotionnelle
tout à fait conforme, le situe en outre à distance du catholicisme
tridentin tel qu'il se met alors en place, appuyé sur des dogmes
précisément définis. On pressent qu'il souhaiterait un « nouveau
langage » théologique, interrogatif et non assertif, tel que celui
qu'il mentionne à propos des pyrrhoniens, ce qui, à vrai dire,
serait peu compatible avec le rôle de régulation et de surveillance
qu'il reconnaissait aux théologiens[91]. Ces ambiguïtés ne pouvaient
que lui aliéner les extrémistes tant catholiques que protestants,
prompts à voir en lui un agent de l'ennemi. « Au Gibelin j'étais
Guelphe, au Guelphe Gibelin », s'exclame-t-il, se référant aux
luttes qui avaient opposé au XIIIe siècle les partisans de l'empereur
et ceux du pape[92]. Du moins sa flexibilité lui ouvrait-elle l'accès
aux modérés des deux camps, atout précieux qui favorisera ses
efforts de pacification quand il sera maire de Bordeaux.

Les différents moyens utilisés par Montaigne pour se prémunir contre les pièges du monde avaient une efficacité certaine.

Aux séductions dangereuses pour son autonomie qu'engendrait la fréquentation des grands seigneurs et des princes, il opposait une réserve prudente sachant se plier aux compromis en cas de besoin ; aux dangers que lui faisait courir son existence dans une province particulièrement exposée aux risques des guerres civiles, il présentait un visage impavide et une maison ouverte ; aux passions partisanes qui enflammaient ses contemporains, il répondait par la modération de sa conduite et la critique des emportements de la raison.

Le bouclier ainsi construit était-il aussi protecteur qu'il l'espérait ? Le rire et l'ironie suffisaient-ils à apaiser l'angoisse latente ? Il est permis d'en douter. Sous les protestations d'indépendance perçaient les tentations de l'ambition, jamais complètement extirpées ; sous la répétition des arguments destinés à humilier la raison se laissait deviner l'orgueil toujours renaissant. L'unité désirée de la conscience se révélait insaisissable : « Nous sommes, je ne sais comment, doubles en nous-mêmes, qui fait que ce que nous croyons, nous ne le croyons pas, et ne nous pouvons défaire de ce que nous condamnons[93]. » L'arrière-boutique ne jouissait sans doute pas de toute la sérénité à laquelle aspirait Montaigne ; mais il savait que la voie choisie n'était pas celle du confort de la pensée. Il annonçait en cela les « anthropologies modernes de l'inquiétude[94] ».

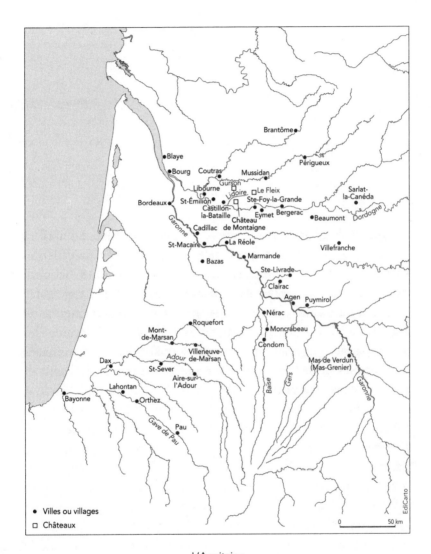

L'Aquitaine

VII

LE CHOIX DE LA PUBLICATION

Quand il renonça à sa carrière de parlementaire, en avril et juillet 1570, Montaigne avait déjà publié, l'année précédente, sa traduction de la *Théologie naturelle* de Raymond Sebond. Sitôt vendue sa charge de conseiller, il s'attela à une autre tâche, la publication de quelques-unes des œuvres d'Étienne de La Boétie. Il commença à rédiger les dédicaces qui devaient les accompagner, destinées notamment à quatre hauts personnages susceptibles de les recommander auprès du public. Il s'agissait pour lui de présenter le nom de son ami « en place marchande », afin de lui procurer la renommée posthume qu'il méritait. Ce faisant, il mettait son propre nom en lumière et attirait sur lui l'attention des dédicataires, ce qu'il reconnaît sans détour dans l'épître dédiée au chancelier Michel de L'Hospital : en offrant à ce dernier un recueil de vers latins de La Boétie, il faisait, note-t-il, « d'une pierre deux coups ». Cet aveu ne manque pas d'intriguer. Montaigne préparait vraisemblablement déjà la voie à la publication d'une œuvre personnelle, conçue, ainsi qu'il le dira plus tard, comme une ornementation disposée autour du *Discours de la servitude volontaire*. Ce projet répondait au désir de servir l'ami ; il révélait aussi l'éclosion d'un dessein littéraire, voire politique. Mais cela n'impliquait-il pas d'ouvrir au public l'espace intérieur, en contradiction avec la volonté de le garder inviolé ? Le choix de publier résulte d'intentions complexes qu'il n'est pas facile de décrypter.

La publication des œuvres de La Boétie

Au cours de l'été de 1570, Montaigne se rendit à Paris pour confier à l'imprimeur Fédéric Morel cinq manuscrits de La Boétie : trois traductions — *La Mesnagerie* de Xénophon (titre aujourd'hui traduit par *L'Économique*), *Les Règles de mariage* et la *Lettre de consolation à sa femme* de Plutarque — et deux recueils, l'un de vers latins et l'autre de vers français composés par son ami. Le tout parut en 1571, en deux volumes. Le premier, le plus épais, comprenait les trois traductions et le recueil de vers latins, précédés respectivement, après un *Avertissement au lecteur*, d'épîtres à Louis de Saint-Gelais, seigneur de Lansac, ancien maire de Bordeaux et conseiller au Conseil privé, à Henri de Mesmes, également membre de ce Conseil, à Françoise de La Chassaigne et à Michel de L'Hospital ; il se terminait par une lettre de Montaigne sur la mort de La Boétie, adressée à Pierre Eyquem. Le second volume, très mince, contenait les vers français, offerts à Paul de Foix, conseiller lui aussi au Conseil privé. Si l'on en croit les dates des différentes lettres-préfaces, Montaigne a fait preuve d'une étonnante célérité pour couvrir à cheval les quelque cinq cent cinquante kilomètres qui séparent son château de l'atelier parisien de l'imprimeur : l'*Avertissement au lecteur* est daté du 10 août 1570 à Paris, l'épître dédicatoire à Paul de Foix du 1er septembre à Montaigne et la lettre à Françoise du 10 septembre à Paris.

Pourquoi ne pas avoir publié les vers français en même temps que les autres œuvres ? Montaigne en laisse deviner la raison dans la dédicace à Paul de Foix. Leur édition a été différée, explique-t-il, « sous couleur que par-delà on ne les trouvait pas assez limés pour être mis en lumière ». « Par-delà » : c'est-à-dire à Paris et à la Cour. Fédéric Morel aurait-il manifesté de la réticence à éditer des poèmes dont la langue ne correspondait plus au goût parisien ? Ils dataient en effet du mariage de La Boétie, puisque, outre la traduction du XXIIe chant de l'*Orlando furioso* de l'Arioste, ils comprenaient vingt-cinq sonnets en hommage à Marguerite de Carle, épousée en 1554. Pourtant, La Boétie avait fréquenté le groupe naissant de la Pléiade, était l'ami de Jean Dorat et de Jean-Antoine de Baïf et connaissait sans doute personnellement Ronsard ; seulement, depuis ce temps-là, les règles poétiques concernant le genre du sonnet, tout neuf en France, s'étaient affinées[1]. Quoi qu'il en soit, Montaigne ne pouvait que s'offusquer de l'opinion insultante des gens de « par-delà », lui qui, on s'en souvient, se targuait d'être « soldat et Gascon ». « Il semble, observe-t-il, que ce jugement regarde tout ce quartier ici [entendons la Gascogne et la Guyenne], d'où ils pensent qu'il ne puisse rien partir qui ne sente le sauvage et la barbarie. » L'honneur de ces provinces étant en jeu, il fallait confier sa défense au représentant d'une de leurs plus illustres lignées, Paul de Foix : « C'est proprement votre charge, lui écrit-il, qui au rang de la première maison de Guyenne avez ajouté du vôtre le premier rang encore en toute suffisance, [de] maintenir [...] qu'il n'en va pas toujours ainsi. Et ores que [bien que] le faire soit plus naturel aux Gascons que le dire, si est-ce qu'ils s'arment quelquefois autant de la langue que du bras, et de l'esprit que du cœur. » Les vers français de La Boétie, placés de la sorte sous l'égide de ce prestigieux parrain, furent imprimés par Morel, toutefois à part du premier volume, apparemment pour qu'ils n'en compromettent pas le succès commercial...

Dans l'*Avertissement au lecteur*, Montaigne signalait qu'il existait d'autres vers latins ou français et des poèmes grecs de son ami, qu'il n'avait pu recouvrer mais dont il avait entendu réciter des fragments et qu'un historien de Bourges avait « allégués[2] ». Il mentionnait aussi le *Discours de la servitude volontaire* ainsi que

« quelques mémoires de nos troubles sur l'édit de Janvier, 1562 » ;
il croyait néanmoins leur « façon trop délicate et mignarde pour
les abandonner au grossier et pesant air d'une si mal plaisante
saison ». À la date de l'*Avertissement*, le 10 août 1570, la signature
de la paix de Saint-Germain ne datait que de l'avant-veille ; il
pouvait effectivement paraître périlleux d'éditer des textes dont
la teneur politique risquait de troubler certains esprits. Henri de
Mesmes par exemple, qui détenait un manuscrit du *Discours*, en
désapprouvait les arguments « légers et vains » et en rédigeait
une réfutation[3]. Montaigne ne désespérait cependant pas de
donner plus tard au public le *Discours*, dont les *Essais* devaient
être l'écrin.

Le cas des « quelques mémoires de nos troubles sur l'édit de
Janvier, 1562 » est plus énigmatique. Cet édit, à cause de la large
liberté de culte qu'il octroya aux protestants et de la violente
réaction de rejet qu'il provoqua chez les catholiques intransigeants, entraîna le déclenchement de la première guerre civile.
Au début du XXe siècle, un biographe de La Boétie, Paul Bonnefon, crut reconnaître l'un des mémoires auxquels fait allusion
Montaigne dans un manuscrit anonyme conservé à la bibliothèque Méjanes d'Aix-en-Provence ; il le publia en 1922 sous le
titre de *Mémoire touchant l'édit de Janvier*[4]. L'attribution à La
Boétie a été contestée, notamment à cause de la contradiction
entre l'esprit de ce *Mémoire* et celui du *Discours*[5]. S'ajoute à
ces arguments le fait que Montaigne évoque des mémoires (au
pluriel) *sur* l'édit de janvier 1562 ; dans le chapitre *De l'Amitié*
du premier livre des *Essais*, il utilise une formule à peu près
identique pour les désigner : « quelques mémoires sur cet édit
de Janvier, fameux par nos guerres civiles, qui trouveront encore
ailleurs peut-être leur place[6] ». Or le manuscrit d'Aix est incontestablement *antérieur* à l'édit. Son auteur s'adresse à une « compagnie » : selon toute apparence il s'agit de l'assemblée réunie à
Saint-Germain au tout début de janvier 1562, précisément pour
examiner les moyens de mettre fin aux tensions confessionnelles.

Elle était composée des membres du Conseil royal auxquels s'ajoutaient des délégués issus des parlements. Trois possibilités s'ouvraient devant elle, que détaille le manuscrit découvert par Paul Bonnefon — indice que l'édit restait encore à élaborer : « ou de maintenir seulement l'ancienne doctrine en la religion, ou d'introduire du tout la nouvelle, ou de les entretenir toutes deux sous le soin et conduite des magistrats[7] ». Cette dernière solution sera celle qu'avaliseront Michel de L'Hospital et Catherine de Médicis avec l'édit de Janvier. L'auteur du manuscrit y est hostile ; il défend l'unité confessionnelle, tout en prônant des réformes dans l'Église qui permettraient de réintégrer les dissidents en son sein. Il fait preuve d'une bonne connaissance de la Guyenne. S'il fallait émettre une hypothèse sur son identité, le nom d'Arnoul Le Ferron, qui fit partie des trois magistrats envoyés par le parlement de Bordeaux à l'assemblée de Saint-Germain, pourrait être avancé : il serait, dans ce texte, le porte-parole des raisons qui poussaient la cour bordelaise à s'opposer à la coexistence des confessions. C'était un ami et un parent par alliance de La Boétie ; il avait travaillé avec lui, ce qui expliquerait les quelques analogies relevées avec le style du *Discours*[8]. Il ne paraît pas avoir eu des convictions religieuses bien arrêtées ; mais il s'était montré, selon Blaise de Monluc, très hostile aux protestants en avril 1562[9]. En tout état de cause, il est loin d'être assuré que le manuscrit d'Aix soit l'un des mémoires auxquels fait allusion Montaigne. Celui-ci renoncera finalement à les éditer ; à la phrase des *Essais* où il dit envisager de les faire paraître « ailleurs », il rajoute après 1588 l'adverbe « peut-être », sans donner plus de précisions.

En publiant en 1571 les œuvres de La Boétie, Montaigne imaginait les critiques susceptibles de lui être opposées : des lecteurs pourraient se scandaliser « de quoi si hardiment [il] use des choses d'autrui[10] ». De fait, de telles critiques ont bel et bien été émises par des commentateurs actuels. Le châtelain momentanément inactif aurait utilisé les écrits de son ami « à des fins professionnelles » et les aurait dédiés à des personnages influents dans l'espoir que ceux-ci l'aideraient à satisfaire ses aspirations publiques et diplomatiques naissantes[11]. Il se serait ainsi livré à une sorte de captation de la mémoire du défunt ; bien plus, en dépeignant ce dernier à Michel de L'Hospital comme un homme aux talents mal utilisés, qui avait « croupi, méprisé ès cendres de son foyer domestique, au grand intérêt de la chose publique », appréciation reprise plus tard sous une forme atténuée, il l'aurait sciemment dévalorisé pour mieux se mettre en avant[12].

Il est possible que la description que brosse Montaigne du dédain dans lequel La Boétie aurait été tenu fasse écho à l'amertume qu'il a probablement ressentie lui-même à la suite de déceptions éprouvées lors de ses séjours à la Cour[13]. Il est néanmoins peu plausible que ce thème lui ait servi de jalon pour faire valoir d'éventuelles ambitions politiques auprès du chancelier. En 1570, L'Hospital était en relative disgrâce depuis qu'on lui avait retiré en 1568 la garde des sceaux ; son pouvoir d'intercession en était notablement amoindri. Aussi n'est-ce pas l'homme public que sollicite Montaigne ; il le suggère à demi-mot en précisant, à la fin de sa lettre, qu'il fait appel aux « qualités singulières » du chancelier : « Car quant aux étrangères et fortuites [entendons les dignités externes sujettes à fluctuation], ce n'est de mon goût de les mettre en ligne de compte. » Ces qualités singulières sont certainement les capacités poétiques de L'Hospital, auteur de poèmes latins — les *Carmina* ; en d'autres termes, c'est la protection de l'éminent poète et non celle du chancelier que sollicite Montaigne pour les vers latins de son ami.

Qu'en est-il des autres dédicataires ? À la différence de L'Hospital, ils étaient bien en cour en 1570 et jouissaient de la confiance de Catherine de Médicis. Henri de Mesmes, notamment, bénéficiait d'un crédit important ; à la date où Montaigne lui dédia la traduction des *Règles de mariage* de Plutarque (le 30 avril 1570), il s'occupait à négocier, avec Armand de Gontaut, baron de Biron, la paix de Saint-Germain — qui sera surnommée « paix boiteuse et mal assise » parce que Biron boitait et que de Mesmes était seigneur de Malassise. Ce dernier faisait partie, avec Louis de Saint-Gelais de Lansac, dédicataire de la traduction de *La Mesnagerie* de Xénophon, des modérés qui avaient conquis la majorité au Conseil à la fin de l'année 1569. S'il y a un sens politique à donner aux lettres-préfaces de Montaigne, c'est bien celui-là : leurs destinataires, y compris Michel de L'Hospital et Paul de Foix, soutenaient résolument la solution pacifique des conflits ; afficher leur nom en tête d'un ouvrage revenait à proclamer son adhésion à l'idéal de paix.

Pourtant ce sens-là, si essentiel soit-il, n'est vraisemblablement pas le plus décisif. Car il y a un autre point commun entre les quatre destinataires des dédicaces : c'étaient tous des hommes de grande culture. L'œuvre poétique de L'Hospital vient d'être évoquée ; Louis de Saint-Gelais de Lansac, neveu et cousin de deux poètes — Octavien et Mellin de Saint-Gelais —, patronna Ronsard ; Henri de Mesmes aimait à réunir chez lui des savants et participa peut-être à l'Académie du Palais créée en 1575-1576 par Henri III ; Paul de Foix possédait une réputation de lettré raffiné. Tous étaient d'excellents introducteurs dans la « république des Lettres ». Montaigne a pu espérer conquérir grâce à eux un titre de citoyenneté dans cette république imaginaire, ce qui expliquerait le style très soigné, très travaillé, de ses épîtres et de la lettre écrite sur la mort de son ami. Une citoyenneté qu'il pourrait partager avec La Boétie, sans que le nom de l'un fasse ombrage à celui de l'autre ; en la demandant implicitement pour lui en même temps que pour l'auteur des œuvres qu'il présentait, Montaigne avait sans doute le sentiment de consacrer un intime compagnonnage dont il rappelle la force en des termes qui ne sentent nullement l'affectation rhétorique : « De vrai, écrit-il de son ami, il loge encore chez moi si entier et si vif que je ne le puis croire si lourdement enterré[14]. » Les préfaces recelaient bien l'expression d'une ambition, littéraire toutefois plutôt que politique : celle d'un aspirant à la reconnaissance des hommes de goût de son temps.

S'il différait toujours d'éditer les mémoires sur l'édit de Janvier, Montaigne avait encore à décider du sort du *Discours de la servitude volontaire*. À la fin de la décennie 1570, la rédaction des *Essais* avait progressé et formait désormais un ensemble propre à être publié, scindé en deux livres : le premier comportait cinquante-sept chapitres et le second trente-sept. L'intention de Montaigne était d'insérer le *Discours* au cœur du premier livre, à la suite du chapitre 28 dédié à l'amitié. Le contexte politico-religieux vint contrarier ce projet ; des éditions pirates émanant du camp protestant donnèrent une coloration subversive à l'écrit de La Boétie. La première alerte se produisit en 1574 : deux extraits du *Discours* furent placés dans le second Dialogue d'un traité anonyme, *Le Réveille-Matin des François et de leurs voisins*. Le dommage restait pour l'instant limité. Plus grave fut la parution en 1577 de la totalité de l'œuvre de La Boétie dans le tome III des *Mémoires de l'Estat de France sous Charles Neufiesme*, compilation de textes réunis par le pasteur Simon Goulart ; la même année, un imprimeur rémois publia le *Discours* sous un titre — *Vive description de la Tyrannie et des Tyrans* — qui incitait clairement les lecteurs à assimiler le pouvoir royal à une domination arbitraire. Le pire survint le 7 mai 1579 : ce jour-là, un arrêt du parlement de Bordeaux ordonna de brûler devant le palais de l'Ombrière les « livres scandaleux et diffamatoires intitulés *Mémoires de l'Estat de France* » et condamna à une forte amende les libraires qui les avaient vendus[15].

L'arrêt du Parlement avait de quoi faire réfléchir le libraire-imprimeur bordelais Simon Millanges ; il avait reçu des mains de Montaigne le manuscrit des deux premiers livres des *Essais* et allait obtenir le privilège royal — daté du 9 mai — qui lui en assurerait le monopole d'impression et de diffusion. S'il y maintenait la présence d'un texte faisant partie d'un livre brûlé sur la place publique, n'allait-il pas s'exposer à un châtiment analogue ? La publication des deux volumes des *Essais* constituait pour lui un investissement important, bien qu'apparemment Montaigne ait dû contribuer aux frais en fournissant le papier[16]. L'auteur et l'imprimeur durent se concerter et se résoudre dans l'urgence à supprimer le *Discours*. Montaigne en expliqua la raison au lecteur en terminant le chapitre 28 : l'œuvre de son ami avait été publiée « à mauvaise fin, par ceux qui cherchent à troubler et changer l'état de notre police ». Il annonçait son remplacement par un autre ouvrage, « plus gaillard et plus enjoué », à savoir vingt-neuf sonnets adressés par La Boétie à une femme aimée, que le sieur Cyprien de Poyferré, homme de confiance de la comtesse de Guiche, venait tout juste de retrouver dans ses papiers et de lui envoyer[17].

Ces vingt-neuf sonnets furent mis, à la place du *Discours*, dans le chapitre 29 — qui, par suite d'une erreur typographique, se vit affecté du numéro 28, redoublant ainsi la numérotation du chapitre précédent. Montaigne ne les connaissait que par ouï-dire en 1570, quand il avait décidé d'éditer les vers français de son ami ; à cette date, il se souvenait seulement que La Boétie y avait donné à sa maîtresse le nom fictif de *Gironde*. Sa mémoire le trahissait : les vingt-neuf sonnets sont en fait dédiés à *Dordogne*... Ils avaient vraisemblablement été composés à une date antérieure aux vingt-cinq sonnets offerts à l'épouse, Marguerite de Carle. Autant dire que leur facture pouvait paraître encore moins « limée » aux yeux des Parisiens. Aussi leur dédicace à la comtesse de Guiche, au début du chapitre, est-elle pénétrée de la même volonté inquiète de défendre l'honneur gascon que celle qui imprégnait déjà l'épître à Paul de Foix : « Madame, ces vers méritent que vous les chérissiez ; car vous serez de mon avis qu'il n'en est point sorti de Gascogne qui eussent plus d'invention et de gentillesse. » Et pour achever de conquérir la bienveillance de la comtesse, Montaigne promet, on l'a vu, de lui glisser un jour à l'oreille le secret de l'ardeur amoureuse qui animait alors La Boétie, sans doute en lui révélant le nom de la dame pour laquelle il brûlait.

Et puis, nouvelle péripétie : sur l'exemplaire de l'édition de 1588 où Montaigne porta les corrections et les ajouts souhaités, désigné par les spécialistes sous le nom d'« Exemplaire de Bordeaux », les vingt-neuf sonnets sont barrés de quatorze énergiques coups de plume ; à leur place se lit : « Ces vers se voient ailleurs », formule lapidaire que l'éditrice de l'édition de 1595, Marie de Gournay, remplacera par « Ces vingt-neuf sonnets d'Étienne de La Boétie qui étaient mis en ce lieu ont été depuis imprimés avec ses œuvres ». Si bien que dans cette édition posthume le chapitre dont le titre annonce toujours les vingt-neuf sonnets est réduit à la seule dédicace à Mme de Guiche, désormais vide de sens. Parallèlement a été supprimée, à la fin du chapitre précédent, la mention du sieur de Poyferré et de son apport. Que s'est-il passé ? Quel est cet « ailleurs » où les sonnets auraient été publiés ?

Pour élucider cette énigme, une hypothèse séduisante a été formulée[18]. Un bibliographe du XVIIIe siècle, le père Jacques Lelong, signale l'existence d'une œuvre de La Boétie intitulée *Historique description du solitaire et sauvage pays de Médoc*, publiée par Simon Millanges en 1593 ; il mentionne en note : « On a joint à cette description quelques vers du même auteur, qui ne se trouvent point dans l'édition qu'avait donnée de ses œuvres Michel de Montaigne. » Cette *Historique description* est aujourd'hui perdue. Montaigne n'y fait jamais allusion. L'hypothèse est la suivante : avant de mourir, il aurait eu vent du projet de cette édition, élaboré à son insu, d'où la biffure rageuse des vingt-neuf sonnets sur l'Exemplaire de Bordeaux. Ce projet serait né dans l'esprit de son frère Thomas de Beauregard, époux de la belle-fille de La Boétie, Jacquette d'Arsac, et comme tel seigneur d'Arsac dans le Médoc. Le contentieux qui séparait les deux frères venait d'être brusquement ravivé en 1590 par la clause de substitution introduite par Montaigne, on s'en souvient, dans le contrat de mariage de sa fille Léonor, clause qui écartait Thomas et ses descendants de la possession de la seigneurie de Montaigne[19]. L'intention d'éditer l'*Historique description*, sans que l'aîné soit mis au courant, serait une mesure de rétorsion de la part du cadet.

Si cette reconstitution est exacte, la suppression des vingt-neuf sonnets résulterait d'une banale querelle familiale. Il est toutefois possible qu'elle découle tout simplement d'une prise de conscience de Montaigne ; il se serait rendu compte qu'à la fin des années 1580 les doutes du public parisien sur la qualité littéraire des sonnets s'étaient accentués et qu'ils pouvaient nuire à la réputation posthume de son ami[20]. En ce cas, la biffure serait provoquée, plutôt que par la colère, par la décision de publier lui-même ces pièces à part, décision que la mort ne lui aurait pas laissé le temps d'accomplir. Quoi qu'il en soit, les *Essais*, qui devaient être tressés autour d'une œuvre de La Boétie, allaient être marqués par la béance d'une double absence. Montaigne ne chercha pas à la masquer. Voulait-il en faire la métaphore du vide creusé dans son âme par la disparition de l'ami ? Ou marquait-il ainsi son émancipation à l'égard d'une ombre longtemps tutélaire dont il n'avait plus besoin pour rehausser la valeur de ses écrits ?

L'ouverture de l'arrière-boutique au public

Les aléas conjoncturels ont donc infléchi le dessein initial d'écriture et de publication. Cependant, ce dessein proprement dit soulève quelques questions. Quand Montaigne a-t-il commencé à l'envisager ? Sur ce point, il a donné des indications divergentes. Ce fut, écrit-il au début du chapitre dédié à Mme d'Estissac, pour se guérir de l'« humeur mélancolique » où l'avait jeté le « chagrin de la solitude », juste après sa retraite dans son château ; cet exercice à but thérapeutique interne se serait mué en désir d'en communiquer le fruit. Mais en un autre endroit il avoue que le projet de « se peindre » a germé en lui bien auparavant : dès son passage à Bar-le-Duc, où il accompagna à la fin de 1559 la Cour royale[21]. Il est probable que sa volonté d'introspection a été la source et non la conséquence de sa décision de se retirer « chez lui ».

Pour autant, choisir de publier ses « rêveries », c'était dévoiler les expériences de pensée auxquelles il aimait se livrer ; c'était faire pénétrer le regard d'autrui dans un espace intime par ailleurs si jalousement préservé des dispersions mondaines. Montaigne percevait clairement le paradoxe : « Mais est-ce raison que, si particulier en usage [menant une vie si privée] je prétende me rendre public en connaissance ? » Et de constater plus loin : « Plaisante fantaisie : plusieurs choses que je ne voudrais dire à personne, je les dis au peuple, et sur mes plus secrètes sciences ou pensées renvoie à une boutique de libraire mes amis plus féaux[22]. »

Les doutes sur la légitimité d'une telle entreprise étaient combattus par le souhait de savoir comment des lecteurs éventuels allaient percevoir la singularité de sa démarche et quelle image ils lui renverraient. Très tôt, Montaigne a donné à lire à des proches quelques-uns des chapitres qu'il venait de rédiger ; par exemple, s'il en consacra un à l'institution des enfants, c'est parce qu'un ami avait lu celui qu'il avait dédié au pédantisme et lui avait conseillé de développer ce qu'il y écrivait sur l'éducation[23]. Dans le chapitre *De la ressemblance des enfants aux pères* résonne l'écho des propos échangés avec Mme de Duras, venue le visiter. La gestation des *Essais* ne peut se comprendre que dans le contexte de conversations amicales au sein d'un cercle nobiliaire ; les réactions de ce public curieux tout prêt à accueillir les réflexions du seigneur de Montaigne et à en discuter ont en quelque sorte contribué à façonner l'œuvre elle-même[24]. Des fragments manuscrits circulaient sans doute, pratique qui n'était pas rare chez les lettrés, comme en témoigne la diffusion précoce du *Discours de la servitude volontaire*. Ils avaient ainsi acquis une certaine notoriété ; le valet qui en vola une partie pensait d'ailleurs en tirer du « profit », signe que ces fragments avaient déjà une valeur monnayable — à moins que le voleur n'ait compté publier sous son propre nom les morceaux dérobés[25].

Le lectorat visé ne se limitait pas aux seuls « parents et amis », quoi qu'affirme l'avis placé en tête du premier livre des *Essais*, non plus qu'à un public seulement provincial. Certes, l'imprimeur choisi était bordelais et non parisien, à la différence de ceux que Montaigne avait élus pour la *Théologie naturelle* et pour les œuvres de La Boétie. Néanmoins, les réseaux commerciaux de Simon Millanges s'étendaient bien au-delà de la Guyenne[26]. Des accords avec des libraires de Paris et de Lyon lui permettaient de vendre ses publications dans ces villes et tout autour ; le bibliographe lyonnais Antoine du Verdier connaissait les *Essais* et les mentionne dans sa *Bibliothèque françoise* (1585) ; un Poitevin, Guillaume Boucher, les cite en 1584 dans ses *Sérées*. Millanges avait en outre des antennes à la foire de Francfort puisque des exemplaires des *Essais* y furent mis en vente en 1581[27]. Le choix de cet éditeur assurait à Montaigne une large distribution de ses volumes.

Le souci d'être lu répondait, selon la pertinente remarque d'un analyste, au désir impérieux de « chercher en autrui la garantie de sa présence à soi-même[28] ». L'autre est un interlocuteur avec qui dialoguer et un témoin à qui confier la mémoire de méditations fugaces ; il tend également un miroir où découvrir le reflet de sa propre image : « Pour m'être dès l'enfance dressé à mirer ma vie dans celle d'autrui, déclare Montaigne, j'ai acquis une complexion studieuse en cela[29]. » Avec les conséquences que cela comporte : devant un miroir, on cherche à s'apprêter. « Encore se faut-il testonner [peigner], encore se faut-il ordonner et ranger pour sortir en place [publique]. Or je me pare sans cesse, car je me décris sans cesse[30]. » À la métaphore du miroir s'ajoute ici celle de la rencontre avec un public, ce qui suppose une mise en scène de soi, analogue à celle de l'acteur sur la scène d'un théâtre ; ainsi se construit un personnage, une *persona* littéraire, fruit de l'interaction entre l'auteur, son texte et ses lecteurs[31]. La « bonne foi » et la simplicité revendiquées par Montaigne dans l'avis liminaire ne sont pas aussi univoques qu'il pourrait le sembler. La figure « testonnée » pour être présentée publiquement se transforme elle-même en modèle : « Je sens ce profit inespéré de la publication de mes mœurs qu'elle me sert aucunement de règle. Il me vient parfois quelque considération de ne trahir l'histoire de ma vie. Cette publique déclaration m'oblige de me tenir en ma route, et à ne démentir l'image de mes conditions, communément moins défigurées et contredites que ne porte la malignité des jugements d'aujourd'hui[32]. » Le livre soumis à la lecture d'autrui devient le lieu de multiples interférences qui en font une réalité en mouvement et non un texte inerte ; l'identité qui s'y façonne est en perpétuel remaniement, sous l'œil curieux de l'observateur intérieur qui en enregistre les multiples nuances.

S'offrir au regard étranger répond de surcroît à une exigence plus fondamentale encore, celle de trouver dans l'accueil du lecteur la justification de son entreprise. Un passage du livre III en donne une analyse il est vrai tardive, éclairante toutefois par la volonté qu'elle révèle de légitimer l'ensemble du projet de publication. Montaigne commence par y critiquer l'attitude de ceux qui adoptent à l'extérieur une conduite réglée et se livrent chez eux à des désordres. Afin de montrer que la maîtrise de soi doit être identique en public et en privé, il avance l'exemple de Julius Drusus, donné par Plutarque : aux ouvriers qui lui proposaient de mettre sa maison à l'abri de la vue de ses voisins, ce tribun du peuple avait rétorqué qu'il était prêt à leur donner 6 000 écus pour qu'au contraire ils l'ouvrent tout entière aux regards[33]. Un développement ajouté après 1588 indique qu'avec cette fiction d'une maison transparente Montaigne avait bien dans l'esprit les propriétés de l'imprimerie, plus efficace que les ouvriers de Julius Drusus pour dévoiler sa vie privée aux yeux d'autrui ; le moindre de ses avantages n'étant pas, d'ailleurs, de porter la connaissance qu'on prenait de lui le plus loin possible de son « gîte », autrement dit de sa demeure, car dans son proche entourage sa résolution d'être publié était mal comprise : « En mon climat de Gascogne, on tient pour drôlerie de me voir imprimé[34]. » Et, enchaînant sur le paradoxe du caché/divulgué, il remarque que c'est sur l'imprimerie que « se fondent ceux qui se cachent, vivants et présents, pour se mettre en crédit », tout en précisant, goguenard, qu'il veut bien de ce crédit-là tant qu'il est en vie, car, quand il sera mort, il en tiendra quitte la postérité, n'étant plus alors en mesure de le savourer...

Après cette parenthèse ajoutée sur l'exemplaire dit « de Bordeaux », Montaigne revient au thème principal de la relation dialectique entre privé et public. Il faut d'ordinaire, constate-t-il, une vue bien perçante et un « jugement vif et bien trié » pour percevoir la grandeur d'une existence privée sagement conduite, surtout quand elle se situe en une condition moyenne. La publication multiplie les chances de rencontrer des lecteurs pourvus de cette vision acérée ; après avoir été invités à entrer chez l'auteur des *Essais*, ils seront à son exemple capables de comparer ces deux sortes d'actions humaines et de choisir les secondes : d'un côté, « gagner une brèche, conduire une ambassade, régir un peuple », actes publics éclatants ; de l'autre, « tancer, rire, vendre, payer, aimer, haïr et converser avec les siens et avec soi-même doucement et justement, ne relâcher point, ne se démentir point », qualités privées tout aussi méritoires. Ces lecteurs clairvoyants, au lieu d'admirer Alexandre, qui, à ceux qui lui demandaient ce qu'il savait faire, répliquait : « subjuguer le monde », préféreront louer Socrate, qui, à la même question, répondait : « mener l'humaine vie conformément à sa naturelle condition » ; ils conviendront que les occupations ordinaires d'une vie simplement humaine exigent une vertu qui ne le cède en rien aux exploits valeureux si vantés par la noblesse[35]. On reconnaît là le dessein de Montaigne de fournir aux gentils-hommes un nouvel idéal d'excellence et d'héroïsme, distinct de celui qu'accréditaient les valeurs collectives de son temps. La publication lui procurait assurément l'instrument adéquat pour diffuser largement cet idéal, fût-ce au prix de l'ouverture de son espace intérieur aux regards extérieurs.

Il est toutefois un lecteur privilégié dont l'avis comptait beau-coup à ses yeux : le roi. Les deux livres des *Essais* sortirent en mai 1580 des presses de Simon Millanges (situées rue Saint-James à Bordeaux). Le 22 juin, Montaigne se mit en route pour Paris, avec deux objectifs en tête : confier à l'éditeur parisien Gilles Gourbin le texte corrigé de sa traduction de la *Théolo-gie naturelle*, qui allait paraître en 1581 ; présenter les *Essais* à Henri III. Le séjour dans la capitale devait n'être qu'une simple étape, prélude au grand voyage en Allemagne et en Italie qu'il avait prévu d'entreprendre et qui l'éloignerait pendant près d'un an et demi des troubles du royaume.

La présentation des Essais *à Henri III*

Montaigne a-t-il pris soin d'envoyer au roi les deux volumes de son œuvre quelque temps avant l'audience dont il bénéficia, pour lui laisser le loisir de les feuilleter, ou bien se contenta-t-il de les lui offrir quand il se trouva devant lui ? L'entrevue eut probablement lieu au cours du mois de juillet 1580 à Saint-Maur ; la Cour s'y était installée dans le château autrefois du cardinal Jean Du Bellay, racheté par Catherine de Médicis en 1563, car une épidémie — peut-être de peste — sévissait à Paris[36]. Le seul témoignage existant sur l'événement est celui du bibliographe François Grudé, sieur de La Croix du Maine, dans une notice sur l'auteur des *Essais* datant de 1584. Le roi aurait dit à ce dernier que « son livre lui plaisait beaucoup », à quoi Montaigne aurait répondu : « Sire, il faut donc nécessairement que je plaise à Votre Majesté, puisque mon livre lui est agréable, car il ne contient autre chose qu'un discours de ma vie et de mes actions[37]. » D'où La Croix du Maine tenait-il ce récit ? De Montaigne, ou d'un témoin de la scène ? On ne sait.

À partir de cette relation relativement succincte une hypothèse a été échafaudée[38]. Montaigne aurait insisté sur l'identité entre lui et son livre afin d'attirer l'attention royale sur sa connaissance de l'histoire et de la politique, dans l'espoir de se voir nommé ambassadeur extraordinaire à Rome en attendant que l'ambassadeur en titre, Louis Chasteigner, seigneur de La Rochepozay, qu'il connaissait et qui désirait se retirer, soit remplacé. Le voyage en Italie qu'il envisageait aurait été l'occasion de réaliser cette ambition. Pour obtenir le consentement du roi, il aurait dès le début conçu les deux premiers livres des *Essais* comme une sorte de *curriculum vitæ* destiné à faire valoir ses capacités. Son ouvrage lui aurait pour ainsi dire servi de carte professionnelle à soumettre à Henri III, qui, par sa réponse, aurait montré qu'il prêtait une oreille favorable au souhait ainsi exprimé. Malheureusement, aucune preuve solide ne vient étayer ces conjectures ; les propos tenus lors de l'audience royale, rapportés de surcroît par ouï-dire, sont beaucoup trop vagues pour qu'on puisse en tirer d'autres conclusions que celles suggérées par la phrase bien connue sur la consubstantialité du livre et de son auteur. Du reste, La Croix du Maine ne donne aucune indication de date ; un historien a pu supposer avec vraisemblance que l'appréciation d'Henri III rapportée par le bibliographe a été plutôt formulée en août 1582, moment où Montaigne se trouvait de nouveau à la Cour (et où le successeur du seigneur de La Rochepozay, Paul de Foix, avait déjà été choisi) ; le souverain aurait eu ainsi le temps de se faire une opinion sur l'œuvre offerte deux ans auparavant[39].

En outre, si les premiers livres des *Essais* avaient vraiment été écrits dans le but de constituer le *curriculum vitæ* d'un aspirant à la charge d'ambassadeur, ils auraient été composés de façon bien curieuse ! Montaigne aurait au moins dû y supprimer le chapitre sur la présomption où, pour se défendre de l'accusation de vanité, il exagère à dessein ses défauts. On y lit que son âme, qui aime à se conduire à sa mode, l'a « amolli et rendu inutile au service d'autrui » ; son naturel est « pesant, paresseux et fainéant » et son esprit « tardif et mousse [indolent] » ; sa mémoire est défaillante et ne saurait retenir une charge sans que celle-ci soit mise par écrit ; enfin, il est affecté d'une « cicatrice, bien mal commode à produire au public : c'est l'irrésolution, défaut très incommode à la négociation des affaires du monde[40] ». Il aurait fallu qu'Henri III soit doté d'un grand sens de l'humour pour prendre ce chapitre au second degré et y percevoir les qualités propres à conduire une ambassade… Au surplus, la charge d'ambassadeur, si elle possédait un incontestable intérêt aux yeux de Montaigne, qui lui a consacré deux chapitres du premier livre, lui paraissait bien astreignante ; il a toujours proclamé sa réticence à se sentir enchaîné par des obligations, précisant, dans une phrase de ce même chapitre sur la présomption, biffée après 1588, que son incapacité à savoir se contraindre le rendait inapte « à toute sorte d'affaires et négociations pénibles[41] ».

Il n'en demeure pas moins qu'en offrant son ouvrage à Henri III, bien qu'il ne l'ait fait précéder d'aucune dédicace destinée à capter sa bienveillance — ce qui est en soi une particularité peu commune pour un livre présenté au souverain —, il avait certainement une espérance dans l'esprit et comptait en retirer un profit. S'il était conscient que sa mauvaise mémoire et sa répugnance envers tout assujettissement l'éloignaient d'une carrière classique, il pensait sans doute avoir une autre richesse à proposer au roi : sa connaissance du cœur humain, dont les *Essais*, cette fois, donnaient un témoignage fidèle.

Cette compétence pouvait être valorisée par Henri III de deux façons. La première aurait été de l'admettre dans l'Académie du

Palais qu'il avait créée et qui fut très active entre 1576 et 1579. Elle réunissait des poètes, des magistrats et des lettrés, auxquels se joignaient des femmes cultivées, telles Marguerite de Valois, reine de Navarre, la maréchale de Retz et la duchesse de Nevers ; en firent partie Guy du Faur de Pibrac, Louis Le Roy, les poètes Ronsard, Pontus de Tyard, Amadis Jamyn et Desportes ; Henri de Mesmes, on l'a vu, y participa peut-être à ses débuts. Les séances se tenaient deux ou trois fois par semaine dans le cabinet royal, au Louvre ou à Ollinville, résidence privée du souverain. Des questions de philosophie morale, que le roi choisissait personnellement, y étaient débattues. Les principales portaient sur les passions et se référaient aux textes d'Aristote, de Sénèque, de Plutarque et des moralistes chrétiens ; on a conservé notamment les discours de quatre intervenants sur la colère, dont celui de Pibrac, qui fut très admiré. Henri III, grand amateur de lettres, contribuait aux discussions à l'égal de ses hôtes, non sans s'exposer à la désapprobation de certains de ses sujets qui lui reprochaient de négliger ainsi ses responsabilités gouvernementales[42].

Plusieurs chapitres des *Essais* traitent de passions humaines. L'un d'eux concerne précisément la colère ; d'autres sont dédiés à la tristesse, à la constance, à la peur, à la modération, à la vertu, tous sujets proches de ceux que les membres de l'Académie se plaisaient à développer. Montaigne a pu connaître l'existence de cette société savante par l'intermédiaire de Marguerite de Valois, rencontrée à Nérac, et estimer que son œuvre le qualifiait pour la rejoindre[43]. Toutefois, les discours produits par les orateurs de l'Académie se caractérisent par leur construction élaborée et leur érudition envahissante ; ils « puent l'huile et la lampe ». Le subtil Périgourdin reçu au palais royal se sentait-il prêt à se soumettre aux règles rhétoriques cultivées par le docte aréopage qui entourait le roi ? Certains analystes en ont douté[44].

Une seconde façon pour Henri III de combler les attentes de Montaigne aurait été de faire de lui son conseiller privé. Ce dernier nourrissait en effet cette ambition secrète, pour laquelle les

Essais, s'ajoutant à l'expérience acquise lors de sa mission de 1574 et pendant sa fréquentation de la cour de Navarre, pouvaient fort bien servir de carte de visite. Il s'en est expliqué beaucoup plus tard, dans le dernier chapitre du troisième livre, au moment où ses espoirs de peser sur l'évolution des événements de son temps l'avaient abandonné ; il est malgré tout permis de penser que l'aspiration qu'il y exprime l'habitait depuis longtemps et l'aiguillonnait déjà quand il présenta son livre à Henri III. À ceux qui lui demandaient à quoi il aurait été bon, si on s'était servi de lui quand il en avait l'âge, il répondait qu'il avait rêvé d'occuper auprès du souverain un « office sans nom », entendons une charge non officielle, éloignée de tout *cursus honorum* contraignant[45]. Il aurait été le guide moral du roi : « Mais j'eusse dit ses vérités à mon maître, et eusse contrôlé ses mœurs, s'il eût voulu. Non en gros, par leçons scolastiques, que je ne sais point [...], mais les observant pas à pas, à toute opportunité, et en jugeant à l'œil pièce à pièce, simplement et naturellement, lui faisant voir quel il est en l'opinion commune, m'opposant à ses flatteurs. » Une tâche aussi délicate exigeait un homme comme lui, de condition moyenne, pourvu de ressources suffisantes, à l'abri par conséquent des revirements de la faveur royale et « content de sa fortune ». Montaigne mesurait trop bien les risques de « malcontentement » qui avaient si souvent troublé les relations du roi avec les grands seigneurs ; il réprouvait les appétits débridés manifestés par des favoris comme les ducs d'Épernon et de Joyeuse. Poursuivant sa description de cette fonction officieuse, il note que sa propre indépendance financière garantirait sa liberté de parole et que sa faculté de discernement le rendrait apte à reconnaître les moments fugitifs où le monarque serait disposé à écouter une « sainte remontrance ». Un ajout après 1588 précise que le conseiller idéal devrait être seul à jouir de la « privauté » du roi, car un trop grand nombre d'amis engendre l'irrévérence ; « et de celui-là je requerrais surtout la fidélité et le silence[46] ».

Ce portrait de l'ami-mentor du souverain fait invinciblement penser à l'utopie platonicienne du roi philosophe, selon laquelle les royaumes seraient heureux si les souverains philosophaient ou si les philosophes régnaient[47]. Les humanistes s'étaient plu à évoquer ce mythe, car ils se voyaient volontiers en conseillers des souverains, capables de leur insuffler la sagesse par leurs enseignements : tel Érasme lorsqu'il dédia à Charles Quint son *Institutio principis christiani* ou encore Guillaume Budé adressant à François Ier son *Institution du Prince*. Sur leurs traces, Montaigne caressait le rêve de guider son roi vers l'art difficile de mener une vie humaine au sein des pesanteurs et des périls du pouvoir ; il aurait joué le rôle d'une sorte de « confesseur laïc » veillant à la santé de l'âme du Prince[48]. Quand il fut reçu par Henri III en juillet 1580, il devait savoir que la réalisation immédiate de cette attente était peu probable : le long voyage qu'il avait programmé allait l'éloigner de la vue du monarque. Toutefois, un espoir l'animait certainement : pendant son absence, la lecture de son livre entretiendrait son souvenir dans la mémoire royale et amènerait peut-être Henri III à souhaiter l'appeler à ses côtés.

Pour le moment, le roi avait d'autres soucis en tête. Le prince de Condé, on l'a vu, s'était emparé le 29 novembre 1579 de La Fère, en Picardie, ce qui avait déclenché une nouvelle guerre civile, la septième. Henri III envoya le maréchal de Matignon mettre le siège devant la ville, siège qui dura du 7 juillet au 12 septembre 1580. Toute la Cour se transporta sur les lieux ; et Montaigne la suivit après l'offrande de son livre au souverain. Faut-il y voir le signe qu'il se ménageait encore la possibilité d'être distingué par le roi et retenu auprès de lui, ce qui aurait impliqué qu'il diffère son voyage ? Plus sûrement, il désirait assister de près au spectacle d'une armée au combat. Il put y observer les transformations produites sur les hommes par l'ivresse des batailles. Son ami Philibert de Gramont, comte de Guiche, ne souhaitait pas participer au siège ; cependant le souverain, qui voulait sans doute tester la loyauté de ce protestant converti, lui avait ordonné de s'y rendre[49]. Montaigne pense vraisemblablement à lui quand il évoque, sans révéler son identité, tel combattant réticent à s'engager et ne le faisant que par obéissance au roi, mais qui, au moment de l'action, se laisse gagner par l'excitation ; le voilà alors « tout changé, tout bouillant et rougissant de colère en son rang de bataille pour l'assaut : c'est la lueur de tant d'acier et le feu et tintamarre de nos canons et de nos tambours qui lui ont jeté cette nouvelle rigueur et haine dans les veines[50] ».

Malheureusement, Philibert reçut une blessure mortelle au cours d'une attaque. Montaigne décida d'accompagner, avec plusieurs de ses compagnons, la dépouille de son ami jusqu'à Soissons pour son inhumation. Il eut l'occasion, en cours de route, de vérifier les prestiges de l'imagination sur les esprits populaires : « Je considérai que, partout où nous passions, nous remplissions de lamentations et de pleurs le peuple que nous rencontrions, par la seule montre de l'appareil de notre convoi ; car seulement le nom du trépassé n'y était pas connu[51]. » De Soissons, il ne retourna pas à La Fère. On ne sait s'il passa par Paris, où sévissait toujours l'épidémie de peste, pour y apporter le manuscrit corrigé de sa traduction de la *Théologie naturelle*, ou s'il l'avait fait avant l'audience accordée par le roi à Saint-Maur ; il ne chercha pas à accompagner son beau-frère, Geoffroy de La Chassaigne, seigneur de Pressac, qui présenta à Henri III, au retour du siège, un premier état de sa traduction des *Lettres* de Sénèque — publiée à Paris en 1582 — et qui voulait peut-être, lui aussi, attirer l'attention du royal fondateur de l'Académie du Palais[52]. Au début de septembre 1580, Montaigne rejoignit à Beaumont-sur-Oise le jeune Charles d'Estissac, fils du défunt Louis de Madaillan d'Estissac et de la dédicataire du chapitre *De l'affection des pères aux enfants*, qui devait faire le voyage avec lui. Ce fut le commencement de son long périple.

✧

En quittant la Cour, le voyageur n'abandonnait donc pas toute ambition ; la découverte de la diversité des mondes étrangers élargirait à coup sûr son expérience politique et humaine et étendrait ses réseaux de relations ; il pourrait rapporter des informations précieuses pour le souverain. Il attendait également de son grand tour, outre la fréquentation de villes thermales réputées pour la capacité de leurs eaux à soigner les coliques néphrétiques, dont il souffrait depuis 1578, le plaisir de côtoyer des hommes savants avec lesquels il pourrait échanger des idées. Il emportait dans ses bagages au moins un et peut-être plusieurs exemplaires des *Essais*, tout frais sortis de la boutique de Simon Millanges ; il pensait probablement en faire hommage au pape et aussi à de hauts personnages. Il allait pouvoir vérifier si la citoyenneté dans la « république des Lettres », qu'il avait entrepris de briguer en publiant les œuvres de La Boétie et qu'il espérait mériter en éditant ses propres écrits, serait reconnue par la communauté des lettrés, où l'élévation dépendait de l'estime des pairs et non d'une faveur royale aléatoire.

VIII

À LA DÉCOUVERTE DE L'ÉTRANGER

La petite troupe qui partit le lundi 5 septembre 1580 de Beaumont-sur-Oise comprenait une douzaine de personnes, les unes à cheval, les autres à pied. Aux côtés de Montaigne chevauchaient son frère Bertrand de Mattecoulon et son beau-frère Bernard de Cazalis, époux de sa sœur Marie et déjà veuf. Le jeune Charles d'Estissac, âgé de dix-sept ans, qui participait à ses frais au voyage, était accompagné d'un valet de chambre et, cheminant à pied, d'un muletier et de deux laquais ; il fut rejoint par le sieur Du Hautoy, gentilhomme à peu près du même âge que lui[1]. On peut penser que Montaigne disposait d'un nombre équivalent de serviteurs, auxquels s'ajoutait un secrétaire, chargé de noter les faits marquants du périple.

Par étapes d'une quarantaine de kilomètres en moyenne — soit environ sept heures de voyage par jour — les voyageurs s'acheminèrent vers l'Italie en passant par la Lorraine, l'Alsace, la Suisse, la Bavière et l'Autriche[2]. Leurs chevaux de louage étaient renouvelés régulièrement ; des mulets ou des chevaux de somme transportaient leurs bagages, non sans péripéties car, en septembre 1581, peu après Sienne, le mulet de Montaigne trébucha en traversant à gué un ruisseau et précipita dans l'eau le coffre contenant ses vêtements et ses livres ; il fallut du temps

pour les sécher. À l'aller, les Alpes furent franchies sans difficulté particulière, le 25 octobre 1580, au col du Brenner ; au
retour le passage du col du Mont-Cenis, le 1er novembre 1581,
se fit, pour l'auteur des *Essais*, en chaise à porteurs à la montée
et en traîneau à la descente.

Tous ces détails sont répertoriés dans le *Journal* qui les décrit
avec précision. Ce document a connu une curieuse destinée :
découvert par hasard en 1770 par l'abbé Prunis dans un vieux coffre
au château de Montaigne et publié en 1774 par Anne-Gabriel
Meunier de Querlon, gardien des manuscrits de la Bibliothèque
royale, il s'est perdu ensuite ; on ne possède, outre cette édition,
qu'une copie partielle[3]. La première partie du texte est rédigée par
le secrétaire ; il y révèle une certaine indépendance de jugement
et d'expression et y a parfois inséré des notes personnelles. Puis,
à Rome, son maître lui a donné congé, pour une raison ignorée,
et a continué à tenir le *Journal* lui-même, d'abord en français,
puis en italien et enfin de nouveau en français[4].

Que cherchait Montaigne à la rencontre de l'étranger ? Le
bénéfice de stations thermales réputées pour leur efficacité cura-
tive, sans aucun doute ; l'avantage de contacts avec de hauts
personnages qui enrichiraient sa connaissance du cœur humain
et étofferaient son cercle relationnel, assurément. Toutefois,
ces raisons manifestes ne dissipent pas tout à fait le mystère :
pourquoi un homme qui jusque-là, sauf pour quelques missions,
avait fait coïncider sa démarche intérieure avec un retrait chez
lui se déracine-t-il si longtemps pour se jeter sur des routes
inconnues ? La réponse ne va pas de soi.

Un dépaysement salvateur

L'examen de l'itinéraire suivi par les voyageurs achève de ruiner l'hypothèse selon laquelle Henri III, quand les *Essais* lui ont
été présentés, aurait fait miroiter à leur auteur l'espérance d'une

ambassade intérimaire à Rome : si tel avait été le cas, Montaigne
se serait hâté d'arriver au but et n'aurait pas adopté un parcours
aussi sinueux et irrégulier. D'ailleurs, note son secrétaire, il ne
tenait pas tant que cela à se rendre à Rome, que ses lectures lui
avaient rendue familière ; s'il avait été seul, il aurait préféré aller
éprouver un véritable dépaysement à Cracovie ou en Grèce[5].
Seulement ses jeunes compagnons, Bertrand de Mattecoulon
et Charles d'Estissac, voulaient se perfectionner dans l'art de
l'escrime ; ils rêvaient de l'Italie et surtout de Rome, où offi-
ciaient des maîtres d'armes réputés. L'itinéraire suivi représente
à l'évidence un compromis : le but sera bien la capitale des États
pontificaux, mais les apprentis bretteurs se plieront aux envies
de Montaigne et à ses revirements. Les crochets par Augsbourg
et Venise, par exemple, sont dus à des décisions du vétéran de
la troupe, qui rétorquait aux impatients que, pour sa part, il
n'avait « nul projet que de se promener par des lieux inconnus ;
et pourvu qu'on ne le vît pas retomber sur même voie et revoir
deux fois même lieu, qu'il ne faisait nulle faute à son dessein[6] ».

Par certains aspects, le voyage de Montaigne ressemble à
une fuite. Aux amis qui, avant qu'il ne parte, l'avaient interrogé
sur ses mobiles, il avait répondu : « Je sais bien ce que je fuis,
mais non pas ce que je cherche[7]. » Ce qu'il fuyait, c'étaient en
premier lieu les désordres et l'insécurité sévissant en France.
Il avait quitté le siège de La Fère sans en connaître l'issue ; il
y avait vu mourir son ami Philibert de Gramont au bout de
quatre jours d'agonie. Il ne pouvait savoir si les négociations qui
s'engageraient pour mettre fin à la septième guerre civile débou-
cheraient sur un apaisement durable ; la paix du Fleix fut signée
le 26 novembre 1580, après son départ. Il en était venu, selon
le secrétaire, à mépriser son pays et à le prendre « en haine[8] ».

Il fuyait également les contrariétés privées. Dans le chapitre
sur la vanité, il rappelle qu'il ne pouvait plus, à Montaigne, éviter qu'à toute heure il ne se heurte « en quelque rencontre qui
[lui] déplaise ». Lourdeur de la gestion du domaine, souci des

récoltes, difficulté du maintien de l'ordre parmi les serviteurs, voire incommodité de la cohabitation journalière avec sa femme, qu'il suggère discrètement avec l'histoire — empruntée à Plutarque — du Romain dont le soulier, pourtant extérieurement bien formé, le blessait : autant d'« épines domestiques » qui l'empêchaient de mener sereinement à bien son projet d'observation de soi[9]. En fait, dans sa maison, il se trouvait trop souvent en dehors de lui-même, accaparé par des tâches fastidieuses qui engluaient son esprit ; sa vie quotidienne ne lui offrait plus cet étonnement, ce choc de l'imprévu dont il a si souvent souligné la nécessité afin de garder la pensée en éveil. Pour rester « chez lui », il lui fallait paradoxalement partir. En ce sens, le voyage fut littéralement salvateur. Il ne constitua nullement une rupture avec sa démarche de retrait ; ce fut au contraire un moyen de mieux se « rasseoir en soi », objectif que la routine des jours risquait d'anéantir.

En affirmant qu'il ne savait pas ce qu'il cherchait, il voulait dire qu'il demeurait ouvert à toutes les découvertes, sans les programmer ni les prévoir. De l'étranger il attendait surtout l'étrangeté. Le *Journal* témoigne de ses efforts pour « essayer » les mœurs variées des pays traversés et pour s'y conformer ; rien ne l'irritait davantage que de se faire remarquer par des façons qui signalaient son extranéité, ainsi que cela lui est involontairement arrivé à Bade, où il a surpris les spectateurs, dans une église, en maintenant son mouchoir devant son nez à cause du froid[10]. Il se pliait notamment aux coutumes culinaires et regrettait de ne pas avoir emmené avec lui un cuisinier qui aurait pu enregistrer des recettes nouvelles ; il refusait d'être servi « à la française » et se montrait disposé à tout savourer. « Soient des assiettes d'étain, de bois, de terre, bouilli ou rôti, beurre ou huile de noix ou d'olive, chaud ou froid, tout m'est un[11]. » En Allemagne, après quelques difficultés, il finit par apprécier le confort des couettes ; en Italie, il s'adapta vite à la coutume « de

dîner et de souper tard ». Seules limites à cette faculté d'accultu-
ration : il avait du mal à s'habituer au manque de rideaux à son
lit et demandait à son secrétaire de se procurer des linges pour
pallier cet inconvénient ; il déplorait que les serviettes de table
fussent si exiguës et qu'on ne les changeât pas à chaque repas,
lui qui, n'aimant pas se servir d'une cuillère et d'une fourchette,
les salissait beaucoup ; enfin, l'absence de vitres aux fenêtres,
en Italie, lui était pénible : le grand contrevent de bois qui les
remplaçait « vous chasse le jour si vous voulez chasser le soleil
ou le vent[12] ».

Il sacrifia néanmoins aux pratiques qu'on appellerait
aujourd'hui « touristiques » et visita « les choses rares et remarquables de chaque lieu » ; il se repentit d'ailleurs de ne pas posséder dans ses bagages la *Cosmographie universelle* de Sébastien
Münster ou un autre guide. Son *Journal* est toutefois relativement pauvre en descriptions d'œuvres d'art. Il éprouvait certes
de l'admiration pour elles et ne manque pas de mentionner
celles qu'il put voir ; mais il les commente à peine, ce qui n'a pas
manqué de surprendre des lecteurs ultérieurs au regard mieux
formé aux splendeurs artistiques italiennes, tels Chateaubriand
et Stendhal[13]. Il se laisse avant tout séduire par la beauté des
paysages. Autour de Thann, en Alsace, l'étendue des vignobles,
plus grands que ceux de Gascogne, l'impressionne. Au passage des Alpes, les vallées amples et fertiles le ravissent ; celle
de l'Inn, en Suisse, lui dévoile un spectacle qu'il ne se lasse
pas d'admirer : il découvre entre les montagnes « des plaines
à deux ou trois étages l'une sur l'autre, et tout plein de belles
maisons de gentilshommes et des églises ; et tout cela enfermé
et emmuré de tous côtés de monts d'une hauteur infinie ». En
Italie, sur la route de Rome à Lorette, il est tellement charmé
par l'abondance des cultures en terrasses, remplies d'oliviers,
qu'il en oublie la souffrance d'un accès de colique néphrétique[14].

Ce qui intéresse pourtant le plus Montaigne, ce sont les prodiges de l'ingéniosité humaine. À Augsbourg, il décrit longue-

ment le mécanisme automatique, actionné à distance par un portier, qui ouvre une porte la nuit à tout étranger déclinant sa qualité. Dans cette ville, il loue aussi le système d'alimentation des fontaines : des pompes, mues par des roues, élèvent l'eau d'un canal jusqu'en haut d'une tour ; « là, elle se verse dans un grand vaisseau de pierre, et de ce vaisseau par plusieurs canaux se ravale en bas et de là se distribue par la ville qui est par ce seul moyen toute peuplée de fontaines ». Constance possède une installation analogue. Dans les riches villas patriciennes d'Italie, comme celles du cardinal de Ferrare à Tivoli, des Farnèse à Caprarola ou des Médicis à Pratolino, Montaigne s'émerveille des aménagements hydrauliques et des effets produits par les jeux de l'eau ; à Pratolino, par exemple, devant un groupe en bronze représentant Antée saisi par Hercule, il s'étonne de la hauteur prodigieuse à laquelle s'élève le jet sortant de la bouche d'Antée sans songer à faire noter par le secrétaire le nom de l'artiste — Bartolomeo Ammanati [15].

Le profit des voyages consiste également à « frotter et limer notre cervelle contre celle d'autrui », ainsi qu'il le note dans les *Essais* [16]. Chaque ville lui fournit l'opportunité d'entretiens avec des savants. À Épernay, il échange des propos avec Maldonat, tout en s'informant sur les eaux de Spa, près de Liège, que l'éminent jésuite venait de quitter ; il devait le revoir ensuite à Rome [17]. À Bâle, il fait la connaissance de François Hotman, juriste et pamphlétaire huguenot, et du médecin réputé Félix Platter, qui lui montre son herbier et ses squelettes ; à Venise, il dialogue avec le vieil ambassadeur de France, Arnaud du Ferrier [18]. À Rome, il retrouve un de ses anciens maîtres du collège de Guyenne, Marc-Antoine Muret ; il a l'honneur d'être introduit dans la bibliothèque du Vatican — où l'ambassadeur Louis Chasteigner n'avait pu accéder — et on ouvre pour lui des coffres contenant de précieux manuscrits, dont « un Sénèque et les Opuscules de Plutarque ». En même temps il se plaît à aller écouter des sermons ou des « disputes de théologie », qui procurent à sa réflexion un aliment de choix[19].

La curiosité — et sans doute aussi l'attrait sexuel, bien qu'il s'en défende — le pousse également à aller converser avec les courtisanes, dont la beauté ne lui paraît pas à la hauteur de leur réputation, mais dont la culture et l'esprit le charment. À Rome, elles s'exposent aux fenêtres à travers leurs jalousies, avec un art si consommé qu'elles paraissent bien plus belles qu'elles ne sont ; piqué par ce spectacle, Montaigne avoue être souvent descendu « sur le champ » de cheval pour les rencontrer. Ceux qui sont admis à passer la nuit avec elles — moyennant de un à quatre écus — se voient autorisés le lendemain à leur faire la cour en public. À Venise, la célèbre Veronica Franco lui offre un petit livre de *Lettres* qu'elle a composé et seule une malencontreuse crise de colique néphrétique l'empêche d'aller la remercier ; il se contente de donner deux écus au porteur de l'ouvrage[20].

Toute singularité lui est bonne à observer : l'exécution d'un brigand, qu'il commentera plus tard dans les *Essais* ; les mala-dresses de l'ambassadeur du tsar Ivan IV le Terrible à la cour du pape[21]. Ce qu'il lui faut, c'est se « désennuyer ». À cet égard, Rome se révèle incomparable : « Là, j'avais toujours quelque occupation [...]. Tous ces amusements m'embesognaient assez ; de mélancolie, qui est ma mort, et de chagrin, je n'en avais nulle occasion[22]. » On saisit dans ce passage l'effroi qu'inspiraient à Montaigne les atteintes dépressives auxquelles il était parfois sujet, en dépit de la fondamentale gaieté de son caractère[23]. Le contact avec la diversité des mœurs et des opinions constituait un remède salutaire contre cette tendance à la morosité. Il lui a manqué cependant, durant tout le voyage, un compagnon de qualité capable de partager ses joies : « Je sentais seulement un peu le défaut de compagnie, telle que je l'aurais désirée, étant forcé de jouir seul et sans communication des plaisirs que je goûtais. » Phrase qui fait écho à celle des *Essais* où il constate : « Nul plaisir n'a goût pour moi sans communication[24]. » Il n'est pas étonnant que lors de son séjour aux bains de La Villa, près de Lucques, il ait été assailli par un souvenir si douloureux d'Étienne de La Boétie qu'il mit beaucoup de temps à recouvrer la sérénité[25].

Plaisirs et aléas des cures thermales

La thérapie du corps accompagnait celle de l'âme. Depuis 1577 ou 1578 il souffrait de la gravelle, c'est-à-dire de la formation de calculs urinaires. Pour avoir vu son père en mourir, il savait que c'était « la pire de toutes les maladies, la plus soudaine, la plus douloureuse, la plus mortelle et la plus irrémédiable » ; chaque expulsion d'une grosse pierre le faisait cruellement souffrir[26]. Il n'y avait pas de médication efficace ; seules des cures dans des stations thermales passaient pour apporter quelque soulagement. Dès l'été de 1578, il se rendit aux Eaux-Chaudes dans les Pyrénées et l'été suivant à Bagnères ; il a aussi testé la station de Préchaq-les-Bains, près de Dax, et celle de Barbotan-les-Thermes, réputée pour ses bains de boue ; le bénéfice ressenti fut à chaque fois négligeable ou éphémère[27]. Il souhaitait expérimenter les vertus des eaux étrangères les plus fameuses ; au cours de son voyage, outre de brèves visites aux bains présents dans diverses villes rencontrées, il s'arrêta à Plombières du 16 au 27 septembre 1580, à Bade du 2 au 7 octobre, et surtout à La Villa, près de Lucques, où il séjourna longuement à deux reprises en 1581, du 7 mai au 21 juin et du 14 août au 12 septembre.

À l'époque où Montaigne fréquenta ces stations, elles connaissaient un véritable âge d'or du thermalisme. L'afflux des curistes avait poussé les édiles à perfectionner et embellir les installations : la plupart des piscines publiques avaient été couvertes ; des bains individuels étaient parfois aménagés ; des hôtelleries spacieuses et des maisons à louer proposaient aux patients un confort agréable[28]. À La Villa, Montaigne remarqua de trente à quarante maisons avec de jolies chambres pourvues chacune de latrines ; après avoir été logé dans l'une d'elles, il choisit de louer quatre chambres dans une somptueuse demeure appartenant aux Buonvisi, riches marchands lucquois, et n'hésita pas à en marchander le prix — 15 écus au lieu de 20 pour quinze jours en mai —, malgré l'aversion qu'il prétend, dans les *Essais*, ressentir pour ce genre de pratique[29]. Son frère Mattecoulon suivait la cure avec lui ; Bernard de Cazalis s'était arrêté à Padoue ; quant à d'Estissac, il était apparemment resté à Rome.

Les eaux traitaient des maladies très variées : la goutte, les rhumatismes, la gravelle, la fragilité du foie ou de l'estomac ; elles servaient également à calmer les plaies infectées et à guérir les affections de la peau, telle la gale, ce qui n'est pas sans soulever quelques questions sur la manière dont l'hygiène pouvait être respectée dans les bains publics, notamment en Allemagne où « pour toutes maladies [les curistes] se baignent et sont à grenouiller dans l'eau quasi d'un soleil à l'autre [toute la journée][30] ». À La Villa, Montaigne s'inquiéta de ressentir des démangeaisons aux mains et dans d'autres parties du corps, après avoir constaté qu'il y avait beaucoup de galeux parmi les habitants du bourg[31]. On pouvait utiliser les eaux soit pour les boire, soit pour se baigner, soit pour se doucher, ou encore associer les trois méthodes. À Bade s'ajoutait à ces procédés curatifs le recours aux ventouses et aux saignées, si bien que « les deux bains publics parfois [...] semblaient être de pur sang[32] » ! À Plombières, hommes et femmes se baignaient ensemble quasi nus, les premiers vêtus de petites « braies » (caleçons) et les secondes d'une simple chemise ; mais un règlement strict faisait respecter la décence et la discipline. Ailleurs, les dames pouvaient se baigner seules ; Montaigne ne se prive cependant pas du plaisir malicieux de citer le proverbe qui courait sur les merveilleuses propriétés des eaux pour les femmes infécondes, si elles y venaient sans leur mari[33]...

Il n'accordait pas une grande confiance à l'efficacité des cures thermales, même s'il croyait à la salubrité de bains quotidiens et au danger de laisser s'accumuler la crasse qui risquait d'obstruer les pores[34]. Il n'en suivait pas moins rigoureusement les protocoles qu'il se fixait suivant une prescription personnelle, différente de celle des médecins auxquels il ne se fiait guère. Dans son *Journal*, il note les résultats obtenus avec une crudité qui effaroucha l'abbé Prunis, découvreur du manuscrit : il consigne scrupuleusement la quantité d'eau ingurgitée et le nombre de bains pris, la couleur, la densité et le volume de ses urines, la force et la fréquence de ses ventosités, l'aspect de ses selles, l'abondance de sa sueur. Il porte un regard décomplexé sur son corps, qu'il voit comme celui d'un vieillard — alors qu'il n'a pas cinquante ans —, acceptant en cela le savoir de son temps sur l'espérance de vie humaine ; il ironise sur sa calvitie qui le dispense de se faire raser le sommet du crâne pour se conformer à de curieuses injonctions médicales ; il s'amuse à appeler « [son] grelot » son testicule droit, qui est parfois enflé[35]. Son corps souffrant lui impose sa présence obsédante. Durant le second séjour à La Villa, les accès de gravelle ne furent pas les seuls à le tourmenter : il ressentit aussi de sévères migraines et des rages de dent qui l'empêchèrent de dormir.

Montaigne estimait faire ainsi l'apprentissage du courage devant les prévisibles affres de la mort. Dans un passage émouvant du *Journal*, il revient sur l'alternative, déjà méditée dans les *Essais*, qui s'offre à tout homme exposé à de violentes douleurs : « se résoudre à les souffrir humainement, ou à les terminer courageusement et promptement[36] ». Le suicide lui répugnant, restait à adopter un mélange de stoïcisme et de résignation chrétienne. L'idée de la mort l'a toujours accompagné dans son parcours. Aux amis qui lui avaient objecté, avant son départ, qu'à son âge il risquait de ne pas revenir de son voyage, il avait répondu : « Que m'en chaut-il ? Je ne l'entreprends ni pour en revenir, ni pour le parfaire ; j'entreprends seulement de me branler [me bouger], pendant que le branle me plaît[37]. » Il a sérieusement envisagé la possibilité de mourir en chemin[38]. Cette perspective ne lui faisait pas peur et même le séduisait. Il s'en est expliqué au chapitre sur la vanité : « Si toutefois j'avais à choisir [le lieu où mourir], ce serait, ce crois-je, plutôt à cheval que dans un lit, hors de ma maison et éloigné des miens[39]. » Il n'a jamais fait mystère de sa répulsion pour les bruyantes lamentations dont un mourant peut être assiégé chez lui. Il se voyait volontiers finir ses jours à Venise. Quand il séjourna dans cette ville, du 5 au 12 novembre 1580, il comptait bien y revenir ; il laissa d'ailleurs à Padoue en garde à un Français les volumineuses œuvres de Nicolas de Cusa, qu'il venait d'acheter[40].

L'ombre de la mort n'obscurcissait pourtant pas le bonheur de la découverte. Le secrétaire a noté, non sans admiration, le contentement qu'éprouvait son maître « à visiter les pays inconnus, lequel il trouvait si doux que d'en oublier la faiblesse de son âge et de sa santé ». Quand, se réveillant après une nuit difficile, Montaigne « venait à se souvenir qu'il avait à voir ou une ville ou une nouvelle contrée, il se levait avec désir et allégresse[41] ». Une fois passées les crises douloureuses, la curiosité et la passion de l'observation reprenaient le dessus ; l'errance redevenait jubilatoire[42].

La mesure de la considération sociale et politique

Le dépaysement peut procurer bien d'autres avantages ; il permet notamment de tester son importance sociale et politique. À l'étranger, personne ne connaît un voyageur, sauf s'il est précédé par sa réputation ; il lui faut donc faire apparaître sa qualité et vérifier la considération que les personnes rencontrées sont disposées à lui accorder. La dimension de la « suite » qui l'accompagne y contribue beaucoup. Montaigne en était bien persuadé, lui qui a mentionné dans les *Essais* le soin qu'il mettait à se déplacer « avec équipage non nécessaire seulement,

mais encore honnête [honorable][43] ». Y concouraient également
la prestance et l'assurance qu'il savait afficher, malgré sa petite
taille. Il se félicite de ses dons en la matière : « J'ai un port
favorable et en forme et en interprétation […]. Il m'est souvent
advenu que, sur le simple crédit de ma présence et de mon air,
des personnes qui n'avaient aucune connaissance de moi s'y sont
grandement fiées […] ; et en ai tiré ès pays étrangers des faveurs
singulières et rares[44]. » La notoriété acquise par la publication
de la traduction de la *Théologie naturelle* de Raymond Sebond
et des œuvres de La Boétie, peu à peu augmentée par celle des
Essais, lui valait en outre un bon accueil auprès des lettrés. Il put
de la sorte mesurer durant son périple l'estime qu'il était capable
d'inspirer dans l'esprit d'autrui, aidé tout de même en cela par
la présence à ses côtés de Charles d'Estissac, gentilhomme de
haute naissance. La précision avec laquelle il nota ou fit noter
par son secrétaire les signes de déférence qu'on lui dispensait
révèle la valeur qu'il leur conférait ; elle trahit peut-être aussi
son besoin d'être rassuré sur son aptitude à les susciter.

Plusieurs indices servaient à évaluer le degré d'honneur attribué à chacun. Parmi eux venaient en bonne place les cadeaux
offerts, vins, fruits, objets rares. À Remiremont, les religieuses
de l'abbaye firent envoyer à Montaigne et à ses compagnons des
artichauts, des perdrix et un baril de vin, attention d'autant plus
appréciée que ces dames appartenaient à l'élite de la noblesse :
elles devaient, pour être admises, être issues de quatre générations nobles tant du côté maternel que paternel, ce qui dépassait
les conditions requises pour entrer dans l'ordre de Malte ! Aussi
n'est-ce pas sans fierté que Montaigne se vit confier par leur
doyenne une procuration pour soutenir à Rome la candidate des
religieuses à l'élection de leur nouvelle abbesse[45]. À Augsbourg,
les voyageurs furent gratifiés par le corps de ville de quatorze
grandes fiasques de vin portées par sept sergents en livrée. Or
ils apprirent ensuite que les édiles avaient coutume de s'informer
de la dignité des arrivants dans leur cité et de moduler en consé-

quence la quantité de vin octroyée et l'apparat qui entourait cette libéralité ; le présent accordé constituait ainsi un véritable test du statut reconnu aux étrangers de passage. En l'occurrence, le don correspondait aux titres de barons et de chevaliers[46]. Montaigne ne voulut pas détromper les donateurs ; il se promena seul dans la ville pendant toute la journée et s'aperçut que cela avait accru le respect qu'on lui portait. Son secrétaire ajoute : « C'est un honneur que toutes les villes d'Allemagne leur ont fait. »

À Lucques, Montaigne reçut du vin, des fruits et des propositions d'argent ; à La Villa, divers personnages de marque lui envoyèrent des massepains et autres friandises, des coings, des citrons et des oranges ; à Florence, un membre de la riche famille des Gondi lui fit parvenir du vin de Trebbiano, très réputé[47]. L'invitation à un repas faisait partie des politesses d'usage ; à Rome, il fut admis à la table du cardinal Nicolas de Pellevé et nota avec satisfaction qu'on lui avait prodigué des égards réservés « à un ou deux pour le plus au-dessous du maître[48] ». Ce genre de courtoisie lui était particulièrement cher s'il venait de gens qui ne le connaissaient pas, ce qui lui fournissait la preuve de la distinction de son apparence : le cardinal de Pérouse, « qui n'avait nulle amitié ni connaissance de [lui] », lui adressa une invitation à déjeuner, comme il le faisait ordinairement pour tous les étrangers qui avaient « quelque façon » ; à Lyon, sur le chemin du retour, un banquier florentin l'invita à sa table sans avoir entendu parler de lui auparavant[49].

Pour entretenir son renom de seigneur sociable et libéral, Montaigne se plia à La Villa à la coutume de donner des bals, divertissement très prisé des curistes qui disposaient de temps libre et redoutaient l'ennui. Il organisa d'abord un bal de paysannes et ne dédaigna pas de se mêler à leurs danses ; dans cette contrée, note-t-il, les paysans sont habillés à la manière de gentilshommes et leurs femmes, chaussées de souliers blancs et fières de leurs bas de fil et de leurs tabliers colorés, se montrent expertes en figures compliquées. Puis il lança des invitations générales à un grand bal, en espérant attirer tous les nobles qui résidaient aux bains ; les meilleurs danseurs et surtout les danseuses les plus gracieuses seraient récompensés par une vingtaine de prix qu'il fit acheter à Lucques. Il forma pour cela un jury composé des dames les plus distinguées, auxquelles il se joignit ; il insista pour que soient prises en compte non seulement l'agilité mais aussi la beauté et l'élégance. Le tout — cadeaux et émoluments de cinq fifres engagés à cette occasion — lui revint à un peu plus de 7 écus : il jugea s'en être tiré à bon compte. La fête se termina par un banquet au cours duquel il honora, en la plaçant à ses côtés, une paysanne nommée Divizia, dont les talents poétiques l'avaient émerveillé. Cette femme, affligée d'un goitre, était illettrée ; elle avait pourtant acquis une extraordinaire habileté à versifier en écoutant son oncle lui réciter des vers de l'Arioste et d'autres poètes[50].

Montaigne ne manque pas de signaler le bon accueil qu'il recevait de la part des gentilshommes de haute naissance rencontrés partout où il passait. À Bologne il fut accompagné par le jeune Jean-Blaise de Monluc, petit-fils du maréchal, avec qui il alla voir l'école des armes et des chevaux ; il le retrouva plus tard pour visiter Ostie. Chaque fois qu'il quitta Rome, où il séjourna deux fois — du 30 novembre 1580 au 19 avril 1581 et du 1er au 15 octobre 1581 —, des gentilshommes lui firent l'honneur de l'escorter sur une partie du chemin, parmi lesquels le grand capitaine et diplomate Martin Du Bellay et François de La Trémoïlle, marquis de Noirmoutier[51]. Il partageait avec eux le goût des beaux chevaux. À Rome, il apprécia, pendant les fêtes du carnaval, l'adresse des cavaliers qui couraient la quintaine — poteau garni d'un bouclier qu'il fallait frapper — et la grâce de leurs montures, sans oublier la beauté des dames qui les regardaient et qu'il put contempler à loisir, car elles ne portaient pas de masques comme en France. Amateur de spectacles de voltige équestre, il alla en admirer un et décrivit longuement, dans le *Journal*, les exploits acrobatiques de l'écuyer qui s'y produisait. Seule note discordante : les gentilshommes italiens avaient à son goût le teint trop brun, ce qui, en un temps où la blancheur de la peau passait pour un signe de noblesse, leur donnait un air un peu vil[52].

Comme la plupart des nobles, Montaigne s'intéressait aussi aux innovations dans l'art de l'escrime, tout en craignant qu'elles ne fassent prévaloir la supériorité technique sur le courage inné ; invité à la table du fameux maître d'armes Silvio Piccolomini, il chercha à comprendre ce qui faisait la différence de sa méthode avec celle de ses concurrents et approuva le mépris de son hôte pour l'artillerie[53]. Ses jeunes compagnons Bertrand de Matte-coulon et Charles d'Estissac bénéficièrent probablement des leçons de ce maître. Venus dans le but de perfectionner leur maniement de l'épée, ils restèrent à Rome après le retour de Montaigne en France ; Mattecoulon reçut pour cela 43 écus de son frère. D'Estissac ne profita pas longtemps de sa compétence toute neuve, puisqu'il fut tué le 8 mars 1586 en servant de second dans un duel où moururent aussi deux de ses amis.

Cependant, l'essentiel pour Montaigne était d'être reçu par les dirigeants des divers États traversés. À cet égard, il commença par éprouver une déception. Il voulait voir l'archiduc d'Autriche Ferdinand, second fils de l'empereur Ferdinand Ier, qui résidait à Solbad Hall dans le Tyrol ; la troupe fit un détour, depuis Innsbruck, exprès pour aller le saluer. Averti de leur présence, l'archiduc envoya dire aux voyageurs qu'il était retenu à son Conseil ; au cours de l'après-midi, ils durent se contenter de l'entrevoir de loin dans son jardin. « Cette froideur, remarque le secrétaire, jointe qu'on ne leur permit pas seulement de voir le château, offensa un peu M. de Montaigne » ; on expliqua toutefois aux Français qu'elle ne les concernait pas en particulier et qu'elle provenait de l'hostilité ressentie par le prince envers la maison de France, qu'il considérait comme ennemie de la sienne[54].

Montaigne eut plus de satisfaction à Ferrare. Il est vrai que son jeune compagnon Charles d'Estissac possédait deux lettres de recommandation, écrites par Henri III et Catherine de Médicis, adressées au duc Alphonse d'Este, fils de Renée de France et donc petit-fils de Louis XII. Certains commentateurs ont pensé que ces lettres s'accompagnaient d'une mission informelle auprès du duc[55] ; c'est possible, quoique cette hypothèse ne repose sur aucune preuve. Les lettres dont d'Estissac se trouvait porteur sont conservées aux Archives de Modène et celle qu'écrivit la reine mère a été publiée[56] ; elles formulent une banale prière de favoriser le séjour du jeune homme dans le duché de Ferrare, prière que le duc, allié de la France et parent des Valois, ne pouvait manquer de prendre en considération. Alphonse d'Este reçut ses hôtes debout et ôta son bonnet pour les accueillir ; si l'on en croit le rapport du secrétaire — qui ne dit rien de l'attitude de Charles d'Estissac —, Montaigne lui fit une longue harangue à laquelle le duc répondit par un discours en italien, après leur avoir demandé s'ils entendaient cette langue[57]. Il est curieux que le *Journal* ne fasse aucune mention de la visite au poète le Tasse, interné à Ferrare pour cause de démence, que l'auteur des *Essais* évoque pourtant dans l'*Apologie de Raymond Sebond* ; la crainte de mécontenter Alphonse d'Este, responsable de l'internement du poète, ne peut l'expliquer, puisque les notes de voyage n'étaient pas destinées à la publication[58].

La plus appréciée des audiences fut celle qu'accorda le pape Grégoire XIII. Les voyageurs furent introduits auprès de lui par Louis Chasteigner, seigneur d'Abain et de La Rochepozay, ambassadeur à Rome et « fort ami » de Montaigne ; un peu plus tard, en 1586, le frère de Françoise de La Chassaigne, Geoffroy, soudan de Pressac, épousera Jeanne de Gamaches, nièce de La Rochepozay[59]. Le *Journal* fournit un compte rendu précis des extraordinaires minuties de l'étiquette en usage à la cour papale. Le souverain pontife était assis dans la chambre d'audience ; les visiteurs entrèrent par ordre de préséance : d'Estissac en premier, plus jeune mais de plus haute naissance, puis Montaigne, Mattecoulon et enfin Du Hautoy. Ils devaient d'abord mettre un genou en terre et attendre une première bénédiction du pape ; puis se lever, s'arrêter au milieu de la pièce et plier encore le genou pour recevoir une deuxième bénédiction ; enfin, arrivés devant Grégoire XIII, ils étaient tenus d'avancer à genoux jusqu'à lui pour baiser sa pantoufle, d'écouter sa brève exhortation puis, après avoir été de nouveau bénis, de se retirer à reculons en observant derechef une pause au milieu de la pièce, un genou en terre, pour une dernière bénédiction[60]. Ce récit est celui du secrétaire, qui n'assistait pas à la cérémonie ; Montaigne lui a relaté, peut-être avec quelque amusement, les rites et le code gestuel de cette entrevue. Toutefois, quand il lui a signalé que le pontife avait obligeamment levé un peu le bout de son pied pour lui permettre de le baiser plus commodément, c'est, semble-t-il, sans ironie aucune. Est-ce lui qui a observé, à propos des admonestations pontificales : « Ce sont services de phrases italiennes » ? Ou est-ce un ajout du secrétaire ? Quoi qu'il en soit, Montaigne a exprimé une sincère admiration pour les talents de bâtisseur de Grégoire XIII et pour les embellissements qu'il avait apportés à Rome.

Le souvenir le plus tangible et le plus honorable qu'il ramena de la capitale pontificale fut cependant la bulle qui lui octroya la dignité de « bourgeois » de la ville, autrement dit de citoyen romain. Il a confessé s'être donné beaucoup de mal pour l'obtenir ; on a retrouvé la lettre par laquelle il l'a sollicitée[61]. Il fut favorisé en cela par l'amitié nouée avec le camérier du pape, Paolo Musotti. Il a publié la totalité du document à la fin du chapitre des *Essais* consacré à la vanité ; tout en plaisantant sur l'attrait qu'exerçait sur lui ce « titre vain », il ne dissimule pas sa fierté d'être devenu citoyen de la plus noble cité du monde, jadis maîtresse d'un immense empire, désormais à la tête de la chrétienté et dans laquelle tous les croyants, de quelque pays fussent-ils originaires, pouvaient se sentir chez eux[62].

Le voyage lui offrit également l'occasion d'exercer sa réflexion politique et de tester ses opinions. À Mulhouse, il fut charmé de constater « la liberté et bonne police [administration] de cette nation ». En effet, l'auberge du Raisin où il logea lui présenta un spectacle étonnant : l'hôte était un homme important puisqu'il présidait le Conseil de la ville ; il avait auparavant conduit quatre enseignes de gens de pied sous le commandement de Jean Casimir, fils de l'Électeur palatin, contre le roi de France dont maintenant il recevait une pension. Néanmoins, il n'hésitait pas à servir lui-même les voyageurs, se dépouillant ainsi de toute son autorité. Un commentateur de ce passage a justement rapproché la simplicité de cet ancien capitaine de celle du chef brésilien évoqué dans le chapitre *Des cannibales*, qui ne retenait de son pouvoir en temps de paix que de modestes hommages champêtres[63]. À La Villa, Montaigne fit une observation analogue : « On ne voit pas chez les nations libres la même distinction de rangs, de personnes, que chez les autres peuples » ; en l'occurrence, c'étaient les humbles qui y affichaient un air seigneurial[64].

Venise restait toujours parée à ses yeux du prestige « républicain » dont l'avait dotée son ami Étienne de La Boétie, même s'il la jugeait « un peu moins admirable » qu'il ne s'y attendait. Certains de ses interlocuteurs prétendaient que la liberté de Rome l'emportait sur celle de la capitale de la Sérénissime ; il les contredisait, car sa déférence pour la ville dont il avait reçu la citoyenneté ne l'empêchait pas de déplorer la lourdeur et parfois l'injustice de l'administration pontificale. Il en avait fait l'expérience : à son arrivée dans la cité romaine, ses coffres avaient été minutieusement fouillés, alors qu'ailleurs les officiers de la douane se contentaient d'une inspection rapide ; tous ses livres avaient été saisis pour s'assurer de leur orthodoxie — censure sur laquelle on reviendra — et l'examen prenait parfois tant de temps qu'un voyageur obligé de repartir sans attendre pouvait considérer les ouvrages confisqués comme perdus. Autre indice inquiétant : le général des frères cordeliers venait d'être suspendu et emprisonné sur ordre du pape pour avoir osé dénoncer dans un sermon l'oisiveté et la pompe des prélats de l'Église[65].

Mais c'est surtout en Toscane que Montaigne découvrit ce qui lui parut être une tyrannie. Sans doute influencé par les récits des exilés florentins qui avaient fui la domination des Médicis et peut-être aussi par ceux de son père, vétéran des guerres d'Italie, il pensait que le pouvoir du grand-duc François Ier était arbitraire. Il se plut donc à rechercher à la fois les signes de la puissance médicéenne et ceux de l'attachement persistant à l'ancienne indépendance. À Sienne, le grand-duc laissait encore en l'état les vieilles devises urbaines, « qui sonnent partout Liberté » ; il n'en avait pas moins fait transporter en un endroit écarté les tombes et les épitaphes des Français morts en 1555 en défendant la ville assiégée par les Espagnols. Les Médicis passaient pour favoriser l'emprise ibérique sur la péninsule ; les Français, qui avaient lutté contre cette emprise, se trouvaient au contraire parés dans l'imaginaire toscan du renom de libérateurs. À en croire Montaigne, les larmes venaient aux yeux des sujets du grand-duc quand ils se rappelaient la présence française, en dépit des conflits qu'elle avait suscités, « la guerre même leur semblant plus douce, avec quelque forme de liberté, que la paix qu'ils jouissent sous la tyrannie[66] ». À Pistoia, des cérémonies religieuses perpétuaient la vaine image de la liberté perdue, comme à Florence les danses des paysans dans le palais ducal[67]. Dans cette dernière ville, Montaigne fut très attentif aux enjeux politiques dévoilés par la course de chars qui s'y déroula en juin 1581. Le char du grand-duc était en compétition avec celui de Jean-Baptiste Strozzi, neveu du fameux maréchal Pierre Strozzi, vaincu en 1554 par l'armée hispano-médicéenne, qui symbolisait par conséquent la résistance. La foule des spectateurs osa marquer bruyamment sa préférence pour Strozzi et lui fit par ses clameurs attribuer le prix, alors que, manifestement, il ne l'avait pas mérité[68].

L'observateur politique cohabite parfois chez Montaigne avec un provocateur narquois. Il avait remarqué qu'à La Villa et dans les environs deux partis s'opposaient, l'un favorable aux Espagnols, l'autre aux Français ; les partisans du premier portaient en signe de reconnaissance des touffes de fleurs sur l'oreille gauche et ceux de la faction française en mettaient sur l'oreille droite. Montaigne alla un jour déjeuner à Menabbio, village perché sur une montagne, chez un soldat qui avait beaucoup voyagé en France. Au cours du repas, il mit, raconte-t-il, « sans y prendre garde une fleur à [son] oreille gauche ; ceux du parti français s'en trouvèrent offensés[69] ». Sans y prendre garde, vraiment ? Ou pour tester la vivacité du sentiment profrançais dans l'esprit de ses hôtes ? À moins qu'il n'ait voulu vérifier l'irrépressible propension humaine aux querelles...

L'inventaire de la diversité religieuse

Une autre quête aiguillonna Montaigne au cours de son voyage. En France, le zèle religieux qui animait les combattants des guerres civiles lui paraissait souvent n'être qu'un masque dissimulant des intérêts purement matériels ; il estimait que si, parmi eux, on recensait les croyants sincères, même en leur adjoignant ceux qui pensaient défendre les lois de leur pays, leur nombre suffirait à peine à constituer la centaine d'hommes nécessaire à la formation d'une compagnie complète de gens d'armes[70]. D'où la question qu'il se posait : une dévotion véritable, authentique, existait-elle ? Le désir de satisfaire cette curiosité le poussa à la rencontre de toutes les formes de religiosité qui se présentaient à lui. Il ne se contenta pas de les étudier ; il voulut les comprendre. Il n'a que rarement, à vrai dire, découvert une ferveur réelle ; en revanche, il a considérablement enrichi son expérience de la diversité des confessions qui se partageaient alors l'Europe.

Dans chaque ville visitée, il avait coutume d'aller voir des théologiens pour discuter avec eux. L'espace germanique lui permit de constater les profonds clivages qui divisaient les doctrines issues de la Réforme. À Bâle, au cours du repas auquel participèrent notamment Félix Platter et François Hotman, il repéra une grande variété d'opinions parmi ses interlocuteurs : certains se réclamaient de Zwingli, d'autres de Calvin, d'autres de Luther ; encore y avait-il des dissensions au sein d'une même confession, comme il put le vérifier chez les luthériens à Lindau[71]. Il cherchait à connaître ce qui faisait les différences : à Isny, il demanda à un luthérien s'il croyait en l'ubiquisme — théorie qui expliquait la présence du Christ dans l'hostie consacrée par son ubiquité ; à Bade, il interrogea un ministre zwinglien venu de Zurich sur sa conception de la prédestination[72].

Montaigne put également observer et confronter les résultats des deux politiques possibles face à la fracture religieuse : l'acceptation de la coexistence confessionnelle ou le maintien de l'unité de foi. Des villes bavaroises lui offrirent l'exemple de la première solution ; à Augsbourg par exemple, il repéra six églises luthériennes et fut surpris du nombre des mariages mixtes[73]. Les villes suisses, monoconfessionnelles, avaient choisi la seconde option, qu'elles soient restées fidèles à Rome ou aient adhéré à la Réforme. Dans la catholique Bade, les habitants se montraient « beaucoup plus tendus et dévotieux par la circonstance de l'opinion contraire », au point de faire de la surenchère dans l'application des préceptes ecclésiastiques et de manger du poisson non seulement le vendredi mais encore le mercredi. Montaigne en tira la conclusion suivante, que le secrétaire met entre guillemets pour certifier que ce sont bien les paroles de son maître : « Quand la confusion et le mélange se fait dans mêmes villes et se sème en une même police, cela relâche les affections des hommes, la mixtion se coulant jusques aux individus, comme il advient en Augsbourg et villes impériales » ; inversement, « les villes qui font une cité à part et un corps civil à part entier à tous les membres, elles ont de quoi se fortifier et se maintenir ; elles se fermissent sans doute, et se resserrent et se rejoignent par la secousse de la contagion voisine[74] ». Sous l'apparente neutralité du propos perce la préférence de Montaigne pour les accommodements pratiqués à Augsbourg, qui apaisent les tensions, plutôt que pour la dévotion tendue des fidèles bâlois ; leçon qu'il rapprocha sans doute de celle que lui avait inspirée l'expérience des édits de pacification français.

Il fut surpris de trouver chez les disciples de Luther une modération à laquelle les huguenots ne l'avaient pas habitué en France. À Kempten, après avoir assisté à un mariage, il demanda au ministre si les danses — que les calvinistes réprouvaient — étaient permises. « Pourquoi non ? » lui répondit celui-ci. Selon cet homme, les destructions de statues dans le temple étaient l'œuvre des zwingliens, non des luthériens ; les images du Christ et des saints avaient été conservées sur les vitraux[75]. Cette tolérance contrastait vivement aux yeux de Montaigne avec la fureur iconoclaste des huguenots, dont le souvenir l'assaillit un peu plus tard devant le spectacle des ruines du Forum romain. Les colonnes brisées et les temples rompus ne lui parurent pas seulement les vestiges d'une ancienne grandeur que « la conjuration du monde réitérée » avait fini par abattre ; ils évoquèrent aussi dans son esprit les églises françaises détruites par les huguenots, si bien qu'il compara les monuments de la Rome moderne — qualifiée par lui de bâtarde ! — qui avaient succédé à ceux de la Rome antique aux « nids que les moineaux et les corneilles vont suspendant en France aux voûtes et parois des églises que les huguenots viennent d'y démolir[76] ».

En arrivant dans la catholique Italie, Montaigne s'attendait probablement à rencontrer une ferveur authentique. Il fut souvent déçu. À Lucques, ville commerçante, le repos du dimanche n'était pas respecté ; beaucoup de boutiques restaient ouvertes ce jour-là. À Vérone, les hommes ne se découvraient pas pendant la messe, tournaient le dos à l'autel et bavardaient entre eux[77]. Le spectacle offert à Rome pendant la messe de Noël présidée par le pape dans la basilique Saint-Pierre fut plus édifiant encore : le souverain pontife et les cardinaux conversaient les uns avec les autres, couverts et assis la plupart du temps. « Ces cérémonies semblent être plus magnifiques que dévotieuses », juge Montaigne[78]. Il pressentait l'existence d'intrigues souterraines parmi les hauts dignitaires romains ; il n'est pas étonnant qu'il ait interprété l'utilisation d'un instrument pour boire dans le calice — la *fistola*, tuyau d'or ou d'argent qui servait à éviter la perte possible du vin consacré — comme une précaution contre un éventuel empoisonnement[79] ! Les brigues à l'intérieur de la Curie lui furent confirmées le jeudi saint, quand Grégoire XIII rendit publique une bulle excommuniant, conjointement avec les hérétiques, tous les princes qui détenaient une partie des terres de l'Église : ce dernier article provoqua une bruyante hilarité chez les cardinaux qui entouraient le pape[80]. Heureusement, la fermeté doctrinale et morale des jésuites rachetait cette désinvolture cardinalice ; Montaigne allait écouter leurs sermons et voyait en eux les meilleurs défenseurs de la chrétienté ébranlée[81].

Quant aux formes les plus ostentatoires de la dévotion populaire, elles suscitaient en lui quelque perplexité. Le jeudi saint était également à Rome le jour où l'on montrait aux fidèles la « Véronique », c'est-à-dire le voile avec lequel sainte Véronique aurait essuyé le visage du Christ sur le chemin de la Croix et qui en aurait conservé l'empreinte. Montaigne assista aux spectaculaires démonstrations de piété que cette exposition provoqua dans la foule, sans être convaincu : « C'est une vraie cour papale : la pompe de Rome et sa principale grandeur est en apparence de dévotion », commente-t-il. De même, les processions de flagellants qui marchaient en s'administrant des coups de fouet le laissaient dubitatif ; ces hommes se blessaient sérieusement, mais on voyait bien à leurs souliers et à leurs chausses que c'étaient de pauvres diables que d'autres louaient pour faire pénitence à leur place ; et Montaigne de s'exclamer : « À quoi faire si ce n'était que singerie[82] ? » Finalement, la comparaison entre les fidèles catholiques italiens et français tournait plutôt à l'avantage des seconds : le peuple italien lui paraissait moins dévotieux qu'en France et plus « cérémonieux », plus attaché aux apparences ; conviction dans laquelle le confirma Maldonat, qui lui fit cependant remarquer que les riches et les courtisans romains, eux, l'emportaient en piété sur leurs homologues français[83].

Montaigne voulut compléter son inventaire de la diversité religieuse en allant à Vérone voir une synagogue ; il y observa les pratiques des juifs, sans y remarquer toutefois beaucoup plus de spiritualité que chez les chrétiens : « Ils n'apportent non plus d'attention en leurs prières que nous faisons aux nôtres, devisant parmi cela d'autres affaires, et n'apportant pas beaucoup de révérence à leurs mystères. » Il eut la curiosité d'aller assister à Rome à une circoncision : il décrit l'opération, qu'il qualifie de « plus ancienne cérémonie de religion qui soit parmi les hommes », avec une précision clinique[84].

De ce tour des religions il retient l'extraordinaire variété des croyances, des rites et des cultes, sur lesquels il pose un regard dépassionné, quasi ethnographique. Toutes les singularités retiennent son attention, y compris les « étranges confréries » formées par des homosexuels, rencontrées à deux reprises : la première fois à Vitry-le-François, où il vit pendre une femme qui s'était vêtue en homme, exerçait le métier de tisserand et avait épousé une autre femme ; la seconde fois à Rome, où des Portugais se mariaient de « mâle à mâle à la messe » et dont huit ou neuf furent condamnés au bûcher[85]. Il s'attarde aussi sur le cas d'un soldat nommé Giuseppe, fait prisonnier par les Turcs et converti à l'islam ; repris par les chrétiens et pourtant resté musulman dans son cœur, celui-ci retourna chez les Turcs, fut de nouveau capturé par les chrétiens et servait désormais sur une galère génoise, étroitement surveillé[86].

Montaigne ne se contentait pas du seul rôle de spectateur ; il participait activement aux cérémonies catholiques. Il entendait la messe régulièrement. À Rome, pendant la semaine sainte, il consacra cinq heures, accompagné par Paul de Foix, qui succéda au seigneur de la Rochepozay comme ambassadeur à Rome, à suivre un itinéraire dévot comportant la visite de sept églises. Il se rendit à Lorette, lieu de pèlerinage à la renommée internationale, pour y voir la maison de la Vierge que des anges, selon la légende, avaient transportée depuis la Palestine[87]. Il fit faire un « tableau » orné de quatre figures en argent, celle de la Vierge, la sienne et celles de sa femme et de sa fille, avec une inscription latine mentionnant son nom et son titre de chevalier de l'ordre du roi ainsi que les noms de Françoise de La Chassaigne et de Léonor ; il se donna du mal pour qu'on fasse une place à cet ex-voto au milieu de la multitude de ceux qui ornaient les murs du sanctuaire[88]. Les biographes se sont beaucoup interrogés sur le sens d'une telle démarche. Elle exprimait certes la reconnaissance vouée à la Vierge par les parents de Léonor à l'occasion de la naissance de cette enfant, survenue après le décès d'une première fille ; mais on peut se demander si la complaisance avec laquelle Montaigne cite le titre de chevalier inscrit sur ce « tableau » ne révèle pas qu'il assignait aussi à celui-ci le même rôle qu'à ses armoiries apposées dans les lieux où il séjournait, à savoir laisser une trace de son passage. Il admettait cependant qu'à Lorette il y avait « plus d'apparence de religion » qu'ailleurs, formule à vrai dire bien ambiguë ; il loua la parfaite honnêteté des prêtres qui assistaient les pèlerins. Il se montra très impressionné par la guérison miraculeuse de la jambe d'un jeune Parisien, Michel Marteau, qu'il devait retrouver plus tard dans des circonstances plus dramatiques, puisque ce ligueur fervent l'aidera à sortir de la Bastille en 1588 ; mais il note prudemment : « Ce lieu est plein d'infinis miracles, de quoi je me rapporte aux livres[89]. »

Une ambivalence analogue entoure les achats de médailles, figurines de cire et images pieuses qu'il effectua auprès des nombreux boutiquiers de Lorette, destinés vraisemblablement à des cadeaux. Il mentionne un magnifique chapelet d'*Agnus Dei* — médailles représentant l'Agneau mystique — acquis à Rome, qu'il plaça avec d'autres objets de prix dans une malle expédiée peu avant son retour : attachait-il de la valeur à ce chapelet à cause de sa signification spirituelle, ou bien parce qu'il avait été fait exprès pour l'ambassadeur de l'impératrice Marie, fille de Charles Quint et veuve de Maximilien II ? La phrase qui relate ce détail ne permet pas de trancher[90]. La neutralité du discours par lequel Montaigne relate ses propres pratiques empêche de tirer des conclusions pertinentes sur son adhésion personnelle ; elle ne révèle rien de sa foi, ce qui ne veut pas dire que celle-ci n'ait pas existé[91]. Le mystère entretenu par les *Essais* sur les convictions religieuses de leur auteur n'est pas réellement dissipé par le *Journal*.

Les censeurs romains éprouvèrent peut-être un embarras analogue au cours des entrevues qu'ils eurent avec Montaigne, malgré toute la considération qu'ils manifestèrent pour un homme de sa qualité. Le premier de ces entretiens eut lieu le 20 mars 1581[92]. Les livres confisqués à son entrée à Rome lui furent rendus, sauf la traduction par Innocent Gentillet — un calviniste — de *La République des Suisses* de Josias Simmler. Montaigne fut reçu par le maître du Sacré Palais, le dominicain Sisto Fabri, et par son auxiliaire, probablement le secrétaire de la congrégation de l'Index, Giovanni Battista Lanci, dominicain lui aussi. Les *Essais* avaient été examinés par deux correcteurs qui y avaient découvert trente-huit points répréhensibles[93] ; le maître du Sacré Palais et son compagnon se partagèrent classiquement les rôles, le second exposant les reproches et le premier défendant l'auteur.

Parmi les points relevés Montaigne en « avoua » six, autrement dit admit qu'ils exprimaient bien son opinion mais qu'il ne pensait pas que ce fussent des erreurs[94]. Y figurait tout d'abord l'emploi fréquent du mot *Fortune* au lieu de *Providence* ; venaient ensuite les citations élogieuses de poètes hérétiques, tels George Buchanan ou Théodore de Bèze, puis la louange des qualités de Julien l'Apostat. La quatrième objection portait sur le passage du chapitre *Des prières* soutenant que pour prier il fallait être exempt de toute vicieuse inclination. Montaigne s'était en effet indigné dans ce chapitre contre ceux qui prient pour obtenir de Dieu la réussite de leurs affaires matérielles, voire le succès d'un amour adultère ou d'une entreprise délictueuse ; il en concluait que pour prononcer le *Notre Père* on devait avoir une volonté sincère de réformation, exigence si forte qu'elle risquait, comme ont pu le penser les censeurs, de détourner les fidèles de l'usage fréquent de la prière[95]. Le cinquième point concernait la critique des supplices infligés aux condamnés. Montaigne, par deux fois, avait affirmé : « Tout ce qui est au-delà de la mort simple me semble pure cruauté » ; il qualifiait l'usage judiciaire de la torture dans les procès criminels de « dangereuse invention[96] ». Enfin, le dernier des six points était, au chapitre sur l'institution des enfants, la trop grande variété des expériences prescrites pour former la jeunesse. Il lui fut également signalé que la préface de la *Théologie naturelle* de Raymond Sebond était mise à l'Index.

Quant aux autres points litigieux, Montaigne fit valoir que les correcteurs chargés de lire son œuvre s'étaient trompés dans leur interprétation. Le maître du Sacré Palais et son auxiliaire le reçurent une seconde fois, le 15 avril 1581 ; ils reconnurent qu'une nouvelle expertise avait relevé « plusieurs sottises » dans la première et le prièrent « de ne [se] servir point de la censure de [son] livre » ; ils s'en remirent à sa conscience pour se conformer à leurs observations et le félicitèrent courtoisement de son affection envers l'Église[97]. Ils se contentèrent par conséquent d'une remontrance verbale ; Montaigne estima les avoir laissés fort satisfaits de lui. Néanmoins, il ne se plia pas vraiment aux recommandations qu'on lui avait prodiguées. Si, dans le chapitre *Des prières*, il rajouta un passage proclamant sa soumission à la censure de l'Église, il déclara aussi, on s'en souvient, que la surveillance des censeurs libérait en fait sa parole : à eux appartenait le monopole du discours autorisé, à lui revenait le simple plaisir de formuler des « fantaisies informes et irrésolues » qui n'engageaient que lui. Le « dire humain » pouvait donc parfaitement se permettre des mots tels que « fortune, destinée, accident, heur et malheur, et les Dieux et autres phrases, selon sa mode[98]. » C'est pourquoi Montaigne ne supprima pas ses allusions à la fortune — à une ou deux exceptions près — et les multiplia même ensuite dans ses additions et dans le livre III. Il ne corrigea pas non plus ses opinions sur la torture et rajouta après 1588, à la phrase où il avait admis du bout des lèvres que c'était peut-être un moindre mal inventé par l'humaine faiblesse : « Bien inhumainement pourtant et bien inutilement, à mon avis[99] ! » Il ne revint pas davantage sur les éloges accordés à Julien l'Apostat, sur les citations de poètes protestants ou sur la liberté requise dans l'éducation des enfants.

Une autre censure eut lieu en 1600, bien après la mort de Montaigne, portant sur la traduction italienne partielle des *Essais* par Girolamo Naselli, publiée en 1590 à Ferrare ; elle ne déboucha pas sur une mise à l'Index. Beaucoup plus tard, en 1676, les *Essais* eux-mêmes furent toutefois placés sur la liste des livres prohibés, mais pour des motifs tout à fait différents de ceux qui avaient été invoqués en 1581 ; l'Inquisition romaine vit en eux de possibles inspirateurs de pensées subversives parce que beaucoup d'écrivains libertins s'en étaient nourris dans la première moitié du XVIIe siècle. Les *Essais* restèrent à l'Index jusqu'à la suppression de ce dernier en 1966[100].

Par l'extraordinaire diversité des situations et des personnes rencontrées, le voyage avait pleinement répondu aux souhaits de Montaigne. Il comptait sans doute tirer parti de la connaissance des hommes et du monde ainsi acquise et faire valoir ses aptitudes au rôle de conseiller du Prince dont il rêvait secrètement. Lors de son second séjour aux bains de La Villa, il révèle qu'il attendait des nouvelles de France depuis quatre mois[101]. Quelles pouvaient bien être ces nouvelles si impatiemment espérées ? Certains commentateurs ont pensé qu'il s'agissait de celles de son élection à la mairie de Bordeaux. Un détail jette la suspicion sur cette hypothèse : Montaigne précise que s'il avait reçu les nouvelles désirées, il serait parti « sur le champ ». Or quand une semaine après, le 7 septembre 1581, il fut effectivement informé de son élection par des lettres des jurats bordelais transmises depuis Rome, il ne se précipita pas pour partir ; au contraire, il s'attarda encore un peu à La Villa, retourna à Rome où il trouva la confirmation de l'information et y demeura quinze jours avant de plier bagage. À l'évidence, ce n'était pas l'honneur qu'il attendait ; cela permet de supposer qu'il avait caressé l'espoir d'un appel venant d'Henri III, qui aurait été séduit par sa lecture des *Essais*. En ce cas, il aurait certainement répondu aussitôt à cette invite ! Au lieu de cela, on le conviait à une tâche qui ne suscitait pas son enthousiasme. Aussi est-ce sans se presser qu'il finit par prendre le chemin du retour vers la France, *via* Milan, Turin, Lyon, Clermont-Ferrand et Périgueux ; il arriva à son château le 30 novembre 1581.

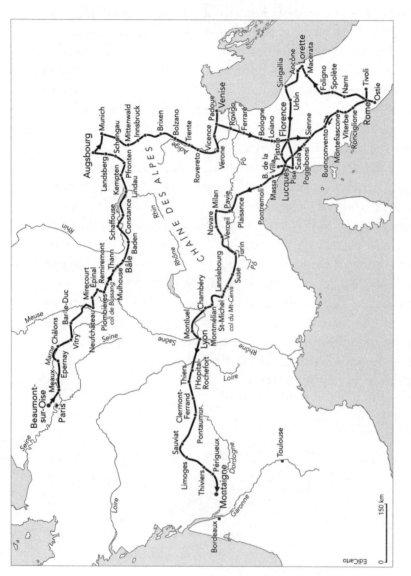

Itinéraire du voyage de Montaigne en Italie

Carte tirée du *Journal de voyage* édité par Fausta Garavini (Paris, Gallimard, 1983).

TROISIÈME PARTIE

LE SERVICE DÉSENCHANTÉ
DU BIEN COMMUN
(1581-1592)

IX

MAIRE DE BORDEAUX

L'élection de Montaigne à la mairie de Bordeaux allait lui offrir l'occasion de mettre ses compétences au service du public. Elle a probablement été décidée lors de la signature de la paix du Fleix, au château de Germain-Gaston de Foix-Gurson, marquis de Trans, le 26 novembre 1580. Cet accord mit fin à la septième guerre civile ; outre les clauses précisant les libertés de culte accordées aux protestants, il stipulait le renvoi du turbulent maréchal Armand de Gontaut-Biron, qui cumulait les charges de maire de Bordeaux et de lieutenant général pour la Guyenne. Henri III décida de dissocier ces deux fonctions : celle de lieutenant général échut — à titre provisoire dans un premier temps — à Jacques de Goyon, maréchal de Matignon, et celle de maire à Montaigne[1]. Le nom de ce dernier, sans doute vigoureusement soutenu par le marquis de Trans, appuyé par Catherine de Médicis et agréé par Henri, roi de Navarre et gouverneur de Guyenne, fut proposé aux jurats bordelais qui l'élurent le 1er août 1581, alors qu'il était encore en Italie.

Les aptitudes qui avaient déjà désigné le nouveau promu à l'attention du roi, confirmées par la sagacité dont témoignaient les *Essais* et par l'expérience amassée au cours du voyage en Italie, le qualifiaient assurément pour ce poste. Pourtant Montaigne, se souvenant des soucis qui avaient accablé son père quand celui-ci était maire de Bordeaux, déçu de surcroît dans ses espérances d'un rôle plus gratifiant auprès du souverain, manifesta ses réticences à accepter cet honneur ; il ne céda, déclare-t-il, que pour déférer à la volonté d'Henri III, signifiée le 26 novembre 1581 par une lettre impérieuse[2]. Faut-il le croire quand, dans un passage du livre III rédigé plus tard, il prétend qu'à son arrivée il se présenta aux jurats tel qu'il se sentait : « sans mémoire, sans vigilance, sans expérience, et sans vigueur ; sans haine aussi, sans ambition, sans avarice, et sans violence[3] » ? Cette accumulation de prépositions privatives pourrait passer pour un artifice rhétorique joignant l'autodénigrement à la fierté provocante. Elle revêt en réalité une portée bien plus profonde : elle fait écho à la phrase par laquelle il avait caractérisé la liberté des cannibales brésiliens[4]. Elle illustre la manière dont Montaigne entendait assumer ses responsabilités : « sauvage » au sein des roueries de la politique, « homme sans qualités[5] » parmi les ambitieux et les intolérants, il s'acquitterait loyalement de sa tâche sans se départir de sa fidélité à lui-même.

Un premier mandat relativement paisible

Montaigne fut intronisé dans ses nouvelles fonctions le 30 décembre 1581. Pour bien comprendre la nature de ses obligations, il faut se défaire de l'image qu'évoque aujourd'hui le nom de maire. À Bordeaux, depuis 1550, le pouvoir municipal appartenait à six jurats élus pour une durée de deux ans par l'assemblée des prud'hommes — émanation des notables urbains — et renouvelables par moitié chaque année. Selon un usage peu à peu entré en vigueur, on élisait chaque Ier août un gentilhomme à la quatrième place, un avocat à la cinquième et un marchand ou un « bourgeois » — ancien commerçant vivant de ses rentes — à la sixième ; ces élus passaient l'année suivante respectivement aux première, deuxième et troisième places. Quant au maire, élu pour deux ans par les jurats, il représentait l'intérêt du roi ; personnage considérable, il n'avait à se pencher sur les menus détails de l'administration de la ville que si les circonstances le réclamaient[6]. Il devait surtout veiller à la justice et au maintien de l'ordre, assurer la coordination entre les différents pouvoirs urbains et, s'il n'était pas en même temps lieutenant général comme l'avait été le maréchal de Biron, faire la liaison avec celui qui détenait cette charge, en l'occurrence Matignon, et avec le gouverneur Henri de Navarre. Ses attributions diplomatiques l'éloignaient souvent de Bordeaux. Quand sa présence y était nécessaire, il résidait dans la « mairerie », rue des Ayres ; au cours des processions publiques, il marchait deux ou trois pas devant les jurats, vêtu d'une robe de velours blanc et rouge ornée de parements de brocatelle[7]. Son seul salaire était la fourniture de deux robes de ce type par an ; la charge n'avait pas d'autre loyer que « l'honneur de son exécution », a noté Montaigne.

Le nouveau maire, qui dépendait à la fois de Matignon — catholique modéré — et de Navarre — chef des protestants —, percevait clairement la difficulté de sa mission. Les occasions de troubles ne manquaient pas. Une vieille rivalité opposait les jurats au Parlement bordelais, accusé d'intervenir trop souvent dans les affaires de la cité. Matignon, un Normand qui venait de s'illustrer au siège de La Fère, avait été choisi pour appliquer la politique royale de pacification : selon le mot de Brantôme, il fallait la froideur normande pour rafraîchir les « cervelles chaudes » de Guyenne[8]. Mais sa venue suscita des réactions hostiles ; les lettres patentes qui lui conféraient ses pouvoirs ne furent pas enregistrées sans réserve par le Parlement, où la faction des catholiques intransigeants demeurait active. Ses rapports avec Navarre étaient d'autant plus délicats que celui-ci s'était vu refuser par les parlementaires bordelais l'entrée dans la capitale de son gouvernement. Les capitaines des deux forteresses royales du Hâ et du Château-Trompette qui gardaient la ville, Jacques de Pérusse des Cars, seigneur de Merville, et Louis Ricard Gourdon de Genouillac, baron de Vaillac, ne cachaient pas leur opposition à la coexistence pacifique avec les protestants ; ils conservaient en outre des liens de fidélité avec Biron, l'ancien lieutenant général destitué. Enfin, l'application de la paix récemment conclue se heurtait à de sérieux obstacles dans la province : le roi de Navarre ne se résignait pas à la perte de Périgueux, reprise par les catholiques en juillet 1581, et réclamait des compensations. Face à ces complications, appuyer l'action de Matignon et faire respecter l'ordre constituait pour le nouveau maire un lourd défi à relever.

Heureusement, l'envoi par le roi d'un diplomate expérimenté, Pomponne de Bellièvre, surintendant des Finances et président au parlement de Paris, dénoua la situation en Guyenne : par un accord signé le 2 février 1582 à Casteljaloux, Navarre reçut la ville de Puymirol et 50 000 écus pour compenser la perte de Périgueux[9]. L'apaisement relatif qui s'ensuivit laissa quelque répit tant à Matignon qu'à Montaigne. Celui-ci mit à profit les loisirs ainsi obtenus pour s'occuper, cette année-là, de la réédition des *Essais* enrichis d'additions, notamment de plusieurs citations italiennes et du préambule du chapitre *Des prières*, qui justifiait tout à la fois l'autorité de la censure ecclésiastique et la liberté des propos humains. Pour l'éditeur, Simon Millanges, l'opération représentait une affaire fructueuse : il pouvait espérer que la nouvelle édition du livre d'un auteur devenu un personnage public se vendrait bien et ne manqua pas d'ajouter sur la couverture aux divers titres de Montaigne la mention de sa récente fonction : « maire et gouverneur de Bordeaux », selon la titulature que les privilèges bordelais l'autorisaient à porter[10].

Le temps consacré à cette réédition pourrait sembler confirmer l'image longtemps reçue — et accréditée par certains de ses contemporains — d'un Montaigne peu assidu à exercer sa charge. C'est oublier qu'il avait été recruté essentiellement pour fournir à Matignon, dépêché dans une province qu'il connaissait mal, les informations nécessaires pour y imposer une paix durable ; cette activité d'agent de renseignement pouvait tout aussi bien — voire mieux — se réaliser à Montaigne qu'à Bordeaux même. Les sources manquent pour porter un jugement pertinent sur l'activité du maire : les registres de la jurade ont disparu pour cette période. Une vingtaine de lettres de Montaigne, écrites pendant ses deux mandats, ont été retrouvées et publiées ; elles sont toutefois trop peu nombreuses pour que l'on puisse en déduire avec certitude un calendrier précis de ses présences et absences à la mairie.

Les rares documents dont on dispose pour apprécier la portée de son premier mandat suggèrent plutôt un magistrat remplissant loyalement ses devoirs. Le 26 janvier 1582, il accueillit avec les jurats la chambre de justice établie par l'accord du Fleix pour remplacer la chambre tripartite créée par l'édit de Bergerac et juger les différends soulevés par l'application de la paix. Elle était formée d'un président, de quatorze conseillers, d'un procureur et d'un avocat du roi, tous issus du parlement de Paris et du Grand Conseil ; itinérante, elle devait se rendre ensuite à Agen, puis à Périgueux et enfin à Saintes, où elle acheva ses travaux au début de juin 1584[11]. Cette chambre extérieure à la province était censée rendre une justice plus impartiale que les juges locaux ; le Parlement manifesta sa réprobation envers cette institution qui empiétait sur ses prérogatives. Certains des magistrats qui composaient la Chambre arrivaient précédés d'une grande réputation de savoir, tels Pierre Séguier, qui la présida, Jacques-Auguste de Thou, Pierre Pithou et Antoine Loisel. Montaigne noua des liens amicaux avec eux ; de Thou raconte, dans ses Mémoires, qu'il tira profit pour la rédaction de son *Histoire* de la parfaite connaissance qu'avait le maire des affaires de la France et particulièrement de celles de la Guyenne[12]. Antoine Loisel, à l'ouverture solennelle de la première séance dans le couvent des Jacobins à Bordeaux, prononça un long discours intitulé *De l'œil des Rois et de la Justice* ; Montaigne lui dit combien il avait apprécié son éloquence. Loisel, flatté, le mentionna, ainsi que La Boétie, parmi les gloires de Bordeaux dont il fit l'éloge lors de la séance de clôture des sessions bordelaises, le 22 août 1582 (à laquelle l'auteur des *Essais*, alors à la Cour, ne put assister) ; il lui envoya ensuite une copie de ce second discours, accompagnée d'une lettre qui célébrait « celui qui, étant maire et un des premiers magistrats de Bordeaux, est aussi l'un des principaux ornements non seulement de la Guyenne, mais aussi de toute la France[13] ». Un si bel hommage appelait un remerciement ; Montaigne s'en acquitta quelques années plus tard en offrant à Loisel un exemplaire de ses *Essais* publiés en 1588, avec une lettre courtoise où il exprimait sa reconnaissance.

Entre 1582 et 1584, les statuts de plusieurs corporations d'artisans bordelais furent réformés, notamment ceux des parcheminiers, des bouchers et des taverniers ; la municipalité eut également à régler des contestations entre les chaussetiers et les couturiers[14]. Cependant, il est bien difficile de savoir si Montaigne y a eu une part directe. Il est probable que ces affaires d'administration urbaine ont été traitées par les jurats sans que sa participation active ait été nécessaire ; il dut simplement homologuer les nouveaux statuts. En revanche, tout ce qui concernait la fiscalité, source de mécontentement, la justice et la police urbaine, l'assistance aux pauvres, de plus en plus nombreux en raison des guerres civiles qui ravageaient les campagnes, méritait qu'il appuyât de son autorité l'action de la jurade. Le maire signa ainsi avec les jurats une longue lettre envoyée le 28 avril 1582 au Parlement lui demandant d'enregistrer le règlement établi pour l'hospice des enfants trouvés. Cet hospice était rattaché au prieuré Saint-James, dont les jésuites avaient hérité en 1573 et où ils avaient installé le collège de la Madeleine, rival du collège de Guyenne. La lettre retrace toutes les étapes qui présidèrent à l'élaboration du nouveau règlement : saisis de plaintes au sujet du pitoyable état des enfants, le maire et les jurats convoquèrent plusieurs fois devant eux, à partir du

13 mars, le directeur de l'hospice, Noël Lefèvre, engagé par les jésuites ; ils constatèrent que ses registres étaient mal tenus, que les nourrices ne recevaient que des sommes dérisoires et que plusieurs enfants mouraient sans que la cause de leur décès fût précisée. Ils prescrivirent aux recteurs du collège de prélever sur les revenus du prieuré une somme suffisante pour assurer un salaire décent aux nourrices et une nourriture correcte aux enfants, auxquels une formation serait donnée soit dans les lettres, soit dans un métier leur permettant de gagner leur vie ; tout décès devrait être signalé à la municipalité qui déterminerait la cause de la mort avant de délivrer le permis d'inhumer[15]. Ce règlement révèle un remarquable souci d'humanité et de justice ; il trahit de surcroît le désir de mettre les jésuites en face des responsabilités auxquelles ils avaient en l'occurrence lourdement manqué. Il convient malgré tout de ne pas surestimer son originalité : depuis les années 1520-1530, l'assistance aux pauvres relevait de plus en plus de la compétence des corps de ville ; ils s'en acquittaient ordinairement avec efficacité, poussés par des sentiments où se mêlaient la charité chrétienne et la volonté d'obvier aux désordres sociaux[16].

Montaigne signa aussi avec les jurats, le 9 juin 1582, une remontrance au roi « concernant les subsides » à lui payer, que la ville jugeait excessifs. Le texte, signalé par l'inventaire sommaire des registres de la jurade, n'a pas été conservé, mais dans les registres secrets du Parlement la mention de la requête que vint présenter à la cour l'un des jurats, le 21 mai précédent, permet de savoir quels étaient ces « subsides » exigés par le souverain : 8 000 écus pour réparer le phare de Cordouan, 1 000 écus d'impositions diverses et 4 000 écus pour les frais de la chambre de justice[17]. Le phare de Cordouan, construit au Moyen Âge sur le modèle du phare d'Alexandrie, était en effet en mauvais état ; Henri III, par des lettres patentes du 21 mars 1581, avait commis pour l'examiner l'ingénieur Louis de Foix, qui venait de s'illustrer par le détournement réussi de l'embouchure de l'Adour de Vieux-Boucau (Capbreton) à Boucau-Neuf, en aval de Bayonne[18]. L'ampleur des travaux à faire pour le phare laissait prévoir de lourdes dépenses. Ce fut vraisemblablement pour porter cette remontrance au roi que Montaigne fut envoyé ensuite en août 1582 à la Cour[19].

La charge de maire comportait également des obligations protocolaires. Montaigne se rendit par exemple avec les jurats, le 8 février 1582, au château de Cadillac, appartenant aux Foix-Candale, pour saluer le roi et la reine de Navarre qui, venant de Nérac, s'y étaient arrêtés. Il assista probablement, le soir même, au baptême de la fille de Louis de Foix-Gurson et de Diane de Foix-Candale, dont Marguerite de Valois était la marraine[20]. Henri de Navarre reconduisit ensuite Marguerite jusqu'en Poitou, où elle rejoignit Catherine de Médicis ; mais il n'alla pas plus loin et retourna en Guyenne, au grand désappointement de la reine mère, qui espérait ramener son gendre à la Cour où il serait moins dangereux que dans son gouvernement. Cette séparation des deux époux était lourde de menaces pour la paix, menaces qui n'allaient d'ailleurs pas tarder à se concrétiser.

Pendant l'automne de 1582, Matignon dut se rendre en Agenais, en Rouergue et dans le Quercy pour y pacifier des troubles résiduels ; il confia la surveillance de Bordeaux conjointement à Montaigne et à un homme qui lui servait de bras droit, Ogier de Gourgues, président au bureau des trésoriers de France. Montaigne se chargea de renseigner le lieutenant général sur les événements survenus pendant son absence. Par la première des deux seules lettres personnelles qui ont été conservées pour son premier mandat, il l'informe, le 30 octobre 1582, du passage dans la ville du général des cordeliers, le père François de Gonzague, en route vers l'Espagne ; et il ajoute : « Je lui ai offert pour sa commodité ce peu de pouvoir que j'ai en cette ville », phrase qui décèle apparemment la frustration de partager avec de Gourgues la confiance de Matignon[21].

On sait par le journal de François de Syrueilh, chanoine du chapitre de la cathédrale Saint-André à Bordeaux, que l'archevêque Antoine Prévost de Sansac convoqua au début de novembre 1582 un concile provincial, conformément aux prescriptions des premiers États généraux de Blois. Le corps municipal assista à la messe solennelle d'ouverture, le dimanche 4 novembre. Le chapitre de Saint-André avait délégué au concile, outre Syrueilh, deux autres chanoines, dont le « maître-école » Pierre Charron, futur auteur de *La Sagesse* et grand admirateur de Montaigne ; c'est à cette occasion que les deux hommes durent se rencontrer pour la première fois. Vers le milieu de novembre se tint aussi à Bordeaux une réunion des trois états de la sénéchaussée de Guyenne — clergé, noblesse et tiers état — présidée par des commissaires envoyés par le roi et chargée de recueillir les doléances locales. Henri III souhaitait en effet connaître les désirs de ses sujets et procéder à de grandes réformes du royaume, débattues de novembre 1583 à janvier 1584 dans une assemblée de notables à Saint-Germain-en-Laye. Le retour de la guerre civile en 1585 réduisit à néant la volonté royale de réformation. Les indications données par Syrueilh font état de la participation des jurats à la réunion des trois états sans mentionner la présence du maire avec eux, que l'on peut cependant juger vraisemblable[22].

La fin de l'année 1582 se signala également par la suppression de dix jours du mois de décembre, pour satisfaire à la réforme du calendrier décidée par le pape Grégoire XIII ; Noël fut de ce fait célébré le 15 décembre. Montaigne a dit dans les *Essais* la difficulté qu'il éprouva à s'accoutumer à l'effacement de ces « dix jours du pape » ; quant à Syrueilh, il traduit sa crainte d'un dérèglement cosmique provoqué par cette nouveauté en assurant qu'à partir du 10 décembre, compté pour le 20, se succédèrent pendant dix-neuf jours sans interruption de gros orages et des vents d'une violence inaccoutumée[23].

L'année 1583 commença pour le maire assez paisiblement. La deuxième lettre personnelle que l'on possède de lui pendant son

premier mandat fut envoyée depuis son château aux jurats, le
21 mai 1583. Il leur exprime le souhait que la mission à la Cour
de l'un d'entre eux, Guillaume de Cursol, soit couronnée de
succès ; une missive d'Henri III datée du lendemain et accordant aux jurats une garde de cinquante soldats, salariés à leurs
frais, permet de connaître quel était l'objet de cette mission[24].
Montaigne félicite ses correspondants du bon ordre qu'ils ont
mis aux affaires en cours, preuve que, même à distance, il gardait
l'œil sur ce qui se passait dans la ville ; il leur demande d'excuser
encore un peu son absence, qu'il raccourcira dès que possible.

Au cours du printemps de 1583, la belle Corisande — Diane
d'Andouins, comtesse de Guiche, veuve de Philibert de Gramont — devint la maîtresse en titre du roi de Navarre. Montaigne, qui lui avait dédié, rappelons-le, les vingt-neuf sonnets
de La Boétie, put ainsi utiliser sa médiation pour entrer plus
aisément en contact avec Navarre, gouverneur de la province ;
sa position d'informateur de Matignon en fut confortée. Toutefois, cet atout nouveau allait être contrarié par la dégradation
de ses relations avec le baron de Vaillac, capitaine du Château-
Trompette et membre actif du parti ultracatholique. Celui-ci,
pour faciliter la défense de sa forteresse, veillait à ce que ses
environs immédiats fussent indemnes de toute construction ; à
l'instar du capitaine de l'autre forteresse royale, celle du Hâ, il
exerçait sa surveillance de façon si abusive que le maire et les
jurats s'en plaignirent à deux reprises à Matignon. Or Montaigne possédait un terrain près du Château-Trompette, sur
l'esplanade des Chartreux — les Chartrons actuels —, dont il
soutenait qu'il était constructible, ce que niait Vaillac. Les
deux adversaires en appelèrent au roi ; Henri III, après avoir
demandé l'avis de Matignon, finit, le 24 juin 1583, par donner
raison à Montaigne, dans une lettre où il le qualifia de « très
affectionné serviteur ». Seule limite à respecter : la hauteur du
bâtiment qui pourrait éventuellement être construit sur le terrain
en question ne devrait pas dépasser celle des édifices avoisi-

nants[25]. Le prix à payer pour ce triomphe fut cependant assez lourd : Vaillac devint l'ennemi irréconciliable du maire et allait s'opposer de toutes ses forces à sa réélection.

Un second mandat à l'épreuve du malheur public

Il est peu probable que Montaigne ait milité pour se faire réélire. Mais Matignon tenait à sa présence à la tête du corps municipal, indispensable pour mettre en échec les ultracatholiques bordelais qui, ralliés comme tous ceux de l'ensemble du royaume sous la bannière des Guises, se montraient de plus en plus actifs. L'enjeu était important : si la faction guisarde plaçait l'un des siens à la mairie, elle pouvait faire basculer la ville entière dans son camp. Aussi soutint-elle un candidat fermement acquis à la cause de l'éradication de l'hérésie : ce fut le capitaine de la forteresse du Hâ, Jacques de Pérusse des Cars, seigneur de Merville, grand sénéchal de Guyenne depuis avril 1567 à la suite de son frère François. Derrière lui se groupèrent des personnages considérables : Antoine Prévost de Sansac, archevêque de Bordeaux ; Thomas de Ram, lieutenant du grand sénéchal ; le baron de Vaillac, capitaine du Château-Trompette. Un grand nombre de conseillers au Parlement s'associèrent à eux, dont plusieurs parents de Montaigne : son beau-frère Richard de Lestonnac ; deux de ses proches cousins, Geoffroy de Montaigne, sieur de Bussaguet, et le second président Jean de Villeneuve ; un cousin plus lointain, Jean de Pontac[26].

Cette coalition ne réussit pourtant pas à empêcher l'élection, le 1er août 1583, de trois jurats favorables à Montaigne ; réunis aux trois jurats élus l'année précédente, ils renouvelèrent le maire pour deux ans. Les opposants firent appel au parlement de Bordeaux, puis, après une requête en récusation émanant des nouveaux élus et visant rien de moins qu'une cinquantaine de parlementaires, ils s'adressèrent au roi. Sans succès : un arrêt du Conseil du 4 février 1584 valida l'élection de Montaigne ; celle des trois nouveaux jurats le fut un peu plus tard, le 3 mai, par une lettre du secrétaire d'État Nicolas de Villeroy. Montaigne ne put s'empêcher d'être flatté par le renouvellement de sa charge, honneur qui n'avait été attribué avant lui, note-t-il dans les *Essais*, qu'au seigneur de Lansac — le dédicataire de la traduction de *La Mesnagerie* de Xénophon par La Boétie — et au maréchal de Biron[27]. Néanmoins, les circonstances tumultueuses de cette réélection laissaient présager un second mandat beaucoup plus agité que le premier.

Sitôt élu, le nouveau corps municipal s'attaqua encore aux abus à réformer. Le 31 août 1583, le maire et les jurats signèrent une longue remontrance au roi lui signalant divers domaines où son intervention était nécessaire[28]. Ce texte se présente comme une série de doléances faisant suite à celles émises lors de la réunion des trois états de la sénéchaussée de Guyenne. Il énumère les impositions qui se sont ajoutées à la taille : le taillon, introduit en 1549 pour payer la gendarmerie, et diverses taxes levées pour des objectifs variés — paiement des gages des juges des présidiaux créés en 1552, frais de l'armée envoyée en 1580 soutenir le candidat de la France à la succession au trône portugais, réparations du phare de Cordouan, coût de la chambre de justice, rachat des offices d'élus institués par le roi pour lever les impôts au détriment des prérogatives des États de Guyenne... La remontrance dénonce les privilèges dont se targuent les officiers royaux pour se dispenser de payer leur quote-part, ce qui fait retomber le poids fiscal sur ceux qui vivent péniblement « de la sueur de leur corps » ; cette inégalité est renforcée par un arrêt récent du Parlement qui déclare nobles les enfants de ses membres et les dispense de contribuer. Certains biographes ont cru entendre dans cette doléance des accents révolutionnaires précurseurs d'une revendication de totale égalité devant l'impôt et voulu y reconnaître la marque distinctive de Montaigne. Cette interprétation est anachronique ; il est bien malaisé de surcroît de déterminer quelle est la part de l'auteur des *Essais* dans ce texte collectif. Certes, le maire et les jurats manifestent par cette remontrance le même souci d'équité que celui dont témoignait leur règlement pour l'hospice des enfants trouvés ; mais ils y expriment aussi, plus prosaïquement, leur ressentiment contre leur éternel rival, le Parlement, bénéficiaire de privilèges indus. À cette doléance s'ajoute celle, très classique, concernant la création excessive de nouveaux offices par le monarque et la diffusion croissante de leur caractère vénal, ce qui enchérit le coût de la justice pour les pauvres. Une autre revendication concerne la prolifération des mendiants en ville, chassés des campagnes par les guerres civiles : le corps municipal rappelle au roi qu'il faut faire respecter par les paroisses rurales l'obligation de nourrir leurs indigents et d'empêcher ceux-ci de divaguer — ce qui sous-entend des mesures coercitives à l'encontre des errants. Si ces vagabonds sont des pèlerins se rendant à Saint-Jacques de Compostelle, c'est aux hôpitaux, la plupart de fondation royale, de les héberger. Enfin, la remontrance défend les privilèges urbains en matière de monopole de la vente du vin, qu'enfreint la vénalité des charges de maîtres des corporations de taverniers et de cabaretiers.

La question du phare de Cordouan préoccupait d'autant plus Montaigne qu'il faisait partie, avec le trésorier Ogier de Gourgues et le président au Parlement François de Nesmond, d'une commission créée par le roi en janvier 1583 pour faire avancer les choses. Or, comme le déplore la remontrance du corps de ville, les sommes levées pour la réparation avaient été détournées par les receveurs et les trésoriers généraux et appliquées à d'autres urgences. La commission dut se rendre à l'évidence : la réparation du phare coûterait beaucoup plus cher que sa reconstruction. C'est cette seconde solution que l'on adopta ; le maire figure parmi les signataires de l'acte qui décida, le 2 mars 1584, le début des travaux. Les difficultés ne manquèrent pas ; l'inauguration du nouveau phare n'eut lieu qu'en 1614[29].

Le contexte de paix nécessaire à l'accomplissement serein de toutes ces activités se révéla éphémère. La conjoncture déjà lourde pesant sur le début du second mandat de Montaigne fut brutalement aggravée par trois coups de tonnerre qui menacèrent la pacification obtenue avec tant de peine[30].

Le premier fut l'affront infligé par le roi de France à sa sœur Marguerite, reine de Navarre, au début d'août 1583. Depuis le retour de celle-ci à la Cour, l'irritation d'Henri III et de Catherine de Médicis contre elle ne faisait que croître : elle avait échoué dans la tâche qu'ils lui avaient impartie, à savoir arracher Henri de Navarre à la Guyenne. Leur colère s'exacerba à cause de l'entreprise hasardeuse de François, duc d'Anjou, le dernier fils de Catherine, parti chercher aux Pays-Bas révoltés contre le roi d'Espagne une hypothétique souveraineté : cette initiative risquait de provoquer une guerre avec le puissant monarque voisin. Or Marguerite soutenait son jeune frère secrètement ; deux de ses favorites, la vicomtesse de Duras et la dame de Béthune, furent accusées, outre d'immoralité, de servir d'intermédiaires entre Anjou et sa sœur. La reine de Navarre dut quitter la Cour ; mais alors qu'elle venait de partir de Paris avec toute sa suite, une troupe d'archers envoyée par Henri III intercepta son convoi, fouilla ses bagages et soumit les deux dames d'honneur incriminées à un interrogatoire serré[31].

Cet incident prit aussitôt l'allure d'une affaire d'État ; Henri de Navarre comprit très vite qu'il pouvait l'utiliser pour demander réparation de l'outrage fait à sa femme et arracher des compensations avantageuses à son parti. Henri III dépêcha d'urgence Pomponne de Bellièvre pour essayer de réparer les effets de sa maladresse ; Philippe Duplessis-Mornay, devenu à la fois l'homme de confiance et le mentor du prince béarnais, tenta d'apaiser les esprits[32]. Marguerite ne pouvant revenir à la Cour, il s'agissait de rétablir une apparence de bonne entente entre elle et son mari, objectif rendu difficile par leur infidélité respective notoire ; il fallait sauvegarder tant bien que mal la portée symbolique de l'alliance entre un prince protestant et une princesse catholique, fragile image de la coexistence pacifique entre les confessions. Débutèrent alors de longues négociations, dans lesquelles Montaigne eut pour mission de faire jouer son influence sur la maîtresse du roi de Navarre, Diane d'Andouins, comtesse de Guiche, et d'inciter Matignon à calmer les ressentiments du Béarnais. Il alla peut-être trouver Marguerite de Valois pendant le passage de celle-ci à Coutras ; mais les lettres de la reine signalant son entretien avec « Montaigne », mentionné sans avant-nom, désignent plutôt le secrétaire de Catherine de Médicis que le maire de Bordeaux[33].

Un deuxième coup de tonnerre vint mettre en danger les efforts des négociateurs : Henri de Navarre s'empara le 21 novembre 1583 de Mont-de-Marsan, ville qui devait lui être restituée selon le traité du Fleix et que le maréchal de Matignon refusait de rendre. Parallèlement, il lança une campagne de justification pour témoigner de son bon droit. Il écrivit lui-même une lettre — perdue — à Montaigne ; Duplessis-Mornay en envoya une également à ce dernier, le 25 novembre, pour le prier d'expliquer au maréchal les raisons de la conduite de son maître[34]. Tâche impossible : furieux, Matignon riposta en faisant entrer des garnisons catholiques à Bazas, à Condom et à Agen, menaçant ainsi Nérac. Les choses se compliquèrent d'une autre péripétie : en vertu des accords de paix, le roi de France devait salarier les garnisons installées par les protestants dans les places de sûreté qui leur étaient concédées. Or à Mas-de-Verdun (Mas-Grenier aujourd'hui), l'une de ces places, les soldats ne recevaient pas la solde promise et se dédommageaient en arrêtant et en rançonnant les bateaux qui descendaient la Garonne en direction de Bordeaux, au grand dam des commerçants bordelais.

Montaigne dut agir sur tous les fronts. Il élabora d'abord avec les jurats une remontrance au roi de Navarre au sujet du blocage de la Garonne, texte où des analystes, cherchant une fois de plus à déceler la marque du philosophe dans les actes produits en jurade, ont cru reconnaître l'influence de son ascendance marchande et la preuve d'un goût novateur pour la liberté du commerce… Hypothèse aussi séduisante que discutable. Il fut chargé ensuite, avec le syndic bordelais Gabriel de Lurbe, de porter cette remontrance à Henri de Navarre. En chemin, il passa par Bazas, l'une des villes que Matignon venait de faire occuper, et y arriva juste à temps, le soir du jeudi 11 décembre, pour empêcher le sénéchal du lieu d'exécuter les ordres rigoureux du maréchal ; il le persuada d'agir au contraire avec prudence et douceur, conformément aux instructions de Bellièvre et sans doute aussi à ses propres convictions. Initiative remarquable de la part d'un homme qui se prétend foncièrement irrésolu ! L'intervention ne manquait pas de courage, car elle pouvait susciter la colère de Matignon ; le sénéchal de Bazas expliqua dès le lendemain à ce dernier qu'il avait obéi aux « doutes » que Montaigne lui avait insufflés[35].

La rencontre du maire et de Gabriel de Lurbe avec le roi de Navarre eut lieu le 13 décembre 1583 à Mont-de-Marsan. Montaigne envoya le lendemain à Matignon un compte rendu du résultat décevant de cette entrevue : Henri de Navarre n'acceptait pas une diminution des sommes promises aux soldats des places de sûreté et n'envisageait aucun accommodement. La situation demeurait tendue ; deux lettres de Duplessis-Mornay au maire, datées des 9 et 18 décembre, lui signalèrent le mécontentement de son maître. « On nous circuit de garnisons », déplore-t-il : comment négocier dans ces conditions[36] ?

Les choses s'améliorèrent quelque peu au début de 1584, grâce à la persévérance de Bellièvre ; Matignon allégea la garnison catholique de Bazas et retira celles d'Agen et de Condom ; Henri de Navarre obtint de garder Mont-de-Marsan et consentit à recevoir sa femme. L'accord fut scellé le 13 avril[37]. Les tensions s'apaisèrent par ailleurs à Mas-de-Verdun. L'urgence était désormais de provoquer une entrevue entre le Béarnais et

Matignon ; Montaigne allait s'y employer. Il s'octroya pourtant un peu de repos : la lettre du 21 janvier adressée à Matignon est écrite de son château et celle du 23 avril, en faveur d'un gentilhomme qu'il avait nourri chez lui, le sieur de Verres, est rédigée à Castéra, au château de son frère Thomas, seigneur de Beauregard. Il reprit ensuite la route en mai pour aller à Pau auprès du roi de Navarre, qui lui remit une lettre aimable adressée à Matignon, prélude à un futur rapprochement[38]. C'est sans doute à cette occasion que, par l'intermédiaire de Duplessis-Mornay, le prince sollicita l'avis de Montaigne sur un projet de réformes à accomplir en Béarn, que les syndics de cette principauté venaient de soumettre à leur Conseil souverain. Le document, daté du 8 mai 1584, porte des annotations en marge des différents articles proposés et se termine par une mention autographe signée par l'auteur des *Essais* : « Tenir la main à ce que gens de vertu, doctrine et prudhommie détiennent la justice. Montaigne[39]. »

Tant d'efforts allaient être compromis par un troisième coup de tonnerre, le plus désastreux : François d'Anjou, miné par la tuberculose, mourut le 18 juin 1584. Du fait de la stérilité persistante du couple royal, l'extinction probable de la dynastie des Valois ouvrait la voie à l'avènement de la maison de Bourbon, issue d'un sixième fils de saint Louis. L'héritier présomptif du trône de France devenait ainsi Henri de Bourbon, roi de Navarre, c'est-à-dire, aux yeux de l'Église romaine, un hérétique doublé d'un relaps — « retombé » dans son « erreur » après son abjuration forcée au lendemain de la Saint-Barthélemy. Situation inadmissible pour les catholiques intransigeants ! Une solution aurait été que le roi de Navarre acceptât de se convertir ; le duc d'Épernon, envoyé auprès de lui par Henri III, échoua à le convaincre, comme Montaigne en informa Matignon[40].

L'embrasement du royaume, que laissait présager le rejet massif de la perspective d'un roi protestant, ne survint pas immédiatement ; toutefois, l'aggravation des actes de violence interconfessionnelle révéla l'âpreté des passions. En août 1584, Montaigne, retiré chez lui à cause de sa santé déficiente, signala à Matignon un sordide fait divers, avec une indignation soulignée par l'ironie du propos : il venait de découvrir que « des gens de bien de la réformation [de la religion réformée] de Sainte-Foy avaient tué un pauvre tailleur de cinquante ou soixante coups de ciseaux sans autre titre que de lui prendre vingt sous et un manteau qui en vaut deux fois autant[41] ». Au début de décembre, il séjournait de nouveau dans son château et priait les jurats d'excuser son absence en leur apprenant que toute la « cour de Sainte-Foy », celle du roi de Navarre, était « sur [ses] bras » et s'apprêtait à venir chez lui. Cette visite programmée faisait partie d'une campagne de séduction qu'orchestrait le souverain navarrais pour rallier tous les gentilshommes susceptibles de favoriser sa cause, quelle que fût leur religion[42]. Il venait d'ailleurs de confirmer sa bienveillance envers l'auteur des *Essais* en nommant gentilhomme de sa chambre, le 13 septembre, le jeune frère de ce dernier, Bertrand de Mattecoulon.

Henri de Navarre arriva en effet chez Montaigne le 19 décembre 1584, accompagné de nombreux seigneurs dont certains logèrent au château et les autres dans les villages environnants ; il s'y attarda deux jours. Le châtelain relate l'événement, non sans fierté, dans l'*Éphéméride* de Beuther et énumère le nom des membres les plus prestigieux de la suite royale qui comptait notamment le prince de Condé. Il signale que le roi a couché dans son lit, qu'il n'a pas demandé à être servi par ses propres officiers et qu'il a refusé qu'un goûteur testât les plats avant lui, preuve notable de confiance en un temps où beaucoup rêvaient de voir disparaître cet héritier gênant du trône. Montaigne offrit à son hôte le plaisir d'une chasse au cerf dans ses forêts. La teneur des entretiens qu'ils eurent ensemble et qui portèrent certainement sur la conjoncture angoissante demeure inconnue. Est-ce dans ces circonstances que Montaigne tint le discours qu'il dit avoir adressé à « un jeune prince », sans le

nommer, mais en qui on peut reconnaître le souverain béarnais ?
Il l'exhorta à ne pas s'abandonner à la passion de la vengeance :
« Je le laissai là et m'amusai [m'occupai] à lui faire goûter la
beauté d'une image contraire : l'honneur, la faveur, la bienveillance qu'il acquerrait par clémence et bonté ; je le détournai à
l'ambition[43]. » Montaigne aurait de la sorte remontré à Henri de
Navarre que son statut nouveau d'héritier présomptif du trône
l'appelait à une plus grande destinée que celle d'un chef de parti
acharné à prendre sa revanche.

Le premier signe d'une rechute imminente dans la guerre
civile se produisit le 31 décembre 1584. Ce jour-là, le duc Henri
de Guise, son frère le duc de Mayenne et ses cousins les ducs
d'Elbeuf et d'Aumale signèrent dans leur château de Joinville
un traité d'alliance avec l'Espagne, par lequel ils déclaraient
fonder une sainte Ligue et reconnaissaient le vieux cardinal de
Bourbon, oncle d'Henri de Navarre, comme successeur légitime au trône de France. Trois mois plus tard, le 31 mars 1585,
ils publièrent à Péronne un manifeste affirmant la nécessité
de revenir à l'unité de foi et prirent la tête d'un vaste soulèvement auquel s'associa une ligue roturière née à Paris à
la fin de 1584 et rapidement rejointe par les ultracatholiques
de nombreuses villes de province. Face à l'ampleur de cette
mobilisation, Henri III capitula : il promulgua le 7 juillet 1585
l'édit de Nemours, qui représentait un extraordinaire retour en
arrière : la liberté de culte était supprimée, mais aussi celle de
conscience ; les réformés avaient six mois — délai réduit ensuite
à quinze jours — pour choisir entre l'abjuration et l'exil. Selon
l'historiographe Pierre Matthieu, Henri de Navarre aurait
confié qu'en apprenant cette terrible nouvelle la moitié de sa
moustache avait blanchi[44].

Montaigne consacra les deux premiers mois de 1585, depuis
chez lui, à une intense diplomatie épistolaire destinée à éviter le
pire. Son château devint le centre d'un réseau d'informateurs qui

le renseignaient sur la situation du pays. Le 18 janvier, il confessa à Matignon avoir encore pris une initiative risquée, finalement infructueuse : il avait écrit au vicomte Henri de Turenne, qu'il avait reçu chez lui le 19 décembre avec Henri de Navarre, pour le prier de favoriser la rencontre tant attendue entre le Béarnais et Matignon ; il s'était permis de suggérer qu'elle pourrait se dérouler dans « les beaux jardins de Pau ». En même temps, il avait conseillé à la comtesse de Guiche d'œuvrer en ce sens. L'état des relations entre le roi et la reine de Navarre, autre test des chances de la paix, le préoccupait également. À juste titre : un incident survenu au début de février 1585 — l'interception par des agents navarrais d'un messager de Marguerite, porteur de ses lettres et de celles de son entourage — acheva de ruiner la réconciliation si péniblement négociée : la reine partit s'installer à Agen, où elle afficha ouvertement son ralliement à la Ligue[45]. Cette rupture avec son mari figurait celle qui scindait désormais le royaume ; entre les camps opposés, les modérés tels que Montaigne et de façon générale tous ceux qu'on appelait les « Politiques », partisans de la coexistence au moins temporaire entre les confessions, n'arrivaient plus à faire entendre leur voix.

Les ultracatholiques de Bordeaux, sentant que la conjoncture leur était propice, méditèrent un coup de main pour s'emparer de la ville, avec la participation active du baron de Vaillac. Le maire dut revenir d'urgence à son poste. Le danger était d'autant plus grand que la Ligue contrôlait la rive droite de la Gironde ; parallèlement se préparait, au nord de la Loire, une grande offensive militaire contre Henri de Navarre sous la direction des ducs d'Elbeuf, de Mercœur et de Mayenne[46]. Le 29 mars 1585, un arrêt du Parlement ordonna la levée de deux cents hommes de pied pour garder Bordeaux : cent cinquante seraient commandés par le sieur de Massip, conseiller en la cour, et cinquante par un homme choisi par le maire et les jurats[47]. Matignon décida alors de prendre les devants ; vers la mi-avril — la date précise reste obscure — il contraignit Vaillac, grâce à une manœuvre d'intimidation savamment orchestrée, à se démettre de la capitainerie du Château-Trompette, qui fut attribuée à un homme sûr ; la perspective d'une attaque ligueuse menée avec la complicité du capitaine de la forteresse se trouva ainsi écartée. La loyauté du maire et des jurats s'avéra décisive en l'occurrence ; le 22 avril, ils écrivirent au roi pour lui témoigner leur fidélité. Matignon rendit compte le 20 avril à Henri III du succès de l'opération et chargea Montaigne d'aller en informer Henri de Navarre à Bergerac[48].

Matignon dut cependant, à la demande d'Henri III, quitter Bordeaux en mai pour conduire ses troupes dans l'Agenais, où la présence de Marguerite encourageait l'agitation ligueuse ; il laissa de nouveau les pleins pouvoirs à Montaigne et à Ogier de Gourgues. C'est dans ces circonstances que se place peut-être un épisode rapporté dans les *Essais* sans date précise. Une revue générale des milices urbaines, auxquelles devaient se joindre les troupes des citadelles royales, avait été décidée. Ce rassemblement était lourd de périls : les comploteurs ligueurs pouvaient en profiter pour tenter une agression. Montaigne, se souvenant que lors de la révolte contre la gabelle, en 1548, la peur trop visible du lieutenant du roi, Tristan de Moneins, avait excité les mutins et provoqué son assassinat, prit le parti de surmonter ses appréhensions et d'affecter la sérénité ; il exhorta les jurats à se présenter comme lui-même « la tête droite et le visage ouvert » et de permettre aux soldats de tirer de belles salves. Cette attitude désamorça les mauvais desseins et la cérémonie s'acheva sans accident[19].

La fin du mois de mai 1585 fut semée d'embûches ; il fallait à la fois surveiller la ville et le port où risquaient d'accoster les navires des ligueurs et de leurs alliés espagnols ; une attaque des huguenots n'était pas non plus impossible, tant la possession de Bordeaux représentait un enjeu stratégique. Les lettres envoyées par Montaigne à Matignon résonnent de son angoisse. Dans celle du 22 mai, rédigée au cours de la nuit, il énumère les différentes menaces pesant sur la cité et rassure son correspondant au sujet de la garde des portes. Celle du 27 confirme sa fébrile activité : il a « passé toutes les nuits ou par la ville en armes ou hors de la ville sur le port ». Il est bien conscient du danger auquel il s'expose : en cas de surprise des ennemis, « on [le] tiendra à la gorge sans crier gare[50] ».

Une petite lueur d'espoir apparut néanmoins dans les jours suivants : la rencontre longtemps espérée entre Matignon et Navarre finit par se produire. À la fin de mai, Turenne demanda à Montaigne de redoubler d'efforts pour y parvenir, en des termes révélant l'ascendant moral acquis par le maire chez les modérés des deux camps : « Je vous prie y tenir la main, car on sait bien ici qu'à votre persuasion et selon que vous pousserez, que cela se pourra faire pour le bien du service du roi, pour le repos du gouvernement et au contentement de tous les gens de bien[51]. » Rendez-vous fut pris pour le début de juin à Libourne ; mais Matignon, empêché par une attaque de colique néphrétique, envoya Montaigne à sa place. Celui-ci arriva à Libourne le 3 juin... pour découvrir que Navarre en était déjà parti ; il le rejoignit deux jours plus tard, comme Navarre l'apprit à Matignon dans une lettre datée du 6 juin à Sainte-Foy. La jonction entre le maréchal et le roi de Navarre eut enfin lieu le 12 juin à Clairac ; le lendemain, le porteur d'une lettre de Matignon en informa Montaigne[52].

L'ampleur du désastre qui frappa alors Bordeaux estompa vite ce résultat positif : une virulente épidémie de peste s'y déclara dès le milieu du mois de mai et sévit jusqu'en décembre 1585. Matignon s'y rendit et, le 30 juin, apprit à Henri III la gravité de la situation : « La peste augmente de telle façon en cette ville qu'il n'y a personne qui ait moyen de vivre ailleurs qui ne l'ait abandonnée » ; l'infection avait gagné la forteresse du Hâ et la maison de ville. Le 28 juillet, Matignon était à Libourne ; l'un des jurats, Baude de Moncuq, sieur de La Motte, lui écrivit que parmi le menu peuple resté à Bordeaux, « cela mourait comme des mouches[53] ». Le nombre des victimes est difficile à évaluer ; les contemporains donnent des chiffres sans doute exagérés : quatorze mille morts selon la *Chronique bourdeloise* du syndic Gabriel de Lurbe, dix-huit mille selon les registres secrets du Parlement, parmi lesquels « deux jurats et quarante chefs de famille considérables[54] ». Le Parlement tenta d'enrayer la fuite des notables hors de la ville ; il taxa ses propres membres et les bourgeois de Bordeaux afin de pourvoir à la subsistance des pauvres ; face à la pénurie de main-d'œuvre pour soigner les pestiférés dans les maisons qu'il acheta pour en faire des « hôpitaux de peste », il y affecta des galériens et des condamnés à mort dont la peine fut commuée à cet effet[55].

Montaigne était à Bordeaux au commencement de l'épidémie ; mais en juin il dut partir, on l'a vu, pour aller voir le roi de Navarre sur les ordres de Matignon, ce qui disqualifie les accusations de fuite qu'on a portées contre lui. Il n'avait aucune raison impérative de revenir ensuite dans la ville ; la fin de son mandat — le 31 juillet 1585 — approchait et déjà circulait le nom de son successeur, Matignon, dont le roi voulait renforcer l'autorité en lui faisant cumuler, comme naguère le maréchal de Biron, les charges de maire et de lieutenant général. De Libourne, où séjournait probablement aussi Matignon, Montaigne écrivit aux jurats, le 30 juillet, qu'il était prêt à les rencontrer au château de Feuillas, sur la rive droite de la Garonne, encore épargné par la contagion, tout en les laissant juges de la nécessité de sa présence en ville ; le lendemain, il leur transmit de Feuillas les instructions de Matignon, qui fut élu comme prévu le 1er août. Ainsi s'acheva son second mandat, assombri par une succession d'événements dramatiques.

Le renseignement au risque de la trahison

Vint alors pour Montaigne le temps de la réflexion sur l'action qu'il avait menée ; elle nourrit en partie le troisième livre qu'il entreprit de rédiger pour l'ajouter aux deux précédents.

Comme tous les hommes publics chargés de responsabilités en une période périlleuse, il fit l'objet de critiques. Certains lui reprochèrent de ne pas s'être investi suffisamment dans sa fonction et d'y avoir apporté « une affection languissante ». Il ne leur donne pas tout à fait tort ; il admet volontiers ne pas s'être laissé accaparer par sa mission au point de s'oublier lui-même. Il rappelle pourtant qu'il n'a pas ménagé son énergie, ses paroles et sa sueur, risquant jusqu'à son sang — ce qui, comme l'atteste son activité au plus fort du danger ennemi, n'a rien d'une forfanterie. Il a malgré tout réussi à préserver la liberté de son esprit : « J'ai pu me mêler des charges publiques sans me départir de moi de la largeur d'un ongle, et me donner à autrui sans m'ôter à moi. » Il a trop mesuré le ridicule de ceux qui, élevés à un poste important, s'incorporent leur personnage et font de leur rôle social une essence ; lui ne s'est pas « prélaté jusques au foie et aux intestins » de son office. C'est le sens qu'il convient de donner à la phrase fameuse : « Le maire et Montaigne ont toujours été deux, d'une séparation bien claire[56]. »

Il est un autre reproche qu'on a dû lui faire, qu'il suggère implicitement et que des commentateurs actuels n'ont pas hésité à formuler expressément : dans le but de fournir à Matignon tous les atouts nécessaires à l'efficacité de son action, il a mis à profit l'estime dans laquelle le tenaient les protestants pour aller glaner chez eux des informations et les communiquer au camp royal ; ne s'est-il pas comporté alors en agent double, en infiltré, voire en « mouchard[57] » ?

Ce soupçon ne manque pas tout à fait de fondement. Sa réputation d'intégrité a très vite placé Montaigne dans une situation ambiguë entre les deux camps. Après la prise de Mont-de-Marsan par Henri de Navarre, le 21 novembre 1583, Philippe Duplessis-Mornay demanda au maire de Bordeaux d'être le témoin de la bonne foi des protestants auprès des catholiques : « À vous qui n'êtes, en cette tranquillité d'esprit, ni remuant ni remué pour peu de chose, nous écrivons [...] non pour vous assurer de notre intention, qui vous est bien connue et ne vous peut être cachée, soit pour notre franchise, soit pour la pointe de votre esprit ; mais pour vous en rendre pleige [garant] et témoin, si besoin est, envers ceux qui jugent mal de nous [...] [58]. » Montaigne était ainsi invité à fréquenter de près ces voisins mi-amis mi-ennemis. La situation de son château s'y prêtait : la cour du roi de Navarre résidait souvent à Sainte-Foy, à une demi-journée de cheval. Toutefois, il restait avant tout au service de Matignon et du roi de France ; son premier devoir était d'informer, d'essayer de percer les intentions de Navarre et de détecter les risques qu'elles faisaient courir à la paix.

Sa correspondance avec Matignon illustre amplement l'ambivalence de sa position d'agent de renseignement. Il s'était lié d'amitié avec certains officiers du souverain navarrais, tels Hurozius de Berziau, sieur de La Marselière, secrétaire d'État, et Arnaud du Ferrier, chambellan. Montaigne appréciait beaucoup la hauteur de vues de ce dernier, ancien ambassadeur à Rome — où il l'avait rencontré — et désormais converti au calvinisme ; il aurait confié à Duplessis-Mornay que les réformés avaient « gagné une bataille » en l'attirant à eux[59]. Au début de 1585, Du Ferrier et La Marselière demeurèrent quelque temps à Sainte-Foy, que le roi de Navarre venait de quitter ; Montaigne apprit d'eux les nouvelles toutes fraîches qu'un fidèle du prince béarnais, Antoine de Roquelaure, venait de leur apporter et qu'il transmit aussitôt à Matignon dans sa lettre du 2 février. Le 9 février, Montaigne indiqua qu'il avait « les bottes au pied » pour aller au château tout proche du Fleix, chez le marquis de Trans, où ses informateurs devaient arriver le lendemain ; il n'y vit en réalité que La Marselière et d'autres membres du Conseil navarrais. Du Ferrier, souffrant — il mourut en octobre suivant —, n'avait pas encore quitté Sainte-Foy où Montaigne alla le visiter. Grâce aux indications ainsi fournies, Matignon était au courant des faits suspects — une assemblée extraordinaire des réformés à Sainte-Foy, un amas de troupes huguenotes dans le Bazadais — et des déplacements programmés par le roi de Navarre ; il pouvait donc adapter ses décisions à la conjoncture fluctuante et parer les coups prévisibles des protestants.

Montaigne pressentait qu'on pouvait lui reprocher d'avoir trahi des gens qui lui faisaient confiance. Il s'efforça de répondre à ces soupçons dans le chapitre *De l'utile et de l'honnête*, au livre III. Il ne se contente pas, en effet, d'y développer une réflexion générale sur les rapports entre la morale et le réalisme en politique, sujet que la diffusion des œuvres de Machiavel rendait brûlant ; il y fait aussi entendre l'écho d'un dialogue serré avec sa propre conscience, alimenté par la méditation du *De officiis* de Cicéron.

Il est parfaitement possible, soutient-il, d'entretenir des liens amicaux au sein de camps antagonistes : « Rien n'empêche qu'on ne se puisse comporter commodément entre des hommes qui se sont ennemis, et loyalement[60]. » L'audace de la proposition, alors que s'approfondissaient les clivages et que se durcissait la notion d'ennemi intérieur, mérite d'être soulignée. Montaigne l'assortit cependant d'une condition, à ses yeux capitale : ne pas chercher à gagner la faveur des chefs de l'un ou l'autre parti ni attendre d'eux une récompense ; autrement dit, être capable de « couler en eau trouble sans y vouloir pêcher ». Il faut pour cela faire preuve d'une totale franchise et ne pas cacher son appartenance religieuse et politique : de cette façon l'interlocuteur ne pourra se plaindre d'avoir été trompé. C'est justement ce trait qui permet de distinguer l'intermédiaire intègre des professionnels du renseignement, ces « hommes doubles », « gens du métier » qui dissimulent au contraire leurs convictions et font croire aux adversaires qu'ils partagent leurs opinions.

Il n'en reste pas moins qu'il est difficile de transmettre des informations sans trahir. La défense de Montaigne se fait ici quelque peu embarrassée, révélant sans doute un secret malaise. À l'en croire, il n'aurait rien divulgué qui soit vraiment important : « Je ne dis rien à l'un que je ne puisse dire à l'autre, à son heure, l'accent seulement un peu changé ; et ne rapporte que les choses ou indifférentes ou connues, ou qui servent en commun. » Devant cet aveu, il est permis de s'interroger sur l'utilité de son service… Il a veillé, ajoute-t-il, à ce qu'on ne lui confie pas de secrets cruciaux. Son refus de la duplicité pourrait bien avoir limité l'efficacité de ses renseignements. Aurait-il feint de se prêter aux exigences de Matignon, avide d'éclaircissements sur le camp adverse, tout en limitant délibérément l'intérêt de ceux qu'il fournissait ? C'est possible. Cependant il ne s'est sans doute pas senti enfermé dans le choix insoluble entre trahir ses voisins huguenots ou tromper son commanditaire. Car il y avait à ses yeux une trahison beaucoup plus grave : celle qui interrompt la circulation de la parole entre les membres du corps politique et détruit leur cohésion. « Notre intelligence se conduisant par la seule voie de la parole, celui qui la fausse *trahit* la société publique[61]. » Or la guerre civile fausse par excellence l'échange des paroles ; elle brise le lien social. Maintenir la communication entre les adversaires, fût-ce en frôlant dangereusement la frontière entre la loyauté et la perfidie, peut prévenir un affrontement ouvert et restaurer la confiance. Cette fidélité à un idéal de concorde permet à Montaigne d'affirmer : « Si je dois servir d'instrument de tromperie, que ce soit au moins sauve ma conscience[62]. »

En outre, il prend soin de clarifier ce qui l'a fait agir en la circonstance : non pas l'allégeance à un homme, mais l'adhésion à un principe, qu'il appelle « la cause générale et juste » ou encore « la cause des lois et défense de l'ancien état[63] ». Il n'est conduit ni par l'attachement à Henri de Navarre, ni par le dévouement à Matignon, ni par la dévotion envers Henri III ; s'il les sert, c'est parce qu'ils sont les instruments nécessaires de la pacification espérée. Il réaffirme ainsi son désir de ne pas se laisser enchaîner par des liens privés qui le rendraient dépendant d'une personne : « Au demeurant, je ne suis pressé de passion ou haineuse ou amoureuse envers les grands ; ni n'ai ma volonté garrottée d'offense ou obligation particulière. » Après 1588, il précise : « Je regarde nos Rois d'une affection simplement légitime et civile : ni émue ni démue [détournée] par intérêt privé[64]. » Cette profession de foi est profondément novatrice, en un temps où le ressort de l'action de la plupart des gentilshommes est la fidélité personnelle à un chef. S'ébauche ici, obscurément, la distinction entre la sphère privée et la sphère publique, qui finira à terme par engendrer la dissociation entre l'obéissance *particulière* à un gouvernant et l'obéissance *civile* à l'entité abstraite de l'État[65]. Pour l'instant, Montaigne cherche surtout à décrire une vertu civique qui transcende les divisions confessionnelles et les appartenances clientélistes, de façon à rassembler les efforts des pacifiques et empêcher le navire commun de sombrer.

Toutefois, la défense de la cause générale ne doit pas être contaminée par une ardeur déréglée, qui pourrait provoquer un fanatisme équivalent à celui que suscitent le prosélytisme religieux ou la vénération d'un patron, voire engendrer cet esprit de sacrifice que raille Montaigne — il suivra le bon parti, on s'en souvient, jusques au feu, mais exclusivement si possible... Dans une phrase remarquable de lucidité, il prescrit de suivre la « raison simple », pure de fièvres et d'emportements. « La colère et la haine sont au-delà du devoir de la justice[66]. » La maîtrise des pulsions permet d'apporter dans l'engagement civique cet « ordre et attrempance » qui gagne l'estime des deux camps, sans soupçon de trahison envers eux puisque le but poursuivi dépasse et unit à la fois les adversaires ; quiconque en sera capable ne pourra que « demeurer debout, quelque injurieuse mutation et chute que le ciel nous apprête », car le vainqueur des affrontements, quel qu'il soit, le respectera nécessairement.

Montaigne pressent pourtant que son argumentation risque d'être incomprise et que la singularité de son comportement engendrera inévitablement la méfiance. « Tout ce mien procéder est un peu bien dissonant à nos formes [usages][67]. » Il sait qu'il s'expose à l'hostilité des intransigeants des deux bords, comme en témoigne la constatation désabusée déjà citée : pour les Gibelins il est un Guelphe et pour les Guelphes un Gibelin. Le terrible édit de Nemours (7 juillet 1585), triomphe des ultracatholiques, sonna le glas de ses espérances ; la huitième guerre qui débutait promettait d'être la plus ravageuse. L'exaltation religieuse des ligueurs, ce « zèle » qui leur faisait perdre la raison, les empêchait de concevoir la possibilité d'un espace neutre où coexisteraient les différences, au moins provisoirement ; bien plus, ils tournaient de plus en plus leur animosité contre les « Politiques », qui croyaient nécessaire de commencer par trouver une solution politique au conflit avant de songer à une éventuelle réunification religieuse. La modération préconisée par Montaigne semblait vouée à l'échec.

Le regard qu'il jette sur ses deux mandats, à la fin du chapitre *De ménager sa volonté*, ne manque néanmoins pas de sérénité. Il n'a laissé derrière lui, assure-t-il, « ni offense ni haine ». S'il n'a pas laissé non plus de regret, peu lui importe : ce n'est pas ce qu'il cherchait ; il avait d'ailleurs bien averti ses concitoyens de son « insuffisance »… Il n'a pas innové, car l'innovation est dangereuse et même « interdite en ce temps, où nous sommes pressés et n'avons à nous défendre que des nouvelletés ». Au sein des turbulences, sa mission était de « conserver et durer ». Il y est parvenu : ni les ligueurs ni les huguenots n'ont réussi à s'emparer de Bordeaux. Il va jusqu'à se féliciter de sa bonne fortune : sa gestion s'est placée entre deux guerres civiles, la septième et la huitième, ce qui à tout prendre est un formidable coup de chance[68] ! Matignon aura bien pire à affronter. Dans cette accalmie toute relative, Montaigne juge avoir à peu près accompli ce qu'il s'était proposé de faire. C'est sur ce quitus accordé par sa conscience que s'achève sa réflexion sur les quatre années passées à la mairie bordelaise.

X

ULTIMES EFFORTS DE CONCILIATION

Au cours de son activité de maire de Bordeaux, Montaigne a pratiqué l'art de la diplomatie ; jouant le rôle d'intermédiaire entre les camps opposés, il les a mis en relation, il a maintenu le dialogue entre eux[1]. L'expérience ainsi acquise enracina dans son esprit une espérance obstinée que la violence ligueuse renaissante ne parvint pas tout à fait à anéantir : l'engrenage de la guerre civile pourrait peut-être encore s'enrayer si, malgré les difficultés nouvelles, la communication était rétablie entre le roi de Navarre, chef des huguenots, et le duc de Guise, chef des catholiques intransigeants ; ou bien si Henri III, détenteur du pouvoir légitime, acceptait de s'entretenir avec Navarre, l'héritier de la Couronne désigné par la loi salique. Montaigne a sans doute cru fermement à ces ultimes chances de la paix ; c'est à les saisir qu'il consacra en partie les années consécutives à ses mandats bordelais. Combat difficile : la médiation d'un homme de bonne volonté, au crédit somme toute assez limité, ne pouvait pas grand-chose. Toutes les possibilités de pacification semblèrent se fermer devant lui. Si l'année 1588 fut marquée par une nouvelle édition des *Essais*, enrichis d'un troisième livre et de quelque six cents additions aux deux premiers, elle offrit aussi le spectacle « des jeux tragiques de l'humaine fortune[2] ».

Aux déboires personnels s'ajouta pour le philosophe la douleur d'être mêlé de près à la tourmente qui menaçait d'engloutir le royaume.

Entremetteur de paix

Jacques-Auguste de Thou, dans ses Mémoires, rapporte un témoignage qui a provoqué bien des supputations chez les biographes de Montaigne. Ce dernier lui aurait confié, quand ils se rencontrèrent tous les deux à la fin de 1588 à Blois où les États généraux venaient de se réunir, qu'il avait « un jour » (*aliquando*) servi de médiateur entre Guise et Navarre ; il aurait précisé que ce fut « quand ils étaient ensemble à la Cour[3] ». Dans cette expression, comme l'a pertinemment démontré une étude serrée de ce texte, le pronom « ils » ne peut désigner Guise et Navarre : ceux-ci se trouvèrent certes ensemble à la Cour entre 1572, année de la Saint-Barthélemy, et 1576, année où Navarre s'évada du Louvre où il était maintenu sous haute surveillance, mais ils entretenaient alors des rapports de camaraderie courtoise, sans querelle apparente[4]. Selon la seconde interprétation proposée par cette étude, Montaigne aurait plutôt voulu parler d'un temps où lui-même avait côtoyé à la Cour l'un de ces deux chefs de parti, Henri de Guise plutôt qu'Henri de Navarre, puisque ce dernier, après sa fuite, évita de revenir dans l'entourage royal. Deux périodes peuvent être retenues, pendant lesquelles Guise fut présent à la Cour : de novembre 1577 à mai 1578 et du 15 février au 18 mai 1586. La seconde paraît la plus vraisemblable : le récit fait à de Thou mentionne les perspectives de Navarre d'accéder au trône de France, perspectives qui ne se sont ouvertes qu'après la mort de François d'Anjou en 1584[5]. Montaigne aurait donc tenté à ce moment-là — en fait après le 6 mars 1586, date à laquelle il porta sur la page de garde de la *Chronique de Flandres* publiée par Denis Sauvage qu'il venait d'en achever la lecture chez lui[6] — de convaincre le duc de Guise d'entrer en contact avec Henri de Navarre.

Cette initiative ne manque pas de surprendre. Comment un simple gentilhomme, qui n'avait plus de charge officielle, pouvait-il croire influencer les deux puissants seigneurs qui personnifiaient l'impitoyable affrontement des passions confessionnelles ? Aucun indice n'autorise à penser qu'il ait été mû en cela par des directives du marquis de Trans ou du maréchal de Matignon ; l'hypothèse d'une décision personnelle est plausible. Des recherches récentes permettent de l'étayer : elles montrent comment une situation de crise peut pousser une personne privée, stimulée par la perception d'un bouleversement imminent, à essayer d'intervenir pour infléchir le cours des événements, ce qui la transforme en protagoniste actif d'une histoire en train de se faire, à la frontière des sphères du privé et du public[7]. Dans le cas de Montaigne, c'est probablement le traumatisme de la huitième rechute dans la guerre civile qui l'a incité à agir pour renouer le dialogue entre les deux chefs ennemis : pari d'autant plus risqué que l'édit de Nemours, rappelons-le, venait de supprimer, le 7 juillet 1585, les libertés de conscience et de culte.

Pourtant, au printemps de 1586, le projet de réunir Guise et Navarre n'était pas aussi chimérique qu'il pourrait le paraître. Si l'on en croit l'ambassadeur du duc de Savoie, René de Lucinge, la vieille idée de négociations entre catholiques et calvinistes, fondées sur la possibilité d'un compromis dogmatique *a minima*, connut alors une brève résurgence ; une telle solution avait déjà été avancée, sans succès, au colloque de Poissy en 1561, notamment par le cardinal de Lorraine qui y voyait sans doute une étape pour revenir ensuite à l'unité au sein de l'Église romaine. La rumeur d'un accord entre les maisons de Bourbon et de Guise se mit à circuler[8]. La conjoncture y était favorable ; le roi de Navarre manifestait, par son entourage multiconfessionnel, sa capacité à rassembler, que Montaigne avait appréciée quand il le reçut chez lui en décembre 1584 ; quant au duc de Guise, fragilisé par de grosses difficultés financières et par sa rivalité avec les ducs d'Épernon et de Joyeuse, les « archi-mignons » du roi, il pouvait être sensible à des perspectives d'apaisement. On aime à imaginer que Montaigne, en invitant le duc à se réconcilier avec son adversaire, lui a tenu le langage qu'il déclare avoir adressé à « un grand », non nommé, où la fermeté se mêlait au souci de ne pas se poser en donneur de leçons : « Je ne serais pas si hardi à parler s'il m'appartenait d'en être cru ; et fut ce que je répondis à un grand, qui se plaignait de l'âpreté et contention de mes enhortements [exhortations]. Vous sentant bandé et préparé d'une part, je vous propose l'autre de tout le soin que je puis, pour éclaircir votre jugement, non pour l'obliger ; Dieu tient vos courages et vous fournira de choix[9]. »

Toutefois, la confidence que Montaigne fit à de Thou, alors que sa tentative avait échoué, est empreinte de pessimisme : trop de haine, constatait-il, séparait Guise et Navarre pour espérer un véritable accord. Son récit trahit également sa difficulté à concevoir que la conduite des deux antagonistes pût être dictée par des motifs autres que l'habileté tactique : « Quant à la religion, qu'ils mettent tous les deux en avant, c'est un bon prétexte pour leurs sectateurs, mais aucun d'entre eux ne s'en soucie ; car Navarre, s'il ne craignait d'être abandonné par les siens, serait tout à fait prêt à revenir à la religion de ses ancêtres ; et Guise, s'il pouvait le faire sans risque, ne rechignerait pas à suivre la Confession [luthérienne] d'Augsbourg, dont son oncle Charles, le cardinal, lui avait autrefois donné un avant-goût[10]. » Le schématisme de ce jugement étonne ; de Thou l'a peut-être simplifié outre mesure en le rapportant, de façon à appuyer par l'autorité d'un auteur déjà bien connu ses propres convictions sur les motivations de Guise et de Navarre. Toujours est-il que cette tentative de médiation entre des chefs soucieux de ne pas perdre leur crédit auprès de leurs troupes fut un échec.

Pouvait-il vraiment réussir ? Il s'est qualifié de « tendre négociateur et novice », arguant de sa « naïveté » au sein des roueries

de la Cour[11]. La manière dont il approchait les grands, libre et
directe, se distinguait trop des conventions admises pour ne
pas avoir desservi son propos de conciliation. Il s'échauffait,
reconnaît-il, en s'adressant à eux, leur présentant la « même
licence de langue et de contenance » que celle qu'il adoptait en sa
maison, si bien que ses interlocuteurs devaient le prier de modé-
rer sa voix quand il les entretenait « d'affaires de poids[12] ». Il lui
est sans doute arrivé de paraître bien « provincial ». Il se plaisait
à parler à Paris comme à Montaigne : son « ramage gascon »,
que raillait Étienne Pasquier, devait prêter à moquerie. Sa dis-
traction également, dont il ne se cachait pas : « […] ayant eu en
la bouche Sire ou Altesse trois jours de suite, huit jours après ils
m'échappent pour Excellence ou pour Seigneurie[13]. » Il s'irritait
de constater que les gentilshommes de province faisaient figure
de sauvages exotiques aux yeux des jeunes courtisans, qui « ne
tiennent qu'aux hommes de leur sorte, nous regardent comme
gens de l'autre monde, avec dédain ou pitié ». Ses efforts pour
se parer de l'élégante désinvolture que recommandait Baldassare
Castiglione tournaient parfois à la déconvenue : il souhaitait
discourir sans notes et faire mine d'improviser, de manière à
« représenter en parlant une profonde nonchalance et des mouvements fortuits et imprémédités, comme naissant des occasions
présentes », mais sa mauvaise mémoire le trahissait ; il s'est vu
un jour bien embarrassé, en panne d'inspiration. La mésaventure
pourrait bien s'être produite à la Cour, car il termine son récit
en affirmant s'être promis de ne plus se charger de parler « en
lieu de respect », formule déjà employée par lui pour désigner
l'entourage royal[14]. C'étaient là des handicaps qui pouvaient
nuire à sa volonté de servir de médiateur.

Sitôt revenu chez lui, Montaigne se trouva assailli par les
maux de la guerre civile. « Une forte charge de nos troubles se
croupit plusieurs mois, de tout son poids, droit sur moi[15]. » Le
10 juillet 1586, l'armée royale mit le siège devant Castillon, à

moins de 10 kilomètres de son château ; la ville se rendit un mois et demi après, le 1er septembre, puis fut reprise par les huguenots au printemps suivant. « J'avais d'une part les ennemis à ma porte, d'autre part les picoreurs, pires ennemis. » La « picorée », c'était le pillage des paysans par les soldats, qui complétaient leur maigre solde, irrégulièrement payée, en dérobant ce qu'ils pouvaient dans les fermes, voire en extorquant à leurs victimes le secret des caches de leur épargne au moyen de divers supplices — plante des pieds brûlée, bout des doigts écrasé[16]. Bien pis, une épidémie de peste, propagée par les déplacements de l'armée, atteignit Castillon et se répandit en Périgord. En des passages devenus célèbres, Montaigne a évoqué avec admiration la constance des paysans devant la mort : ils l'attendaient sans trembler, attentifs seulement à creuser d'avance leur fosse pour éviter que leur cadavre ne devînt la proie des bêtes sauvages ; certains d'entre eux s'y couchaient encore vivants : « Et un manœuvre des miens à tous ses mains et ses pieds attira sur soi la terre en mourant : était-ce pas s'abriter pour s'endormir plus à son aise[17] ? »

À la fin de l'été, la contagion finit par menacer le château. Montaigne fut obligé de partir chercher refuge dans des maisons amies. Accompagnant à cheval, avec quelques serviteurs, sa famille et ses bagages transportés dans un chariot, il erra six mois durant d'asile en asile ; les hôtes qui recevaient la pitoyable caravane la priaient de partir dès qu'un petit malaise frappait l'un de ses membres, craignant qu'il ne s'agît d'un début de contamination. En temps de panique collective, la peur l'emporte sur l'hospitalité : « Toutes maladies sont prises pour peste ; on ne se donne pas le loisir de les reconnaître. » De surcroît, le revenu tiré de la seigneurie diminua dangereusement ; les raisins demeurèrent suspendus aux vignes, faute de main-d'œuvre pour les ramasser[18].

Montaigne a-t-il sollicité l'aide de Catherine de Médicis ? Une lettre de la reine mère, écrite à Cognac le 31 décembre 1586, pourrait le faire supposer. Elle y ordonne à son receveur général de verser 150 écus, s'ajoutant à 100 écus déjà accordés, à « Montaigne », à qui elle a demandé de venir la rejoindre, accompagné de sa femme ; la somme servira « tant pour renouveler un des chevaux de sa chariotte que pour satisfaire à sa dépense extraordinaire, venant par les champs, que aussi pour l'achat de quelques hardes qui leur sont nécessaires[19] ». Il est tentant de voir dans ce « Montaigne » l'auteur des *Essais* ; les allusions à sa « chariotte », à sa dépense extraordinaire, au besoin pour lui et son épouse de compléter leur garde-robe, semblent bien correspondre à sa situation. À partir de ce texte, des biographes ont pensé que Catherine de Médicis avait appelé Montaigne auprès d'elle pour qu'il assistât à ses négociations avec le roi de Navarre et le prince de Condé, négociations qui eurent lieu en décembre 1586 au château de Saint-Brice, entre Cognac et Jarnac, et qui débouchèrent sur une trêve éphémère. Ce scénario séduisant se heurte pourtant, comme dans le cas déjà mentionné des missions en Espagne et en Savoie dans les années 1570, à l'existence du secrétaire nommé François Montaigne ; il était déjà arrivé à la reine mère de faire allusion, dans sa correspondance, à la femme de ce dernier[20]. En l'état actuel de nos connaissances, rien ne permet véritablement de déterminer si c'est le philosophe ou le secrétaire qu'elle a convié à venir la rejoindre à Cognac.

Quand il retourna chez lui, à la fin de l'hiver de 1587, Montaigne dut rétablir le bon fonctionnement de sa maisonnée, remettre en culture les vignes et les champs abandonnés et recruter de nouveaux serviteurs. Le risque de pillage menaçait toujours son château, qu'il s'obstinait à ne pas fortifier ; comme mainte fois auparavant, il s'endormait chaque soir en redoutant d'être trahi et assommé pendant la nuit[21]. Peut-être est-ce de ce temps qu'il faut dater le guet-apens dont il raconte avoir été victime et auquel il échappa grâce à sa maîtrise de soi : à la faveur d'une accalmie, il avait cru pouvoir entreprendre un voyage ; en cours de route, il fut brusquement environné d'une vingtaine de gentilshommes masqués et d'une troupe d'argoulets — cavaliers pourvus d'armes légères —, dévalisé et mis à rançon ; puis le chef des agresseurs, dont il avait éveillé le respect par la fermeté de son visage et la liberté de ses paroles, finit par le relâcher. Ce chef, ajoute Montaigne, fut lui-même tué peu après[22].

À l'automne de 1587 surgit cependant pour lui une occasion inespérée de renouer avec ses rêves de conciliation. Le 20 octobre eut lieu près de Coutras une terrible bataille : Henri de Navarre remporta une victoire éclatante sur les troupes royales et ligueuses conjointes, menées par le duc de Joyeuse, l'un des « archi-mignons » d'Henri III ; les huguenots, légèrement supérieurs en nombre, écrasèrent leurs adversaires, parmi lesquels furent tués deux mille fantassins et trois cents gentilshommes — dont Joyeuse et son jeune frère Claude, seigneur de Saint-Sauveur. Le vainqueur, bien conscient qu'il jouait là son statut d'héritier légitime de la Couronne, sut briser à cette occasion le cercle infernal des vengeances : alors que Joyeuse, après deux combats précédents contre les protestants, avait fait égorger sans pitié tous ceux qu'il avait capturés, Navarre ordonna de soigner les blessés et de relâcher plusieurs prisonniers sans rançon[23]. Dans une lettre au roi Henri III, le Béarnais protesta de sa loyauté et déplora le sang français misérablement répandu. Exercice politique de haute voltige — où se reconnaît l'influence de son conseiller Philippe Duplessis-Mornay —, indispensable pour construire son image de rassembleur futur de tous les Français[24].

Or, trois jours après le combat, Henri de Navarre vint avec toute sa suite loger au château de Montaigne et en repartit le lendemain. Cette fois, le châtelain ne mentionna pas l'événement dans l'almanach de Beuther. Il pensait apparemment que recevoir un prince victorieux de l'armée royale méritait quelque discrétion, d'autant que, selon une hypothèse parfois avancée, il aurait conseillé au maréchal de Matignon d'arriver avec une prudente lenteur sur le champ de bataille de Coutras, ce qui priva Joyeuse d'un secours décisif[25]. Un tel conseil, s'il a bien été donné, ne trahirait pas chez Montaigne une adhésion inconditionnelle à Henri de Navarre, dont il admirait la vaillance mais désapprouvait les prises d'armes ; il révélerait simplement le désir d'éviter une défaite des forces huguenotes qui eût consolidé la domination politique de la Ligue. Toutefois, ce calcul éventuel fut vite déçu par les victoires remportées à Vimory et à Auneau par le duc de Guise, les 26 octobre et 24 novembre 1587, contre les troupes mercenaires allemandes enrôlées par le roi de Navarre, succès qui contrebalançaient l'effet de Coutras en renforçant les ligueurs.

Les historiens sont de nouveau réduits aux conjectures au sujet des entretiens qui se déroulèrent entre Montaigne et son hôte. Plusieurs faits concordants permettent malgré tout de proposer une esquisse plausible du projet qui a pu naître à cette occasion. Henri de Navarre n'avait jamais rompu avec son beau-frère Henri III ; ils entretenaient des contacts que la complexité des temps exigeait de garder secrets. Or Montaigne s'apprêtait à partir pour Paris dans le dessein d'y faire éditer les *Essais* ; il pouvait être l'un des nombreux émissaires discrets du Béarnais et plaider pour une réconciliation au cours d'une entrevue avec le roi. Il avait déjà, quand il était maire de Bordeaux, servi plusieurs fois de porte-parole à Navarre dans ses relations avec Matignon ; la comtesse de Guiche, aux pieds de laquelle le vainqueur de Coutras alla déposer les drapeaux pris à l'adversaire, encouragea certainement son amant à recourir de nouveau à Montaigne. Le maréchal de Matignon, qui aurait, selon de Thou, donné une place dans son Conseil à l'auteur des *Essais*, dut aussi avoir une part essentielle à l'élaboration de cette mission[26] ; il a vraisemblablement ajouté aux objectifs confiés au futur messager le soin de rendre compte à Henri III des pourparlers qu'il avait engagés avec Henri de Navarre. Son fils

Odet de Thorigny devait se rendre en Normandie pour régler une affaire familiale, en s'arrêtant au passage à Paris ; il pourrait voyager avec Montaigne et partager avec lui la responsabilité de porter aux oreilles du roi les espérances des partisans de la paix, sans susciter la méfiance des espions ligueurs, puisque chacun des deux voyageurs disposerait d'un motif officiel justifiant leur déplacement.

Mission et publication au péril des troubles

Montaigne et Thorigny quittèrent Bordeaux vers la fin de janvier 1588. Le 16 de ce mois, une lettre de Thorigny à son père lui avait annoncé l'imminence de son départ ; de son côté, Philippe Duplessis-Mornay, le 24 janvier, signala que Montaigne s'en allait « en Cour » et ajouta : « On nous dit que nous serons bientôt recherchés par personnes neutres[27] ». Entreprendre un voyage dans un pays déchiré par la guerre civile, où le désordre favorisait la prolifération des brigandages, n'était pas sans risques. Les deux voyageurs en firent la désagréable expérience quand ils arrivèrent en vue de la forêt de Villebois, au sud-est d'Angoulême, où s'étaient tapis des pillards. Le 16 février, Montaigne raconta à Matignon dans une missive écrite à Orléans le guet-apens dont sa troupe venait d'être victime[28]. L'agression fut perpétrée par un bandit de grand chemin nommé Le Lignou — et non par un ligueur, ainsi qu'une mauvaise lecture l'a longtemps laissé croire — qui agissait ponctuellement pour le compte du parti protestant. Averti, le prince Henri de Condé, qui connaissait Montaigne pour avoir logé chez lui en décembre 1584 avec la suite d'Henri de Navarre, le fit libérer ainsi que ses compagnons ; mais les voyageurs perdirent des biens dans l'aventure : pour Montaigne, la boîte où il conservait son argent ainsi que la plupart de ses papiers et de ses habits — il ne dit rien du manuscrit des *Essais*, apparemment sauvegardé ; pour Thorigny, quelque 50 écus et des vêtements de peu de valeur. La lettre de Montaigne complète le récit par des nouvelles diverses : Thorigny avait fait un détour par Montrésor où les corps des deux Joyeuse furent inhumés ; le voyage de la Cour en Normandie était différé[29] ; le roi avait demandé au duc de Guise de venir le rejoindre. Une autre source relate l'embuscade en ne mentionnant que Thorigny et qualifie nettement les assaillants de huguenots[30].

Les messagers avaient beau avoir chacun un objectif déclaré qui couvrait les raisons secrètes de leur périple, ils ne pouvaient passer inaperçus aux yeux des multiples agents de renseignement qui pullulaient dans un royaume travaillé par le soupçon. Dès qu'ils approchèrent de Paris, où ils arrivèrent peu de jours après l'incident de Villebois, le mobile de leur voyage fit éclore des suppositions inquiètes. Deux ambassadeurs étrangers, sir Edward Stafford, envoyé de la reine d'Angleterre, et don Bernardino de Mendoza, représentant du roi d'Espagne, exprimèrent leur perplexité. Le 1er février, Stafford informa sir Francis Walsingham, principal secrétaire d'État, de l'arrivée prochaine de Thorigny, accompagné « d'un certain Montigny, gentilhomme très sage du roi de Navarre », dont il n'avait jamais entendu parler auparavant. Vingt jours plus tard, il s'était renseigné et complétait les indications transmises à Walsingham : il dépeignait maintenant Montaigne, dont il avait rectifié l'orthographe du nom, comme le principal négociateur, que Matignon avait choisi de « faire escorter » par son fils ; ancien maire de Bordeaux, c'était un favori de la comtesse de Guiche, une femme dangereuse qui, disait-on, gouvernait le roi de Navarre à sa guise[31]. L'apport le plus intéressant de cette deuxième lettre est la description qu'elle donne de l'anxiété suscitée chez les fidèles du roi de Navarre par la venue des deux voyageurs. Stafford rapporte que Duplessis-Mornay et Turenne s'offusquèrent de constater que leur maître avait envoyé Montaigne — un catholique ! — sans les consulter et sans leur dire le motif de sa mission : serait-ce pour traiter avec Henri III dans leur dos ? L'ambassadeur anglais avouait partager leurs appréhensions et craignait que « le roi de Navarre ne se trouvât contraint, bon gré mal gré, de satisfaire le Roi », c'est-à-dire de pactiser avec lui. Se manifestait ainsi sa peur d'une possible abjuration d'Henri de Navarre, une fois devenu roi, ce qui achèverait de compromettre les chances d'expansion de la Réforme dans le royaume de France.

Mendoza, l'ambassadeur espagnol, fournit au roi Philippe II à peu près les mêmes renseignements dans deux lettres datées des 25 et 28 février 1588. Il estime que Montaigne « sert le Béarnais sur les instructions de Monsieur de Matignon », qu'il a de l'influence sur la comtesse de Guiche, maîtresse du roi de Navarre, et qu'on le soupçonne de pousser, conjointement avec elle, le roi de Navarre « à en venir à ce que désire Sa Majesté ». Il confirme l'ignorance des agents du Béarnais au sujet des objectifs du messager. Il ne mentionne pas Thorigny ; en revanche, il nuance quelque peu le portrait flatteur que traçait Stafford de l'ancien maire de Bordeaux : celui-ci, précise-t-il, « est tenu pour un homme intelligent encore qu'un peu brouillon[32] ». Description qui ne manque pas de perspicacité... Les missives de Mendoza expriment les angoisses qui saisissaient le camp des ultracatholiques, aussi fortes que celles des protestants ardents tout en étant de nature diamétralement opposée, face à la perspective d'un éventuel accommodement entre Henri III et le roi de Navarre : ne ruinerait-il pas toute espérance d'un retour à l'ancienne unité de foi ? On mesure, en évoquant ces craintes antagonistes, à quel point l'idée d'un accord entre le roi de France et le chef des huguenots soulevait de violentes réticences et combien le probable contenu de la mission de Montaigne était explosif. Toutefois, il n'en était peut-être qu'un porteur parmi d'autres.

À Paris, Montaigne retrouva des amis : Jacques-Auguste de Thou, qu'il devait revoir un peu plus tard à Blois ; Pierre de

Brach, avocat au parlement de Bordeaux, qui lui avait dédié en 1576 une ode de ses *Poèmes* et espérait obtenir de plusieurs éminents lettrés parisiens des vers destinés à composer un « tombeau » poétique pour sa femme Anne, morte un an plus tôt et célébrée sous le nom d'« Aymée[33] ». Il y fit probablement aussi la connaissance d'Étienne Tabourot des Accords, poète dijonnais qui l'avait cité dans le quatrième livre des *Bigarrures* (1586) à propos de l'éducation des enfants. Cette rencontre, si elle a bien eu lieu à ce moment-là, fut peut-être au début entachée de quelque acrimonie, car avec ce quatrième livre des *Bigarrures* Tabourot avait publié *Les Apophtegmes du sieur Gaulard*, recueil d'histoires divertissantes dont le héros, un gentilhomme un peu balourd, pouvait passer pour une caricature à peine déguisée de l'auteur des *Essais*[34]. La maladresse et l'étourderie dont ce dernier se targuait si volontiers dans son œuvre fournissaient en effet une cible facile à un lecteur facétieux. Montaigne notera plus tard : « J'ai une façon rêveuse qui me retire à moi, et d'autre part une lourde ignorance et puérile de plusieurs choses communes. Par ces deux qualités, j'ai gagné qu'on puisse faire au vrai cinq ou six contes de moi aussi niais que d'autre, quel qu'il soit[35]. » Émit-il des protestations ? Toujours est-il que peu après Tabourot composa pour Montaigne un huitain élogieux qu'il inséra dans son nouveau livre alors sous presse, *Les Touches* ; il ajouta ensuite à la continuation de ses *Apophtegmes* une préface qui dépersonnalisait le personnage de Gaulard et en faisait un type purement fictif. Il avait pu mesurer la véritable portée de la « simplicité » qu'il avait d'abord raillée et tentait de la sorte de désamorcer les plaisanteries qu'il s'était permises.

C'est à Paris également que Montaigne connut celle qui devait devenir sa « fille d'alliance », Marie Le Jars de Gournay, venue avec sa mère depuis sa seigneurie picarde de Gournay-sur-Aronde. Cette jeune femme de vingt-deux ans, qui avait conquis une vaste culture à force de lectures et d'études, s'était prise d'admiration pour les *Essais*. Elle a raconté plus tard que si le célèbre humaniste flamand Juste Lipse, professeur à Leyde, n'avait pas, en 1586, comparé Montaigne à Thalès, l'un des Sept Sages de la Grèce antique, elle n'aurait pu convaincre sa mère que son enthousiasme pour lui n'était pas une folie bonne à purger avec de l'ellébore[36]. Elle obtint l'autorisation de prendre contact avec l'objet de sa vénération et lui fit porter un billet. Selon le récit qu'elle a laissé de leur entrevue, Montaigne serait allé la voir dès le lendemain, « lui présentant l'affection et l'alliance de père à fille[37] ». Ainsi commença une relation singulière qui conduisit Marie à se faire la vigilante gardienne de l'œuvre de son « père ».

Comment Montaigne s'acquitta-t-il de sa mission auprès du roi ? On sait que le 6 avril 1588, il était « à la suite de la Cour, logé à Paris sur le quai de la Tournelle, paroisse Saint-Nicolas du Chardonneret » : cette indication est fournie par l'accord qu'il conclut ce jour-là avec son beau-frère, Geoffroy de La Chassaigne, seigneur de Pressac, par lequel il le tint quitte de 233 écus un tiers restant à verser de la dot et de la part d'héritage de Françoise de La Chassaigne, avec tous les arrérages et intérêts, moyennant le paiement de 1 000 écus, plus 145 écus en remboursement d'un prêt[38]. Il devait donc encore à cette date essayer de persuader Henri III de se rapprocher d'Henri de Navarre. Il n'a laissé aucune indication sur les arguments employés à cette fin. Toutefois, sa tentative était vouée à l'échec, car à ce moment-là le roi subordonnait tout accord à l'abjuration préalable de Navarre. Il ne réussit pas davantage à faire agréer sa médiation ; ce fut un autre gentilhomme, François de Montesquiou, sieur de Sainte-Colombe, qui fut chargé de poursuivre secrètement les pourparlers avec le souverain navarrais[39]. L'espoir de contribuer, si peu que ce soit, à faire échec à l'engrenage de la guerre s'éloignait peu à peu de Montaigne.

La maladie vint accroître ses difficultés. Il dut s'aliter au cours du mois d'avril ou au début de mai, souffrant d'un mal — possiblement un accès de coliques néphrétiques — qui fit croire un moment qu'il ne survivrait pas[40]. Pierre de Brach, quand il raconta plus tard, le 4 février 1593, la mort de Montaigne à Juste Lipse, se plut à rappeler la constance avec laquelle son ami s'était alors préparé à mourir : « Étant ensemble à Paris, il y a quelques années, les médecins désespérant de sa vie et lui n'espérant que sa fin, je le vis, lorsque la mort l'envisagea de plus près, repousser bien loin en la méprisant la frayeur qu'elle apporte. [...] Il avait trompé la mort par son assurance, et la mort le trompa par sa convalescence[41]. » Le malade fut soigné efficacement par un ancien médecin protestant du maréchal de Matignon, Julien Le Paulmier. Sous prétexte d'être dans l'incapacité de pouvoir reconnaître l'immensité du bienfait qu'il en avait reçu, c'est à son épouse, *mademoiselle* Le Paulmier — l'usage désignait ainsi les femmes mariées à un roturier —, que Montaigne offrit un exemplaire des *Essais*, dans leur nouvelle édition fraîchement sortie des presses. La dédicataire, née Marguerite de Chaumont, était une femme cultivée, capable d'apprécier l'ouvrage[42]. La lettre-dédicace qui accompagna le don évoque sans doute le souvenir de conversations lettrées avec elle et non le badinage amoureux que des biographes imaginatifs ont parfois supposé : « Mademoiselle, mes amis savent que dès l'heure que je vous eus vue, je vous destinai un de mes livres [...]. Vous l'accepterez, s'il vous plaît, comme étant vôtre avant que je le dusse et me ferez cette grâce de l'aimer ou pour l'amour de lui ou pour l'amour de moi[43]. »

L'irruption soudaine d'événements dramatiques bouscula brutalement les projets de Montaigne. Le duc Henri de Guise, chef de la ligue nobiliaire, jouissait d'une grande popularité au sein du peuple parisien, profondément catholique. Henri III, inquiet de ses ambitions et de l'ampleur des forces réunies autour de lui, revint sur l'appel qu'il lui avait adressé et lui défendit d'approcher de Paris. Or, bravant l'interdiction royale, le duc y pénétra tout de même, le 9 mai 1588, acclamé par une foule en liesse. Le roi se sentit menacé ; au petit matin du 12 mai, il donna l'ordre aux soldats suisses cantonnés dans les faubourgs et au régiment de gardes-françaises d'entrer dans la capitale et d'en occuper, avec les compagnies de la milice urbaine, les endroits stratégiques. C'était violer les privilèges parisiens ; la vue des troupes quadrillant leur ville indigna les habitants et sembla confirmer l'idée si souvent martelée par les militants ligueurs qu'Henri III n'était qu'un tyran voulant régner par la terreur. L'insurrection naquit aussitôt : les rues, pour la première fois dans l'histoire de Paris, se hérissèrent de barricades, formées avec des barriques remplies de terre ou de pavés. Une soixantaine de Suisses furent tués ; le roi dut s'humilier au point de demander au duc de Guise d'intervenir pour apaiser l'émeute. Mais le lendemain, il s'enfuit par la porte Neuve, qu'il contrôlait encore, suivi de tous les membres de son gouvernement, et se réfugia à Chartres puis à Rouen. Il ne devait plus jamais revoir sa capitale.

Montaigne, de même que Pierre de Brach et Thorigny, choisit de suivre la Cour dans les villes où elle s'était repliée. Il quitta cependant Rouen et se trouvait à Paris au début de juillet, ainsi que le précise la note du Beuther où il consigna l'emprisonnement à la Bastille qu'il subit, comme on va le voir, le 10 juillet. Son retour était motivé par la nécessité de prendre connaissance des exemplaires de ses *Essais*, imprimés en juin, pendant son absence, par les soins du libraire Abel L'Angelier ; il désirait en faire hommage à ceux qu'il voulait gratifier — Antoine Loisel, Mlle Le Paulmier, Jacques-Auguste de Thou, Étienne Pasquier, Juste Lipse. Le choix d'un éditeur parisien ne trahissait pas un désaveu de Simon Millanges, l'éditeur bordelais des premières éditions, dont le privilège avait pris fin : des liens commerciaux unissaient ce dernier à L'Angelier. L'ouvrage, considérablement augmenté par les ajouts et le troisième livre que Montaigne avait rédigés peu à peu après 1585, dans les rares moments de tranquillité laissés par ses engagements et par l'assaut de la peste, se présentait en un seul volume, dans un luxueux format in-quarto, révélateur du désir de toucher un public plus vaste et plus raffiné que précédemment. Le nom de l'auteur apparaissait désormais sans ses titres, la notoriété de « Michel seigneur de Montaigne » suffisant à attirer le lecteur. Le nouveau privilège datait du 4 juin ; la mention du 12 juin, placée au bas de l'avis au lecteur, signalait probablement la fin de l'impression. Un détail intrigue : la page de couverture indique « cinquième édition », alors qu'il n'y eut auparavant que deux éditions officielles, celles de 1580 et de 1582. Un libraire de Rouen produisit semble-t-il une édition pirate vers 1583-1584, aujourd'hui perdue ; un autre libraire, Jean Richer, parisien, fit paraître en 1587 et sans privilège une édition qui était peut-être simplement une nouvelle émission de l'édition rouennaise. La diffusion de l'édition de 1588 procurée par Abel L'Angelier fut sans doute assez limitée, compte tenu de la conjoncture politique ; sa vente ne connaîtra un véritable essor qu'avec le retour de la paix, après l'édit de Nantes en 1598, conjointement avec l'édition posthume de 1595[44].

Quand Montaigne revint à Paris, la ville, privée de son souverain, était aux mains des « Seize ». Ce conseil rassemblait les délégués des seize quartiers qui la divisaient, tous ardemment ligueurs ; des avocats, des marchands et des officiers de finance en formaient la majorité[45]. De nombreux prédicateurs entretenaient la ferveur religieuse par des sermons enflammés : ils vitupéraient, plus encore que les protestants, les catholiques « politiques », ces traîtres qui croyaient pouvoir acheter une paix honteuse en pactisant avec l'hérétique. Une fois de plus, l'auteur des *Essais* faillit payer un lourd tribut aux luttes partisanes. Dans le Beuther, la relation de l'incident figure deux fois, à deux dates différentes : la première au 20 juillet, qui fut biffée ensuite, et la seconde au 10 juillet, date exacte ; les deux versions diffèrent légèrement et se complètent. Ce 10 juillet donc, Montaigne souffrait depuis trois jours d'une douleur au pied gauche, attaque de goutte dont, nota-t-il, il sentait les premières atteintes. Entre trois et quatre heures de l'après-midi, des capitaines des troupes ligueuses vinrent s'emparer de lui et le conduisirent à la Bastille « sur [son] cheval », la goutte l'empêchant de marcher. Il apprit que son emprisonnement avait été ordonné par le duc d'Elbeuf « par droit de représailles au lieu d'un sien parent gentilhomme de Normandie que le roi tenait prisonnier à Rouen ». Il faisait ainsi l'expérience de la prison où les Seize envoyaient les « Politiques » et les protestants refusant d'abjurer ; le célèbre céramiste Bernard Palissy, notamment, y fut enfermé et y mourut dans le dénuement pour avoir refusé de renier sa foi.

Montaigne eut plus de chance. Catherine de Médicis fut avertie de sa situation ; comme le duc de Guise assistait avec elle au Conseil, elle obtint de lui « avec beaucoup d'insistance » qu'il fasse libérer le prisonnier ; deux secrétaires d'État intervinrent également en sa faveur : Nicolas de Villeroy et Claude Pinart. Un ordre du duc fut adressé à Jean Leclerc, capitaine de la Bastille, et contresigné par le prévôt des marchands, Michel Marteau, sieur de La Chapelle — celui-là même dont la guérison miraculeuse à Lorette avait beaucoup impressionné Montaigne. Le propre maître d'hôtel de la reine mère apporta l'ordre ; le captif recouvra la liberté à huit heures du soir, « par une faveur inouïe ».

Ce récit comporte bien des éléments mystérieux. Comment comprendre ce « droit de représailles » qui aurait motivé l'arrestation ? Quelques faits rassemblés permettent d'échafauder des hypothèses. Une lettre de Catherine de Médicis au roi, en date du 10 juillet, fait état d'instances répétées du duc d'Elbeuf auprès d'elle : ce cousin germain du duc de Guise, chef de la Ligue en haute Normandie, la priait d'intervenir en faveur d'un gentilhomme nommé Chaumont, pris à Rouen par « les troupes que conduisait le sieur de Larchant le jeune[46] ». Ce gentilhomme pourrait bien être celui que la relation du Beuther dit avoir été capturé par le roi dans la capitale normande ; Larchant faisait partie de la garde royale. Dans un post-scriptum autographe, la reine mère transmettait à Henri III les souhaits du duc d'Elbeuf : le prisonnier rouennais pourrait être échangé « contre qui [celui que je] vous écrivis et suppliai par mon autre lettre ». Malheureusement, cette « autre lettre » s'est perdue. Qui pouvait-elle bien avoir désigné comme monnaie d'échange éventuelle contre Chaumont ? Certainement pas Montaigne… L'incarcération de ce dernier résulterait alors d'un quiproquo, ce qui expliquerait la rapidité de réaction de Catherine de Médicis. À moins que d'Elbeuf n'ait voulu exercer des représailles contre Thorigny et que, faute d'avoir pu s'emparer de lui, il se soit contenté de saisir Montaigne. Thorigny, on s'en souvient, avait pour objectif déclaré de son voyage le règlement d'une affaire familiale en Normandie, en l'occurrence la succession de son frère Lancelot, évêque de Coutances. Dans cette province, des rivalités opposaient sa famille à celle des Guises ; il est possible qu'il ait participé à la prise du sieur de Chaumont, client de ses adversaires, et que d'Elbeuf ait souhaité se venger de lui. Montaigne aurait en ce cas été arrêté sur l'ordre du duc en tant que compagnon de voyage de Thorigny[47]. Quoi qu'il en soit, l'épreuve de la détention n'aura duré pour lui que quatre à cinq heures.

Promenades à Gournay

Quand elle l'avait rencontré à Paris, Marie de Gournay avait invité l'auteur des *Essais* à séjourner quelque temps chez elle, à Gournay-sur-Aronde en Picardie. Désireux de se remettre des angoisses de la maladie et de la prison, Montaigne s'y rendit, peut-être dès le mois d'août, et y demeura « trois mois en deux ou trois voyages », selon l'information que donne Étienne Pasquier dans la grande lettre déjà citée à M. de Pelgé [Pellejay][48]. Le modeste château acquis par le père de Marie, que sa mère, Jeanne de Hacqueville, d'une grande lignée parisienne de robe, avait fait aménager, offrait un cadre agréable et permettait de

belles promenades dans son jardin ou dans les forêts environ-
nantes[49]. Montaigne put y entretenir de longues conversations
avec sa « fille d'alliance », dont il découvrit, surpris et charmé,
la remarquable culture.

Marie de Gournay a laissé le souvenir d'un de ces moments
de délassement dans une lettre adressée à son « père », datée du
26 novembre 1588 et placée en guise de préface en tête d'une
œuvre qu'elle intitula joliment *Le Proumenoir de Monsieur de
Montaigne*. Elle y rappelait comment, trois jours auparavant, ils
s'étaient promenés après avoir lu ensemble les *Étranges Accidents
advenus pour l'Amour* — recueil de Plutarque traduit et publié
par Jacques Amyot en 1572 ; elle lui avait narré une histoire que
Montaigne aurait appréciée ; elle la lui envoyait, couchée par
écrit, alors qu'il venait tout juste de quitter Gournay, afin de
connaître son opinion. Elle prétendait avoir oublié le nom et le
titre du livre qui lui avait fourni la trame de son conte : il s'agit
en fait des *Discours des Champs faëz* du poète lyonnais Claude
de Taillemont, publiés à Lyon en 1553. Le récit contenu dans *Le
Proumenoir* décrit les malheurs d'Alinda, fille d'un satrape perse
promise au roi des Parthes, enlevée puis abandonnée par un jeune
amant et choisissant finalement de mourir[50]. À la suite de cette
fable figurent des essais poétiques : une traduction du second
livre de l'*Énéide* de Virgile et un « Bouquet » de poèmes, dont
plusieurs à la gloire des membres de la famille de Montaigne. Cet
ouvrage composite fut publié en 1594. Aucune trace ne subsiste
du jugement que l'hôte de Gournay aurait pu en faire ; d'où le
soupçon que Marie n'ait mentionné son approbation orale que
pour bénéficier de l'aura du grand homme et qu'en réalité le
manuscrit, loin de lui avoir été envoyé dès le 26 novembre, n'ait
été rédigé que bien peu de temps avant d'être édité. On aime
cependant à croire qu'en la lettre-préface résonne tout de même
l'écho des promenades amicales dans les jardins de Gournay,
animées par la lecture des grands écrivains de l'Antiquité.

Des vestiges plus certains de leurs entretiens, sur des sujets plus graves, se trouvent dans les marges des *Essais*. Montaigne commença à relire les pages de son livre à peine sorti des presses et à inscrire des ajouts dans les marges. Trois des nombreuses annotations marginales présentes dans l'exemplaire dit « de Bordeaux » sont manifestement de l'écriture de la demoiselle de Gournay[51]. Montaigne s'est donc servi d'elle comme secrétaire pour lui dicter des compléments, résultats d'une relecture conjointe et d'une réflexion partagée. C'est la brûlante actualité politique et religieuse qui a fourni la matière de leurs échanges. Montaigne arrivait d'une capitale livrée aux excès ligueurs ; relisant, dans le premier livre, un passage consacré à la présomption des protestants, il constatait que désormais c'étaient les ultracatholiques qui menaçaient le plus dangereusement l'ordre public : ils introduisaient, selon l'addition dictée à Marie, des « vices certains et connus, pour combattre des erreurs contestées et débattables », à savoir des opinions qui devraient être redressées par des débats loyaux et non par la violence[52]. Un peu plus loin, méditant sur la phrase où il avait affirmé que rien de noble ne se faisait « sans hasard », autrement dit sans risque, et où il avait déploré l'excès de méfiance qui paralysait parfois Henri de Navarre, surgit dans son esprit l'image du coup de force audacieux qui venait de donner la maîtrise de Paris à Henri de Guise ; il fit ajouter par sa secrétaire bénévole : « J'en sais un autre [Guise, justement] qui a inespérément avancé sa fortune, pour avoir pris conseil tout contraire [à la prudence de Navarre][53]. » À la date où cette note fut écrite, le succès du duc semblait en effet irréversible : le roi avait entamé des négociations avec la Ligue et s'était résigné à signer, le 15 juillet 1588, l'édit d'Union, qui confirmait celui de Nemours ; il avait nommé Henri de Guise lieutenant général des armées, charge que celui-ci convoitait depuis longtemps. Rien ne laissait prévoir que quelques mois plus tard Guise tomberait sous les coups des Quarante-Cinq, la garde rapprochée d'Henri III.

Enfin, à propos du mot mémorable de l'empereur Vespasien — un empereur doit « mourir debout » —, Montaigne inséra un

fascinant commentaire sur l'idéal de la mort héroïque ; l'entre-
lacement de son écriture et de celle de Marie, repéré dans cette
longue note marginale, suggère le dialogue qu'ils ont engagé sur
ce thème, nourri d'exemples puisés dans le présent et le passé.
Le début de la note expose qu'il n'est pas donné à tous de mourir
les armes à la main : cela dépend de la Fortune. Cependant est
ensuite racontée la mort de Molluch, roi de Fez, qui, dix ans
auparavant, avait triomphé de Sébastien, roi de Portugal, tout
en étant malade et porté en civière sur le champ de bataille, où
il trépassa : « Qui mourut onques si debout ? » s'exclame Montaigne[54]. Lui à qui la souffrance de la maladie annonçait une
mort banale dans son lit, loin des combats glorieux où se gagne
l'honneur, il découvrait dans l'histoire de Molluch la possibilité
de mourir le « corps couché » mais l'esprit « debout et ferme »,
et de déjouer ainsi les ruses de la Fortune.

Les conversations qu'il entretint avec sa jeune admiratrice
furent peut-être aussi alimentées par des références à l'œuvre
de Juste Lipse ; le *De constantia* publié en 1584 par ce dernier
enseignait une sagesse pratique pénétrée de sérénité stoïcienne
et de courage pour affronter les malheurs du temps. Marie avait
osé écrire à l'humaniste une lettre où elle lui faisait part de la
relation filiale qui l'unissait à Montaigne ; elle en reçut une
longue missive, datée du 30 septembre 1588, dans laquelle Lipse
lui disait son étonnement de voir une femme faire preuve de
tant de jugement, à un âge si précoce[55]. Elle commençait ainsi
à réaliser son rêve d'être reconnue par les grands noms de la
république des Lettres. Lipse écrivit plusieurs fois à Montaigne ;
si sa première lettre s'est perdue, trois autres ont été publiées
dans des recueils de sa correspondance, conjointement avec les
six qu'il adressa à Marie. Les réponses de Montaigne ne sont
malheureusement pas conservées[56].

Ce sont ces instants de travail et de détente à Gournay qui
ont inspiré à Marie l'assurance qui la conduirait plus tard à se

faire l'éditrice de l'œuvre posthume de son « père ». Montaigne lui a manifestement accordé sa confiance ; il a pu mesurer l'étendue des connaissances qu'elle avait acquises et la fermeté de son raisonnement. Une longue addition aux *Essais* de 1588 tresse un portrait très élogieux de Marie, si élogieux même que des biographes ont soupçonné celle-ci de l'avoir rajouté, au motif qu'il n'apparaît pas dans l'Exemplaire de Bordeaux et qu'il ne figure que dans l'édition posthume de 1595 procurée par elle[57]. Une telle suspicion porte la trace des controverses que la conduite de la demoiselle de Gournay a suscitées chez ses contemporains et que la postérité a souvent reproduites. Elle a en effet affirmé hautement, dans ses œuvres ultérieures, l'égalité des femmes et des hommes et cherché à vivre de sa plume, ambition exorbitante à son époque et qui lui valut bien des railleries malveillantes[58]. Elle fut ainsi accusée d'avoir utilisé la mémoire de Montaigne pour servir de support à ses songes de grandeur.

Cette imputation contient sans doute une part de vérité ; mais elle est probablement infondée quant à l'addition où se trouve sa louange. Celle-ci a pu être mise sur une feuille volante collée qui se serait perdue par la suite ; une croix indique sur l'Exemplaire de Bordeaux l'endroit où elle devait être insérée. Montaigne a dû éprouver une admiration sincère pour une jeune femme hors du commun, dont l'avenir s'annonçait brillant : « Si l'adolescence peut donner présage, écrit-il dans son éloge, cette âme sera quelque jour capable des plus belles choses, et entre autres de la perfection de cette très sainte amitié où nous ne lisons point que son sexe ait pu monter encore. » La constatation qui clôt l'ajout rappelle vraisemblablement les circonstances de leur première entrevue, au cours de laquelle Marie de Gournay fut capable d'exposer avec clarté les raisons de son enthousiasme pour les *Essais* : « Le jugement qu'elle fit des premiers *Essais*, et femme, et en ce siècle, et si jeune, et seule en son quartier [sa province], et la véhémence fameuse dont elle m'aima et me désira longtemps sur la seule estime qu'elle en prit de moi, avant m'avoir vu, c'est un accident de très digne considération. »

Cet amour/amitié a provoqué bien des supputations sur la nature de leur relation. Marie prouva un jour l'intensité de la dévotion qu'elle vouait à Montaigne en se donnant, raconte-t-il, avec la longue épingle qui retenait ses cheveux, « quatre ou cinq bons coups dans le bras, qui lui faisaient craqueter la peau, et la saignaient bien en bon escient[59] ». Plus malaisés à apprécier sont les sentiments qu'elle a pu faire naître chez son « père » ; aucune trace ne subsiste d'une éventuelle correspondance que celui-ci aurait engagée avec elle après avoir définitivement quitté Gournay ; il ne devait en effet jamais la revoir. Dans l'éloge cité ci-dessus, il lui reconnaît le titre de « fille d'alliance », une fille, précise-t-il, « certes aimée de moi beaucoup plus que paternel-lement, et enveloppée en ma retraite et solitude, comme l'une des meilleures parties de mon propre être ». Beaucoup plus que paternellement ? Chez cet homme qui conservait un souvenir si vif de ses vertes années, le voisinage de Marie, quand ils se penchaient tous les deux sur les *Essais*, a dû éveiller en lui un émoi sensuel. Il avait évoqué, dans un chapitre de l'édition de 1588, le trouble qui saisissait Socrate, à un âge plus avancé que le sien, au contact « d'un objet amoureux » — en l'occurrence le jeune Critobule — en lisant un livre ensemble, épaule contre épaule ; revoyant ce passage, il ajouta ensuite en marge, à l'in-tention de ceux qu'une telle faiblesse surprendrait chez un phi-losophe : « Pourquoi non dea [donc] ? Socrate était homme ; et ne voulait ni être ni sembler autre chose[60]. » Manière d'avouer sa propre émotion, ressentie dans une situation analogue et légi-timée par un si haut parrainage... Mais il avait conscience que l'âge et la maladie éloignaient irrémédiablement de lui le temps des amours. Dans une autre addition, il déplore que la « faveur gracieuse » que la fortune a pu lui avoir offerte par l'entremise de son livre ne soit pas survenue en « une plus propice saison » : c'est sans doute le souvenir de sa rencontre avec Marie, arrivée trop tard pour que la jouissance des sens se soit jointe à celle de l'esprit, qui lui inspire ce mélancolique regret[61].

Renversements de fortune

Si l'information donnée par Pasquier sur le séjour de Montaigne à Gournay est exacte, celui-ci s'en est absenté à deux ou trois reprises avant son départ, qui survint probablement peu avant le 26 novembre, comme le signale la lettre-préface que Marie plaça en tête du *Proumenoir*. Il eut ainsi l'occasion de s'échapper pour se rendre à Blois et de s'y arrêter ensuite un moment sur le chemin de son retour chez lui. C'est dans cette ville, en effet, que les États généraux se réunirent pour la seconde fois après ceux de 1576. Réclamés par le manifeste ligueur de Péronne en 1585, ils furent solennellement ouverts le 16 octobre 1588. Le roi s'était résolu à les convoquer, moins pour complaire à la Ligue que pour tenter de remédier à la pénurie de ses finances, grevées par la guerre : il comptait sur les subsides que pourraient lui voter les députés des trois ordres du royaume. En outre, il attendait des États une restauration de sa légitimité, mise à mal par sa fuite après la journée des Barricades et par les pamphlets qu'elle avait déchaînés contre lui.

Les brefs séjours de Montaigne à Blois — dont on ignore la chronologie précise — lui ont permis d'assister en observateur extérieur à une partie du déroulement des États. Il espérait que cette assemblée apporterait une solution aux maux qui accablaient la France. Il eut certainement connaissance des débats passionnés qui l'agitèrent, par l'intermédiaire d'amis qui y participèrent directement ou indirectement. Jacques-Auguste de Thou était aux côtés du roi ; il venait d'être nommé, le 26 août 1588, membre du Conseil privé. Il était pressenti pour une ambassade à Venise ; selon ce qu'il rapporte dans ses Mémoires, Montaigne l'aurait encouragé à accepter et aurait ajouté qu'il l'accompagnerait volontiers dans cette ville, où il rêvait de retourner[62]. C'est à Blois que l'auteur des *Essais* confia à de Thou avoir tenté la médiation déjà citée entre Guise et Navarre. Il y trouva également d'autres interlocuteurs : Étienne Pasquier, avec lequel il se promena dans la cour du château et dont il écouta les critiques sur les provincialismes de son style, sans se laisser ébranler pour autant ; Odet de Thorigny, qui fit un discours devant les députés pour réfuter les calomnies que des ligueurs bordelais répandaient contre Matignon, son père ; Antoine de Laval, maître des Eaux-et-Forêts du Bourbonnais, venu en novembre aux États afin de plaider la cause des officiers menacés de destitution par la Ligue[63].

Toutefois, l'espoir qui animait Montaigne fut très vite déçu. Les élections, dans les assemblées de bailliage et de sénéchaussée, avaient été dominées par les ligueurs ; les députés furent majoritairement acquis à un catholicisme intransigeant. Ce fut le cas pour la Guyenne : la noblesse de la sénéchaussée de Bordeaux fut représentée par Jacques des Cars, seigneur de Merville, l'ennemi de Montaigne ; le clergé par Mathurin Bertin, vicaire général de l'intransigeant archevêque de Bordeaux ; le tiers état par Thomas de Pontac, conseiller du roi au Grand Conseil et greffier au Parlement, Fronton du Verger et Pierre de Métivier, tous deux avocats au même Parlement[64].

Les ligueurs firent triompher aux États des thèses politiques subversives, paradoxalement apparentées à celles des protestants. Avant que ne s'ouvre devant Henri de Navarre la perspective d'accéder au trône, c'étaient en effet les réformés qui se montraient les plus audacieux : leurs penseurs « monarchomaques » — qui combattent le pouvoir d'un seul —, tels Théodore de Bèze, Philippe Duplessis-Mornay ou François Hotman, avaient proclamé notamment que le meilleur remède contre l'arbitraire royal était le renforcement des États généraux ; cette assemblée, à condition que toutes les aspirations des sujets y fussent loyalement représentées, serait habilitée à promulguer des lois fondamentales — nous dirions aujourd'hui constituantes — et à contrôler les actes du souverain. La mort de François d'Anjou, en 1584, en libérant la voie pour Henri de Navarre, héritier protestant, modifia radicalement la donne ; la hantise d'être soumis à un monarque hostile à la « vraie foi » changea de camp et obséda désormais les ultracatholiques. Ceux-ci reprirent alors une partie des thèses des monarchomaques, emprunt facilité par le fait qu'elles puisaient des éléments dans un vieux fonds scolastique médiéval, commun à tous[65]. Ils les adaptèrent néanmoins aux besoins de leur cause : l'autorité des États généraux devrait bien selon eux être amplifiée, mais ils serviraient à imposer l'unité catholique et les hérétiques en seraient exclus. Cette transposition surprenante ne manqua pas de provoquer l'ironie mordante de Montaigne ; au lendemain de l'assassinat d'Henri III, qui décupla la peur des catholiques et aviva leur rejet violent d'un successeur hérétique, il constata : « Cette proposition si solenne [solennelle] : S'il est permis au sujet de se rebeller et armer contre son prince pour la défense de la religion, souvienne-vous en quelles bouches, cette année passée, l'affirmative d'icelle était l'arc-boutant d'un parti, la négative de quel autre parti c'était l'arc-boutant ; et oyez à présent de quel quartier vient la voix et instruction de l'une et de l'autre ; et si les armes bruyent moins [font moins de bruit] pour cette cause que pour cette-là[66]. »

Aux États généraux de Blois, les députés demandèrent que l'édit d'Union, qui confirmait, on l'a dit, l'uniformité catholique imposée par celui de Nemours, devînt une loi fondamentale irréversible. Le roi dut s'incliner et y consentir, le 18 octobre 1588 : le principe de catholicité passait ainsi devant la règle de succession par primogéniture mâle instituée par la loi salique. Henri de Navarre se voyait privé de tous ses droits, sauf une improbable abjuration. Montaigne était-il à Blois quand se produisit cette capitulation du souverain ? Son ami de Thou l'en a en tout cas certainement entretenu, lui qui nota dans son *Histoire* le découragement des serviteurs d'Henri III : ils « voyaient avec douleur la Majesté royale s'avilir de jour en jour de plus en plus, et le Roi devenu en quelque sorte le jouet du duc de Guise et l'objet de la haine et du mépris de ses sujets[67] ».

Le souverain méditait cependant sa revanche. Il savait qu'une part importante de la puissance de la Ligue provenait de l'assistance pécuniaire que lui fournissait l'Espagne. Or, en juillet-août 1588, l'invasion de l'Angleterre protestante qu'avait programmée Philippe II en y envoyant une flotte impressionnante, l'Invincible Armada, échoua ; les navires espagnols, harcelés par les Anglais et en partie détruits par la tempête, durent renoncer. Ce revers affaiblit l'influence de l'Espagne et contribua à mûrir la résolution d'Henri III. Exaspéré par les défis du duc de Guise, il décida de le faire exécuter par ses fidèles Quarante-Cinq, le 23 décembre 1588 ; le cadavre fut ensuite dépecé et brûlé dans une cheminée du château de Blois afin que son tombeau ne devînt pas un objet de vénération. Le lendemain, le cardinal de Guise, frère du duc, fut assassiné dans la prison où le roi l'avait fait enfermer. Plusieurs députés des États furent arrêtés. « Enfin je suis roi », aurait déclaré Henri III aux membres de son Conseil. Catherine de Médicis prévit des conséquences funestes ; mais il était trop tard pour qu'elle fasse jouer une fois de plus ses talents de conciliatrice. Elle mourut le 5 janvier 1589.

Pasquier qualifia ces crimes de « coup d'État ». Il dressa un parallèle suggestif entre l'assassinat du duc de Guise et celui de l'amiral de Coligny, leur trouvant de « grandes correspondances » : les deux victimes avaient selon lui attiré sur elles la colère de leur roi par leur comportement trop arrogant[68]. Quant à Montaigne, il n'apprit la tragédie qu'une fois revenu dans son château. Il admirait le courage et le panache d'Henri de Guise tout en blâmant sa rébellion ; la chute spectaculaire d'un homme dont il avait naguère loué la brillante fortune ne pouvait que l'atterrer. Sur la page du Beuther correspondant au 23 décembre, il nota sobrement : « Henri duc de Guise, à la vérité [l'un] des premiers hommes de son âge [temps], fut tué en la chambre du roi. » Une phrase des *Essais* traduit implicitement l'émotion qu'il ressentit. Le roi présenta son acte comme une exécution de justice au service du bien public. Dans l'édition de 1588, Montaigne avait écrit : « Le bien public requiert qu'on trahisse et qu'on mente » ; il ajouta, on s'en souvient : « et qu'on massacre[69] ». Le salut de l'État ne pouvait justifier le versement de tant de sang.

Un fragile espoir sembla renaître au printemps suivant. Le 30 avril 1589 se réalisa le rêve que Montaigne avait longtemps caressé : la rencontre entre Henri III et Henri de Navarre au Plessis-lès-Tours. Elle fut la conséquence indirecte du coup d'État royal. La mort des Guises, au lieu d'affaiblir la Ligue, stimula au contraire la colère de ses éléments les plus radicaux. Les prédicateurs parisiens excitèrent la haine contre un « roi assassin » ; le 7 janvier 1589, la faculté de théologie de Paris délia les sujets de leur devoir d'obéissance. Le rapprochement avec Henri de Navarre représentait désormais la seule issue possible pour Henri III. L'entrevue du Plessis-lès-Tours constitua une divine surprise pour tous ceux qui désespéraient de la paix. « Miracle des miracles à la vérité, et lequel toutefois nous avons vu de nos yeux », s'exclama le chroniqueur Pierre de L'Estoile : ce providentiel retournement de conjoncture lui parut le signe que Dieu approuvait l'héritier légitime[70].

Les armées des deux rois se réunirent ; ensemble, elles prirent plusieurs villes ligueuses autour de Paris. Elles totalisaient environ trente mille hommes quand elles arrivèrent en juillet devant la capitale pour l'assiéger. Le roi s'installa au château de Saint-Cloud ; il pouvait croire assurée sa revanche contre les Parisiens rebelles. C'était sans compter le déchaînement d'exécration soulevé contre lui ; les prêcheurs redoublèrent de virulence contre « Henri de Valois » — réduit ainsi à l'état de personne privée — dont ils transformaient le nom, par anagramme, en *Vilain Hérode* ; ils l'accusèrent d'impiété, de cruauté, de perfi-

die et même de sorcellerie. Le 1ᵉʳ août 1589, un jeune moine
dominicain, Jacques Clément, résolu à exterminer celui qu'on
lui disait être un abominable tyran, réussit à se faire introduire
auprès de lui et lui porta des coups de couteau dans le ventre ;
Henri III expira le lendemain 2 août[71]. L'armée des assiégeants
se dispersa. À Paris, la liesse succéda au deuil qu'avait provoqué
l'exécution des Guises ; les ligueurs se rallièrent au roi qu'avaient
choisi leurs chefs, le vieux cardinal Charles de Bourbon, oncle
d'Henri de Navarre.

La nouvelle du régicide parvint en Guyenne dans le courant
du mois d'août. Montaigne ne nota pas l'événement dans le
Beuther, indice probable d'un prudent attentisme face à l'incertitude du moment. Tout espoir n'était certes pas perdu :
Henri III, sur son lit de mort, avait désigné en Henri IV son
successeur légitime ; une bonne partie des grands seigneurs qui
l'entouraient avaient accepté cette décision, tout en arrachant au
nouveau roi, le 4 août, une déclaration qui lui imposait certaines
conditions, en particulier celle de se soumettre à un concile
général ou national. À Bordeaux, les efforts du maréchal de
Matignon auprès des parlementaires finirent par les persuader,
en décembre, de consentir à reconnaître Henri IV[72] ; quant au
marquis de Trans, il fit partie comme Montaigne des premiers
ralliés. Mais la Ligue était solidement implantée dans le nord
et l'est de la France, en Bretagne, en Provence et dans la vallée
de la Garonne ; elle se préparait à une lutte sans merci contre
les partisans d'un homme disqualifié à ses yeux par son refus
d'abjurer. L'avenir était toujours aussi sombre.

PENSER LA LIBERTÉ

Dès l'été de 1588, à Gournay, Montaigne avait commencé, on l'a vu, à relire son œuvre et à inscrire des additions dans les marges de l'exemplaire édité par L'Angelier. De retour chez lui, il continua cette minutieuse révision ; il y consacra la plus grande partie de ses dernières années. Contrairement à ce qu'il avait fait auparavant, il n'envisagea pas de préparer un nouveau livre à ajouter aux trois autres ; il se contenta d'enrichir, de compléter, de préciser, voire de rectifier le texte imprimé, dans le but de faire paraître une nouvelle édition. C'est donc à un travail de réflexion et d'approfondissement qu'il s'est livré. Cette pause toute relative suppose de sa part un regard quasi rétrospectif, un effort pour saisir et affiner le sens de ce qu'il a vécu. Par-delà la dispersion congénitale de son être intime, il perçoit une cohésion, une unité qui se reflète dans son œuvre, quels que soient les ajouts qui s'y greffent : « Mon livre est toujours un[1]. » L'unité réside tout d'abord dans sa démarche proprement dite, introspective et investigatrice, appliquée à toutes les situations. Mais elle tient aussi à sa permanente disposition à la liberté. Avant d'évoquer les événements qui ont jalonné la fin de son existence, il convient de s'arrêter un instant sur cette image de la liberté, qu'il cisèle progressivement et met au cœur de sa pensée

et de sa vie : plus complexe, plus sereine, plus provocatrice aussi
que celle qu'il s'était forgée en 1571, quand il se retira dans son
château, elle a des aspects multiples — politiques, relationnels,
médicaux, voire sexuels — toujours fondés, toutefois, sur une
même distance intérieure colorée d'ironie.

La liberté politique

Montaigne passe souvent pour un obstiné conservateur, hostile par principe à tout changement et partisan du *statu quo*. Il
a pourtant trouvé dans le domaine politique matière à exercer
sa liberté de façon souveraine. Son prétendu « conservatisme »
est l'une de ces demi-vérités qui faussent complètement l'intelligence de son attitude. Il a vécu en effet un temps marqué en France par une nouveauté inouïe, sans exemple ailleurs
en Europe, si l'on excepte le cas particulier de la Pologne : la
légalisation de la coexistence confessionnelle dans le royaume,
certes très circonscrite et encore contestée, mais réitérée à la
fin de chaque guerre civile jusqu'à ce que l'édit de Nantes lui
assure une longue durée à partir de 1598 — aboutissement qu'il
n'a pas pu voir. Or il s'est accommodé de cette innovation, par
attachement à la paix, sans être aveugle aux risques qu'elle faisait
courir au pays. Elle l'a amené à s'interroger sur la légitimité du
pouvoir, capable de justifier une telle métamorphose et de la
faire accepter, et sur la difficulté, pour le sujet, d'adopter une
ligne de conduite raisonnée au milieu des conflits partisans et
des bouleversements à l'issue douteuse.

Le jugement que porte Montaigne sur le corps politique est
éminemment réaliste. Il s'est très tôt convaincu que les discussions sur le meilleur régime sont stériles : elles sont bonnes
seulement à exercer l'esprit. Pour que les tableaux idéalisés
imaginés par les philosophes soient praticables, il faudrait les
appliquer dans un « nouveau monde », sans passé ni traditions[2].

Depuis Platon jusqu'aux théoriciens de son temps, aucune doctrine, estime-t-il, ne résiste à l'épreuve de la réalité. Libre à chacun, bien sûr, d'avoir une préférence intime pour telle ou telle forme politique ; lui-même n'a pas caché son attirance pour la « domination populaire », « la plus naturelle et équitable », sans se priver néanmoins d'en noter les inconvénients — foules manipulées par des orateurs habiles, superstitions conduisant à des décisions iniques[3]. On peut également rêver, comme jadis le penseur grec Anacharsis, d'une « police » (un gouvernement) où, « toutes autres choses étant égales, la précédence [préséance] se mesurerait à la vertu, et le rebut au vice » ; ou encore d'un système dans lequel les hommes seraient appelés aux honneurs par la justice et la raison et non selon les critères de la race ou de la richesse[4]. Rêveries et regrets inutiles : la sagesse est de reconnaître que « l'excellente et meilleure police est à chacune nation celle sous laquelle elle s'est maintenue[5] ».

C'est là une opinion qui n'est pas propre à Montaigne ; elle définit toute la mouvance des « Politiques », cette famille d'esprits composée en majeure partie d'officiers de robe appartenant aux deux camps, réunis par l'horreur du désordre et par la quête d'une solution pacifique aux conflits religieux. Guy du Faur de Pibrac, membre du Conseil privé et fin lettré, l'a exprimée dans l'un de ses *Quatrains* qui a connu une fortune remarquable :

> *Aime l'état tel que tu le vois être :*
> *S'il est royal, aime la royauté ;*
> *S'il est de peu, ou bien communauté*
> *Aime l'aussi, car Dieu t'y a fait naître[6].*

Ce quatrain est cité par Montaigne, qui l'accompagne d'un éloge de « ce bon monsieur de Pibrac que nous venons de perdre », disparition survenue en mai 1584 presque en même temps que celle de Paul de Foix ; il est cité aussi par d'autres « Politiques », tels le protestant François Le Jay, conseiller au siège présidial de Senlis, ou le catholique Louis Le Caron, lieutenant général du bailliage de Clermont-en-Beauvaisis[7]. Tous sont bien conscients des risques de dérive du système monarchique ; dans un autre de ses quatrains, Pibrac affirme qu'il hait la puissance absolue. Mais tous ont en commun le sentiment que le pays de leur naissance se caractérise par des lois et des coutumes immémoriales consacrées par leur ancienneté ; vouloir les changer entraînerait des maux beaucoup plus grands que ceux que l'on voudrait supprimer. Leur vision du monde, nourrie par la lecture des œuvres de Juste Lipse, est imprégnée d'un néostoïcisme chrétien qu'inspire également l'empirisme de Tacite, dont les *Histoires* traduites par ce même Juste Lipse connaissent alors un grand succès.

Montaigne se distingue néanmoins par la radicalité avec laquelle il démythifie l'ordre politique et social. « La société des hommes se tient et se coud, à quelque prix que ce soit. En quelque assiette qu'on les couche, ils s'appilent et se rangent en se remuant et s'entassant, comme des corps mal unis qu'on empoche sans ordre trouvent d'eux-mêmes la façon de se joindre et s'emplacer les uns parmi les autres, souvent mieux que l'art ne les eût su disposer. » Le hasard a donc présidé à leur agencement ; ils ont fini par s'y habituer et la « couture fortuite » qui les a assemblés s'est progressivement consolidée et transformée en lois[8]. On ne saurait plus clairement refuser à la longue formation du royaume de France le statut de destin providentiel ou d'épopée admirable. Il n'y a pas de lois naturelles gouvernant la genèse des organismes humains, ou, si elles ont existé, le souvenir s'en est perdu[9]. À l'instar des « Politiques », Montaigne cherche le fondement de l'ordre des sociétés dans l'histoire et non plus dans la nature ; mais, à leur différence, c'est dans une histoire réduite à n'être que la lente sédimentation de traditions et de circonstances contingentes. Plusieurs des lois « anciennes et reçues » sont en vérité « barbares et monstrueuses » ; leur début est souvent insignifiant ; la loi salique, la plus respectée, est un faux que « nul ne vit onques[10] ». L'« ancienne police des lois », le « vieux train » du royaume, n'est rien d'autre que la sécrétion produite par des habitudes enracinées dans le temps. Montaigne se démarque ainsi de la fascination pour les origines ressentie par beaucoup de ses contemporains, notamment par les monarchomaques protestants qui y cherchaient le modèle d'une perfection à restaurer. Là est sans doute la raison pour laquelle il reconnaît quelque solidité à la pensée de Machiavel — tout en réprouvant son rejet de la morale — car le penseur florentin a été le premier à dénier toute légitimation métaphysique aux constructions politiques humaines[11].

D'où vient alors que l'ordre constitutif d'un pays, résultat de l'enchaînement hasardeux de conjonctures improbables, puisse durer ? C'est qu'une longue accoutumance a masqué la contingence des lois et a fini par les faire paraître naturelles. « Et nulles lois ne sont en leur vrai crédit, que celles auxquelles Dieu a donné quelque ancienne durée : de mode que personne ne sache leur naissance, ni qu'elles aient jamais été autres[12]. » Dieu est invoqué ici pour montrer que l'ancienneté des lois est quasi miraculeuse et rationnellement inexplicable. Leur longévité les rend familières et leur confère du *crédit*, autrement dit incite les sujets à *croire* en leur légitimité ; croyance que des législateurs astucieux, quand ils ont voulu doter leurs prescriptions d'une aura surnaturelle, ont encouragée en se prétendant divinement inspirés[13].

Un autre facteur, et non le moindre, explique pareillement la continuité des corps politiques : le consentement de leurs membres. « D'autant que la discipline ordinaire d'un État qui est en santé ne pourvoit pas à ces accidents extraordinaires : elle présuppose un corps qui se tient en ses principaux membres et offices, et un commun consentement à son observation et obéissance[14]. » L'adhésion volontaire à la discipline collective est à la fois le test et la condition de la durée d'un État. Néanmoins, elle peut être mise à l'épreuve par des « accidents extraordinaires ».

Les bouleversements que connaît le royaume modifient en effet radicalement la donne. En temps ordinaire, gouverner, c'est simplement conserver, laisser aller la nature des choses, se fier à la routine, surtout ne toucher à rien[15]. Seulement le temps ordinaire n'est plus ; l'« état ancien » a été rompu par l'audace des réformés, en qui Montaigne voit des séditieux cherchant à imposer leurs convictions par la violence. « La liaison et contexture de cette monarchie et [de] ce grand bâtiment » a été détruite par l'innovation protestante ; ensuite, les ligueurs s'engouffrèrent dans la brèche ainsi ouverte et voulurent à leur tour promouvoir des mutations, aggravant le désordre. Toute prévision fiable se révèle désormais impossible[16]. Cette expérience inspire à Montaigne une horreur viscérale du changement introduit par la force ; il l'exprime dans le chapitre *De la coutume et de ne changer aisément une loi reçue* : « Je suis dégoûté de la nouvelleté, quelque visage qu'elle porte, et ai raison, car j'en ai vu des effets très dommageables[17]. » La volonté de rupture a provoqué l'anarchie. Il le constate amèrement dans sa vie quotidienne : au lieu de vivre sous la protection publique des lois, devenues impuissantes, il ne doit sa tranquillité relative qu'aux arrangements privés conclus avec ses voisins protestants, qui veulent bien le laisser célébrer la messe dans sa chapelle pourvu qu'il protège, le cas échéant, leurs femmes et leurs bœufs[18].

En cette conjoncture troublée, il faut certes « résister », sauver des traditions anciennes ce qui peut l'être, se réfugier dans les lieux où leur image reluit encore, en dépit de l'inconfort de « l'aller légitime », autrement dit du respect des lois, en un pays où ceux qui prêchent le changement séduisent les esprits faibles par leurs belles promesses[19]. Toutefois, aux accidents extraordinaires il faut des remèdes extraordinaires. À la fin de ce chapitre dédié justement aux dangers de la « nouvelleté », Montaigne suggère que l'urgence peut exiger du souverain qu'il innove ; Plutarque, constate-t-il, a loué le général grec

Philopæmen, parce que, « étant né pour commander, il savait non seulement commander selon les lois, mais aux lois même, quand la nécessité publique le requérait[20]. » Selon les théories classiques du pouvoir que l'ancien magistrat du parlement de Bordeaux connaît bien, gouverner selon les lois, c'est user d'un pouvoir ordonné, respectueux des règles séculaires et attentif à l'avis des conseillers ; commander aux lois, c'est en cas de péril évident s'en déclarer « délié » et recourir par exception au pouvoir absolu, libre d'enfreindre le droit[21]. Or en légalisant la dualité confessionnelle, même étroitement limitée, les édits de pacification ont rompu avec l'état ancien d'unité de foi, sous l'aiguillon de la nécessité — sans perdre malgré tout l'espoir d'une réunion future octroyée par la grâce divine.

Tel est le contexte dans lequel il faut comprendre le passage fameux, si souvent commenté, sur l'obéissance aux lois. « Or les lois se maintiennent en crédit, non parce qu'elles sont justes, mais parce qu'elles sont lois. C'est le fondement mystique de leur autorité ; elles n'en ont point d'autre [...]. Quiconque leur obéit parce qu'elles sont justes, ne leur obéit pas justement par où il doit[22]. » Cette affirmation provocante qui paraît dénier au sujet le droit de soumettre à examen un ordre avant de lui obéir sera ensuite reprise et martelée par les théoriciens futurs de l'absolutisme. Pour la faire admettre, ils s'efforceront de démontrer que la volonté du roi doit être absolument obéie parce que celui-ci possède une connaissance particulière du dessein de Dieu et bénéficie donc de lumières supérieures inaccessibles au commun des mortels.

Ce n'est pas le cas de Montaigne. Il raille les peuples qui « canonisent » leurs gouvernants ; il moque les divagations d'un apologiste de la monarchie — l'Écossais Adam Blackwood — qui loge le monarque « quelques brasses au-dessus de Dieu en puissance et souveraineté[23] ». Il estime, on s'en souvient, que les rois de France, en promulguant les édits de pacification, ont simplement fait ce qu'ils ont pu et non ce qu'ils ont voulu :

sinon il y aurait de quoi douter de leur dévotion[24]. Ils se sont contentés d'essayer des « recettes », selon la formule déjà citée employée à propos de l'édit de 1576 ; ainsi que toute recette, leurs décisions contiennent une bonne dose d'empirisme. En outre, ils se montrent souvent incapables de continuité : chaque fois qu'ils se heurtent à l'opposition des ultracatholiques, ils cèdent et révoquent l'édit précédemment promulgué, ce qui aboutit à une désastreuse instabilité des lois[25]. Bref : le gouvernement royal ressemble en l'occurrence à une série de tâtonnements.

Et pourtant, il faut faire le pari de l'obéissance aux lois. Quelles lois, pourrait-on objecter, puisque les monarques en changent trop souvent ? Celles qui commandent la coexistence pacifique ou celles, tel l'édit de Nemours de 1585, qui la récusent ? Pour résoudre ce dilemme, Montaigne retient le critère de la pacification du corps politique. Les lois immémoriales, devenues quasi naturelles et acceptées par tous, doivent certes être obéies absolument. Mais la loi séculaire de l'unité de foi a cessé de susciter un consensus. La rétablir, comme voudrait le faire l'édit de Nemours, est voué à l'échec. Force est donc d'expérimenter d'autres lois qui réglementent l'exercice du nouveau culte. Leur « justice » n'a aucun rapport avec le « juste en soi », inaccessible : elle naît uniquement de leur ajustement à la conjoncture et ne se vérifiera qu'à l'usage. Tout au plus peut-on avancer des « pronostics » sur leur efficience, comme celui que Montaigne tira un jour du spectacle d'un enfant monstrueux qu'il eut l'occasion d'observer. Cet enfant, âgé de quatorze mois, né avec deux corps attachés l'un à l'autre et une seule tête, avait fait surgir dans son esprit l'image du corps politique de la France, lui aussi scindé en deux par la déchirure religieuse et soumis à l'autorité d'un seul monarque : « Ce double corps et ces membres divers, se rapportant à une seule tête, pourraient bien fournir de favorable pronostic au Roi de maintenir sous l'union de ses lois ces parts et pièces diverses de notre État[26]. » Ce récit a probablement été écrit aux environs de 1578, donc après l'édit de Poitiers qui avait précisé en 1577 les conditions de la liberté partielle de culte accordée aux protestants ; la viabilité de la coexistence des deux confessions, de même que celle du garçonnet monstrueux, était encore problématique, car toujours vigoureusement contestée par les ligueurs. Comme un pronostic n'entraîne aucune certitude, restait par conséquent à s'en remettre à l'avenir qui seul trancherait. Toutefois, l'expérience des villes impériales, visitées en 1580, avait fourni à Montaigne une première preuve de la validité du présage, du moins dans le cadre d'une cité, puisqu'à Lindau et à Augsbourg la cohabitation des luthériens et des catholiques se pratiquait sans heurts[27].

En attendant de pouvoir constater en France la longévité des lois de pacification, il faut commencer par leur obéir : parce que ce sont des ordres du souverain légitime. Leur « autorité », autrement dit la force légitimante qui les valide, procède en ce cas du vouloir du monarque mais aussi de la coopération des sujets. Cette position fait la part belle au volontarisme politique, celui des gouvernés tout autant que celui des gouvernants. En temps extraordinaire, la valeur d'une loi novatrice ne peut à l'évidence dépendre de l'accoutumance dont bénéficie une norme accréditée depuis longtemps. Pour compenser ce manque, Montaigne refuse, on vient de le voir, la facilité qui consisterait à diviniser le monarque et à doter ses ordonnances d'un prestige emprunté au surnaturel. Dès lors, la seule chance de durée dont peut se prévaloir une loi nouvelle réside dans l'obéissance volontaire des sujets. Le « commun consentement » revêt de la sorte une importance vitale, beaucoup plus grande qu'en temps ordinaire. Les monarques ne sauraient s'en passer : dans la plupart des cas, « leur autorité a besoin de notre appui[28] ». Il faut leur accorder ce soutien par une libre décision, motivée par la « raison publique » : « Ce que je dis, atteste Montaigne, comme celui qui n'est ni juge ni conseiller des Rois ni ne s'en estime de bien loin digne, ains [mais] homme du commun, né et voué à l'obéissance de la raison publique et en ses faits et en ses dits[29]. »

La Boétie avait déjà avancé que seul le consentement des sujets assurait la solidité du pouvoir. « Soyez résolus de ne servir plus », et voilà le gouvernant par terre, avait-il déclaré à ses lecteurs[30]. Montaigne développe les implications de cette découverte : si l'autorité de la loi réside bien dans le vouloir royal, elle demeurerait impuissante si, au préalable, les sujets n'avaient reconnu au souverain le droit de commander. En dernière analyse, c'est l'obéissance qui *autorise* le pouvoir[31]. Ce changement de perspective, selon lequel la légitimité procède d'en bas aussi bien que d'en haut, connaîtra une double postérité : d'une part chez les penseurs du pouvoir absolu au XVIIe siècle, qui choisiront d'en neutraliser les risques en faisant de l'obéissance un nécessaire acte de foi en la surhumanité du prince ; d'autre part chez un théoricien du contrat politique tel que Hobbes, pour qui les membres du corps social aliènent leur autorité en la conférant au gouvernant[32].

L'auteur des *Essais* se tient à distance de ces deux orientations. Il reste étranger à l'idée d'un contrat ; celui qu'ont imaginé les monarchomaques ne le convainc pas, malgré sa sympathie pour l'un d'entre eux, François Hotman, rencontré à Bâle. Montaigne a le vif sentiment d'appartenir à ce qu'il appelle « ce commun corps », c'est-à-dire le corps politique du royaume, doté de traditions anciennes et d'une longue histoire[33]. Chaque membre est coresponsable, selon lui, de la survie du corps : le devoir des souverains est d'en respecter la configuration ancestrale et de n'y introduire l'innovation indispensable qu'avec une prudente circonspection ; celui des sujets consiste à reconnaître l'autorité de leurs lois en leur consentant l'obéissance, une obéissance lucide qui, à l'opposé de la servitude, provient d'un « jugement et liberté volontaire[34] ». L'ordre naît finalement de l'accord contingent et pourtant essentiel de deux libertés solidaires.

Obéir à la raison publique

Obéir librement : Montaigne ne méconnaît pas les difficultés de la tâche, surtout en des temps troublés. L'appui de la religion chrétienne y aide beaucoup, puisqu'elle prescrit à tous les fidèles une obéissance scrupuleuse aux magistrats. L'idéal est de « faire ce qu'on commande mieux que ceux qui commandent, sans se tourmenter des causes » ; l'obéissance devient alors « pure et tranquille[35] ». Néanmoins, la conscience se trouve parfois exposée à de rudes dilemmes, qui rendent le devoir incertain et altèrent la sérénité intérieure. Entendre la voix de la raison publique n'est pas aisé. Plusieurs occurrences peuvent survenir ; en les envisageant, les *Essais* ne présentent, à leur habitude, aucune solution toute faite et suggèrent plutôt une casuistique incitant le lecteur à la réflexion.

Le premier cas, celui de l'obéissance à un ordre inepte, est évoqué par Montaigne à la faveur d'un exemple antique, emprunté à Aulu-Gelle. Crassus, consul romain en Asie, enjoignit à un ingénieur grec de lui apporter le plus grand des deux mâts de navire qu'il avait vus à Athènes. L'ingénieur « se donna loi de choisir autrement » et lui apporta le plus petit, mieux approprié selon lui à l'usage que voulait en faire le consul. Celui-ci, après avoir entendu les explications de son subordonné, le fit quand même fouetter, « estimant l'intérêt de la discipline plus que l'intérêt de l'ouvrage ». Le tort de l'ingénieur était de s'être forgé sa propre loi. Cependant, Crassus ne devait-il pas le consulter avant de commander ? Cette interrogation clôt à la fois l'anecdote et le chapitre, consacré par ailleurs à un autre exemple, celui des ambassadeurs et de leur éventuelle faculté d'interpréter les directives de leur maître ; elle laisse la question ouverte[36]. Se profile en filigrane le souhait que le gouvernant ait la sagesse de prendre l'avis de ses sujets compétents avant toute décision, souhait cher aux parlementaires.

Plus délicat est le cas d'un souverain indigne ou incapable. Assurément, ses défauts ou ses vices ne dispensent pas le gouverné d'obéir ; mieux, ils renforcent le caractère méritoire, voire héroïque de l'obéissance. « On peut regretter les meilleurs temps, mais non fuir aux présents ; on peut désirer autres magistrats, mais il faut, ce nonobstant, obéir à ceux ici. Et à l'aventure [peut-être] y a-t-il plus de recommandation d'obéir aux mauvais qu'aux bons[37]. » Le sujet a néanmoins la faculté de juger la personne de celui qui commande ; il peut ainsi se voir acculé à la nécessité d'obéir à un magistrat dont il désapprouve la conduite. Il en résulte une fracture intime, puisque la conscience se désolidarise du consentement extérieur accordé à l'ordre reçu. L'emprise des rois s'arrête aux frontières du for intérieur : « Toute inclination et soumission leur est due, sauf celle de l'entendement. Ma raison n'est pas duite [formée] à se courber et fléchir, ce sont mes genoux[38]. » L'allégeance publique entre alors en dissonance avec la réprobation secrète, ce qui fait du gouverné un homme partagé, dissocié, figure promise à un long avenir, de Charron aux libertins[39].

Publier, du vivant d'un « prince mélouable », le blâme qu'il mérite pourrait en effet attiser les velléités d'insubordination latentes chez les sujets. Après le décès du roi, cette crainte n'a plus lieu d'être ; le blâme peut être rendu public. Montaigne rêve d'une loi qui obligerait « les actions des Princes à être examinées après leur mort » ; la peur de laisser après eux une réputation détestable les détournerait du vice[40]. Il s'est probablement livré à ce genre de verdict posthume ; on peut penser que le souverain non nommé dont il esquisse un portrait sans complaisance, dans un passage écrit après le régicide d'août 1589, est Henri III, ce monarque dont les contradictions et les hésitations déconcertaient ses sujets : « Nulle assiette [position] moyenne, s'emportant toujours de l'un à l'autre extrême par occasions indivinables, nulle espèce de train [allure] sans traverse et contrariété merveilleuse, nulle faculté simple ; si [bien] que le plus vraisemblablement qu'on en pourra feindre un jour, ce sera qu'il affectait et étudiait de se rendre connu par être méconnaissable [impossible à connaître][41]. » Si c'est bien Henri III que désigne ce texte, la loyauté avec laquelle Montaigne l'a servi illustrerait l'abnégation que requiert selon lui l'obéissance à un souverain imparfait ; elle montrerait aussi sa liberté de pensée, qui découvre dans l'écriture le domaine privilégié de son exercice.

Malgré tout, le dévouement au Prince n'est pas sans limites : si l'ordre reçu choque trop violemment les principes de la morale, il faut savoir dire non et cesser d'obéir. Le *Discours de la servitude volontaire* a peut-être été inspiré à La Boétie, estime Montaigne, par un passage de Plutarque constatant que les peuples d'Asie se laissaient asservir « pour ne savoir prononcer une seule syllabe, qui est Non[42] ». Là encore, un exemple antique illustre le propos ; les Lacédémoniens vaincus par Antipater, général macédonien, lui dirent fièrement : « Vous nous pouvez commander des charges pesantes et dommageables autant qu'il vous plaira ; mais de honteuses et déshonnêtes, vous perdrez votre temps de nous en commander[43]. »

L'auteur des *Essais* entre ici dans le territoire mouvant d'une casuistique adaptée à un temps marqué par la lente genèse de la « raison d'État ». Il n'emploie pas cette expression, qui ne se diffusera vraiment qu'après la parution en 1589 du traité de Giovanni Botero, *Delle ragioni di Stato* ; il se réfère cependant à la réalité qu'elle désigne en évoquant le cas où un prince, confronté à « une urgente circonstance et [à] quelque impétueux et inopiné accident du besoin de son état », est obligé de « gauchir sa foi » et de soumettre « sa raison à une plus universelle et puissante raison[44] ». Ce texte, on l'a dit, a pu être écrit dans le souvenir du traumatisme de la Saint-Barthélemy ; les remaniements qui y ont été apportés, révélant le trouble intime de Montaigne, ont été analysés plus haut[45]. Il y a bien là l'esquisse d'une acceptation désolée de la raison d'État, justifiée par l'irruption de terribles événements mettant en péril le corps politique. Le sou-

verain se voit alors obligé de recourir à des exécuteurs de basses
œuvres, indispensables au bien public. Montaigne ne sera pas de
ceux-là : « Résignons cette commission à gens plus obéissants et
plus souples. » Position dont il ne méconnaît pas l'ambiguïté et
qu'il propose comme un choix personnel, non comme une règle
de conduite universelle[46] ; elle permet de décharger sa conscience
tout en reconnaissant l'utilité de serviteurs dénués de scrupules,
à la fois méprisables et excusables.

Refuser d'exécuter des ordres injustes n'implique pourtant
pas le retrait de la vie publique. Si Montaigne se reconnaissait
« métis » quand il se dépeignait placé entre la simplicité naïve
des paysans et l'ignorance doctorale des sages, il répugne à l'être
lorsqu'il s'agit de la survie collective. « De se tenir chancelant et
métis, de tenir son affection immobile et sans inclination aux
troubles de son pays et en une division publique, je ne le
trouve ni beau ni honnête. » Non qu'il veuille « s'embesogner »
en un parti ; il entend seulement tracer un « chemin mitoyen »
entre les passions partisanes, comme il le précise sous couvert
d'une citation de Tite-Live. L'appartenance à une communauté
impose de la servir, fût-ce avec discernement : « Quant à moi,
et ma parole et ma foi, comme le demeurant, sont pièces de ce
commun corps : leur meilleur effet, c'est le service public[47]. » Il
a beau prétendre ne se sentir Français que par la tendresse qu'il
éprouve pour Paris, il ne peut s'en tenir à l'indifférence face au
grave péril qui menace le royaume[48]. La portée et les limites du
service demandent cependant à être définies précisément : il s'y
emploie dans les chapitres du troisième livre intitulés respectivement *De l'utile et de l'honnête* et *De ménager sa volonté*.

Face aux dissensions, l'action a pour objet essentiel de promouvoir la paix ; elle doit donc être indépendante des liens
clientélistes qui placent un fidèle à la merci des exigences d'un
patron et obscurcissent le jugement. La phrase déjà citée où
Montaigne affirme qu'il porte au roi une affection « simplement

légitime et civile » suggère que l'obéissance réfléchie s'adresse à un principe supérieur et n'implique ni le don total de soi ni l'attente d'une rétribution, comme ce serait le cas dans une relation régie par l'échange de dons et de contre-dons[49]. Toutefois, l'allégeance à la « raison publique », telle qu'il la conçoit, reste paradoxalement celle d'un particulier, ainsi que l'explique cette analyse étonnante qui conjugue la vie privée et le service du Prince : « J'aime la vie privée, parce que c'est par mon choix que je l'aime, non par disconvenance à la vie publique, qui est à l'aventure autant selon ma complexion. J'en sers plus gaiement mon prince parce que c'est par libre élection de mon jugement et de ma raison, sans obligation particulière, et que je n'y suis pas rejeté ni contraint pour être irrecevable à tout autre parti et mal voulu[50]. » Montaigne chercherait-il ici à masquer sa déception de ne pas avoir eu de carrière brillante et valoriserait-il la condition privée faute de mieux ? Il semble plutôt qu'en écrivant ces mots il ait eu à l'esprit la figure idéale du conseiller du roi, charge qu'il imagine, rappelons-le, non officielle, « sans nom », déliée d'attaches astreignantes, combinant l'utilité commune et la liberté personnelle. Idéal qui s'est éloigné de lui, il est vrai ; malgré tout, l'espoir de pouvoir l'atteindre encore ne l'abandonne pas : en témoignent les lettres qu'il adressera à Henri IV après son avènement.

Clairvoyant, l'engagement doit aussi être modéré, distancié, « l'esprit se tenant toujours en repos et en santé, non pas sans action, mais sans vexation [souffrance], sans passion[51] ». À cette attitude, deux raisons : d'une part, pour reprendre les termes d'une étude récente, ne pas « infester le politique » avec la charge émotionnelle que les individus y apportent trop souvent, au risque d'en éliminer toute rationalité[52] ; d'autre part, éviter d'aliéner l'autonomie intérieure en la sacrifiant tout entière au bien commun. Montaigne affirme qu'il s'engage « difficilement », voulant dire par là qu'il ne livre pas son être intime : « Mon opinion est qu'il se faut prêter à autrui et ne se donner qu'à soi-même. » Les charges publiques qu'il a exercées ne l'ont pas, constate-t-il, séparé de lui « de la largeur d'un ongle », si bien que le maire et Montaigne ont toujours été deux[53]. Il se démarque ici ouvertement de son père, qui « avait ouï dire qu'il se fallait oublier pour le prochain, que le particulier ne venait en aucune considération au prix du général » : ce précepte louable, propre aux exigences de la morale chrétienne, a l'inconvénient de « nous pousser hors de nous[54] ». Relisant après 1588 ce qu'il avait écrit dans la première édition des *Essais* sur l'« institution » des enfants, il ajoute cette leçon, qui synthétise sa pensée, à celles qu'il avait prévu d'enseigner à un élève de bonne maison : « Si son gouverneur tient de mon humeur, il lui formera la volonté à être très loyal serviteur de son prince et très affectionné et très courageux ; mais il lui refroidira l'envie de s'y attacher autrement que par un devoir public[55]. »

Cet engagement froid, soucieux d'hygiène mentale et corporelle, répond également à un calcul avisé. En temps de guerre civile, où le parti jugé légitime n'est pas nécessairement celui qui l'emportera, la modération offre l'avantage de ne pas s'attirer la haine inexpiable de l'adversaire ; si celui-ci l'emporte, il épargnera la vie d'un combattant qui aura su éveiller son respect. Tel est le motif explicite que fournit Montaigne à sa résolution, plaisamment exprimée, de ne pas aller jusqu'au feu en suivant le « bon » parti (celui du roi et des catholiques) : il lui faut préserver son château et sa propre personne de la destruction au cas où le « mauvais » parti triompherait. Il exploite ainsi, commente-t-il, ce que « [son] devoir [lui] donne de corde », autrement dit ce que ce lien a d'élasticité. Et de citer Atticus, l'ami de Cicéron, qui a choisi, pendant les guerres civiles romaines, le parti du perdant — celui de Pompée — sans en subir les conséquences : « Lequel se tenant au juste parti, et au parti qui perdit, se sauva par sa modération en cet universel naufrage du monde, parmi tant de mutations et diversités[56]. » Sauver sa peau en cas de catastrophe : cette sagesse pragmatique conjugue l'exigence morale de la mesure et les nécessités de la prudence.

Il peut arriver toutefois que les circonstances soient très confuses : le parti à prendre devient alors obscur. Montaigne a fait une allusion voilée à cette occurrence : si « les lois reçues et anciennes de cette monarchie [...] viennent par malheur à se contredire et empêcher entre elles, et produire deux part[i]s de choix douteux et difficile, mon élection sera volontiers d'échapper et me dérober à cette tempête[57]. » Il se réfère probablement à la décision d'Henri III, dictée par la pression des ligueurs aux États généraux de Blois, d'ériger le principe de catholicité du souverain en loi fondamentale déclarée. Cette loi, on s'en souvient, entrait en conflit avec la loi salique, par laquelle un protestant se trouvait en situation de prétendre accéder au trône. Le fait que Montaigne qualifie de « choix douteux » l'alternative qui se présenta aux sujets révèle le trouble qui dut être le sien et suggère que sa sympathie pour Henri de Navarre ne l'empêchait pas de pressentir bien des difficultés au cas où celui-ci refuserait d'abjurer ; s'il a accepté une mission de sa part, c'est moins pour soutenir sa cause que pour donner des chances à la pacification. Après l'assassinat d'Henri III, son ralliement au nouveau monarque n'a vraisemblablement été que le consentement raisonné à une situation complexe dans laquelle la confession du roi différait de celle de la majorité de ses sujets. Il est mort malheureusement trop tôt pour assister à la conversion et au sacre d'Henri IV.

Les dilemmes affrontés par Montaigne sont ceux d'un homme pris dans la tourmente de guerres fratricides, soucieux à la fois de s'engager pour la paix et de sauvegarder son indépendance. Ce serait folie, estime-t-il, de se tourmenter pour les maux engendrés par les conflits au point d'en perdre l'équilibre intérieur et la santé. « Qui abandonne en son propre le sainement et gaiement vivre pour en servir autrui, prend à mon gré un mauvais et dénaturé parti[58]. » Car l'essentiel est bien là : se mettre au service de la vie et en apprécier toutes les jouissances, tant intellectuelles que corporelles. Sans cette exigence fondamentale, la liberté perdrait tout son sens.

Rire et jouir de son corps

Obéissance lucide au souverain, engagement mesuré : ces principes de conduite permettent au sujet-citoyen de ne pas aliéner son autonomie au sein des troubles. Montaigne, cependant, attentif à concilier le souci de l'intérêt public et la capacité à jouir des plaisirs de la vie, élargit sa réflexion à l'ensemble des lois qui gouvernent les hommes, que ce soit en matière politique, religieuse, morale ou médicale ; il constate leur générale inadaptation à la condition humaine concrète, dont elles forgent une image idéalisée : elles placent la barre trop haut, la rendant inaccessible. « Il serait à désirer qu'il y eût plus de proportion du commandement à l'obéissance ; et semble la visée [le but] injuste, à laquelle on ne peut atteindre[59]. » Comment y parvenir ? En imposant des règles qui n'excèdent pas « notre usage et notre force ». Ce précepte, qui pousse Montaigne, on vient de le voir, à souhaiter que les rois respectent autant que possible les coutumes du « commun corps » quand ils doivent y introduire un changement inévitable, n'est pas valable qu'en politique. Pour en faire sentir l'universalité, Montaigne se lance dans une analyse très réaliste de la vie telle qu'elle est, « mouvement matériel et corporel, action imparfaite de sa propre essence, et déréglée[60] » : image que devrait avoir à l'esprit tout législateur, tout prescripteur de normes. Le gouvernement du corps collectif exige, pour être efficace, la connaissance de l'infinie diversité des corps singuliers qui le composent.

Qu'est-ce qu'un homme ? C'est d'abord un être mixte, corps et âme mêlés. Pour mieux faire sentir les servitudes, voire les ridicules, qu'entraîne cette étroite association, Montaigne force le trait. Il faut dire qu'il doit combattre la vision éthérée, très

répandue chez les lettrés de son temps, qu'en propose le néoplatonisme, avec son mépris du corps et son exaltation de l'esprit.
Concevoir l'être humain composé de deux parties distinctes,
l'une spirituelle et l'autre matérielle, et valoriser l'une au détriment de l'autre, lui paraît inepte : « Aristippe ne défendait que
le corps, comme si nous n'avions pas d'âme ; Zénon n'embrassait
que l'âme, comme si nous n'avions pas de corps. Tous deux
vicieusement[61]. » La condition humaine est « merveilleusement
corporelle ». Encore faut-il bien s'entendre sur ce que cela signifie, sur ce que cela implique à la fois de nécessités physiologiques
et de bonheurs sensuels[62].

Tout homme est soumis aux ordres et aux désordres du corps.
« Et les Rois et les philosophes fientent, et les dames aussi. » Le
ventre « turbulent et revêche » lâche des pets intempestifs[63]. Le
membre viril est sujet à des défaillances malencontreuses, sans
compter qu'il est parfois de taille trop médiocre pour satisfaire
pleinement les dames — *non longa satis*, déclare Montaigne sous
couvert d'une citation des *Priapées* ; en ce domaine, la nature l'a
traité « incivilement et illégitimement », lui infligeant, précise-
t-il en empruntant plaisamment au vocabulaire juridique des
plaideurs dans un procès, une « lésion énormissime[64] ». D'ailleurs, à ne considérer que la réalité physique de l'amour — du
point de vue masculin ! —, ce n'est « autre chose que le plaisir
à décharger ses vases » ; l'édition de 1595 renchérit dans la crudité en ajoutant : « comme le plaisir que nature nous donne
à décharger d'autres parties ». Les mouvements convulsifs de
l'acte sexuel, les contractions qu'il imprime au visage sont identiques chez les sages et les fous, chez les hommes et les bêtes ;
il suffit d'imaginer des philosophes « juchés sur leurs femmes »
pour mesurer combien leur suffisance est sotte… Cette action si
commune « met toute autre pensée sous le joug, abrutit et abêtit
par son impérieuse autorité toute la théologie et philosophie qui
est en Platon » ; au surplus, ajoute Montaigne goguenard, « il
ne s'en plaint pas[65] ».

Qu'est-ce qui empêche de dire la vérité en riant ? (*Ridentem dicere verum quid vetat ?*), affirme Horace dans la première de ses satires. Le troisième livre des *Essais* multiplie les citations railleuses de ce poète, comme celles de Juvénal ou de Perse. Les défauts et les travers de la condition humaine sont en effet à traiter par le rire, à l'instar de Démocrite qui préférait se moquer de la misère humaine plutôt que d'en pleurer comme Héraclite[66]. Le chapitre *De la vanité* se termine sur la rude leçon adressée par Apollon au fidèle qui venait le consulter à Delphes : « Tu es le scrutateur sans connaissance, le magistrat sans juridiction, et après tout le badin de la farce[67]. » Clown de l'universelle comédie, l'être humain est à la fois risible et capable de rire de lui-même, d'un rire désenchanté qui sait aussi se colorer d'ironie facétieuse[68].

Chaque homme est en outre un être singulier, pétri d'habitudes et de manies. Attentif à ses propres particularités, Montaigne les a décrites avec une minutie déconcertante. Il ne reste pas nu-tête très longtemps et préfère se faire couper les cheveux à un autre moment qu'après le « dîner » (le déjeuner). Il défèque à heures régulières ; son intestin et lui ne manquent jamais leur rendez-vous quotidien, « qui est au saut du lit ». Il n'aime « ni faire les enfants qu'avant le sommeil, ni les faire debout ». À table, il se passe plus facilement de nappes que de serviettes, car il n'utilise pas beaucoup les fourchettes ou les cuillères. Il apprécie les viandes peu cuites, salées, et le pain sans sel. Il lui arrive de juger les poissons trop frais et trop fermes. Il a pourtant de bonnes dents : il a appris dès l'enfance à les frotter de sa serviette, le matin, à l'entrée et à l'issue des repas. Il ne prise pas beaucoup les salades et les fruits, sauf les melons ; il a plusieurs fois changé d'avis au sujet des raiforts. Il a d'abord préféré le vin blanc, puis le clairet, puis il est revenu au blanc. Il recommande de manger lentement, mais il se conforme si peu à cette règle qu'il se mord parfois la langue et les doigts dans sa hâte[69]. Cette accumulation de détails a suscité quelque perplexité parmi les lecteurs des *Essais*. L'humaniste Joseph-Juste Scaliger a exprimé une incompréhension amusée : « La grande fadaise de Montaigne, qui a écrit qu'il aimait mieux le vin blanc. [...] Que diable a-t-on à faire de savoir ce qu'il aime[70] ? » Une lecture au premier degré peut trouver dans l'abondance des notations concrètes matière à brosser un riche portrait de cet homme aux mœurs si précisément dépeintes et en tirer un récit de sa vie rempli d'anecdotes « vraies », voire croustillantes. Ce type de lecture n'est pas illégitime ; il ne dispense pas de poser la question du sens, quitte à céder à la tentation de renoncer à en découvrir un : « Pour ce qui est de leur valeur signifiante, les salades et les melons de Montaigne ont tout l'air d'être nettement irrécupérables », selon la boutade lancée par un commentateur[71].

Une interprétation pertinente a toutefois été proposée. Montaigne ne ferait que détailler l'hygiène de vie qui assure sa santé corporelle et son équilibre mental, dans la lignée des auteurs de « régimes de santé » très à la mode à son époque[72]. Il a pu également s'inspirer des conseils donnés par Marsile Ficin dans le *De triplici vita* sur le régime à adopter par les lettrés : la bonne harmonie du corps et de l'esprit, nécessaire à la sagesse, exige une diète attentive du vin et des mets, et l'art de varier les activités et les lectures[73].

Il est cependant douteux que l'auteur des *Essais* ait voulu ériger sa propre expérience en modèle, lui qui affirme que « tout exemple cloche[74] ». En décrivant les principes personnels qu'il s'est fixés, il se pose seulement en juge de ce qui lui convient le mieux, notamment pour lutter contre sa tendance à la mélancolie ; il aménage pour son propre compte, non sans défi, les prescriptions médicales, trop générales pour s'adapter aux innombrables cas particuliers. Il fait ainsi toucher du doigt l'irréductible singularité de chaque être humain, dans sa dimension physiologique tout autant que morale : ce qui est bon pour lui ne l'est pas nécessairement pour autrui. « À chaque pied son soulier[75] ». Là est sans doute le sens profond de l'énumération

de ses coutumes et de leurs variations : ordonner des remèdes
— ou des lois — pour l'homme en général est une tâche impossible, car l'homme en général n'existe pas ; il n'y a qu'une jux-
taposition d'individualités, elles-mêmes composées de « lopins »
divers et mouvants, capables néanmoins de communiquer entre
elles. Montaigne peut en cela être considéré comme l'héritier
des philosophes nominalistes médiévaux. La « forme entière de
l'humaine condition », commune à chacun, n'est que l'ensemble
des réalités concrètes propres à toute existence terrestre[76].

Enfin, cet individu singulier est un être de plaisir, avide de
jouissances charnelles. L'attention que porte Montaigne à son
corps l'amène à s'intéresser à la réalité de l'âge et à son rapport
à la sexualité. La crudité avec laquelle il expose ses réflexions
dans le chapitre *Sur des vers de Virgile* a choqué : il le sait et
assume sa hardiesse. « Il me plaît d'être moins loué, pourvu
que je sois mieux connu. » Et il ajoute malicieusement qu'il ne
veut pas que son livre serve aux dames simplement d'ornement
placé dans la salle commune : « ce chapitre me fera du cabinet »,
entendons qu'il vaudra à son ouvrage d'être mis dans une pièce
privée semblable à son propre cabinet, où des peintures érotiques
représentaient Vénus auprès d'Adonis ou surprise avec Mars par
Vulcain. Il va donc, du même élan qui le pousse à ridiculiser
la banalité et la vulgarité de l'amour humain, en célébrer les
savoureux délices, « intellectuellement sensibles, sensiblement
intellectuels[77] ».

L'acte sexuel n'a rien de honteux. Pour en convaincre son
lecteur et le forcer à réexaminer ses idées reçues, Montaigne a
recours, comme bien souvent, à la provocation. Il s'appuie pour
cela sur les philosophes cyniques de l'Antiquité ; l'un d'eux,
surpris en pleine action dans un endroit public, avait répondu :
« Je plante un homme », sans plus rougir que s'il était en train
de planter des aulx. Diogène n'hésitait pas à se masturber en
public[78]. Ces exemples sont mentionnés non pour être donnés en

modèles, mais pour inciter à réfléchir sur l'extraordinaire écart entre ce que dicte la nature et ce que prescrivent les lois de la décence ; le caractère artificiel de ces dernières, construites par les hommes, n'en apparaît qu'avec plus d'évidence. Montaigne est particulièrement sensible à leur contingence ; son époque connaissait en effet un changement radical du regard sur la prostitution. Alors qu'au xve siècle les municipalités avaient créé des bordels publics, censés être indispensables à la paix urbaine, l'édit d'Amboise ordonna en 1560 de les supprimer ; peu à peu les édiles firent disparaître ces lieux désormais synonymes d'impudeur et de désordre. La croissance démographique, l'exode des paysans appauvris vers les villes, l'augmentation de la criminalité qui en résultait, et surtout le durcissement des exigences morales induit par les deux Réformes, la protestante et la catholique, expliquent cette rupture[79]. Montaigne ne pouvait qu'en inférer la relativité des règles concernant la sexualité ; il ne manque pas de rappeler les vives discussions contemporaines sur la suppression des bordels[80].

Le plaisir sexuel est naturel et, partant, légitime. Il est ridicule d'avoir honte de l'évoquer au cours des conversations, assure-t-il ; le temps est venu pour lui « d'en parler ouvertement ». Il avait déploré, dans l'avis au lecteur placé en tête de son ouvrage, que « la révérence publique » ne lui permît pas de se peindre tout nu, tel un sauvage du Nouveau Monde ; il ose, avec le livre III, franchir ces barrières imposées par la décence, sous la caution de Virgile, de Lucrèce, d'Ovide, de Catulle ou de Martial, et suggérer, citations latines aidant, les joies charnelles de l'amour. Il se fait en cela le porte-parole de la Nature : « et n'est par jugement que j'ai choisi cette sorte de parler scandaleux, c'est Nature qui l'a choisi pour moi[81] ».

Pourtant, ne retenir que ses audaces de langage serait simplifier à l'excès la complexité de son intention ; il ne cesse de proclamer aussi son goût pour la « modestie » et revendique son attachement personnel à la pudeur. Sa célébration de la nudité et des jouissances naturelles ne le rend pas aveugle aux satisfactions érotiques que peuvent procurer les « petites règles feintes, usuelles, provinciales » inventées par les hommes pour contenir les appétits corporels ; la « civilité et cérémonie », en retardant le moment de l'assouvissement, en accentue la saveur, et les préliminaires raffinés de la séduction amoureuse, chers, par exemple, aux Italiens et aux Espagnols, ne sont pas à dédaigner[82]. À cet égard, sa réflexion se nourrit probablement de la lecture du *Courtisan* de Castiglione et de la plaidoirie qu'y présente l'un des personnages, Julien de Médicis, dont les accents féministes ne sont paradoxalement pas sans échos dans les *Essais* ; témoin la profession de foi qui termine le chapitre *Sur des vers de Virgile* : « Je dis que les mâles et les femelles sont jetés au même moule : sauf l'institution et l'usage, la différence n'y est pas grande[83]. » En amour, l'avantage est même aux femmes, plus expertes et plus ardentes au plaisir, bien que cette supériorité leur vaille d'être soumises à des règles qu'elles n'ont pas fixées : si les hommes ne leur avaient pas imposé des lois d'honneur pour brider « la naturelle violence de leur désir », ils étaient « diffamés[84] »…

C'est à un subtil art d'aimer que Montaigne invite son lecteur. L'âge a cependant restreint pour lui les possibilités d'accès aux jouissances sexuelles ; son corps n'a plus la force d'autrefois. L'amour ne lui paraît d'ailleurs vraiment convenir qu'entre des êtres jeunes et beaux ; or, quand il écrit le livre III et y insère des ajouts, il se considère comme déjà vieux. Il lui reste heureusement bien des moyens de raviver en lui les émotions sensuelles et de « réchauffer et soutenir par art, et par l'entremise de la fantaisie [l'imagination] » une vigueur amoindrie[85]. En premier lieu, la magie du souvenir lui permet de revivre les aventures de sa jeunesse et lui en rappelle toute la saveur. Bien plus, la fréquentation des poètes lui offre l'occasion de rêver ; leurs descriptions évocatrices sont en définitive plus séduisantes encore que les réalités qu'elles relatent : « Vénus n'est pas si belle

toute nue, et vive, et haletante, comme elle est chez Virgile[86]. »
De plus, un tenace espoir continue à l'habiter : peut-être se
trouvera-t-il « quelqu'une » qui viendra partager ses plaisirs et
vivre un amour qu'il commence par dire « chaste », avant d'exprimer ensuite le souhait que cette disciple éventuelle consente
à acheter « au prix de ses cuisses une intelligence et génération
philosophique et spirituelle[87] ». Pensait-il à Marie de Gournay
en écrivant ces lignes ?

Son expérience a appris à Montaigne que jouir de la vie
demande de l'attention et de la volonté : « Il y a du ménage [de
l'art] à la jouir ; je la jouis au double des autres, car la mesure de
la jouissance dépend du plus ou moins d'application que nous y
prêtons. » Le sentiment que le temps lui est désormais compté
le pousse à compenser la rapidité de son écoulement par « la
vigueur de l'usage » qu'il en fait. Sa capacité sensorielle s'exerce
en tout temps, y compris au sein de la maladie : il faut savoir
goûter la souffrance aussi bien que la volupté, car s'efforcer
d'acquérir une insensibilité à la douleur pourrait anesthésier
la sensibilité au plaisir — affirmation paradoxale qui n'est pas
exempte d'amère ironie sous la plume d'un homme si souvent
exposé aux affres de la gravelle[88]. Les dernières pages des *Essais*
résument cette leçon en des phrases souvent citées et justement
admirées : « Pour moi donc, j'aime la vie et la cultive telle qu'il
a plu à Dieu nous l'octroyer. [...] C'est une absolue perfection,
et comme divine, de savoir jouir loyalement de son être[89]. »

Ce serait néanmoins une erreur que de voir en l'auteur des
Essais un simple hédoniste qui se bornerait à prescrire un art
de bien vivre en harmonie avec son corps. S'en tenir à cette
interprétation sous-estimerait la part d'angoisse toujours latente
derrière ses invitations à savourer l'instant. Surtout, ce serait
oublier que pour lui l'aptitude à saisir tous les bonheurs qu'offre
l'existence ne suffit pas à donner un sens à celle-ci. La culture de
la jouissance, pour indispensable qu'elle soit à l'équilibre mental

et à la santé physique, s'insère dans un *ethos* plus vaste, à la fois philosophique et politique.

Tout d'abord, en attirant l'attention sur la dimension corporelle de chaque homme, Montaigne nuance et complète sa démarche originelle, exposée dans les premiers chapitres des *Essais* : l'appel à observer l'espace intérieur, à être « chez soi », risquait de suggérer une séparation entre le « dedans » et le « dehors », entre le for interne et l'enveloppe externe ; l'étroite connexion des pensées intimes et des complexions physiologiques en était quelque peu estompée. Le dédoublement opéré par l'introspection ne doit pas rompre la cohésion de l'élan vital : « Quand je danse, je danse ; quand je dors, je dors[90]. » Il fallait cette insistance sur les aspects les plus prosaïques, les plus quotidiens, les plus savoureux aussi, de la vie ordinaire pour rendre sensible la réalité de chaque être humain, avec ses ridicules et ses pauvretés, mais aussi avec la fascinante richesse de ses potentialités ; ce « badin de la farce », infatigable quêteur de vérités inaccessibles et de satisfactions sensuelles que l'âge peu à peu lui dérobe, trouve sa grandeur dans une constante présence à lui-même et dans une patiente attention à ses moindres singularités. Ainsi s'opère, pour reprendre la belle formule d'un éminent analyste, la redéfinition de la *connaissance* de soi en *conscience* de soi[91].

Par ailleurs, Montaigne ne perd pas de vue que toute vie se déroule dans un pays particulier, sous un régime politique donné, au sein d'une catégorie sociale déterminée. Sa réflexion sur le corps biologique le ramène inévitablement au corps politique et au problème universel du rapport à la loi. Elle tempère notamment ce que pourrait avoir de schizophrénique l'obéissance dissociée à laquelle est contraint le sujet d'un prince « mélouable [blâmable] ». La liberté que s'octroie le patient à l'égard des ordonnances des médecins, en les adaptant à sa constitution individuelle, est propre en effet à servir de modèle au sujet d'une monarchie : s'il est malaisé pour ce dernier de l'imiter totalement, sous un souverain qui dispose de moyens de coercition, du moins l'assentiment qu'il accorde aux lois peut-il s'accompagner d'un rire ironique, le même que celui qu'il adresse aux prescriptions médicales trop globales pour être vraiment efficaces.

Il est possible, postule Montaigne, de pratiquer une distanciation de même type envers toutes les normes, sans pour autant les renier, que ce soient les injonctions de la religion, de la morale, de la médecine ou celles du groupe social auquel on appartient — dans son cas la gentilhommerie et les valeurs d'honneur qu'elle impose. Afin que chaque être humain puisse se ménager cette distance intérieure, l'idéal serait que tout promulgateur de règles, monarque, prélat, juge ou médecin, sache ne pas répéter l'erreur de ces rois de Perse accusés de « tailler les morceaux si courts » à leurs agents, c'est-à-dire de leur donner des ordres si impératifs qu'ils ne leur laissaient aucune marge d'interprétation[92]. La « proportion du commandement à l'obéissance » dont rêve Montaigne requiert chez les gouvernants et les gouvernés une commune conscience de la contingence et de la fragilité de l'ordre politique ; elle enseigne aux premiers une sage prudence, soucieuse de respecter les habitudes sociales lentement forgées par l'histoire et les innombrables singularités qui forment le corps collectif, et aux seconds l'art d'obéir librement sans se livrer entièrement, en laissant toute sa place au plaisir de jouir de la vie.

La voie proposée par les *Essais* se pare des couleurs attrayantes du consentement à la Nature et à ses joies ; elle n'en est pas moins difficile et semée d'embûches. Montaigne le sait bien, lui qui revendique pour son mode de vie « ordinaire » la grandeur que l'usage du monde ne reconnaît qu'aux exploits extraordinaires. Il admet qu'« il est peu d'âmes si réglées, si fortes et bien nées, à qui on puisse se fier de leur propre conduite, et qui puissent, avec modération et sans témérité, voguer en la liberté de leurs jugements au-delà des opinions communes[93] ». Il faut en effet des esprits solides pour savoir discerner l'absence de fondement métaphysique des règles extérieures, surmonter le vertige existentiel que suscite ce sentiment d'inanité et obéir pourtant, par une adhésion volontaire qui n'aliène ni la faculté critique ni la santé du corps. Les aptitudes à réunir sont à l'image de celles de Pyrrhon, tel que Montaigne l'idéalise : « Il n'a pas voulu se faire pierre ou souche ; il a voulu se faire homme vivant, discourant et raisonnant, jouissant de tous plaisirs et commodités naturelles, embesognant et se servant de toutes ses pièces corporelles et spirituelles, en règle et droiture[94]. »

On ne saurait dire avec plus de clarté la part de la volonté dans le façonnement d'un être capable de vivre une vie qui soit vraiment humaine, dans toutes les acceptions de ce terme. La liberté ne peut être que conquise de haute lutte contre tous les facteurs de dispersion et d'assujettissement.

XII

DÉNOUEMENTS

L'approche de la vieillesse et l'échec de ses tentatives de négociations politiques incitèrent Montaigne, une fois de retour chez lui après le voyage de 1588 et ses multiples péripéties, à se réapproprier le thème du dénouement. Il l'avait déjà développé dans le chapitre *De la solitude*, rédigé sans doute pour l'essentiel autour de 1572 ; il y présentait alors les principes qu'il entendait suivre afin de « faire sûrement sa retraite » : vivre moins pour autrui et davantage pour lui, se désengager des liens qui l'attachaient trop étroitement aux soucis, aux devoirs et aux affections du monde. « Il faut, écrivait-il, dénouer ces obligations si fortes, et meshui [désormais] aimer ceci ou cela, mais n'épouser que soi. » Quand, près de vingt ans plus tard, il relit cette phrase, elle prend une résonance nouvelle ; il insère une longue addition marginale : « Il est temps de nous dénouer de la société, puis que [dès lors que] nous n'y pouvons rien apporter. [...] Nos forces nous faillent : retirons-les et resserrons en nous[1]. » Sous sa plume affleurent les images de la dépossession, de la déliaison, du délogement ; l'envie lui vient de se retirer « en [sa] coque, comme les tortues[2] ».

Malgré tout, l'attention qu'il porte aux événements de son temps et l'espoir d'être utile au bien commun sont toujours aussi vifs ; il suffit d'un appel d'Henri IV à venir le rejoindre pour qu'immédiatement renaisse la tentation de l'engagement public. Perspective refermée tout aussitôt qu'ouverte. Restent la mélancolie d'assister au déclin concomitant du royaume et de son propre corps, et les joies mêlées de la sociabilité familiale et nobiliaire ; demeure surtout le dialogue avec son œuvre, objet d'une constante réécriture, et, par-delà, avec ses lecteurs présents et futurs.

Servir une dernière fois le roi

Après la mort d'Henri III, le duc de Mayenne, frère des assassinés de Blois, et le Conseil de la ligue parisienne reconnurent le cardinal Charles de Bourbon comme successeur légitime sous le nom de Charles X ; leur déclaration, promulguée le 5 août, fut enregistrée le 7 par le Parlement parisien, que les ligueurs avaient épuré de tous les membres qui leur étaient hostiles. Henri IV dut lever le siège de la capitale et disperser une partie de l'armée ; il se dirigea vers la Normandie avec des troupes amoindries. Il alla s'installer à Dieppe, dont le gouverneur lui était favorable ; de là, il pouvait recevoir les renforts promis par la reine d'Angleterre. C'est tout près de ce port stratégique, aux environs de la colline d'Arques, que se déroula un affrontement décisif avec les forces de Mayenne : au bout d'une douzaine de jours de combats acharnés, dont le principal eut lieu le 21 septembre 1589, le duc fut contraint de battre en retraite[3]. Ce succès du nouveau roi fit beaucoup pour renforcer son autorité.

Montaigne se rallia très tôt à la solution légale que représentait l'avènement du souverain désigné par la loi salique. Pourtant, au début, il s'est vraisemblablement tenu dans une prudente réserve. Il n'est en effet pas mentionné dans une liste des partisans du souverain présentée par un texte anonyme faisant partie d'un recueil publié à Paris en septembre 1589 sous le titre de *Tesoro politico*. En Guyenne, ce texte cite treize noms en faveur de la Ligue et vingt et un pour Henri IV. L'absence de Montaigne dans ce second groupe est d'autant plus notable qu'y figurent son beau-frère, Geoffroy de La Chassaigne, seigneur de Pressac, et le maréchal de Matignon[4].

Après la victoire d'Arques, l'attentisme n'était plus de mise ; Montaigne envoya une lettre à Henri IV, non retrouvée, apparemment pour lui proposer ses services. Le roi lui répondit le 30 novembre ; missive elle aussi perdue, mais son contenu peut être reconstitué grâce à la réponse de Montaigne, datée du 18 janvier 1590, qui, elle, a été conservée[5]. Le souverain lui demandait de venir à Tours, où, après un essai infructueux de reconquête de Paris, il s'était replié avec les membres de son gouvernement et les parlementaires loyalistes. Il indiquait à son correspondant le délai pendant lequel il pourrait le recevoir dans sa capitale provisoire ; sa lettre mit cependant si longtemps à être acheminée que lorsqu'elle parvint à destination, il était déjà reparti guerroyer pour reconquérir une à une les villes ligueuses.

Dans sa longue réponse du 18 janvier, Montaigne révèle à la fois la manière dont il concevait le rôle de conseiller du Prince et les sentiments ambigus qu'il continuait de nourrir à l'égard d'Henri IV. Il remercie d'abord le roi d'avoir daigné considérer « ses » lettres — pluriel qui suggère qu'il lui a peut-être écrit plusieurs fois. Puis il évoque les conquêtes royales, preuves selon lui d'une bonne fortune à laquelle il dit avoir cru depuis longtemps, même si, ajoute-t-il plaisamment, il devait jusque-là s'en confesser à son curé. L'insistance sur la « fortune » du souverain, sur son « bonheur », en d'autres termes sa chance, est significative ; elle va jusqu'à l'affirmation que la prospérité de ses entreprises est un excellent argument pour convaincre ses sujets d'obéir — bien meilleur que la justice de sa cause. Constatation réaliste : dans la situation inextricable du moment, il fallait un chef que la chance favorise — les magistrats « politiques » préféreront dire protégé par la bénédiction spéciale de Dieu — pour rétablir la « commune tranquillité » du royaume. Cette première partie de la lettre se termine par un éloge des mérites de Matignon, probablement pour appuyer le désir que manifestait celui-ci d'obtenir des pouvoirs plus amples[6]. Montaigne en profite pour plaider sa propre cause en évoquant discrètement ses « assurances et espérances », rappelées au bon souvenir du roi. Le rêve d'être appelé auprès du Prince restait toujours présent...

Commencent alors, dans une seconde partie, les conseils adressés au monarque. Leur ton est direct, à la limite de la remontrance. « J'eusse bien désiré que le gain particulier des soldats de votre armée et le besoin de les contenter ne vous eût dérobé [...] la belle recommandation d'avoir traité vos sujets mutins en pleine victoire avec plus de soulagement que ne le font leurs protecteurs. » C'est là sans doute une allusion à l'assaut avorté sur les faubourgs de Paris, au début de novembre 1589 ; des centaines de Parisiens avaient été tués ; Henri IV avait dû laisser ses troupes se livrer à un pillage effréné, faute d'avoir suffisamment d'argent pour payer leur solde. Ce faisant, argumente Montaigne, le roi a préféré un « crédit passager » auprès de ses soldats à la « protection paternelle et vraiment royale » qu'il aurait pu accorder aux vaincus. Suit un éloge de la clémence, vertu digne d'un souverain. La leçon devient impérative : dans l'ivresse du triomphe, « il se faut servir de voies non communes » ; le châtiment, quand il est nécessaire, « doit être remis [différé] après la possession de la maîtrise ». Le modèle à suivre en l'occurrence est « un grand conquérant du temps passé », autrement dit César, qui savait se faire des amis de ses ennemis. Une telle référence pourrait bien être à double entente sous la plume de Montaigne : s'il admirait la hardiesse et l'ampleur de vues du vainqueur des Gaules, il déplorait la « très injuste et très inique cause » à laquelle ces qualités avaient été employées, à savoir l'anéantissement de l'ancienne république romaine[7]. Peut-être se faisait-il ainsi l'écho de l'inquiétude qui animait certains des « Politiques », qui, tout en se rangeant aux côtés du nouveau roi, redoutaient que son caractère résolu, stimulé par ses réussites, ne le poussât à des excès d'autorité au détriment des libertés publiques. Étienne Pasquier, par exemple, exhortera Henri IV, dans une lettre de 1598, à « fuir comme un écueil toutes volontés absolues[8] ». Montaigne, pour sa part, supplie le roi de ne pas abandonner sa « débonnaireté », maintenant qu'il est au pouvoir. Il termine en espérant le rejoindre en un lieu paisible, à l'écart des affres de la guerre. « Sera-ce pas bientôt à Paris, Sire ? » Espoir encore bien chimérique, qui ne pourrait se réaliser que dans une capitale libérée de ses maîtres ligueurs.

La bataille d'Arques fut suivie d'un second succès pour Henri IV à Ivry, le 14 mars 1590 ; il y fit preuve d'une bravoure qu'Agrippa d'Aubigné a immortalisée dans la mémoire collective en lui attribuant ces paroles prononcées au plus fort de la mêlée : « Si vos cornettes [officiers] vous manquent, ralliez-vous à mon panache blanc, vous le trouverez au chemin de la victoire et de l'honneur. » L'heureuse issue du combat amena le monarque à réessayer de conquérir Paris ; néanmoins, ses forces étant insuffisantes pour un assaut décisif, il se résolut à en faire le blocus, à partir d'avril, et à tenter de réduire la population par la famine. Cette nouvelle tentative échoua ; l'arrivée des troupes espagnoles appelées par Mayenne et conduites par le redoutable duc de Parme, Alexandre Farnèse, contraignit Henri IV à lever le blocus ; ses dernières troupes s'en allèrent le 11 septembre. Mais l'épreuve fut terrible pour les Parisiens : on estime à environ trente mille le nombre de personnes qui moururent de faim ou de maladie dans la capitale durant l'été de 1590.

Le 20 juillet, le roi, depuis le camp de Saint-Denis, écrivit de nouveau à Montaigne une lettre aujourd'hui perdue, apparemment pour lui demander de rejoindre le maréchal de Matignon. Elle parvint à son destinataire seulement le 2 septembre ; celui-ci y répondit aussitôt[9]. Il ne pouvait satisfaire le souverain dans l'immédiat : il était atteint d'une fièvre tierce qui sévissait à l'état endémique dans le pays ; par ailleurs, il avait écrit trois fois au maréchal sans en recevoir de réponse. Ce silence n'avait rien de surprenant : Matignon, requis par l'aggravation de la situation militaire, ne cessait de se déplacer ; il était en juin à Bergerac, en août et en septembre en Agenais et en Langue-doc ; il ne rentra à Bordeaux qu'en octobre, pour faire face à la menace que les ligueurs, maîtres de la place de Blaye, faisaient peser sur la ville et sur le trafic portuaire[10].

La suite de la lettre de Montaigne est plus âpre. On devine qu'il a reçu du roi la proposition d'une rémunération. Sa riposte est hautaine : il a toujours servi pour l'honneur, sans jamais rechercher un salaire ; il est « aussi riche qu'[il se] souhaite ». Quand il aura épuisé sa bourse au service du souverain, il pren-dra la hardiesse de le lui faire savoir ; celui-ci en aura alors « meilleur marché que du moindre de ses officiers. » C'est sur cette fin abrupte que se termine la seconde des lettres conservées de Montaigne au roi ; elle entérine un rendez-vous manqué, en partie à cause des circonstances — la lenteur des commu-nications postales, la maladie —, en partie en raison d'une divergence de vues entre le chef de guerre et le conseiller phi-losophe[11]. L'ultime occasion qui pouvait s'offrir à ce dernier de contribuer au bien commun lui échappait.

Montaigne en ressentit sans doute de la tristesse. Le regard rétrospectif qu'il jetait sur ses tentatives de médiation lui rappe-lait bien des déceptions. Ses conseils n'avaient pas été retenus ; il ne pouvait même pas citer une « entreprise publique ni privée que [son] avis ait redressée et ramenée[12] ». Il s'est efforcé d'expli-quer ses échecs d'une manière qui lui permette de garder la tête haute. À l'origine, une illusion : croire que « la suffisance d'une vie particulière » — celle d'un homme privé comme lui — pou-vait être utile « à l'usage public » en servant de guide au Prince ; or il devait reconnaître que « tel […] fait des Essais qui ne sau-rait faire des effets[13] ». Pourquoi cette inefficacité ? Parce qu'en une époque malade, pervertie par l'hypocrisie et l'ambition, ses règles de vie, « rudes, neuves, impolies ou impollues [non policées ou non corrompues] », se révélaient nécessairement « ineptes et dangereuses » ; le monarque reluisant « d'humanité, de loyauté, de tempérance et surtout de justice » dont il avait rêvé n'existait que dans un royaume d'utopie. D'où ce constat désabusé : un citoyen intègre ne se plonge pas dans les affaires publiques sans se salir les mains ni trahir sa conscience. Il lui restait de ses expériences un sentiment de dégoût et la tentation d'un « retrait » cette fois radical, qui l'éloignerait de son siècle et le ferait vivre en esprit dans l'ancienne Rome républicaine[14]. Pourtant, le bilan était loin d'être négatif à ses yeux, bien au contraire. Son désenchantement se trouvait combattu par une fierté intime : celle d'avoir, en dépit des circonstances adverses, servi la cause commune, et de l'avoir servie librement, sinon aussi utilement qu'il l'avait souhaité.

Vieillir en pays sauvage

Une fois refermée toute possibilité d'engagement public, il fallut à Montaigne se réadapter à la banalité de la vie seigneuriale. Dès avant 1588, il avait eu ces mots dépréciateurs pour qualifier sa demeure : « [...] chez moi, en pays sauvage, où personne ne m'aide ni [ne] me relève, où je ne hante communément homme qui entende le latin de son patenôtre, et de français un peu moins[15]. » Il se plaignait que sa fortune le contraignît à fréquenter un millier de gens dont il ne pouvait se passer — ses serviteurs, les paysans de son village, mais aussi, vraisemblablement, les hobereaux de son voisinage que la sociabilité nobiliaire lui imposait de recevoir — alors que ceux avec lesquels il aurait aimé converser s'avéraient « hors de [son] commerce ». Si bien que, « au milieu d'une famille peuplée et maison des plus fréquentées », il faisait souvent « trêve de cérémonie, d'assistance et de convoiements [d'accompagnements] et telles autres ordonnances pénibles de notre courtoisie » : en d'autres termes, il négligeait de se déranger pour accueillir ses hôtes et les laissait repartir sans les raccompagner, se tenant à l'écart, « muet, rêveur et enfermé ». La froideur de sa conversation, avoue-t-il, lui a aliéné la bienveillance de plusieurs de ses voisins[16].

La présence de la maladie, la proximité de la vieillesse et la peur de voir diminuer ses facultés intellectuelles avivaient ses tendances à la mélancolie. Les ravages des guerres civiles ne pouvaient que renforcer son angoisse ; il en venait à craindre que le mal ne se bornât pas à altérer gravement la constitution du royaume et ne provoquât son entière « dissipation et divulsion[17] ». Toutefois, la convergence de son déclin physique et du malheur collectif lui paraissait de nature à stimuler sa résolution face à l'adversité : « Ce m'est faveur que la désolation de cet état se rencontre à la désolation de mon âge [...] ; mon courage se hérisse au lieu de s'aplatir[18]. » Les malheurs endurés sont finalement utiles s'ils apprennent à ne compter que sur soi. Bien plus, le sentiment de vivre un temps extraordinaire stimulait sa curiosité d'observateur impatient de savoir comment les choses tourneraient : puisqu'il ne pouvait retarder le moment de la « mort publique », du moins prenait-il un amer contentement à y assister et s'en instruire. D'ailleurs, remarquait-il, la durée même des désordres pourrait bien être un indice de la résistance du royaume : « Tout ce qui branle ne tombe pas. La contexture d'un si grand corps tient à plus d'un clou. » L'histoire lui enseignait que d'autres États, frappés par des troubles encore plus graves, avaient malgré tout survécu ; la France n'était pas le seul pays à connaître des conflits. « Pour moi, concluait-il, je n'en entre point en désespoir, et me semble y voir des routes à nous sauver. » On pouvait déplorer les tourments de son pays sans en être « transi[19] ». Précepte applicable aux maux de l'âge, susceptibles d'être surmontés à force de volonté : les plus légers mouvements avaient beau lui rappeler la faiblesse de ses reins, il ne s'en efforçait pas moins de « [se] mouvoir comme devant et piquer après [ses] chiens d'une juvénile ardeur, et insolente[20] ». Cet amateur de chevauchées ne demeurait pas cloîtré dans son château et continuait à se rendre à Bordeaux ou dans les environs. La fierté que lui inspirait son œuvre l'aidait en outre à triompher de la peur du déclin : « Je soutiens tant que je peux. À toutes aventures, je suis content qu'on sache d'où je serai tombé. » La dernière page des *Essais* se clôt sur une invocation à Apollon, dans l'espoir que ce dieu lui accorde une vieillesse qui soit en dépit de tout « gaie et sociale[21] ».

Les visites reçues par Montaigne en son château ne lui étaient pas toutes importunes. Certaines durent lui fournir l'occasion d'échapper aux soucis de la conjoncture politique et à la « sauvagerie » de son entourage immédiat. Pierre Charron, qui résida à Bordeaux de 1589 à 1593, vint probablement le voir souvent ; son œuvre maîtresse, *De la sagesse*, est nourrie de la lecture des *Essais* et des dialogues qu'il eut avec leur auteur. Il est cependant douteux que Montaigne l'ait autorisé à porter ses armoiries après sa mort, ainsi que l'assure le jurisconsulte Gabriel de La Rochemaillet dans un éloge de Charron publié en 1607, assertion reprise ensuite par plus d'un biographe[22]. Montaigne goûta pareillement les entretiens de son ami Pierre de Brach et de Florimond de Raemond, son successeur au parlement de Bordeaux ; ce dernier discuta peut-être avec lui de l'ouvrage qu'il écrivait sur l'histoire de « la naissance, progrès et décadence de l'hérésie de ce siècle » et qui fut publié après sa mort.

La considération de la république des Lettres lui valait des échanges épistolaires avec d'éminents correspondants. Le plus illustre fut Juste Lipse, déjà plusieurs fois évoqué. L'humaniste flamand avait, on s'en souvient, qualifié Montaigne de « Thalès français » ; il lui adressa plusieurs missives dont trois ont été conservées, s'échelonnant entre le 30 août 1587 et le 17 septembre 1589 ; la troisième accompagnait l'envoi des *Politicorum libri VI*, qui venaient d'être publiés[23]. Montaigne apprécia cet ouvrage, comme il avait prisé le *De constantia* de 1584. Il était reconnaissant envers Juste Lipse du rôle que celui-ci avait joué dans la réception initiale des *Essais* ; il se plut à célébrer en lui « le plus savant homme qui nous reste, d'un esprit très poli et judicieux, vraiment germain à mon Turnèbe », et loua le « docte et laborieux tissu de ses Politiques[24] ». L'estime qu'il lui portait n'était pourtant pas sans réserves ; les épithètes « docte et laborieux », sous la plume de quelqu'un qui disait haïr les livres puant l'huile et la lampe, ne sont sans doute pas dénuées d'une certaine ironie ; par ailleurs, il pouvait difficilement souscrire aux chapitres II à IV des *Politicorum*, favorables au rétablissement de l'unité religieuse par la persécution des hérétiques[25]. Montaigne correspondit également, à croire la préface de Marie de Gournay à l'édition des *Essais* de 1595, avec le diplomate et futur cardinal Arnauld d'Ossat, dont l'action sera décisive pour convaincre le pape d'accorder l'absolution à Henri IV. Anthony Bacon, personnage brillant et fort lettré dont le frère Francis allait devenir chancelier d'Angleterre, lui écrivit dans l'été de 1592 une lettre incluse dans un courrier adressé à Pierre de Brach, qui la fit parvenir à son destinataire ; ce fut, semble-t-il, la dernière missive que reçut l'auteur des *Essais*[26].

Des « trois commerces » dont Montaigne a décrit les plaisirs dans le chapitre portant ce titre, il constatait que le premier, celui des hommes experts en l'art de converser, tendait à se raréfier ; le deuxième, celui des « belles et honnêtes femmes », appartenait de plus en plus au passé ; lui demeurait le troisième, celui des livres, « bien plus sûr et plus à nous », consolation « en la vieillesse et la solitude[27] ». Il relisait ses auteurs préférés, Sénèque, Plutarque, Aristote, Diogène Laërce, Xénophon, Tacite ; il parcourait les textes philosophiques de Cicéron ; surtout, il pratiquait assidûment les *Dialogues* de Platon, dans la traduction latine de Marsile Ficin, et y puisait une admiration renouvelée pour Socrate : il évoque ce modèle de sagesse humaine cent quinze fois après 1588, contre quarante-huit dans l'édition de 1588 et dix-sept dans celle de 1580[28]. Il s'intéressait également aux ouvrages contemporains qui le renseignaient sur les pays voisins, tel le Portugal dont Girolamo Franchi avait décrit le récent rattachement à la couronne de Castille, ou sur des contrées plus exotiques, comme les Indes orientales, évoquées par les voyages du diamantaire Gasparo Balbi, ou encore la Chine, décrite par le missionnaire Juan González de Mendoza[29].

Toutefois, le livre qui monopolisait son attention était le sien. La publication conférait à son ouvrage une vie propre qui lui échappait ; il voyait désormais en lui un texte quasi étranger et y découvrait une image de lui différente de celle qu'il trouvait en son for intérieur, à la fois plus riche et moins « sage[30] ». Il en résultait un décalage qui nécessitait de constantes retouches, de continuelles réappréciations. Son livre suscitait de surcroît des réactions diverses chez les lecteurs : le miroir que lui tendait leur opinion provoquait en Montaigne le même étonnement, la même volonté de rectification. Certes, il se réjouissait de la « faveur » rencontrée auprès du public par les premières éditions ; le succès lui avait déjà valu une traduction partielle en langue étrangère — en l'occurrence en italien[31]. Il connaissait cependant les reproches qu'on lui adressait et les rappelle avec humour : « Voilà un discours ignorant. Voilà un discours paradoxe. En voilà un trop fol[32]. » Il savait qu'il courait le risque d'être incompris en ouvrant son univers intérieur aux regards de lecteurs possiblement malveillants ou railleurs ; il en avait fait l'expérience notamment avec la caricature malicieuse brossée par Tabourot des Accords dans *Les Apophtegmes du sieur Gaulard*[33]. Le bibliographe La Croix du Maine a mentionné dès 1584, à côté des éloges adressés aux *Essais*, les réticences qu'ils soulevaient chez quelques-uns. De son côté, Marie de Gournay, dans sa préface, se plaignit du « froid recueil » que certains avaient fait à l'œuvre, à cause de sa langue, de la licence de ses paroles, de son contenu parfois obscur, enfin de ses audaces en matière de religion. Bien pis, selon elle, beaucoup accueillaient l'auteur des *Essais* « pour un homme de bonne maison, de crédit et de qualité ; nul, pour Montaigne » : autrement dit, ils percevaient en lui le personnage social et non l'être intime qu'il voulait donner à voir[34]. « Tant y a, commente-t-il, que, tout compté, il me semble qu'aussi souvent on me loue qu'on me déprise outre la raison. » Cette méconnaissance le portait à tenter d'y remédier : « Je suis affamé de me faire connaître [...] ; ou pour dire mieux, je n'ai faim de rien, mais je crains mortellement d'être pris en échange [pour un autre] par ceux à qui il arrive de connaître mon nom[35]. » Cet objectif exigeait la permanente remise en chantier du livre, l'inlassable quête d'une image qui toujours fuyait puisqu'en perpétuelle recomposition.

L'exemplaire des *Essais* de 1588 annoté par Montaigne et conservé aujourd'hui à la bibliothèque municipale de Bordeaux atteste l'importance des compléments autographes qu'il porta dans les marges, auxquels s'ajoutèrent des modifications diverses, ratures, ponctuation revue, majuscules mises à certains mots[36]. Il écrivit sur la page de titre « sixième édition » — au lieu de « cinquième » — et y plaça cette fière épigraphe : *Viresque acquirit eundo* (il acquiert des forces au fur et à mesure qu'il avance), hémistiche emprunté à Virgile ; il indiqua au verso de minutieuses consignes à l'intention d'un futur imprimeur ou d'un copiste. Très vite, cet exemplaire devint surchargé et difficile à lire[37]. Un autre exemplaire servit probablement de mise au net, travail peut-être confié à un secrétaire ou à un ami, Pierre de Brach ou Florimond de Raemond. C'est ce deuxième exemplaire, malheureusement non retrouvé, sur lequel Montaigne inscrivit sans doute lui-même d'ultimes modifications et additions, qui fut envoyé après sa mort à Marie de Gournay pour servir de base à l'édition posthume de 1595.

Joies et désillusions familiales

Les responsabilités de chef de famille et de maître de maison apportaient à Montaigne leur lot de plaisirs et de menues contrariétés. L'événement le plus notable fut le mariage de sa fille Léonor, célébré au château le 27 mai 1590, avec François de La Tour, seigneur d'Yvier, écuyer, logeant au château de La Tour en Saintonge ; Léonor avait presque dix-neuf ans et François trente et un. Le contrat de mariage fut signé la veille[38]. Il comportait des dispositions à l'égard de l'épouse de Montaigne, Françoise de La Chassaigne, à qui son mari accordait l'usufruit de la moitié de sa maison et seigneurie, tout en se réservant la somme de 10 000 écus ; elle lui concédait en retour l'usufruit de tous ses biens en se réservant 1 000 écus. Surtout, le contrat instituait, on s'en souvient, une substitution : l'usufruit de la maison et seigneurie, dont Léonor hériterait à la mort de ses parents, passerait à tel de ses enfants mâles puînés qu'elle choisirait, à la charge que celui-ci prenne les nom et armes de Montaigne — le fils aîné, lui, garderait le nom paternel de La Tour. Si elle n'avait pas de fils — ce qui se produisit —, la seigneurie, avec le nom et les armoiries, irait au fils puîné de sa fille, et au-delà au plus proche descendant mâle, aux mêmes conditions[39]. Montaigne conjurait de la sorte le risque qu'il avait évoqué en décrivant la configuration de ses armoiries : « Quel privilège a cette figure pour demeurer particulièrement en ma maison ? Un gendre la transportera en une autre famille : quelque chétif acheteur en fera ses premières armes[40]. » Il en savait quelque chose, lui qui portait les armoiries des anciens possesseurs de la seigneurie achetée par son bisaïeul Ramon ! Grâce à la substitution prévue par le contrat de mariage de Léonor, François de La Tour serait contraint d'accepter, s'il avait deux fils, que le nom de son beau-père soit porté par le second. Est-ce pour l'en convaincre que Montaigne a consenti à sa fille une énorme dot — 20 000 livres[41] ? Il faisait preuve ainsi d'un attachement passionné à la survie de son nom, contredisant l'indifférence dont il s'était targué sur ce point dans un passage des *Essais* rédigé avant 1588 : « Je me console aisément de ce qui m'adviendra ici quand je n'y serai plus ; les choses présentes m'embesognent assez [...]. Aussi n'ai-je point cette forte liaison qu'on dit attacher les hommes à l'avenir par les enfants qui portent leur nom et leur honneur, et en dois désirer à l'aventure d'autant moins, s'ils sont si désirables[42]. » Se « dénouer » des valeurs sociales se révélait plus malaisé que prévu...

Instituer une substitution par un contrat de mariage plutôt que par un testament permettait d'en imposer les clauses au futur époux. Montaigne eut-il recours à ce procédé pour le rendre plus acceptable aux yeux de son frère Thomas de Beauregard et tenter d'éviter le prévisible courroux de ce dernier ? La substitution qu'il instaurait détruisait en effet, on l'a dit, celle qu'avait établie son père Pierre Eyquem, selon laquelle, au cas où Michel n'aurait pas de fils, la seigneurie irait à l'un de ses frères qu'il choisirait. Thomas estimait certainement devoir bénéficier de cette clause, puisque Michel n'avait qu'une fille ; l'action qu'il intenta à ce sujet à Françoise de La Chassaigne et à Léonor après la mort de son frère aîné a déjà été évoquée, de même que le projet qu'il forma probablement de publier, à l'insu de Michel, une *Historique description du solitaire et sauvage pays de Médoc*, œuvre de La Boétie aujourd'hui perdue, en y adjoignant les vingt-neuf sonnets de ce dernier[43].

On sait peu de chose sur la famille de l'époux de Léonor, François de La Tour ; il appartenait peut-être à une branche cadette des La Tour d'Auvergne ou des La Tour de Limeuil[44]. Il ne combla pas pleinement les attentes de son beau-père ; il ne lui donna qu'une petite-fille, Françoise de La Tour, née le 31 mars 1591. De plus, le jeune couple quitta le château le 23 juin 1590 — un « samedi à la pointe du jour, les chauds étant extrêmes », comme le signale la note portée dans l'*Éphéméride* de Beuther — pour rejoindre la Saintonge. Montaigne perdait donc l'espoir d'être secondé dans la gestion de son domaine, espoir qu'il avait exprimé quelques années auparavant : « L'un de mes souhaits pour cette heure, ce serait de trouver un gendre qui sût appâter commodément mes vieux ans et les endormir, entre les mains de qui je déposasse en toute souveraineté la conduite et usage de mes biens [...]. Mais quoi ? Nous vivons en un monde où la loyauté des propres enfants est inconnue[45]. » La fin de cette phrase laisse deviner qu'il éprouvait, au moment où il la rédigea, une certaine déception à l'égard de Léonor, suggérée également quelques lignes plus haut dans un passage où il se félicitait de n'avoir qu'un enfant : « Pour un, s'il n'a assez de ce de quoi j'ai eu si plantureusement assez, à son dam ; son imprudence [irréflexion] ne mérite pas que je lui en désire davantage[46]. » Léonor s'était apparemment plainte, avant son mariage, de ne pas recevoir assez d'argent de son père.

François de La Tour mourut prématurément, le 11 juillet 1594, quatre ans après son mariage. Léonor se remaria le 20 octobre 1608 avec Charles de Gamaches, vicomte de Raimont, gentilhomme qui se piquait de joindre les armes et les lettres, puisque l'année précédente le roi avait dû l'empêcher de se battre en duel — affaire relatée par le chroniqueur Pierre de L'Estoile —, et qu'il publiera ensuite un ouvrage d'apologétique intitulé *Le Sensé, raisonnant sur les passages de l'Écriture sainte, contre les prétendus Réformés*[47]. Le mariage resserrait les liens de parenté avec les La Chassaigne : l'oncle maternel de Léonor, Geoffroy de La Chassaigne, avait en effet épousé Jeanne de Gamaches, tante de Charles. Le nouveau couple n'eut encore qu'une fille, Marie, née le 30 avril 1610. Cette fois, Léonor et son mari vécurent à Montaigne ; malheureusement, l'auteur des *Essais* n'était plus là pour s'en réjouir.

D'autres événements survinrent au sein de sa famille, apportant joies ou tristesses ; il les notait scrupuleusement dans le

Beuther. Le 17 février 1589, il présida dans son château au mariage de M. de Belcier, d'une famille à laquelle s'était alliée sa tante paternelle Blanquine, avec Mlle de Sallebeuf ; il les avait « fiancés » deux jours auparavant en présence des principaux seigneurs du pays. Le 4 avril 1589, il mentionna la mort du baron de Savignac, son « parent et ami et singulièrement familier de céans », frappé à la tête quatre jours auparavant par une arquebusade reçue au cours d'un siège. L'année 1591 fut marquée par deux nouveaux mariages : le 22 juillet, celui de son petit-cousin Bertrand de La Taulade avec Antoinette d'Andouins, cousine de Diane d'Andouins, comtesse de Guiche ; le 10 septembre, celui de son frère Bertrand de Mattecoulon avec sa cousine Charlotte d'Eymar. Il lui arrivait aussi de célébrer au château le mariage de membres de son réseau d'amitiés : en faisait sans doute partie ce capitaine Roux qui « épousa céans Mademoiselle de Sersines », le 16 juillet 1589[48].

Le 23 novembre 1590, un oncle de Françoise de La Chassaigne, Guillaume de La Chassaigne, abbé de Verteuil, ajouta à son testament un codicille qui dut irriter Montaigne. Le testament en question, rédigé le 13 mars 1587, avait institué comme héritier principal Geoffroy de La Chassaigne, seigneur de Pressac, frère de Françoise ; celle-ci recevait 100 écus, soit 300 livres. Or le codicille, tout en maintenant Geoffroy en sa qualité d'héritier, modifia le legs de Françoise, ramené sans explication de 300 livres à 5 sols — le quart d'une livre ! L'abbé ajouta le 18 juin 1591 un second codicille, cette fois pour gratifier la fille de Pressac qui venait de naître. Il est possible que Montaigne ait exprimé sa mauvaise humeur dans le passage des *Essais* où il raille ces gens qui entourent de soins un vieux parent afin d'être couchés sur son testament : ce serait une allusion à son beau-frère Geoffroy, soupçonné d'assiduité intéressée auprès de l'abbé de Verteuil. Geoffroy de La Chassaigne se posait par ailleurs en rival littéraire, puisque avec son livre *Le Cléandre, ou De l'honneur et de la vaillance*, publié en 1582 avec sa traduction des épîtres de Sénèque, il touchait aux thèmes de certains chapitres du premier livre des *Essais*[49]. Montaigne a pu également ressentir quelque jalousie quand un autre Geoffroy, son cousin de Bussaguet qui arborait le même patronyme que lui, fut désigné le 12 janvier 1590 par le parlement de Bordeaux pour faire partie de la délégation chargée de déclarer à Henri IV l'allégeance de la cour bordelaise.

Le testament d'Antoinette de Louppes, la mère de Montaigne, rédigé le 19 avril 1597, devait manifester une disparité analogue, révélatrice des tensions familiales. Elle dota différemment ses petites-filles : elle légua 1 800 livres à Jeanne de Camain, née en 1582 de Léonor (sœur de Montaigne) et de Thibaud de Camain, legs justifié par les attentions qu'elle en avait reçues pendant les douze années passées en sa compagnie ; mais elle ne laissa que 100 écus — 300 livres — à son autre petite-fille, Léonor (fille de Montaigne), sous prétexte que celle-ci était « très riche et opulente », ayant hérité des biens qu'elle-même, Antoinette, avait beaucoup contribué à faire fructifier et dont son fils aîné s'était contenté de jouir « par son octroi et permission[50] »...

Le 26 mars 1591, le vieux marquis de Trans rédigea son testament et choisit Montaigne, Geoffroy de Bussaguet et le seigneur de Caumont-La Force pour être tuteurs honoraires de ses petits-enfants : choix biconfessionnel, puisque Caumont-La Force était protestant[51]. Le marquis, ancien membre actif de la ligue ultracatholique de 1563, s'était rapproché du roi de Navarre, dont il était parent ; le dernier de ses quatre fils mourut au début de 1591 au service du Béarnais devenu roi de France, imitant l'exemple de ses trois aînés morts à Moncrabeau. Au plus fort des conflits, les liens de parenté et de clientèle continuaient à brouiller les frontières entre les camps ennemis, ce qui favorisa le triomphe final d'Henri IV. Néanmoins, à la date de la rédaction du testament du marquis, ce triomphe n'était encore qu'une perspective incertaine ; les combats faisaient toujours rage. De fortes menaces, notamment, persistaient sur la sécurité de Bordeaux ; le maréchal de Matignon s'apprêtait, avec l'aide d'une flotte anglaise, à mettre le siège devant Blaye, occupée par les ligueurs, tandis que ces derniers attendaient des secours du roi d'Espagne. Quand il mourut, Montaigne ne pouvait apercevoir aucune issue proche aux troubles qui déchiraient la France.

Une mort édifiante ?

La mort de Montaigne survint le 13 septembre 1592, à cinquante-neuf ans et demi. On ne possède sur son décès aucun témoignage oculaire ; seules des relations indirectes apportent des informations. La plus circonstanciée est celle que donna Étienne Pasquier dans la grande lettre à Claude de Pellejay déjà citée. Elle porte sur les trois derniers jours, pendant lesquels Montaigne souffrit d'une « esquinancie sur la langue », c'est-à-dire d'une aphasie due soit à un abcès péri-amygdalien, soit à un accident vasculaire cérébral ; il lui fallut recourir à des billets pour communiquer avec son entourage. Ce fut certainement pour lui un terrible supplice ; il redoutait par-dessus tout d'être privé de la parole : « Je n'imagine, avait-il avoué, aucun état pour moi si insupportable et horrible, que d'avoir l'âme vive et affligée, sans moyen de se déclarer[52]. » Selon Pasquier, l'agonisant fit comprendre à sa femme qu'il souhaitait la présence de quelques gentilshommes ses voisins, afin de prendre congé d'eux. « Arrivés qu'ils furent, il fit dire la messe en sa chambre, et comme le prêtre était sur l'élévation du *Corpus Domini* [l'hostie consacrée] le pauvre gentilhomme s'élance au moins mal qu'il put, comme à corps perdu, sur son lit, les mains jointes : et en ce dernier acte rendit son esprit à Dieu[53]. »

Ce récit a été publié tardivement, en 1619, dans un recueil de lettres d'Étienne Pasquier. Les historiens se sont beaucoup interrogés sur sa fiabilité. Pierre de Brach a fourni une version toute différente ; mais lui non plus n'était pas au chevet de son ami. Il a relaté les derniers instants de Montaigne dans deux lettres, l'une adressée le 10 octobre 1592 à Anthony Bacon et l'autre le 4 février 1593 à Juste Lipse. Les détails qu'il donne se rapportent surtout aux jours qui ont précédé l'aphasie. Montaigne, confie-t-il à Lipse, sentant venir la mort, « l'a et goûtée et prise avec douceur » ; il a manifesté le regret « de n'avoir personne près de lui à qui il pût déployer les dernières conceptions de son âme ». À Bacon, Pierre de Brach certifie que, face à l'épreuve finale, l'auteur des *Essais* n'a pas démenti la pure philosophie dont il a été le « miroir ». Dans ces deux descriptions, aucune allusion n'est faite aux sentiments religieux du mourant[54]. Une autre relation, celle de Bernard Automne, n'en parle pas davantage ; ce juriste, ami de Florimond de Raemond, se borne, dans un de ses traités, à mentionner un détail pittoresque : avant sa mort, Montaigne « se leva du lit en chemise, prenant sa robe de chambre, ouvrit son cabinet, fit appeler tous ses valets et autres légataires et leur paya les légats qu'il leur avait laissés dans son testament, prévoyant la difficulté que feraient ses héritiers à payer ses légats[55] ». L'anecdote indique que le malade avait prévu des dispositions testamentaires particulières en faveur de ses serviteurs, la transmission de la seigneurie étant réglée par la substitution contenue dans le contrat de mariage de Léonor ; elle trahit aussi une certaine méfiance envers sa femme usufruitière et sa fille — bien que rien ne vienne par ailleurs corroborer ce soupçon.

Faut-il alors refuser tout crédit au rapport de Pasquier ? Pas nécessairement. Une étude scrupuleuse a fait valoir que si les informations contenues dans la lettre à Claude de Pellejay étaient erronées, la veuve et la fille de Montaigne n'auraient pas manqué de protester[56]. Or il n'en fut rien. Cette lettre a été écrite bien avant sa publication ; il est possible que Pasquier en ait composé un premier jet dès la fin de l'année 1594 et que Marie de Gournay en ait eu connaissance au moment où elle rédigeait la longue préface qu'elle allait placer en tête de son édition des *Essais* en 1595. Elle y assure en effet que la mort de son père d'alliance est « si fameuse en tous les points de sa perfection qu'il n'est point besoin qu'[elle] le publie davantage ». L'aurait-elle écrit si Pasquier n'avait pas déjà largement diffusé sa lettre auprès de son entourage, comme il le faisait pour toutes les épîtres qu'il destinait à une publication ultérieure, et si elle n'en cautionnait pas le contenu ? Il est vrai que Marie de Gournay ajoute : « Bien en publierai-je, si l'entendement me dure, les circonstances particulières, alors que je les saurai fort exactement, par la bouche de ceux mêmes qui les ont recueillies (car plusieurs autres témoins n'ont su confirmer ma créance)[57]. » Elle laisse donc entendre l'existence d'incertitudes au sujet de la mort de Montaigne, sans pour autant discréditer le certificat d'orthodoxie catholique que lui a dispensé Pasquier. Malheureusement, elle n'a pas tenu sa promesse de revenir sur la question, semble-t-il faute d'informations supplémentaires. Elle n'avait appris qu'assez tard la mort de son père d'alliance, alors qu'elle demeurait à Cambrai dans la maison du maréchal Jean de Balagny, neveu de Blaise de Monluc ; c'est une lettre de Juste Lipse, datée du 23 mai 1593, qui lui fit connaître la nouvelle. Pierre de La Brousse, frère de Montaigne, à qui celui-ci, écrit-elle dans sa préface, avait confié la charge de lui envoyer un « tendre a-Dieu », ne put sans doute s'acquitter de sa mission à cause des difficultés des communications dans un pays en proie à la guerre civile. Elle chercha à se renseigner auprès de Geoffroy de Bussaguet, qui se trouvait à Chartres, sans en tirer plus de clarté, puisqu'il n'était pas présent quand mourut son cousin.

Dans le chapitre *Qu'il ne faut juger de notre heur qu'après la mort*, Montaigne, en citant un mot de Solon, rappelait qu'on ne pouvait rien affirmer du « bon-heur » d'un homme, « qui dépend de la tranquillité et contentement d'un esprit bien né et de la résolution et assurance d'une âme réglée […], qu'on ne lui ait vu jouer le dernier acte de la comédie, et sans doute le plus difficile ». La mort, de ce point de vue, était censée valider *a posteriori* les actes de la vie[58]. Il reviendra ensuite sur cette conception de la fin de l'existence ; toutefois, chacun des auteurs des relations de son décès la partageait manifestement et a cherché cette authentification dans la direction qu'il souhaitait. Pasquier voit dans la pieuse agonie du mourant « un beau miroir de l'intérieur de son livre », présumé tout à fait catholique. Pierre de Brach célèbre une mort sereine conforme aux « hautes conceptions » du philosophe, à la manière d'une lampe qui, « prête à défaillir, éclate et donne jour d'une plus vive lumière ». Bernard Automne retient pour sa part la générosité envers les serviteurs, doublée de méfiance à l'égard des héritiers. Aucune de ces images ne résume la richesse d'une vie tout en contrastes ; la diversité des récits de la mort de Montaigne est en fin de compte le meilleur reflet de la complexité de sa vie.

Si l'on en croit ce qu'il écrit dans les *Essais*, Montaigne ne laissa pas de directives précises pour ses funérailles ; il se moquait de ceux qui en prévoyaient de trop grandioses ou au contraire de trop mesquines. Le plus sage, selon lui, était de s'en remettre sur ce point à la coutume et au choix de ceux auxquels reviendrait cette charge[59]. Sa veuve et sa fille, avec l'assentiment de leur parentèle, adoptèrent l'usage propre à la haute noblesse de faire enterrer le cœur séparément, en l'église Saint-Michel de Montaigne. Elles envisagèrent d'abord d'inhumer le corps dans la cathédrale Saint-André à Bordeaux ; puis Françoise de La Chassaigne signa le 27 janvier 1593 un contrat avec la congrégation des Feuillants, issue des cisterciens, fondée en 1577 par Jean de La Barrière et dont Montaigne admirait la vertu et le loyalisme monarchique : elle obtint de faire construire un caveau devant le grand autel de leur église bordelaise et s'engagea à leur verser une rente annuelle et à faire blanchir l'intérieur de l'église, les Feuillants promettant de leur côté de dire des messes annuelles. Les restes de Montaigne y furent transférés le 1er mai 1593. En 1614, à cause d'un agrandissement de l'église, le corps fut déplacé et mis dans une nouvelle chapelle dédiée à saint Bernard. Mme de Montaigne y fit édifier un cénotaphe surmonté d'un gisant qui représente son époux en gentilhomme guerrier, revêtu d'une armure et paré du collier de l'ordre de Saint-Michel ; un lion est couché à ses pieds ; ses armoiries sont gravées sur les côtés ainsi que deux épitaphes, l'une en vers grecs, l'autre en prose latine. En janvier 1616, le corps de Léonor fut inhumé dans ce tombeau, puis, en 1627, celui de Françoise de La Chassaigne. Le monument se trouve aujourd'hui au musée d'Aquitaine de Bordeaux, situé à l'emplacement de l'ancien couvent des Feuillants[60].

Demeurait à satisfaire la volonté de Montaigne de procéder à une nouvelle édition des *Essais*, augmentée des ajouts apportés à celle de 1588. Sa veuve et sa fille firent parvenir à Marie de Gournay l'exemplaire de mise au net des premières annotations marginales, distinct, on l'a vu, de l'exemplaire dit « de Bordeaux » et enrichi d'ultimes additions ; elles lui renvoyèrent en même temps, au dire de la destinataire, le manuscrit du *Proumenoir de Monsieur de Montaigne*, qui fut édité en 1594, peut-être dans le but de susciter une attente dans le public avant la parution des *Essais* en 1595[61]. Marie de Gournay prépara le texte de l'œuvre de son « père » afin de le rendre utilisable par l'éditeur, Abel L'Angelier. Celui-ci a probablement joué un rôle actif dans le processus de réédition, qui lui permettait d'obtenir un nouveau privilège et de prolonger par conséquent son monopole sur l'œuvre ; il était vraisemblablement au courant des réécritures de Montaigne. Peut-être même est-ce lui qui a demandé à Mme de Montaigne d'envoyer la dernière copie de l'auteur et sollicité Marie de Gournay pour accomplir le travail de préparation. Cette réédition enrichie était un pari risqué, puisque le stock de 1588 n'était pas épuisé ; il fut néanmoins réussi, car l'édition de 1595, de format in-folio, connut un grand succès, entraînant dans son sillage celui de la précédente[62].

La « fille d'alliance » s'acquitta scrupuleusement de sa tâche.

Elle relut l'exemplaire qu'on lui avait envoyé, déchiffra l'écriture des annotations marginales et établit le texte de manière à en faire une copie bonne à imprimer — en termes techniques, un *exemplar* ; elle modifia légèrement le titre en rajoutant l'article défini *Les* devant *Essais*, traduisit les citations latines, composa une longue préface ; elle assuma de la sorte des responsabilités d'éditrice qu'aucune femme de son temps n'avait encore prises. Un détail intrigue : dans l'édition qu'elle procura, le chapitre 14 est déplacé et porte désormais le numéro 40. Est-ce Montaigne qui a voulu ce changement ? La chose n'est pas impossible ; par suite de la modification, la place centrale du premier livre des *Essais* n'est plus occupée par l'ancien chapitre 29 — celui qui aurait dû contenir le *Discours de la servitude volontaire* puis les vingt-neuf sonnets de La Boétie et qui était maintenant vide — mais par l'ancien chapitre 30 consacré à la modération, vertu cardinale pour Montaigne[63]. Malgré tout, un doute subsiste ; il est possible que ce soit Marie de Gournay qui ait pris cette décision. Selon certains commentateurs, ce doute s'étend aussi à l'état du texte tel qu'elle l'a établi en 1595, dont plusieurs fragments diffèrent de l'exemplaire dit « de Bordeaux », le seul à avoir été conservé et à présenter des annotations marginales autographes ; méfiance justifiée par le fait que dans les huit autres éditions qu'elle donna jusqu'en 1635, elle a apporté des corrections sans pouvoir évidemment se prévaloir de la volonté de l'auteur. Si bien que les éditeurs actuels sont face à un dilemme : le texte annoté de l'Exemplaire de Bordeaux et la version de l'édition de 1595 n'étant pas tout à fait identiques, il leur faut se résigner à ne pas disposer d'un texte dont ils soient sûrs qu'il reflète véritablement le dernier état de la pensée de Montaigne[64].

Françoise de La Chassaigne et sa fille avaient invité Marie de Gournay à venir chez elles. Au printemps de 1595 celle-ci put enfin faire le voyage, ce qui n'était pas facile dans un pays toujours troublé ; elle s'y résolut « sous la faveur des passeports », indique Étienne Pasquier, et assistée par un collègue de son oncle au Grand Conseil, Jean d'Espagnet, qui revenait sur ses terres de Saint-Émilion[65]. Elle séjourna au château de mai 1595 à juillet 1596. Elle révisa le texte de son édition et en prépara une nouvelle, parue en 1598 chez L'Angelier, dans laquelle elle remplaça sa longue préface, jugée trop véhémente, par un simple avant-propos. Elle se lia d'amitié avec Léonor ; quand elle rédigea un premier testament, le 28 novembre 1596, elle lui légua le cinquième de ses biens et un diamant qu'elle avait reçu de Montaigne. Revenue chez elle, elle continua à veiller avec un soin jaloux sur le destin éditorial du livre de son père d'alliance ; la dernière édition qu'elle fit paraître, en 1635, fut dédiée à Richelieu.

Ultimes dénouements posthumes : l'exemplaire des *Essais* annoté par Montaigne quitta le château, cédé par Françoise de La Chassaigne aux Feuillants, avec lesquels, devenue très pieuse, elle entretenait des liens de plus en plus étroits. Elle avait pris pour confesseur l'un des leurs, dom Marc-Antoine de Saint Bernard ; elle échangea avec lui une correspondance continue entre 1617 et 1624. Léonor légua le millier de livres qui garnissait les étagères de la « librairie » à Godefroid de Rochefort, vicaire général de l'archevêché d'Auch ; ce testament semble avoir été révoqué ensuite, mais la bibliothèque fut néanmoins dispersée[66]. Les chercheurs réunis dans le projet MONLOE (acronyme de « Montaigne à l'œuvre ») tentent aujourd'hui d'en reconstituer la richesse en retrouvant la trace des livres porteurs soit de notes de lecture, soit d'un ex-libris[67].

L'intime association entre le nom et la seigneurie finit par se rompre. Léonor n'eut que deux filles, qui épousèrent chacune un membre de la famille de Lur-Saluces ; mais les enfants mâles nés de ces unions décédèrent sans postérité. La seigneurie échut alors à la famille de Ségur : Madeleine (ou Claude-

Madeleine), l'une des petites-filles de Léonor issues de son second mariage, épousa Élie-Isaac de Ségur, et leur fils Jean, conformément aux clauses de la substitution établie par Montaigne, prit le nom de Ségur-Montaigne. La substitution ne fut déclarée éteinte qu'en 1752, en la personne d'Alexandre de Ségur-Montaigne, fils de Jean et petit-fils de Madeleine, après avoir parcouru quatre « degrés » (générations). L'interdiction d'aliéner la terre ainsi levée, les petits-enfants d'Alexandre la vendirent le 31 mai 1811[68].

À cette date, le château était dans un pitoyable état de délabrement. L'abbé Joseph Neyrac, curé de Saint-Michel de Montaigne, en a laissé cette description édifiante : « Les murs d'enceinte supportaient d'immondes baraquements ; les toits étaient troués comme des passoires ; la chapelle servait de grenier à betteraves ; et les rats, vrais seigneurs de céans, descendus des combles, circulaient librement dans les corridors, trottinant dans les salles, rongeant les fauteuils et brodant des dentelles sur les tentures et les tapis[69]. » Remis en état, le château fut revendu en décembre 1859 à un ministre des Finances de Napoléon III, Pierre Magne, qui, après l'incendie de 1885, le rebâtit en lui donnant un style « médiéval » dans le goût de Viollet-le-Duc. La tour où Montaigne aimait se retirer resta heureusement intacte. Aujourd'hui, les visiteurs peuvent y retrouver le cadre où furent dictés et annotés les *Essais*, dans le calme paisible d'un « pays sauvage ».

ÉPILOGUE

Les *Essais* sont une invitation à converser avec leur auteur. Non pas une conversation de salon, superficielle et distraite, mais une joute serrée et courtoise, une « conférence » dans laquelle chacun fait valoir ses opinions et les « essaie », les teste, tout en les comparant à celles de l'interlocuteur. L'œuvre est de nature fondamentalement dialogique ; dès la première page, l'avis liminaire interpelle le lecteur, le provoque et sollicite sa réponse. Montaigne a publié son livre comme on lancerait une bouteille à la mer, dans l'espoir qu'il tombe entre les mains d'un ami désireux de s'entretenir avec lui. Le seul qui eût pu le contenter, Étienne de La Boétie, était mort ; d'autres, toutefois, se manifesteraient peut-être. « Outre ce profit que je tire d'écrire de moi, j'en espère cet autre que, s'il advient que mes humeurs plaisent et accordent à quelque honnête homme avant que je meure, il recherchera de nous joindre. » *Nous*, c'est-à-dire lui et son livre, consubstantiels l'un à l'autre, offerts à la curiosité passionnée d'un regard bienveillant. Au besoin, Montaigne irait chercher bien loin cet honnête homme : « S'il y a quelque personne, quelque bonne compagnie aux champs, en la ville, en France ou ailleurs, resséante ou voyagère [sédentaire ou voyageuse], à qui mes humeurs soient bonnes, de qui les humeurs me soient bonnes, il n'est que de siffler en paume, je leur irai fournir des essais en chair et en os. » Quant aux amis qu'il aura après sa mort, il n'ose trop y croire : « J'écris mon livre à peu d'hommes et à peu d'années. […] Selon la variation continuelle qui a suivi le nôtre [notre langage] jusques à cette heure, qui peut espérer que sa forme présente soit en usage, d'ici à cinquante ans[1] ? » Le jugement de la postérité a heureusement démenti ce pronostic pessimiste, bien qu'effectivement la pratique d'une langue vieille de plus de quatre siècles offre quelque difficulté aujourd'hui.

Aux lecteurs qui « rencontreront [son] air », Montaigne ne propose aucune leçon : l'idée l'eût révulsé. Il les invite seulement à éveiller leur réflexion, à être présents à eux-mêmes, à ouvrir les yeux sur les leurres qui projettent leur esprit au-dehors, le laissant vide et stérile : coutumes, idées reçues, tentations de l'ambition, désir d'être loué et respecté, tout pousse à sortir de soi. Le « commandement paradoxe » que proposait jadis Apollon à Delphes est toujours de saison : « Regardez dedans vous, reconnaissez-vous, tenez-vous à vous ; votre esprit et votre volonté, qui se consomme ailleurs, ramenez-la en soi ; vous vous écoulez, vous vous répandez ; appilez-vous [resserrez-vous], soutenez-vous ; on vous trahit, on vous dissipe, on vous dérobe à vous[2]. »

Se retirer en soi permet de découvrir un univers intérieur à la fois déconcertant et fascinant. Est-ce à dire qu'on parvient ainsi à la connaissance de soi ? Pas vraiment, car la réalité aperçue est instable et changeante ; elle échappe à toute prise. Peu importe finalement, l'essentiel n'est pas là : il est dans le plaisir d'exercer son esprit, de le faire fonctionner, de sentir jaillir l'élan réflexif et de le savourer, dans la perception de l'étroit mélange de l'activité intellectuelle et des sensations corporelles. C'est là réellement vivre et s'éprouver vivant ; la conscience de ce foisonnement intérieur transfigure les occupations concrètes auxquelles on se livre, si ordinaires soient-elles. À ceux qui se lamentent parce qu'ils n'ont pas accompli d'actes mémorables et de grands exploits, Montaigne répond : « Quoi, avez-vous pas vécu ? » On peut faire de la vie la plus banale un « chef-d'œuvre » : non comme celui, achevé et parfait, que devaient produire les artisans pour devenir maîtres, mais inaccompli, en perpétuel remaniement, beau jusque dans ses métamorphoses car pleinement humain[3]. « Tancer, rire, vendre, payer, aimer, haïr et converser avec les siens et avec soi-même doucement et justement, ne relâcher point, ne se démentir point » : ces actions, accompagnées de la pleine conscience de soi, méritent autant voire plus de louange que gouverner un empire ou s'emparer d'une ville[4]. À condition toutefois de garder l'humilité de qui se sait le « badin de la farce » et de se conformer aux lois et usages de son pays — d'une adhésion réfléchie, tout ensemble approbative et distante, engagée et parfois moqueuse ; à condition aussi de savoir s'ouvrir au monde et aux innombrables surprises qu'il prodigue.

Voilà comment, moi, j'ai voulu vivre, expose Montaigne dans les *Essais*. La voie qu'il a choisie est « un peu nouvelle et hors d'usage », impropre à lui apporter la gloire mondaine de son temps. Cependant, ce n'est qu'une « façon de vie » parmi d'autres : il en existe mille contraires[5]. Il laisse au lecteur l'entière liberté de la suivre ou non, voire d'agir en sens opposé : « Enfin, toute cette fricassée que je barbouille ici n'est qu'un registre des essais de ma vie, qui est, pour l'interne santé, exemplaire assez à prendre l'instruction à contre-poil. » Cette phrase malicieuse pourrait laisser croire qu'il se désintéresse de la manière dont seront reçus ses appels à se sentir vivre et penser. Il n'en est rien ; l'infinie variété des êtres humains ne l'empêche pas de vouloir entamer le dialogue avec eux et d'espérer les « mener à leur bien selon eux, et par routes diverses[6] ».

L'un des moyens pour conduire les lecteurs « à leur bien selon eux », en tenant compte de leurs différences, est de réveiller leur faculté d'étonnement, anesthésiée par l'habitude et la paresse mentale. Dès les premiers chapitres des *Essais* se fait entendre

l'invitation à s'ouvrir à l'imprévu, à savoir déceler l'étrangeté
autour de soi, le caractère insolite de certaines situations, l'incongruité des coutumes que l'on adopte sans y penser, la bizarrerie des scènes rapportées par les historiens ou les géographes ;
au besoin, on ira chercher l'étrange chez l'étranger. L'observation des réactions suscitées en soi par ces singularités fait alors
prendre conscience de ses propres particularismes et invite à
plonger le regard dans le for intérieur. Autre méthode souvent
pratiquée par Montaigne : le recours à la provocation et au
paradoxe, qui choquent et par conséquent font réfléchir. L'éloge
de la bassesse sociale, le mépris de la gloire et de la réputation
avaient pour but de surprendre les gentilshommes ses voisins et
de heurter leur vision des valeurs nobiliaires, tout en les pous-
sant à admettre que ces valeurs pouvaient être vécues autrement
sans pourtant être trahies. La crudité des propos sur le corps
et la sexualité scandalisait les humanistes pénétrés de l'utopie
néoplatonicienne et les amenait à reconsidérer leur conception
de l'homme. C'est à une pédagogie non doctorale que se livre
Montaigne ; il incite à se poser, au fil des rencontres et des événements, cette question fondamentale : « Qu'est-ce qui fait que
je pense cela et non autre chose[7] ? » Il cherche à déconcerter, à
« dérouter », afin de dévoiler des horizons inédits[8]. Chacune de
ses phrases ouvre un champ d'analyses possibles : « Qui vou-
dra [les] éplucher un peu ingénieusement en produira infinis
Essais[9]. »

Montaigne a-t-il réussi son pari ? À son propre égard, assurément ; envers ses lecteurs, ce ne fut pas toujours le cas. Il
attendait de ces derniers à la fois une connivence souriante, une
disponibilité intellectuelle et un haut niveau d'attention, qualités
malaisées à réunir. Marie de Gournay l'avait bien senti : « Ce
livre n'est pas l'entretien des apprentis : il s'appelle la leçon des
maîtres[10]. » Beaucoup se contentèrent d'y voir un guide pour
mener une vie sereine, sans percevoir l'appel déstabilisant aux

questionnements et aux remises en cause. Étienne Pasquier en
tira des « sentences » à méditer, comme si l'œuvre était une
pépinière de préceptes moraux applicables en toute occasion.
Un lecteur anglais adopta une approche analogue et composa un
recueil manuscrit d'apophtegmes empruntés aux *Essais*, d'après
la traduction établie par John Florio en 1603[11]. Pierre Charron,
pour sa part, s'inspira de Montaigne pour échafauder une doctrine de sagesse, s'écartant ainsi des intentions de son modèle[12].

La plupart des lecteurs ultérieurs ne puisèrent dans les *Essais*
que les éléments qui leur convenaient et les adaptèrent aux
théories qu'ils forgeaient. Les libertins du XVIIᵉ siècle virent en
Montaigne l'un des leurs et le citèrent souvent. Ils croyaient
trouver en lui une caution pour leur foncière hétérodoxie privée
et pour leur conformisme politique et social ; leur réputation
sulfureuse contamina en quelque sorte son œuvre et contribua à
la faire mettre à l'Index en 1676 ; elle alimenta sans doute aussi
le jugement critique porté par Pascal sur « le sot projet de se
peindre[13] ». Les théoriciens absolutistes, de leur côté, retinrent
des *Essais* l'absolutisation de la loi et y ajoutèrent la sacralisa-
tion de la volonté royale, car seule la croyance en l'inspiration
divine du monarque législateur pouvait à leurs yeux convaincre
les sujets d'obéir. L'obéissance devenait donc un acte de foi,
alors que celle que prônait Montaigne résultait de la libre décision de la conscience, même si celle-ci pouvait être menacée
de fêlure intime si le souverain se révélait indigne. Enfin, les
chantres modernes de l'individualisme ont pensé découvrir en
lui un précurseur, un premier apôtre du subjectivisme. Un livre
récent s'intitule : *Montaigne, ou la Découverte de l'individu*[14]. La
formule n'est pas fausse dans la mesure où, pour la première
fois, Montaigne a osé énoncer une parole sans autre garant
qu'elle-même, fière d'une audacieuse et fragile souveraineté,
dénuée de l'appui d'une autorité métaphysique ; il faut rappeler néanmoins qu'il refusait en même temps toute cohérence
interne à son moi et ne reniait pas son insertion dans un tissu

social — famille, ordre nobiliaire, relations de voisinage et de
clientèle, appartenance à un pays et à une Église — dont il
acceptait les contraintes tout en montrant comment on pouvait
les vivre librement.

La critique actuelle oscille entre deux voies. De nombreuses
études reconnaissent à Montaigne sa stature d'éveilleur de la
pensée et de défricheur de routes insolites ; elles rendent justice
à la profonde originalité de sa démarche philosophique. D'autres
s'intéressent à l'homme, à ses mobiles et à son action ; elles proposent parfois une interprétation des *Essais* « dans le soupçon »,
voire d'inspiration psychanalytique, et entendent déconstruire la
dimension mythique prise par leur auteur au fil des siècles en
mettant l'accent sur ses angoisses, ses fantasmes ou ses ambitions[15]. Ces approches, bien que partielles et parfois partiales,
possèdent leur utilité ; elles disent la complexité d'une œuvre qui
offre toujours de nouvelles pistes à explorer. Elles ne sauraient
cependant faire oublier que Montaigne appelait de ses vœux
une lecture amicale, complice, mue par le désir de confronter
ses interrogations avec celles qu'il exprimait et de découvrir en
soi des potentialités inattendues ; il voulait aider ses lecteurs à
émanciper leur jugement, à conquérir une « liberté volontaire »
et à parvenir à un accord avec eux-mêmes, accord certes toujours provisoire et constamment à réinventer mais prodigue de
surprenantes jouissances. Cet objectif, pour qui consent à entrer
avec lui dans un échange fraternel, est pleinement atteint. La
fréquentation des *Essais* est un antidote aux maux qui menacent
l'indépendance intellectuelle et le plaisir de vivre — illusion
des certitudes, fermeture aux différences, enfermement dans
les habitudes, soumission aux sollicitations extérieures, oubli de
l'intériorité. Nous avons aujourd'hui plus que jamais besoin de
recourir à ce contrepoison, aussi salutaire que savoureux.

APPENDICES

ABRÉVIATIONS

A.M.B.	Archives municipales de Bordeaux
A.D.G.	Archives départementales de la Gironde
A.H.D.G.	Archives historiques du département de la Gironde
B.M.B.	Bibliothèque municipale de Bordeaux
B.H.R.	*Bibliothèque d'Humanisme et Renaissance*
B.S.A.M.	*Bulletin de la Société des amis de Montaigne*
M. St.	*Montaigne Studies*
R.H.L.F.	*Revue d'histoire littéraire de la France*
R.H.M.C.	*Revue d'histoire moderne et contemporaine*

AVERTISSEMENT

Pour se conformer à l'usage accrédité par Roy E. Leake dans sa *Concordance des* Essais *de Montaigne* (Genève, Droz, 1981, 2 vol.) et par Philippe Desan dans le *Dictionnaire de Michel de Montaigne* qu'il a dirigé (Paris, Honoré Champion, 2ᵉ édition, 2007), les références aux *Essais* renvoient à l'édition procurée par Pierre Villey et Verdun-Louis Saulnier, rééditée en un volume en 2004 avec une préface de Marcel Conche, Paris, PUF, coll. « Quadrige ». Cette édition reproduit l'exemplaire dit « de Bordeaux », publié en 1588 et enrichi d'annotations marginales de la main de Montaigne. Elle présente de légères différences avec l'édition procurée par Jean Balsamo, Michel Magnien et Catherine Magnien-Simonin, Paris, Gallimard, coll. « Bibliothèque de la Pléiade », 2007, qui reproduit l'édition posthume de 1595, fondée sur un autre exemplaire annoté par Montaigne mais qui a disparu et dans laquelle le chapitre 14 du livre I a été déplacé pour devenir le chapitre 40 ; pour la commodité du lecteur, les références à cette édition sont données entre parenthèses après celles relatives à l'édition Villey-Saulnier.

Les références aux *Essais* mentionnent la numérotation du livre et du chapitre concernés, la page et enfin la place de la citation dans l'une des trois « couches » repérées dans l'œuvre : « a » pour le texte de l'édition de 1580, « b » pour celui de 1588, « c » pour les additions postérieures. Par exemple, II, 6, p. 373 a doit se lire : livre II, chapitre 6, page 373, couche « a ».

L'orthographe des citations a été modernisée.

INTRODUCTION

1. Le texte latin est publié dans l'édition des *Essais* par Jean Balsamo, Michel Magnien et Catherine Magnien-Simonin, Paris, Gallimard, Bibl. de la Pléiade, 2007, p. 1315. La traduction française qui y est donnée minore la force des mots latins *pertæsus* et *servitii* (voir ci-dessus, p. 51). La « veille des calendes de mars » est une façon érudite de désigner le 28 février.

2. *Les Essais*, I, 42, p. 266 b (288).

3. *Ibid.*, II, 17, p. 641-642 a et b (679) ; III, 12, p. 1059-1060 b (1107).

4. Il s'agit du portrait dit « Hémery » ou « Kercado », du nom des familles qui l'ont possédé : Laura Willett, « Out of Nowhere ? A New/Old portrait of Montaigne », *in* Keith Cameron et Laura Willett (éd.), *Le Visage changeant de Montaigne. The Changing Face of Montaigne*, Paris, H. Champion, 2003, p. 52-57. Une copie de ce tableau, datée du premier quart du XVIIe siècle, est conservée au château de Versailles. Philippe Desan (*Portraits à l'essai. Iconographie de Montaigne*, Paris, H. Champion, 2007) doute toutefois de l'authenticité de tous les portraits connus actuellement.

5. *Les Essais*, I, 57, p. 327 a (346).

6. *Ibid.*, I, 8, p. 33 a (55).

7. Fausta Garavini, *Monstres et chimères. Montaigne, le texte et le fantasme*, Paris, H. Champion, 1993.

8. *Les Essais*, II, 17, p. 657 a (697) ; souligné par moi.

9. *Ibid.*, I, 23 (22 dans l'éd. de 1595), p. 118 b (122).

10. La biographie ancienne de Donald Frame : *Montaigne, une vie, une œuvre, 1533-1592* [1965], trad. fr. par J.-Cl. Arnould, N. Dauvois et P. Eichel, Paris, H. Champion, 1994, est encore utile. Celle de Madeleine Lazard : *Michel de Montaigne*, Paris, Fayard, 1993, est une synthèse des connaissances acquises à la date de sa parution. Le livre copieux et érudit de Philippe Desan (*Montaigne. Une biographie politique*, Paris, Odile Jacob, 2014) adopte le point de vue particulier de l'expérience politique de Montaigne, de même que l'ouvrage d'Anne-Marie Cocula (*Montaigne. Les années politiques*, Bordeaux, Confluences, 2011), centré sur les mandats de Montaigne à la mairie de Bordeaux. Les études de Géralde Nakam (*Montaigne et son temps. Les événements et les* Essais. *L'histoire, la vie, le livre*, Paris, Gallimard, 1993, et *Les* Essais *de Montaigne, miroir et procès de leur temps*, Paris, H. Champion, éd. revue, 2001) replacent les *Essais* dans le contexte des guerres de Religion.

11. *Les Essais*, III, 9, p. 983 b (1029).

12. L'expression « professionnel de la politique » est de Francis Goyet (« Montaigne et l'orgueil de l'"humaine prudence" », *in* Pierre Magnard et Thierry Gontier (dir.), *Montaigne*, Paris, Éd. du Cerf, 2010, p. 111-112). L'hypothèse selon laquelle Montaigne rêvait d'une ambassade à Rome est soutenue par Philippe Desan.

13. Lecture proposée par la biographie de Christophe Bardyn (*Montaigne. La splendeur de la liberté*, Paris, Flammarion, 2015), qui repose sur des hypothèses hasardeuses.

14. *Les Essais*, II, 1, p. 336 a (356).

I. LE CONDITIONNEMENT FAMILIAL ET SOCIAL

1. Étienne Pasquier, *Lettre à Monsieur de Pelgé* [Pellejay], *in* Pierre Villey et Verdun-Louis Saulnier (éd.), *Les Essais*, Paris, PUF, coll. « Quadrige », 2004, Appendice III, p. 1321.

2. Robert Boutruche (dir.), *Bordeaux de 1453 à 1715*, Bordeaux, Fédération historique du Sud-Ouest, 1966, p. 104-138.

3. Anne-Marie Cocula et Alain Legros, *Montaigne aux champs*, [Bordeaux], Éd. Sud-Ouest, 2011, p. 43-44.

4. Vente et revente de la terre de Montaigne, *A.H.D.G.*, t. VIII, 1866, p. 547-548.

5. Montaigne et surtout son père agrandirent ensuite la seigneurie par leurs achats. Selon Jean-François Payen, lorsque la terre sortit de la descendance de Montaigne, sa surface était d'environ 350 hectares (*Recherches sur Montaigne. Documents inédits*, Paris, Techener, 1856, p. 36).

6. Jean Bacquet, *Quatriesme traicté des droicts du Domaine de France*, Paris, 1584, fol. 72 v°.

7. Théophile Malvezin, *Michel de Montaigne, son origine, sa famille*, Bordeaux, Charles Lefebvre, 1875, p. 57 et 249-250.

8. D. Frame, *Montaigne, une vie, une œuvre, op. cit.*, p. 17.

9. *Les Essais*, II, 2, p. 344 c (363).

10. Agnès Marcetteau-Paul, *Montaigne propriétaire foncier*, Paris, H. Champion, 1995, p. 18.

11. D. Frame, *Montaigne, une vie, une œuvre, op. cit.*, p. 30-32.

12. Contrat de mariage de Pierre Eyquem, seigneur de Montaigne, et d'Antoni[n]e de Lopez, Bordeaux, 12 décembre 1528, et quittance de sa dot de 4 000 livres, 15 janvier 1529 (n. s.), *A.H.D.G.*, nouv. série, t. I, 1933-1936, p. 323-331.

13. Testament d'Antoinette de Louppes, 19 avril 1597, publié par Paul Courteault, « La mère de Montaigne », in *Mélanges de littérature, d'histoire et de philologie offerts à Paul Laumonier*, Genève, Droz, 1935, p. 312-322 ; voir aussi D. Frame, *Montaigne, une vie, une œuvre, op. cit.*, p. 35.

14. Testament de Pierre Eyquem de Montaigne, 22 septembre 1567, copie, publiée par Jean Marchand, « Documents originaux relatifs à Montaigne et à sa famille », *B.S.A.M.*, 4ᵉ série, n° 19, juillet-décembre 1969, p. 17-26.

15. Th. Malvezin, *Michel de Montaigne, op. cit.*, p. 92.

16. *Les Essais*, I, 35 (34 dans l'éd. de 1595), p. 223 a (229). Un projet de ce type sera réalisé un siècle plus tard à Paris en 1630 par Théophraste Renaudot, le fondateur de *La Gazette*.

17. D. Frame, *Montaigne, une vie, une œuvre, op. cit.*, p. 18.

18. *Les Essais*, I, 24 (23 dans l'éd. de 1595), p. 130 b (135).

19. *Ibid.*, III, 10, p. 1005-1006 b (1051).

20. Roger Trinquet, *La Jeunesse de Montaigne. Ses origines familiales, son enfance, ses études*, Paris, Nizet, 1972, p. 107.

21. Ph. Desan, *Montaigne. Une biographie politique, op. cit.*, p. 49 ; Louis Desgraves, *Inventaire des fonds Montaigne conservés à Bordeaux*, Paris, H. Champion, 1995, p. 140 (en 1557, Pierre Eyquem s'excuse de ne pouvoir servir personnellement).

22. *Les Essais*, I, 35 (34 dans l'éd. de 1595), p. 223-224 c (230).

23. Robert Descimon, « Un langage de la dignité. La qualification des personnes dans la société parisienne à l'époque moderne », *in* Fanny Cosandey (éd.), *Dire et vivre l'ordre social*, Paris, Éd. de l'EHESS, 2005, p. 72.

24. Testament de Pierre Eyquem de Montaigne, 22 septembre 1567, *in* J. Marchand, « Documents originaux », art. cité.

25. Élie Haddad, « Les substitutions fidéicommissaires dans la France d'Ancien Régime : droit et historiographie », et Anne-Valérie Solignat, « Fidéicommis et hégémonie politique de la noblesse auvergnate au XVIᵉ siècle », *Mélanges de l'École française de Rome — Italie et Méditerranée*, n° 124-2, 2012, http://mefim.revues.org/690 et 734.

26. *Les Essais*, I, 46, p. 279 b (299). Dans les armoiries des Essarts, la patte de lion était d'azur et mise *en bande* — en diagonale.

27. Partage de la succession de Pierre Eyquem de Montaigne entre ses quatre fils, *A.H.D.G.*, t. X, 1868, p. 252-256.

28. Th. Malvezin, *Michel de Montaigne, op. cit.*, p. 161-163.

29. D. Frame, *Montaigne, une vie, une œuvre, op. cit.*, p. 40 et 44 ; *Les Essais*, I, 20 (19 dans l'éd. de 1595), p. 85 a (87). Montaigne écrit que son frère Arnaud est mort à vingt-trois ans, soit en 1564 ; en fait, Arnaud était encore vivant en 1568 au moment du partage de la succession de Pierre Eyquem et a dû mourir peu après.

30. Michael Beuther, *Ephemeris historica*, Paris, M. Fezandat et R. Granjon, 1551.

31. Alain Legros, *Montaigne manuscrit*, Paris, Classiques Garnier, 2010, p. 78.

32. *Les Essais*, II, 18, p. 664 c (703) ; II, 11, p. 427 a (448).

33. *Ibid.*, II, 12, p. 557 a (590) ; Ch. Bardyn, *Montaigne. La splendeur de la liberté, op. cit.* L'hypothèse de Ch. Bardyn selon laquelle le père biologique de Montaigne serait un palefrenier s'appuie sur une interprétation fantaisiste de I, 46, p. 280 a.

34. *Les Essais*, I, 46, p. 278 a (298).

35. R. Descimon, « Un langage de la dignité », art. cité, p. 72.

36. Michel Simonin, « Montaigne et ses frères : un poème inédit de George Buchanan conservé par Henri de Mesmes », in *L'Encre et la lumière*, Genève, Droz, 2004, p. 507.

37. *Les Essais*, II, 8, p. 397 c (418).

38. *A.D.G.*, 2 E 1140.

39. *B.M.B.*, Ms. 738 III, fol. 116 (voir ci-dessus, chap. v, p. 125 ; le frère de Geoffroy, Robert, se pare aussi dans cet acte du nom de Montaigne).

40. George Hoffmann, *La Carrière de Montaigne* [1998], trad. par P. Gauthier, Paris, H. Champion, 2009, p. 162, n. 14 ; Jean Balsamo, article « Bussaguet (famille) », *in* Ph. Desan (dir.), *Dictionnaire de Michel de Montaigne, op. cit.*

41. *Les Essais*, I, 46, p. 279 a et c (300).

42. Contrat de mariage entre François de La Tour et Léonor de Montaigne, 26 mai 1590, publié par J. Marchand, « Documents originaux relatifs à Montaigne et à sa famille », art. cité, p. 28-31.

43. Arrêt du Conseil privé, 21 mai 1593, *in* François Dumont (éd.), *Inventaire des arrêts du Conseil privé : règnes de Henri III et de Henri IV*, Paris, Éd. du CNRS, 1969-1978, vol. 2-1, n° 1873 ; J. Balsamo, « Bussaguet (famille) », art. cité.

44. Th. Malvezin, *Michel de Montaigne, op. cit.*, p. 140-142 ; Michel Simonin, « Les papiers de La Boétie, Thomas de Montaigne et l'édition de la Chorographie du Médoc », in *L'Encre et la lumière, op. cit.*, p. 457-488.

45. *Les Essais*, III, 9, p. 970 b (1015) ; souligné par moi. Pierre Eyquem était né à Montaigne, mais pas Grimon.

46. Une tradition veut que ce village soit Papessus, au nord du château de Montaigne.

47. *Les Essais*, II, 8, p. 399 a (420) et p. 389 b (408).

48. *Ibid.*, I, 14 (40 dans l'éd. de 1595), p. 61 c (270).

49. *Ibid.*, I, 26 (25 dans l'éd. de 1595), p. 173-174 a (180-181).

50. Érasme, *De pueris statim ac liberaliter instituendis*, 1529, éd. par Jean-Claude Margolin, Genève, Droz, 1966 ; Jacques Sadolet, *De liberis recte instituendis*, Lyon, S. Gryphe, 1533.

51. R. Trinquet, *La Jeunesse de Montaigne, op. cit.*, p. 342-343.

52. Il s'agit d'une « réécriture en termes individuels d'une éducation collective » (Jean Balsamo, « Montaigne avant Montaigne ou les scénarios de Roger Trinquet », *M. St.*, vol. XX, 2008, *Biographies of Montaigne*, p. 136).

53. Jean de Gaufreteau, *Chronique bourdeloise*, Bordeaux, Lefebvre, 1876-1878, t. I, p. 238, cité par D. Frame, *Montaigne, une vie, une œuvre, op. cit.*, p. 41.

54. *Les Essais*, I, 26 (25 dans l'éd. de 1595), p. 153 c (159) et 175 a (182).

55. M. Simonin, « Montaigne et ses frères », art. cité, p. 489-508.

56. Rosanna Gorris Camos, « "Toujours il a frayé avec des hommes de cette farine" : André de Gouvéa, principal du collège de Guyenne et ses "Bordaleses" », *M. St.*, vol. XIII, 2001, *La familia de Montaigne*, p. 13-43.

57. M. Simonin, « Montaigne et ses frères », art. cité, p. 490-492.

58. *Les Essais*, I, 26 (25 dans l'éd. de 1595), p. 174, a, b et c (180-181).

59. *Ibid.*, p. 175 a (182).

60. *Ibid.*, p. 165 c (172).

61. *Ibid.*, p. 175-176 b (182-184).

62. R. Trinquet, *La Jeunesse de Montaigne, op. cit.*, p. 480.

63. J. Balsamo, « Montaigne avant Montaigne ou les scénarios de Roger Trinquet », art. cité, p. 129-144.

64. *Les Essais*, I, 21 (20 dans l'éd. de 1595), p. 98 c (99).

65. *Ibid.*, III, 11, p. 1030 b (1076-1077) ; Jean de Coras, *Arrest mémorable du parlement de Tolose : contenant une histoire prodigieuse d'un supposé mari*, Lyon, Barthélemy Vincent, 1596.

66. Jonathan K. Powis, « Order, Religion and the Magistrates of a Provincial Parlement in Sixteenth-Century in France », *Archiv für Reformationsgeschichte*, vol. LXXI, 1980, p. 190-192.

67. *Les Essais*, III, 1, p. 795 b (835). Dans cette phrase, l'« enfance » désigne la période pendant laquelle Montaigne vivait encore sous l'autorité de son père.

68. *Ibid.*, I, 25 (24 dans l'éd. de 1595), p. 139 a (144).

69. *Ibid.*, II, 2, p. 342 a (361).

70. *Ibid.*, II, 17, p. 661 a (700) ; III, 5, p. 875 b (918) ; George Hoffmann, « Montaigne's Lost Years », *M. St.*, vol. LV, 2012, p. 121-141.

71. Dès le xvie siècle, Florimond de Raemond consigna sur un exemplaire des *Essais*, malheureusement perdu, des notes manuscrites, dont quarante et une ont été transcrites par François de Lamontaigne (1724-1812) dans les marges d'un exemplaire de l'édition Coste des *Essais* de 1754 (L. Desgraves, *Inventaire des fonds Montaigne conservés à Bordeaux, op. cit.*, p. 7). Si l'identification proposée par Fl. de Raemond est correcte, le château fréquenté par Montaigne serait celui de Saint-Hilaire-de-Lusignan (Lot-et-Garonne), détruit pendant la Fronde.

72. *Les Essais*, II, 8, p. 391-392 a (411).

73. *Ibid.*, I, 55, p. 315 b (334).

74. *Ibid.*, III, 3, p. 824 b (866), 826 b et c (868) et 13, p. 1086-1087 b (1134).

75. *Ibid.*, III, 6, p. 902 b (945).

76. *Ibid.*, I, 14 (40 dans l'éd. de 1595), p. 62-63 b (272).

77. *Ibid.*, II, 8, p. 387-388 a (406) ; Françoise Charpentier, « Lire Montaigne dans le soupçon », *in* Ilana Zinguer (éd.), *Le Lecteur, l'auteur et l'écrivain*, Paris, H. Champion, 1993, p. 1-27 ; F. Garavini, *Monstres et chimères, op. cit.*, p. 72-74.

78. *Les Essais*, III, 9, p. 998 b (1045).

79. *Ibid.*, I, 35 (34 dans l'éd. de 1595), p. 224 c (230).

80. *Ibid.*, II, 17, p. 652 a (691).

81. Testament de Pierre Eyquem, 4 février 1561, *A.H.D.G.*, t. XXIII, 1883, p. 87-93.

82. *Les Essais*, II, 2, p. 344 c (363) et 17, p. 642 a (680).

83. *Ibid.*, II, 2, p. 344 c (363).

84. *Les Essais*, II, 12, p. 439 a (458).

85. J.-Fr. Payen, *Recherches sur Montaigne, op. cit.*, p. 45. L'hypothèse évoquée par Michel Simonin selon laquelle l'épigramme, publiée avec un long poème de Guillaume Piellé, serait plutôt l'œuvre du frère cadet du père de Montaigne, Pierre Eyquem de Gaujac, n'est pas crédible, puisque ce dernier, né en 1506, n'avait que six ans en 1512 : « La préhistoire de l'*Apologie de Raimond Sebond* », *in* Claude Blum (dir.), *Montaigne, Apologie de Raimond Sebond. De la* Theologia *à la* Théologie, Paris, H. Champion, 1990, p. 97, n. 38.

86. Denise Bège-Seurin, « Michel Eyquem de Montaigne général-conseiller à la cour des aides de Périgueux », *B.S.A.M.*, n° 48, 2008-2, *Montaigne et sa région*, p. 274.

87. Voir plus bas, chap. 11.

88. *Les Essais*, III, 5, p. 850 b (891).

89. *Ibid.*, p. 852 b (894).

90. Michel Simonin, « Françoise (de La Chassaigne) et (son ?) Michel : du ménage chez Montaigne », *in* François Lecercle et Simone Perrier (éd.), *La Poétique des passions à la Renaissance. Mélanges offerts à Françoise Charpentier*, Paris, H. Champion, 2001, p. 160.

91. Voir le tableau de ce réseau à la fin de ce chapitre, p. 50.

92. Contrat de mariage de Michel de Montaigne et Françoise de La Chassaigne, 22 septembre 1565, *A.H.D.G.*, t. X, 1868, p. 163-167.

93. Jean Balsamo, « Deux gentilshommes "nécessiteux d'honneur" : Montaigne et Pressac », *M. St.*, vol. XIII, 2001, *La* familia *de Montaigne*, p. 141-173.

94. Jean-Richard Bloch, *L'Anoblissement en France au temps de François Ier* [1924], éd. de 1934, Paris, Félix Alcan, p. 160.

95. J. Balsamo, « Deux gentilshommes "nécessiteux d'honneur" », art. cité, p. 152.

96. *Les Essais*, I, 38 (37 dans l'éd. de 1595), p. 235 b (240).

97. *À Madamoiselle de Montaigne*, in Montaigne, *Œuvres complètes*, éd. par Albert Thibaudet et Maurice Rat, Paris, Gallimard, Bibl. de la Pléiade, 1962, p. 1371. Dans cette lettre, Montaigne se trompe sur l'âge auquel Thoinette est morte : il écrit deux ans au lieu de deux mois.

98. *Les Essais*, I, 28 (27 dans l'éd. de 1595), p. 186 a (193) ; III, 5, p. 850 b (891-892).

99. *Ibid.*, I, 30 (29 dans l'éd. de 1595), p. 200 a et c (206) ; voir le subtil commentaire d'André Tournon, *Route par ailleurs. Le « nouveau langage » des* Essais, Paris, H. Champion, 2006, p. 35-42.

100. Annotation de Florimond de Raemond, citée par Alan Boase, « Montaigne annoté par Florimond de Raemond », *Revue du seizième siècle*, vol. XV, 1928, p. 239-240.

101. *Les Essais*, III, 5, p. 852 b (894).

102. *Ibid.*, I, 31 (30 dans l'éd. de 1595), p. 212-213 a et b (219-220).

103. Th. Malvezin, *Michel de Montaigne, op. cit.*, p. 300.

104. *Les Essais*, II, 17, p. 646 b (684).

II. SERVITUDES PARLEMENTAIRES ET AULIQUES

1. *Les Essais*, I, 13, p. 48 b (70) : « Je retranche en ma maison toute cérémonie. [...] À quoi faire fuit-on la servitude des Cours, si on l'en traîne jusques en sa tanière » ; Pauline M. Smith, *The Anti-Courtier Trend in Sixteenth Century French Literature*, Genève, Droz, 1966.

2. D. Bège-Seurin, « Michel Eyquem de Montaigne général-conseiller à la cour des aides de Périgueux », art. cité, p. 277.

3. Grégory Champeaud, *Le Parlement de Bordeaux et les paix de religion (1563-1600). Une genèse de l'édit de Nantes*, [Narrosse], Éd. d'Albret, 2008, p. 100-101.

4. *Ibid.*, p. 307.

5. D. Frame, *Montaigne, une vie, une œuvre, op. cit.*, p. 61.

6. Katherine Almquist, « Examining the Evidence : Montaigne in the

Registres Secrets du Parlement de Bordeaux », p. 45-74, *M. St.*, vol. XVI, 2004, *Documents sur Montaigne*, p. 71.

7. *A.H.D.G.*, t. VI, 1864, p. 7-8, *Ordonnance du Parlement sur une question de préséance entre les généraux des Aides et le conseiller Sarran de Lalanne*, 14 novembre 1561 ; note infrapaginale, p. 8-9.

8. Alain Legros, Liste des conseillers de la première chambre des enquêtes en 1561-1562, introduction à l'édition numérique des *arrêts du parlement de Bordeaux au rapport de Michel de Montaigne*, 2015, *Bibliothèques virtuelles humanistes*, www.bvh.univ-tours.fr.

9. *A.H.D.G.*, t. VI, 1864, p. 7-8, *Ordonnance du Parlement sur une question de préséance, op. cit.*

10. Une chambre des requêtes sera recréée plus tard et sera cette fois acceptée.

11. Liste commencée par Paul Bonnefon, enrichie par Katherine Almquist et récemment portée au nombre de quarante-sept par A. Legros, *Arrêts du parlement de Bordeaux au rapport de Michel de Montaigne, op. cit.*

12. André Tournon, *La Glose et l'essai. Édition revue et corrigée, précédée d'un Réexamen*, Paris, H. Champion, 2000, p. 196-197.

13. *Les Essais*, I, 23 (22 dans l'éd. de 1595), p. 117 a (121) ; Anne Zink, *L'Héritier de la maison. Géographie coutumière du sud-ouest de la France*, Paris, Éd. de l'EHESS, 1993.

14. A. Tournon, *La Glose et l'essai, op. cit.*, p. 196.

15. François Hauchecorne, « Une intervention ignorée de Montaigne au parlement de Bordeaux », *B.H.R.*, vol. IX, 1947, p. 164-168.

16. Katherine Almquist, « Montaigne Judging With Henri de Mesmes (May-June 1565) », *M. St.*, vol. XVI, 2004. *Documents sur Montaigne*, p. 37-40.

17. *À Monsieur, Monsieur de Mesmes*, in *Œuvres complètes* de Montaigne éditées par A. Thibaudet et M. Rat, *op. cit.*, p. 1361-1362.

18. A. Legros, *Montaigne manuscrit, op. cit.*, p. 105.

19. Ph. Desan, *Montaigne. Une biographie politique, op. cit.*, p. 200.

20. *A.H.D.G.*, t. XXV, 1887, p. 410-411, lettre de provision de l'office de conseiller au parlement de Bordeaux pour Florimond de Raymond [*sic*], 23 juillet 1570, précisant que la résignation a eu lieu ce même jour ; Ph. Desan, *Montaigne. Une biographie politique, op. cit.*, p. 204.

21. *Les Essais*, III, 12, p. 1063, b et c (1110).

22. *Ibid.*, II, 12, p. 579 a (614).

23. Arlette Jouanna, *Le Pouvoir absolu. Naissance de l'imaginaire politique de la royauté*, Paris, Gallimard, 2013, p. 149-170.

24. Harangue de Michel de L'Hospital, 3 janvier 1562, publiée par Loris Petris, *La Plume et la tribune. Michel de L'Hospital et ses discours (1559-1562)*, Genève, Droz, 2002, p. 433-439 ; citation p. 438.

25. *Les Essais*, III, 1, p. 796 b (836).

26. Denis Crouzet, *La Genèse de la Réforme française (1520-1562)*, Paris, SEDES, 1996 ; Serge Brunet, « *De l'Espagnol dedans le ventre !* » *Les catholiques du sud-ouest face à la Réforme (vers 1540-1589)*, Paris, H. Champion, 2007.

27. Blaise de Monluc, *Commentaires*, Paris, Gallimard, Bibl. de la Pléiade, 1964, p. 481.

28. *Les Essais*, I, 56, p. 320 c (328).

29. *Fragment d'une lettre que Monsieur le conseiller de Montaigne écrit à Monseigneur de Montaigne son père, concernant quelques particularités qu'il remarqua en la maladie et mort de feu Monsieur de La Boetie*, in Montaigne, *Œuvres complètes, op. cit.* (Bibl. de la Pléiade, 1962, p. 1347-1360). Un fait plaide en faveur de la réalité de la conversion de Thomas : deux arrêts du Conseil privé, les 29 octobre et 17 novembre 1599, font état de requêtes adressées par lui à la chambre de Castres, composée de magistrats catholiques et protestants, créée en 1579 et confirmée par Henri IV en 1598 pour juger les causes impliquant les réformés : Fr. Dumont (éd.), *Inventaire des arrêts du Conseil privé, op. cit.*, vol. 2-1, nos 2758 et 2823.

30. D. Frame, *Montaigne, une vie, une œuvre, op. cit.*, p. 41-42.

31. S. Brunet, « *De l'Espagnol dedans le ventre !* », *op. cit.*, p. 95.

32. Bl. de Monluc, *Commentaires, op. cit.*, p. 484.

33. Olivier Christin, *Une révolution symbolique. L'iconoclasme huguenot et la reconstruction catholique*, Paris, Éd. de Minuit, 1991.

34. Philippe Tamizey de Larroque, *Notes et documents inédits pour servir à la biographie de Christophe et de François de Foix-Candale*, Bordeaux, C. Lefebvre, 1877 ; S. Brunet, « *De l'Espagnol dedans le ventre !* », *op. cit.*, p. 82-83.

35. Gr. Champeaud, *Le Parlement de Bordeaux, op. cit.*, p. 252-273.

36. S. Brunet, « *De l'Espagnol dedans le ventre !* », *op. cit.*, p. 187-196.

37. *A.H.D.G.*, t. XXIV, 1884-1885, p. 15-17, *Note sur les agissements de Monsieur Frédéric de Candale*, 16 avril 1563.

38. Anne-Marie Cocula, « Crises et tensions d'un parlement au temps

des guerres civiles : le parlement de Bordeaux dans la seconde moitié du xvie siècle », *in* Jacques Poumarède et Jack Thomas (éd.), *Les Parlements de province. Pouvoirs, justice et société du XVe au XVIIIe siècle*, Toulouse, Framespa, 1996, p. 721-731.

39. K. Almquist a soumis ces sources à une analyse critique (« Examining the Evidence », art. cité).

40. *A.M.B.*, copie (*ca* 1770) des registres secrets du parlement de Bordeaux par François-Martial de Verthamon d'Ambloy, 48 vol., t. XV, Ms. 772 (du 7 juillet 1563 au 9 juin 1564), p. 624-627. Le texte a été cité de façon erronée par D. Frame (*Montaigne, une vie, une œuvre, op. cit.*, p. 65) et par Ph. Desan (*Montaigne. Une biographie politique, op. cit.*, p. 114), d'après une copie défectueuse de Jean-François Payen, comportant des interpolations, notamment sur « la vivacité du caractère » de Montaigne (*Recherches sur Montaigne, op. cit.*, n° 4, p. 20). Il est reproduit correctement, mais sans référence précise, par Katherine Almquist, « Les insultes et les injures dans les rues et au parlement de Bordeaux », *B.S.A.M.*, n° 48 (2008-2), *Montaigne et sa région*, p. 290-291.

41. *A.M.B.*, Ms. 772, copie des registres secrets du parlement, *op. cit.*, p. 628-629.

42. Katherine Almquist, « Montaigne et la politique du parlement de Bordeaux », *in* Philippe Desan (dir.), *Montaigne politique*, Paris, H. Champion, 2006, p. 127-138.

43. S. Daubresse, *Le Parlement de Paris, ou la Voix de la raison, op. cit.* ; Pierre Villey, « Montaigne au parlement de Paris en 1562 », *B.S.A.M.*, n° 10, 1941, p. 4.

44. Alain Legros (éd.), *Lettres de Montaigne*, édition selon trois modes successifs, 2013, *Bibliothèques virtuelles humanistes*, www.bvh.univ-tours.fr.

45. J. Balsamo, « Deux gentilshommes "nécessiteux d'honneur" », art. cité, p. 141-173.

46. Anne-Marie Cocula a analysé la portée de cet épisode : « L'événement bordelais de la Saint-Jean 1570 et le clan Montaigne », in *Regards sur les sociétés modernes, XVIe-XVIIIe siècle. Mélanges offerts à Claude Petitfrère*, Tours, Université de Tours, 1997, p. 71-81.

47. *Les Essais*, I, 26 (25 dans l'éd. de 1595), p. 174 a (181).

48. Philip Ford, « George Buchanan et Montaigne », *M. St.*, vol. XIII, 2001, *La familia de Montaigne*, p. 45-63.

49. *Les Essais*, I, 46, p. 277 a (297), et 48, p. 294 c (315). François de

Kernevenoy ou Carnavalet était premier écuyer de la Grande Écurie sous Henri II.

50. K. Almquist, « Examining the Evidence », art. cité.

51. *Les Essais*, I, 43, p. 269 a (290).

52. *Ibid.*, II, 17, p. 653 a (692).

53. K. Almquist, « Examining the Evidence », art. cité.

54. *Les Essais*, I, 48, p. 289 a (309), et II, 22, p. 680 b (718) ; Daniel Roche, « Montaigne cavalier. Un témoin de la culture équestre dans la France du XVIᵉ siècle », *in* Bernard Barbiche et Yves-Marie Bercé (éd.), *Études sur l'ancienne France offertes en hommage à Michel Antoine*, Paris, École des chartes, 2003, p. 325-346.

55. Il s'agit de José Alexandrino de Souza Filho et de Denis Bjaï, dans un volume d'articles publié par Jean-Claude Arnould et Emmanuel Faye, *Rouen 1562. Montaigne et les cannibales*, Publications numériques du CÉRÉDI, Actes de colloque, n° 8, 2013, http://ceredi.labos. univ-rouen.fr.

56. Octobre-novembre 1563 ; septembre-décembre 1564 ; mai-juin 1565 ; octobre 1565-février 1566 ; septembre-novembre 1566 ; janvier-juin 1567 : Alain Legros, « Montaigne et Maldonat », *M. St.*, vol. XIII, 2001, *La* familia *de Montaigne*, p. 83.

57. *Les Essais*, III, 3, p. 823 b (864-865).

58. *Ibid.*, II, 33, p. 729 a (764-765). L'identification de ce personnage à Louis de Bourbon est due à Fl. de Raemond.

59. *Ibid.*, I, 24 (23 dans l'éd. de 1595), p. 124 a (128) ; 26 (25 dans l'éd. de 1595), p. 152 a (158).

60. *Ibid.*, I, 26 (25 dans l'éd. de 1595), p. 172 b (178).

61. *Ibid.*, III, 4, p. 835 b (877).

62. *Ibid.*, II, 11, p. 430 a (451).

63. *Ibid.*, III, 3, p. 824-826 b et c (866-868) ; III, 5, p. 889-891 b (933-934).

64. *Ibid.*, III, 4, p. 836 b (878). L'anecdote est racontée de telle manière qu'elle ne peut que se rapporter à Montaigne.

65. *Ibid.*, I, 21 (20 dans l'éd. de 1595), p. 102 c (104).

66. *Ibid.*, I, 9, p. 35 c (56).

67. G. Hoffmann, *La Carrière de Montaigne, op. cit.*, p. 178 ; Ph. Desan, *Montaigne. Une biographie politique, op. cit.*, p. 269.

68. *Les Essais*, I, 9 et 17 (16 dans l'éd. de 1595).

69. *Ibid.*, II, 17, p. 645 a et 646 b (684).

70. *Ibid.*, I, 43, p. 269 a et b (291). En 1585, Henri III édictera un règlement général, exigeant notamment des gentilshommes qu'ils portent l'épée.

71. *Ibid.*, I, 43, p. 268 a (290).

72. *Ibid.*, I, 43, p. 269 a et b (291).

73. *Ibid.*, I, 42, p. 266 b (288).

74. *Ibid.*, I, 39 (38 dans l'éd. de 1595), p. 240 a (244).

75. *Ibid.*, II, 17, p. 646 a (684).

76. Épître à Michel de L'Hospital, *in* Montaigne, *Œuvres complètes*, *op. cit.* (Bibl. de la Pléiade, 1962, p. 1363-1364).

77. *Les Essais*, II, 17, p. 646 a (684).

III. ÊTRE LIBRE : L'AMI ET LE SAUVAGE

1. *Les Essais*, I, 28 (27 dans l'éd. de 1595), p. 183 a (189).

2. Publication partielle en 1574 dans le second Dialogue du *Réveille-Matin des François et de leurs voisins* et totale en 1577, sans nom d'auteur, dans les *Mémoires de l'estat de France sous Charles Neufiesme*, édités par le pasteur Simon Goulart ; une édition isolée parut en 1577 sous le titre *Vive description de la Tyrannie et des Tyrans. Avec les moyens de se garentir de leur joug* (Reims, Jean Mouchar, 1577).

3. Anne-Marie Cocula, *Étienne de La Boétie*, Bordeaux, Éd. Sud-Ouest, 1995 ; *Étienne de La Boétie et le destin du* Discours de la servitude volontaire, Paris, Classiques Garnier, 2017.

4. Étienne de La Boétie, *Discours de la servitude volontaire*, éd. André et Luc Tournon, Paris, Vrin, 2002, p. 27.

5. A. Jouanna, *Le Pouvoir absolu*, *op. cit.*, p. 50-70.

6. *Les Essais*, I, 28 (27 dans l'éd. de 1595), p. 183 a (190). Le titre *Contr'un* ne figure pourtant dans aucune publication connue de l'époque (Déborah Knop et Jean Balsamo, *De la servitude volontaire. Rhétorique et politique en France sous les derniers Valois*, Mont-Saint-Aignan, Presses universitaires de Rouen et du Havre, 2014, p. 38).

7. Jacques Krynen, *L'Empire du roi. Idées et croyances politiques en France, XIIIᵉ-XVᵉ siècle*, Paris, Gallimard, 1993, p. 277-279.

8. É. de La Boétie, *Discours de la servitude volontaire*, *op. cit.*, p. 28-29.

9. *Ibid.*, p. 30.

10. *Les Essais*, I, 28 (27 dans l'éd. de 1595), p. 194 a (201).

11. Philippe Audegean, « Morale et politique de la servitude volontaire », à la suite de l'édition du *Discours* par A. et L. Tournon, *op. cit.*, p. 88, n. 4.

12. É. de La Boétie, *Discours de la servitude volontaire*, *op. cit.*, p. 31 et 34.

13. S. Daubresse, *Le Parlement, ou la Voix de la raison*, *op. cit.*

14. Anne-Marie Cocula, « Réapprendre à obéir librement : le *Discours* de La Boétie », *Nouvelle revue du seizième siècle*, n° 22-1, 2004, *Métaphysique et politique de l'obéissance*, p. 71-87.

15. É. de La Boétie, *Discours de la servitude volontaire*, *op. cit.*, p. 31.

16. *Les Essais*, I, 28 (27 dans l'éd. de 1595), p. 188 c (195).

17. A.-M. Cocula, *Étienne de La Boétie*, *op. cit.*, p. 91.

18. Avertissement au lecteur placé en tête de *La Mesnagerie de Xénophon* traduite par La Boétie, Paris, Féderic Morel, 1571 ; *Les Essais*, I, 28 (27 dans l'éd. de 1595), p. 193 a (200).

19. A.-M. Cocula, *Étienne de La Boétie*, *op. cit.*, p. 108-117.

20. *Poemata* I, III et XX, *in* Louis Desgraves (éd.), *Œuvres complètes d'Étienne de La Boétie*, Périgueux, William Blake & Co., 1991, 2 vol., t. II, p. 57, 60 et 71 ; James Hirstein, « La Boétie et la justification difficile d'une amitié précoce : le début (vers 1-32) de la "Satyre latine" (*Poemata*, XX) et le *Laelius* de Cicéron », *M. St.*, vol. XI, 1999, *La Boétie*, p. 121-137.

21. Ulrich Langer, *Perfect Friendship. Studies in Literature and Moral Philosophy from Boccaccio to Corneille*, Genève, Droz, 1994.

22. *Fragment d'une lettre que Monsieur le conseiller de Montaigne écrit à Monseigneur de Montaigne son père* [...], in Montaigne, *Œuvres complètes, op. cit.* (Bibl. de la Pléiade, 1962).

23. Montaigne le date par erreur du 15 août ; mais il n'était pas présent lors de sa rédaction.

24. Roger Trinquet, « La lettre sur la mort de La Boétie, ou Lancelot de Carle inspirateur de Montaigne », *Mélanges d'histoire littéraire (XVIᵉ-XVIIᵉ siècles) offerts à Raymond Lebègue*, Paris, Nizet, 1969, p. 115-125.

25. *Les Essais*, I, 28 (27 dans l'éd. de 1595), p. 186 a (192-193).

26. *Ibid.*, p. 190 a (197).

27. Sharon Kettering, *Patrons, Brokers and Clients in Seventeenth-Century France*, New York et Oxford, Oxford University Press, 1986 ; *Patronage in Sixteenth and Seventeenth-Century France*, Aldershot, Ashgate, 2002.

28. A. Legros (éd.), *Lettres de Montaigne, Bibliothèques virtuelles humanistes, op. cit.*, annexe, lettre de Matignon à Montaigne, 13 juin 1585.

29. *Ibid.*, lettre 18.

30. *Les Essais*, I, 28 (27 dans l'éd. de 1595), p. 190 a (197).

31. *Ibid.*, I, 28 (27 dans l'éd. de 1595), p. 188 a et c (195) ; D. Knop et J. Balsamo, *De la servitude volontaire, op. cit.*, p. 53.

32. *Les Essais*, I, 28 (27 dans l'éd. de 1595), p. 190 a (197).

33. André Tournon, « "Notre liberté volontaire" : le "Contr'un" en marge des *Essais* », *Europe*, 1990, p. 70-82.

34. *Les Essais*, I, 28 (27 dans l'éd. de 1595), p. 187-188 a et c (193-194).

35. Stéphan Geonget et Laurent Gerbier (éd.), *Amitié et compagnie. Autour du* Discours de la servitude volontaire *de La Boétie*, Paris, Classiques Garnier, 2012.

36. Brantôme, *Des Couronnels François*, in Ludovic Lalanne (éd.), *Œuvres complètes*, Paris, 1864-1882, 11 vol., t. V, p. 423.

37. Michel de Montaigne, *Journal de voyage*, éd. par François Rigolot, Paris, PUF, 1992, p. 162.

38. Texte publié dans l'édition des *Essais*, Bibl. de la Pléiade, 2007, p. 1316. Voir Alain Legros, « Travail de deuil et art de vivre : les deux inscriptions votives de la tour de Montaigne », *M. St.*, vol. XI, 1999, *La Boétie*, p. 137-154.

39. Jacques Lévêque de Pontharouart et Jean-Marc Montaigne, *Note sur la communication de M. de Souza Filho*, in J.-Cl. Arnould et E. Faye, *Rouen 1562. Montaigne et les cannibales, op. cit.*

40. Denis Bjaï, « "Je parlay à l'un d'eux fort longtemps…". Où et quand Montaigne a-t-il (peut-être) rencontré des cannibales ? », in *ibid.*

41. José Alexandrino de Souza Filho, « Rouen pour Bordeaux : hypothèses pour expliquer une énigme littéraire », in *ibid.*

42. *Les Essais*, I, 31 (30 dans l'éd. de 1595), p. 213-214 a (221).

43. Frank Lestringant, *Le Cannibale. Grandeur et décadence*, Paris, Perrin, 1994, p. 99-104 ; *id.*, *Le Brésil de Montaigne*, Paris, Chandeigne, 2005, p. 11-12.

44. *Les Essais*, I, 31 (30 dans l'éd. de 1595), p. 203 a (208), 205 a (211), 208 a (214).

45. *Ibid.*, p. 209 a (216).

46. *Ibid.*, p. 211 a (218).

47. *Ibid.*, II, 12, p. 491 c (517).

48. *Ibid.*, I, 31 (30 dans l'éd. de 1595), p. 206 a (212-213).

49. *Les Louanges de la folie*, trad. par Jean du Thier, Paris, Hertman Barbé, 1566, cité par Frank Lestringant, « Gonzalo's books : La république des Cannibales, de Montaigne à Shakespeare », *Actes des congrès de la Société française Shakespeare*, 21, 2004, http://shakespeare.revues.org/170.

50. *Les Essais*, I, 31, p. 207 a (213).

51. A. Tournon, *La Glose et l'essai, op. cit.*, p. 218.

52. *Les Essais*, I, 31 (30 dans l'éd. de 1595), p. 213 a (220).

53. *Ibid.*, III, 6, p. 909 b (953).

54. *Ibid.*, I, 31 (30 dans l'éd. de 1595), p. 203 a (208) ; Joan Lluis Llinàs Begon, « "Des cannibales" : Montaigne en dialogue avec Platon », *M. St.*, vol. XXII, 2010, *Montaigne et le Nouveau Monde*, p. 159-172.

55. Sur ce point, les réflexions de Pierre Manent (*Montaigne, la vie sans lois*, Paris, Flammarion, 2014) sont stimulantes.

56. Giuliano Gliozzi, *Adam et le Nouveau Monde. La naissance de l'anthropologie comme idéologie coloniale*, Lecques, Théétète Éditions, 2000, cité par Alexandre Tarrête, « Le "sauvage" et l'unité de l'histoire humaine (Thevet, Léry, Montaigne) », *in* Frank Lestringant, Pierre-François Moreau et Alexandre Tarrête (dir.), *L'Unité du genre humain. Race et histoire à la Renaissance*, Paris, PUPS, 2014, p. 366.

57. *Les Essais*, III, 6, p. 908 b (952) et II, 12, p. 524 a (553).

58. J.-Fr. Payen, *Recherches sur Montaigne, op. cit.*, p. 36.

59. *Les Essais*, II, 37, 778-779 a (817-818).

60. Jean-Yves Pouilloux, « L'injuste », *B.S.A.M.*, n°s 21-24, janvier-juin 2001, *La Justice*, p. 138.

IV. L'EXPÉRIENCE DU DOGMATISME
ET DE LA MORT

1. *Les Essais*, II, 12, p. 439 a (458).

2. Mireille Habert, *Montaigne traducteur de la* Théologie naturelle. *Plaisantes et sainctes imaginations*, Paris, Classiques Garnier, 2010, p. 27-41 ; M. Simonin, « La préhistoire de l'*Apologie de Raimond Sebond* », art. cité.

3. J. Starobinski, *Montaigne en mouvement, op. cit.*, p. 88.

4. La date de 1554 proposée par Philippe Desan (*Montaigne, une bio-*

graphie politique, op. cit., p. 97) paraît trop précoce ; le début des années 1560 paraît plus plausible : Jean Balsamo, « Un gentilhomme et sa théologie », *in* Philippe Desan (dir.), *Dieu à nostre commerce et société. Montaigne et la théologie*, Genève, Droz, 2008, p. 112.

5. Mario Turchetti, *Concordia o tolleranza ? François Bauduin (1520-1573) e i « moyenneurs »*, Genève, Droz, 1984.

6. *Les Essais*, I, 27 (26 dans l'éd. de 1595), p. 182 a (189) ; Eric Macphail, « Montaigne and the Conciliators (I, 27) », *B.H.R.*, t. 77 (2015), p. 313-323.

7. *Les Essais*, II, 12, p. 439 a (459).

8. *Ibid.*, p. 527 a (557).

9. *Ibid.*, p. 440 a (460).

10. M. Habert, *Montaigne traducteur de la* Théologie naturelle, *op. cit.*, p. 46.

11. Chapitre 213 de la *Theologia naturalis* cité par Emmanuel Faye, *Philosophie et perfection de l'homme, de la Renaissance à Descartes*, Paris, Vrin, 1998, p. 71.

12. M. Habert, *Montaigne traducteur de la* Théologie naturelle, *op. cit.*, p. 47-48, 130.

13. Thierry Gontier, « La notion de "doctrine", de la traduction du Prologue de la *Théologie naturelle* de Sebond aux *Essais* », *in* Ph. Desan (dir.), *Dieu à nostre commerce et société, op. cit.*, p. 163.

14. Mireille Habert, « Aspects sceptiques de la traduction de Sebond », *in* Marie-Luce Demonet et Alain Legros (éd.), *L'Écriture du scepticisme chez Montaigne*, Genève, Droz, 2004, p. 77-105.

15. Philip Hendrick, *Montaigne et Sebond. L'art de la traduction*, Paris, H. Champion, 1996 ; *id.*, « Le théologien malgré lui : Montaigne traducteur de Sebond », *in* Ph. Desan (dir.), *Dieu à nostre commerce et société, op. cit.*, p. 127-137.

16. M. Habert, *Montaigne traducteur de la* Théologie naturelle, *op. cit.*, p. 201-212 et 246-249.

17. *Ibid.*, p. 113-114.

18. *Les Essais*, II, 12, p. 441 a (461).

19. *Ibid.*, p. 448 a (469).

20. Jean-Pierre Cavaillé, « Libertinage, irréligion, incroyance, athéisme dans l'Europe de la première modernité (XVIe-XVIIe siècles) », *Les Dossiers du Grihl*, 2007-02, http://dossiersgrihl.revues.org/279.

21. Jean Céard, *La Nature et les prodiges : l'insolite au XVIe siècle*, 2e éd. revue et augmentée, Genève, Droz, 1996, p. 432-434.

22. *Les Essais*, II, 12, p. 558 a (590).

23. *Ibid.*, p. 559 a (592).

24. Marguerite de Valois, *Mémoires et autres écrits*, éd. par Éliane Viennot, Paris, H. Champion, 1999, p. 134.

25. *Les Essais*, II, 12, p. 447 a (468).

26. M. Simonin, « La préhistoire de l'*Apologie de Raimond Sebond* », art. cité, p. 88.

27. *Les Essais*, II, 12, p. 559 a (591-592).

28. *Ibid.*, I, 23 (22 dans l'éd. de 1595), p. 120 b (124).

29. *Ibid.*, II, 12, p. 502 a (529).

30. A.-M. Cocula et A. Legros, *Montaigne aux champs*, *op. cit.*, p. 145.

31. *Les Essais*, II, 12, p. 505 a (532).

32. Marie-Luce Demonet, À plaisir. *Sémiotique et scepticisme chez Montaigne*, Orléans, Paradigme, 2002, p. 36.

33. *Les Essais*, II, 12, p. 503 a (530).

34. A. Tournon, *La Glose et l'essai*, *op. cit.*, p. 245-253 ; Charles Larmore, « Un scepticisme sans tranquillité : Montaigne et ses modèles antiques », *in* Vincent Carraud et Jean-Luc Marion (dir.), *Montaigne : scepticisme, métaphysique, théologie*, Paris, PUF, 2004, p. 15-31.

35. *Les Essais*, II, 12, p. 527 b (557).

36. *Ibid.*, III, 13, p. 1068 (1115).

37. *Ibid.*, p. 504 b (531).

38. *Ibid.*, I, 20 (19 dans l'éd. de 1595), p. 87 a (89).

39. *Ibid.*, II, 6, p. 373-377 (391-396).

40. A.-M. Cocula et A. Legros, *Montaigne aux champs*, *op. cit.*, p. 173.

41. G. Nakam a insisté sur « la valeur créatrice déterminante » de la chute de cheval pour l'écriture des *Essais* (*Montaigne et son temps*, *op. cit.*, p. 206).

42. *Les Essais*, II, 13, p. 609-610 a et c (646-647). Montaigne rapporte aussi les exemples de Pétrone et de Tigellin, condamnés à mort par Néron, qui se suicidèrent au milieu de festins et de musique, entourés d'amis et de courtisanes : III, 9, p. 984 b (1030).

43. *Ibid.*, II, 3, p. 354 a (372).

44. *Ibid.*, II, 35, p. 750 a (788).

45. *Ibid.*, II, 12, p. 496 a (523).

46. *Ibid.*, I, 20 (19 dans l'éd. de 1595), p. 84 a (85) et 86 a (88) ; Claude Blum, *La Représentation de la mort dans la littérature française de la Renaissance. De l'*Institution de la religion chrétienne *de Calvin aux* Essais *de Montaigne*, Paris, H. Champion, 1989, 2 vol., t. II, p. 754-772.

47. *Les Essais*, I, 20 (19 dans l'éd. de 1595), p. 96 a (98).

48. *Ibid.*, III, 12, p. 1051 c (1098).

49. *Ibid.*, II, 13, p. 608 a et b (646) ; III, 12, p. 1052 b (1099).

50. Hélène Germa-Romann, *Du « bel mourir » au « bien mourir ». Le sentiment de la mort chez les gentilshommes français (1515-1643)*, Genève, Droz, 2001.

51. *Les Essais*, I, 3, p. 15 b (38).

52. *Ibid.*, II, 6, p. 378 c (396).

V. DU BON USAGE DE LA RETRAITE

1. *Les Essais*, I, 40 (39 dans l'éd. de 1595), p. 252 c (256).

2. A. Marcetteau-Paul, *Montaigne propriétaire foncier, op. cit.*, p. 19, n. 19.

3. *Ibid.*, p. 28-90.

4. *Les Essais*, III, 9, p. 954 b (998-999).

5. Charles Loyseau, *Traité des seigneuries*, Paris, Abel L'Angelier, 1608, p. 78.

6. Léonie Gardeau, « Les moulins de la seigneurie de Montaigne », *B.S.A.M.*, 3ᵉ série, n° 17-18, 1961, p. 5-8.

7. *B.M.B.*, Ms. 738 III, fol. 113.

8. *Ibid.*, fol. 109.

9. *Ibid.*, fol. 112.

10. *Les Essais*, I, 14 (40 dans l'éd. de 1595), p. 63 b (273) ; François de La Noue, *Discours politiques et militaires*, éd. par F. E. Sutcliffe, Genève, Droz, 1967, p. 184-185.

11. *Les Essais*, I, 14 (40 dans l'éd. de 1595), p. 65 b (275) ; III, 9, p. 953 b (997). Montaigne grossit sans doute, pour mieux appuyer son propos, le montant de la somme dépensée en deux mois : 400 écus, soit 1 200 livres, ce qui ferait une dépense annuelle de 7 200 livres, supérieure à l'évaluation qu'il a donnée de son revenu annuel (un peu plus de 6 000 livres).

12. *Ibid.*, III, 9, p. 949 b (993).

13. Évaluation donnée par J.-Fr. Payen, sans références (*Recherches sur Montaigne, op. cit.*, p. 35) ; G. Nakam, *Les Essais de Montaigne, op. cit.*, p. 42.

14. *Les Essais*, III, 9, p. 949 b et c (993).

15. A.-M. Cocula et A. Legros, *Montaigne aux champs, op. cit.*, p. 63 ; J.-Fr. Payen, *Recherches sur Montaigne, op. cit.*, p. 34.

16. Voir ci-dessus, chap. IV, p. 97-98.

17. *B.M.B.*, Ms. 738 III, fol. 116, sentence arbitrale du 11 janvier 1574 (1575 en nouveau style) ; *A.D.G.*, G 1729, fol. 132, sentence arbitrale du 2 juin 1575.

18. *A.H.D.G.*, t. XXVI, 1888-1889, p. 192-193. La reconnaissance féodale ou contrat d'exporle, due pour une tenure roturière, se différenciait de l'hommage féodal dû pour un fief (Gérard Aubin, *La Seigneurie en Bordelais d'après la pratique notariale (1715-1789)*, Rouen, Publ. de l'Université, 1989, p. 120).

19. J.-Fr. Payen, *Recherches sur Montaigne, op. cit.*, p. 39.

20. Roland Mousnier, *Les Institutions de la France sous la monarchie absolue*, Paris, PUF, 2 vol., t. I, 1974, p. 188.

21. *Les Essais*, III, 9, p. 1000 b (1047).

22. *A.H.D.G.*, t. XIX, 1879, p. 270-271, Arrêt du Parlement en faveur de Michel de Montaigne.

23. *Les Essais*, II, 8, p. 399 a (420) ; II, 31, p. 720 b (756) ; II, 37, p. 758 a (796) ; II, 37, p. 784 c (824) ; III, 13, p. 1099 b (1148) ; II, 17, p. 641 a (679) ; I, 9, p. 36 a (58) ; II, 15, p. 616 c (654) ; III, 5, p. 856 b (898) ; I, 28 (27 dans l'éd. de 1595), p. 183 a (189) ; G. Hoffmann, *La Carrière de Montaigne, op. cit.*, p. 54.

24. *Les Essais*, II, 37, p. 766 a (805) et 780 a (820).

25. *Ibid.*, II, 37, p. 785 a (826) ; I, 46, p. 280 a (300) ; III, 13, p. 1082 b (1130).

26. *Ibid.*, II, 17, p. 650 a (689).

27. *Ibid.*, I, 26 (25 dans l'éd. de 1595), p. 157 a (163) ; I, 23 (22 dans l'éd. de 1595), p. 110 c (112).

28. *Ibid.*, II, 5, p. 366 b (384).

29. A. Legros (éd.), *Lettres de Montaigne, op. cit.*, lettre n° 10, au conseiller Dupuy, 23 avril [1584].

30. Alain Legros (éd.), *Beuther annoté par Montaigne et sa famille*, édi-

tion selon trois modes successifs, 2014, *Bibliothèques virtuelles humanistes*, www.bvh.univ-tours.fr.

31. *Les Essais*, I, 36 (35 dans l'éd. de 1595), p. 227 a (232), et III, 6, p. 902 b (945). Guez de Balzac prétend que Montaigne « s'habillait quelquefois tout de blanc, et quelquefois tout de vert » (cité par Jean Balsamo, éd. des *Essais* dans la Bibl. de la Pléiade, 2007, p. 1435).

32. Th. Malvezin, *Michel de Montaigne*, *op. cit.*, p. 161-162 ; G. Hoffmann, *La Carrière de Montaigne*, *op. cit.*, p. 85.

33. Marie de Gournay, *Le Proumenoir de Monsieur de Montaigne*, in *Œuvres complètes*, éd. par J.-C. Arnould *et al.*, Paris, H. Champion, 2002, 2 vol., t. II, p. 1863.

34. *Les Essais*, I, 23 (22 dans l'éd. de 1595), p. 110-111 c (113) ; III, 5, p. 856 b (898-899).

35. Jacques-Auguste de Thou, *La Vie de Jacques-Auguste de Thou. I. Aug. Thuani vita*, éd. et trad. par Anne Teissier-Ensminger, Paris, H. Champion, 2007, p. 713.

36. *Les Essais*, II, 31, p. 719 b (755).

37. *Ibid.*, I, 39 (38 dans l'éd. de 1595), p. 241 a (245).

38. *Ibid.*, III, 3, p. 828 c (870).

39. *Ibid.*, p. 828 b (869).

40. Alain Legros, *Essais sur poutres. Peintures et inscriptions chez Montaigne*, Paris, Klincksieck, 2000 ; *id.*, « Buchanan et Cicéron chez Montaigne : deux sentences inédites de sa "librairie" », *M. St.*, vol. XXVI, 2014, p. 171-175.

41. *Les Essais*, III, 13, p. 1096 b (1145).

42. Léonie Gardeau et Jacques de Feytaud, *Le Château de Montaigne*, Bordeaux, Société des Amis de Montaigne, 1971 ; J.-Fr. Payen, *Recherches sur Montaigne*, *op. cit.*, lithographies publiées en annexe.

43. *Les Essais*, III, 3, p. 828 c (870).

44. *Ibid.*, III, 9, p. 951 b (995) ; III, 13, p. 1104 b (1154).

45. *Ibid.*, II, 37, p. 758 a (796).

46. *Ibid.*

47. *Ibid.*, III, 5, p. 876 b (919-920).

48. *Ibid.*, II, 17, p. 650 a (689).

49. *Ibid.*, II, 17, p. 653 a (692) ; II, 10, p. 407 a (427) ; I, 49, p. 297 c (317) ; Gisèle Mathieu-Castellani, *Montaigne. L'écriture de l'essai*, Paris, PUF, 1988, p. 9-10.

50. *Les Essais*, I, 50, p. 301-302 a (321) ; III, 5, p. 876 b (919) ; III, 8, p. 942 c (988).

51. *Ibid.*, II, 10, p. 418-420 a (440-441). A. Legros a publié les annotations de Montaigne (*Montaigne manuscrit, op. cit.*).

52. *Les Essais*, III, 11, p. 1030 c (1076).

53. *Ibid.*, III, 3, p. 823 b (864).

54. Marc Fumaroli, *La République des Lettres*, Paris, Gallimard, 2015, p. 119-120 et 182-200 ; Nicola Panichi, *La virtù eloquente. La civil conversazione nel Rinascimento*, Urbino, Montefeltro, 1994.

55. *Les Essais*, I, 51, p. 306 a (326).

56. *Ibid.*, II, 10, p. 409 a (429) ; III, 13, p. 1076 b (1123-1124).

57. Daniel Ménager, « Montaigne : la mission et l'imprévu », *Cahiers de recherches médiévales et humanistes*, n° 22, 2011, http://crm.revues.org/12551.

58. *Les Essais*, II, 37, p. 784 a (824) ; I, 10, p. 40 a (62) ; II, 10, p. 409 a (429).

59. *Ibid.*, II, 12, p. 546 c (578).

60. *Ibid.*, III, 9, p. 994 b (1040) ; III, 11, p. 1030 c (1076) ; A. Tournon, *Route par ailleurs, op. cit.* ; Jean-Yves Pouilloux, *Montaigne. L'éveil de la pensée*, Paris, H. Champion, 1996.

61. *Les Essais*, II, 18, p. 665 c (703) ; III, 13, p. 1074 b ; F. Garavini, *Monstres et chimères, op. cit.*, p. 12.

62. *Les Essais*, II, 6, p. 379 c (398).

63. *Ibid.*, I, 3 (*Nos affections s'emportent au-delà de nous*) ; III, 2, p. 812 c (853).

64. Sarah Bakewell, *Comment vivre ? Une vie de Montaigne en une question et vingt tentatives de réponse*, Paris, Albin Michel, 2013.

65. *Les Essais*, I, 37 (36 dans l'éd. de 1595), p. 229 c (234) ; I, 14 (40 dans l'éd. de 1595), p. 51 c (259).

66. *Ibid.*, II, 1, p. 335 a, b et c (355).

67. *Ibid.*, III, 2, p. 811 b (851) ; II, 12, p. 569 a (604).

68. *Ibid.*, II, 18, p. 665 c (703).

69. *Ibid.*, II, 37, p. 784 a (824).

70. *Ibid.*, II, 8, p. 385 c (404).

71. Gisèle Mathieu-Castellani, « Les *Confessions* de saint Augustin dans les *Essais* de Montaigne », *in* Noël Peacock et James Supple (éd.), *Lire les* Essais *de Montaigne*, Paris, H. Champion, 2001, p. 211-226.

72. *Les Essais*, II, 17, p. 653 a (692) ; II, 18, p. 665 c (703-704).

73. *Ibid.*, I, 39 (38 dans l'éd. de 1595), p. 244-246 a (249-250) ; I, 40 (39), p. 249 a (253) ; I, 41, p. 255 a (278).

74. *Ibid.*, I, 41, p. 255 b (278) ; Antoine Compagnon, *Nous, Michel de Montaigne*, Paris, Éd. du Seuil, 1980, p. 209-215.

75. *Ibid.*, I, 46, p. 279-280 a et b (299-301) ; II, 16, p. 626 a (664). C'est du passage sur le palefrenier, lu trop vite, que Christophe Bardyn (*La splendeur de la liberté, op. cit.*) déduit que Montaigne y révèle que ce palefrenier était son père biologique !

76. *Les Essais*, II, 8, p. 401 b (423) ; I, 14 (40 dans l'éd. de 1595), p. 62 c (271) ; III, 9, p. 998 b (1045).

77. *Ibid.*, II, 8, p. 389 b (408-409).

78. Catherine Magnien, « Montaigne historien de "l'expédition" de Henri d'Anjou en Pologne (1573-1574) ? Hypothèses », *in* Fr. Argod-Dutard (éd.), *Histoire et littérature au siècle de Montaigne, op. cit.*, p. 195-206 ; *Recueil de plusieurs pièces des sieurs de Pybrac, d'Espeisses et de Bellièvre*, Paris, P. Blaise, 1635.

79. *Les Essais*, I, 21 (20 dans l'éd. de 1595), p. 106 c (109).

80. *Ibid.*, III, 5, p. 875 b (918).

81. *Ibid.*, III, 13, p. 1085 b (1133) ; III, 9, p. 963 b (1007).

82. *Ibid.*, III, 13, p. 1104 b (1154) ; III, 13, p. 1084 b (1132) ; III, 9, p. 965 (1010) ; M. Lazard, *Michel de Montaigne, op. cit.*, p. 220.

83. *Ibid.*, II, 12, p. 589 a (626).

84. *Ibid.*, II, 11, p. 429 a (451) ; A. Legros, *Beuther annoté par Montaigne, op. cit.*

85. *Les Essais*, I, 48, p. 292 a et 294 a (313 et 315-316) ; A. Legros, *Beuther annoté par Montaigne, op. cit.* ; D. Roche, « Montaigne cavalier », art. cité ; Jean Balsamo, « Montaigne, le style (du) cavalier, et ses modèles italiens », *Nouvelle revue du XVIe siècle*, t. XVII, n° 2 (1999), p. 253-267.

86. Jean Balsamo, « Un gentilhomme et ses patrons : remarques sur la biographie politique de Montaigne », *in* Philippe Desan (éd.), *Montaigne politique, op. cit.*, p. 223-242.

87. *Les Essais*, I, 45, p. 274 a (295) ; I, 5, p. 25-27 a et b (47-50) ; I, 6, p. 28 a (50).

88. *Ibid.*, III, 10, p. 1010 c (1056).

89. *Ibid.*, II, 12, p. 571 a (606).

90. *Ibid.*, I, 54, p. 311 a (330).

91. *Ibid.*, III, 8, p. 938 b (984).

92. *Ibid.*, I, 21 (20 dans l'éd. de 1595), p. 100-101 c (102-103).

93. Ch. Bardyn, *Montaigne. La splendeur de la liberté*, *op. cit.*

94. *Les Essais*, I, 29 (28 dans l'éd. de 1595), p. 196 a (202) ; Marie-Madeleine Fontaine (éd.), *Rire à la Renaissance*, Genève, Droz, 2010, « En quête de conclusion », p. 493-495.

95. *Les Essais*, II, 17, p. 658 a (698).

96. *Ibid.*, II, 7, p. 384 a (403).

97. Baldassare Castiglione, *Le Livre du Courtisan*, trad. fr. par Alain Pons, Paris, Flammarion, 1987, p. 43 ; Fr. de La Noue, *Discours politiques et militaires, op. cit.*, p. 235.

98. *Les Essais*, II, 17, p. 661 a (700) ; III, 13, p. 1096 b et c (1145-1146) ; Daniel Ménager, « La culture héroïque de Montaigne », *B.S.A.M.*, n° 9-10, 1998, p. 39-52.

99. *Les Essais*, I, 31 (30 dans l'éd. de 1595), p. 211 a (218) ; II, 17, p. 647 c (685).

100. *Ibid.*, II, 17, p. 661 a (700) ; I, 25 (24 dans l'éd. de 1595), p. 139 a (144).

101. *Ibid.*, I, 23 (22 dans l'éd. de 1595), p. 118 a (121-122).

102. François Billacois, *Le Duel dans la société française des XVIᵉ-XVIIᵉ siècles*, Éd. de l'EHESS, 1986 ; Pascal Brioist et Hervé Drévillon, *Croiser le fer : violence et culture de l'épée dans la France moderne, XVIᵉ-XVIIIᵉ siècle*, Seyssel, Champ Vallon, 2002.

103. Pierre de Bourdeille, seigneur de Brantôme, *Œuvres complètes*, éd. par Ludovic Lalanne, Paris, Renouard, 1864-1882, 11 vol., t. VI, *Discours sur les duels*, p. 322-323 ; Jean Balsamo, « "Le plus grand bien que j'atande de cete mienne charge publique" », *B.S.A.M.*, n° 48, 2008-2, *Montaigne et sa région*, p. 370-371. Louis d'Estissac, veuf d'Anne de Daillon du Lude, avait épousé en secondes noces Louise de La Béraudière.

104. *Les Essais*, II, 27, p. 696-697 b (732-733) ; Lauro-Aimé Colliard, « Montaigne et l'affaire Mattecoulon : dernières trouvailles », *M. St.*, vol. XIX, n° 1-2, 2007, *Les libertins et Montaigne*, p. 213-224.

105. *Les Essais*, II, 7, p 382-383 a (401).

106. *Ibid.*, III, 13, p. 1109-1110 b et c (1159-1160) ; J. Balsamo, « Un gentilhomme et ses patrons », art. cité, p. 242.

107. *Les Essais*, I, 26 (25 dans l'éd. de 1595), p. 162 c (168).

108. *Ibid.*, III, 7, p. 917 c (961-962).

109. *Ibid.*, III, 13, 1097 b (1146) ; H. Germa-Romann, *Du « bel mourir »
au « bien mourir »*, *op. cit.*

110. Benjamin Deruelle, *De papier, de fer et de sang : chevaliers et
chevalerie à l'épreuve de la modernité*, ca *1460*-ca *1620*, Paris, PUPS, 2015.

111. Madeleine Foisil, *Le Sire de Gouberville : un gentilhomme normand
au XVIᵉ siècle*, Paris, Aubier-Montaigne, 1981.

112. Alexandre de Pontaymery, *Académie ou Institution de la Noblesse
françoise*, in *Œuvres*, éd. de Paris, J. Richer, 1599, fol. 53 v°.

113. *Les Essais*, II, 18, p. 665 c (704).

VI. VIVRE AU CŒUR DES GUERRES DE RELIGION

1. *Les Essais*, III, 1, p. 795 b (835) ; III, 12, p. 1045 b (1092).

2. Fr. Goyet, « Montaigne et l'orgueil de l'"humaine prudence" », art.
cité ; *id.*, *Les Audaces de la prudence. Littérature et politique aux XVIᵉ et
XVIIᵉ siècles*, Paris, Classiques Garnier, 2009.

3. Voir ci-dessus, chap. III, p. 85-86.

4. L'expression « capital relationnel » a été proposée par Claire
Lemercier, « Analyse de réseaux en histoire », *R.H.M.C.*, n° 52-2, 2005-2,
p. 88-112.

5. Outre les travaux de Sharon Kettering déjà cités, voir l'analyse d'Élie
Haddad, « Noble Clienteles in France in the Sixteenth and Seventeenth
Centuries : A Historiographical Approach », *French History*, n° 20-1
(2006), p. 75-109.

6. Laurent Bourquin, *Noblesse seconde et pouvoir en Champagne aux XVIᵉ
et XVIIᵉ siècles*, Paris, PUPS, 1994, p. 72-75.

7. *Les Essais*, II, 12, p. 577 b (612) ; P. de Bourdeille, seigneur de Brantôme, *Œuvres complètes*, *op. cit.*, vol. V, p. 92-93.

8. Jean-Marie Constant, « Un groupe socio-politique stratégique dans
la France de la première moitié du XVIIᵉ siècle : la noblesse seconde »,
in Philippe Contamine (éd.), *L'État et les aristocraties (France, Angleterre, Écosse), XIIᵉ-XVIIᵉ siècles*, Paris, Presses de l'ENS, 1989, p. 279-304 ;
L. Bourquin, *Noblesse seconde et pouvoir en Champagne*, *op. cit.*

9. *Les Essais*, I, 14 (40 dans l'éd. de 1595), p. 54 b (262-263) ; le nom
du sieur de Céré est révélé par Florimond de Raemond.

10. A. Legros, *Beuther annoté par Montaigne, op. cit.*

11. *Les Essais*, I, 26 (25 dans l'éd. de 1595), p. 148-149 a (153) : Montaigne évoque la part qu'il a eue au mariage de Diane et de Louis de Foix.

12. *Ibid.*, II, 8, p. 393 b et c (413) ; I, 14 (40 dans l'éd. de 1595), p. 61 c (270). C'est toujours Florimond de Raemond qui donne la clé du portrait du marquis.

13. J. Balsamo, « Un gentilhomme et ses patrons », art. cité.

14. *Les Essais*, III, 9, p. 968 b et 969 c (1013, 1014).

15. *Ibid.*, I, 40 (39 dans l'éd. de 1595), p. 252-253 b (256-257).

16. *Ibid.*, III, 12, p. 1045 b (1091).

17. *Ibid.*, III, 1, p. 794 b et c (834).

18. A. Legros (éd.), Lettres de Montaigne, *Bibliothèques virtuelles humanistes, op. cit.*, lettre n° 31, Montaigne à Henri IV, 2 septembre 1590 ; voir ci-dessus, p. 330.

19. *Ibid.*, annexe, lettre de Matignon à Montaigne, 13 juin 1585. Voir ci-dessus, chap. III, p. 86.

20. *Ibid.*, lettre n° 11, Montaigne à Matignon, 12 juillet 1584 ; J. Balsamo, « "Le plus grand bien que j'atande de cete mienne charge publique" », art. cité.

21. A. Legros (éd.), Lettres de Montaigne, *Bibliothèques virtuelles humanistes, op. cit.*, lettre n° 18, Montaigne à Matignon, 9 février 1585.

22. *Ibid.*, lettre n° 15, Montaigne à Matignon, 26 janvier 1585.

23. *Ibid.*, lettre n° 26, Montaigne à Matignon, 12 juin 1587 ; Richard Cooper, « Montaigne dans l'entourage du maréchal de Matignon », *M. St.*, vol. XIII, 2001, *La* familia *de Montaigne*, p. 131.

24. *Les Essais*, III, 9, p. 970 c (1015) ; I, 40 (39 dans l'éd. de 1595), p. 253 c (257).

25. *Ibid.*, II, 6, p. 373 a (391) ; Anne-Marie Cocula, *Montaigne, les années politiques*, Bordeaux, Confluences, 2011, p. 59.

26. *Les Essais*, I, 23 (22 dans l'éd. de 1595), p. 122 a (127). La comédie de Térence à laquelle est empruntée la formule est *Andrienne*, II, 1, 305 (note des éditeurs de l'édition des *Essais* de la Pléiade, déjà citée, 2007, p. 1660). La datation de l'essai est proposée par Pierre Villey.

27. Arlette Jouanna, *La Saint-Barthélemy. Les mystères d'un crime d'État*, Paris, Gallimard, 2007.

28. Alain Legros a réfuté cette erreur (*Montaigne manuscrit, op. cit.*, p. 19-20).

29. Alain Legros, « Montaigne, son Éphéméride et la Saint-Barthélemy : réflexions autour d'un silence », communication présentée à la journée d'études organisée par Emiliano Ferrari et Thierry Gontier : *Montaigne : penser en temps de guerres de Religion*, Université de Lyon 3, 14 octobre 2016, à paraître ; Simon Goulart (éd.), *Mémoires de l'Estat de France sous Charles neuviesme*, 2e éd., Meidelbourg, Henry Wolf, 1578, t. I, fol. 532 r° et 537 r°.

30. Jean-Louis Bourgeon, « Montaigne et la Saint-Barthélemy », *B.S.A.M.*, juillet 1994, p. 106 ; *Les Essais*, III, 1, p. 799 b (840) ; c'est moi qui souligne.

31. *Les Essais*, II, 32, p. 721 a (757).

32. Sergio Cardoso, « Trois points de repère et trois "avis au lecteur" du III, 1 », *B.S.A.M.*, n° 56, 2012-2, p. 218. La conclusion de S. Cardoso, p. 224, est pertinente : « Si les allusions aux massacres de 1572 dans les *Essais* sont indirectes, cela se doit, premièrement, en grande partie à ce que l'essayiste ne peut ni défendre le roi (l'action est effectivement odieuse), ni le condamner ("vice n'est-ce pas… mais certes c'est malheur"). »

33. « La conspiration [étant] prête à exécuter, et si pressante qu'elle ne pouvait attendre la voie ordinaire de la justice, il a mieux valu commencer par le fait et prévenir que d'être prévenu » (BnF, Ms. fr. 15555, fol. 124 r°-127 r°, lettre au roi du premier président Jacques de Lagebaston, Bordeaux, 7 octobre 1572).

34. *Les Essais*, III, 1, p. 799 c (840).

35. *Ibid.*, III, 1, p. 791 c (830).

36. Le texte est cité par D. Frame, *Montaigne, une vie, une œuvre, op. cit.*, p. 149. Voir aussi Richard Cooper, « La correspondance politique de Montaigne », *in* Ph. Desan (dir.), *Montaigne politique, op. cit.*, p. 312-313.

37. Jean Plattard, « Montaigne à Poitiers », *Bulletin de la Société des antiquaires de l'Ouest*, 1930, p. 679-681 ; *Les Essais*, II, 8, p. 392 a (412). Ph. Desan (*Montaigne. Une biographie politique, op. cit.*, p. 248) a supposé sans preuve que ce passage à Poitiers pourrait correspondre à une autre mission de Montaigne.

38. Ph. Desan, *Montaigne politique, op. cit.*, p. 347-350.

39. *Lettres de Catherine de Médicis*, éd. Hector de La Ferrière puis Gustave Baguenault de Puchesse, Paris, 1880-1909, 10 vol., vol. IV, p. 115 ; VI, p. 305 ; X, p. 329.

40. Jean-Marie Compain, « Les relations de Montaigne avec son voisin et son protecteur le marquis de Trans », in *Les Écrivains et la politique*

dans le sud-ouest de la France autour des années 1580, Presses universitaires de Bordeaux, 1982, p. 101-111 ; Arlette Jouanna, *Le Devoir de révolte. La noblesse française et la gestation de l'État moderne (1559-1661)*, Paris, Fayard, 1989.

41. Il parle de la « tolérance des maux » à propos de la maladie de la gravelle : *Les Essais*, II, 37, p. 760 a ; dans l'édition de 1595 le mot *tolérance* est remplacé par *souffrance* (éd. citée de la Pléiade, 2007, p. 798).

42. *Ibid.*, II, 19, p. 671-672 a (710). Philippe Duplessis-Mornay utilise une formule analogue à propos de l'édit de 1576 (*Remontrance aux Estats de Blois pour la paix*, citée par Hugues Daussy, *Les Huguenots et le roi. Le combat politique de Philippe Duplessis-Mornay, 1572-1600*, Genève, Droz, 2002, p. 125). A. Tournon a donné une belle analyse de ce passage (*Route par ailleurs, op. cit.*, p. 299-308). Voir aussi Jérémie Foa, *Le Tombeau de la paix. Une histoire des édits de pacification (1560-1572)*, Limoges, PULIM, 2015, p. 485.

43. Voir par exemple le discours de Charles Guillart à François Ier, en 1527 (A. Jouanna, *Le Pouvoir absolu, op. cit.*, p. 13).

44. Jean-Pierre Babelon, *Henri IV*, Paris, Fayard, 1982, p. 260-262 ; Éliane Viennot, *Marguerite de Valois. Histoire d'une femme, histoire d'un mythe*, Paris, Payot, 1993, p. 119-138.

45. *Les Essais*, III, 10, p. 1018 b (1064).

46. Agrippa d'Aubigné, *Histoire universelle*, éd. par André Thierry, Genève, Droz, 1993, 11 vol., t. VII, p. 293, cité par Jean Balsamo, « Des *Essais* pour comprendre les guerres civiles », *B.H.R.*, vol. LXXI, 2010-3, p. 538.

47. Emmanuel Español, *Dictionnaire historique du protestantisme en Périgord, Guyenne, Agenais*, Le Pontet, Éd. Barthélemy, édition augmentée, 2012, p. 28-29.

48. *Les Essais*, II, 6, p. 379 c (398).

49. *Ibid.*, II, 15, p. 616-617 c (654-655).

50. *Ibid.*, III, 12, p. 1060-1061 b et c (1107-1108).

51. *Ibid.*, I, 39 (38 dans l'éd. de 1595), p. 241 a (245).

52. *Ibid.*, p. 241-242 a (245-246).

53. *Ibid.*, p. 792 b (832).

54. *Ibid.*, II, 12, p. 516 c (544) et 527 a (556).

55. *Ibid.*, I, 56, p. 323 a (342) ; II, 34, p. 742 a (779).

56. *Ibid.*, II, 33, p. 732 a (768).

57. *Ibid.*, I, 54, p. 312-313 b et c (332-333). Pascal s'est vraisemblablement inspiré de ce passage dans sa propre classification des esprits.

58. *Les Essais*, I, 54, p. 313 c (332).

59. Bernard Sève, *Montaigne. Des règles pour l'esprit*, Paris, PUF, 2007, p. 15. B. Sève utilise p. 352 l'expression « garde-fou » pour qualifier le scepticisme de Montaigne.

60. É. Pasquier, *Lettre à Monsieur de Pelgé* [Pellejay], *op. cit.*

61. A. Legros, *Essais sur poutres*, *op. cit.*

62. *Les Essais*, II, 12, p. 460 a (481-482) et 491 a et c (517) ; III, 13, p. 1068 (1115).

63. *Ibid.*, II, 12, p. 498 a (524) et 506 a et b (534).

64. Emmanuel Naya, « Traduire les *Hypotyposes pyrrhoniennes* : Henri Estienne entre la fièvre quarte et la folie chrétienne », *in* Pierre-François Moreau (dir.), *Le Scepticisme aux XVIe et XVIIe siècles*, Paris, Albin Michel, 2001, p. 48-101.

65. Alain Legros, « La dédicace de l'*Adversus Mathematicos* au cardinal de Lorraine, ou du bon usage de Sextus Empiricus selon Gentien Hervet et Montaigne », *B.S.A.M.*, juillet-décembre 1999, p. 51-72.

66. Frédéric Brahami, article « Fidéisme », *in* Ph. Desan (éd.), *Dictionnaire de Michel de Montaigne*, *op. cit.*

67. *Les Essais*, II, 12, p. 604 a et c (642).

68. *Ibid.*, II, 12, p. 601 a (639) ; M.-L. Demonet, À plaisir. *Sémiotique et scepticisme chez Montaigne*, *op. cit.*, p. 11.

69. *Les Essais*, II, 12, p. 499 a (525). Pierre Magnard paraphrase ainsi l'affirmation de Montaigne : « L'incroyable donne à croire, et il n'est rien de plus raisonnable de la part de la raison que de convenir de ce qui la dépasse » (« Montaigne et la docte ignorance », *B.S.A.M.*, n° 45, 2007-1, p. 74).

70. *Les Essais*, III, 5, p. 853 b (895).

71. A. Tournon, *Route par ailleurs*, *op. cit.*, p. 30.

72. *Les Essais*, I, 56, p. 317 (ajout datant de 1582) et 323 c (335 et 341).

73. Alain Legros, *Montaigne, Essais, I, 56, « Des prières »*, Genève, Droz, 2003, Introduction.

74. Voir ci-dessous, chap. VIII.

75. *Les Essais*, II, 56, p. 318 (335) ; ajout datant de 1582.

76. *Ibid.*, I, 56, p. 321 c (339) et 322 a (340).

77. *Ibid.*, II, 12, p. 514 c (542).

78. *Ibid.*, I, 56, p. 318 et 319 c (335 et 336 ; III, 9, p. 982 b (1028) ; Érasme, *De civilitate morium puerilium*, Bâle, 1530, chap. Ier.

79. *Les Essais*, I, 56, p. 319 a (337) ; II, 12, p. 445 b (466).

80. J. Balsamo, « Un gentilhomme et sa théologie », art. cité, p. 118.

81. *Les Essais*, II, 8, p. 387 a (405) ; III, 8, p. 928 b (972) ; III, 2, p. 806 c (846).

82. *Ibid.*, II, 12, p. 510 a (538).

83. Frank Lestringant, « Montaigne, le Brésil et l'unité du genre humain », *M. St.*, vol. XXII, 2010, *Montaigne et le Nouveau Monde*, p. 12.

84. Michael Screech, *Montaigne's Annotated Copy of Lucretius*, Genève, Droz, 1998 ; Marco Sgattoni, « Les *libri prohibiti* de Montaigne », *in* Rosanna Gorris Camos et Alexandre Vanautgaerden (éd.), *Les Labyrinthes de l'esprit. Collections et bibliothèques à la Renaissance*, Genève, Droz, 2015, p. 173-192. L'exemplaire du *Catéchisme* d'Ochino conservé à la Bibliothèque nationale de France porte : « *Charron. Ex dono dicti domini de Montaigne, in suo castello, 2 julii, anno 1586* ».

85. *Les Essais*, II, 12, p. 553 a (585) ; II, 16, p. 626 a et b (664) ; Henri Busson, *Le Rationalisme dans la littérature française de la Renaissance (1533-1601)*, Paris, Vrin, 1957.

86. *Les Essais*, II, 12, p. 518 a (546-547) ; Vincent Carraud, « L'imaginer inimaginable : le Dieu de Montaigne », *in* Vincent Carraud et Jean-Luc Marion (dir.), *Montaigne : scepticisme, métaphysique, théologie*, Paris, PUF, 2004, p. 137-171.

87. *Les Essais*, III, 5, p. 875 c (918) ; É. Pasquier, *Lettre à Monsieur de Pelgé* [Pellejay], *op. cit.*

88. Pierre de Lancre, *Tableau de l'inconstance des mauvais anges et démons, où il est amplement traité des sorciers et de la sorcellerie*, Paris, 1612, cité par Alain Legros, « Montaigne et Maldonat », *M. St.*, vol. XIII, 2001, *La familia de Montaigne*, p. 65-98.

89. Hugo Friedrich, *Montaigne* [1949], trad. fr. par Robert Rovoni, Paris, Gallimard, 1968, p. 326-327.

90. Jean-Claude Margolin, « D'Érasme à Montaigne : l'écriture de l'opinion et la double voie de la croyance », *in* M.-L. Demonet et A. Legros (éd.), *L'Écriture du scepticisme, op. cit.*, p. 109-129 ; Ruedi Imbach, « Notule sur quelques réminiscences de la théologie scolastique chez Montaigne », *in* V. Carraud et J.-L. Marion (dir.), *Montaigne : scepticisme, métaphysique, théologie, op. cit.*, p. 91-106.

91. *Les Essais*, II, 12, p. 527 a (556).

92. *Ibid.*, III, 12, p. 1044 b (1090).

93. *Ibid.*, II, 16, p. 619 a (657).

94. Emiliano Ferrari, *Montaigne. Une anthropologie des passions*, Paris, Classiques Garnier, 2014, chap. III.

VII. LE CHOIX DE LA PUBLICATION

1. D. Frame, *Montaigne, une vie, une œuvre, op. cit.*, p. 80 ; André Gendre, « Les 29 sonnets de La Boétie publiés dans les *Essais* de Montaigne », *M. St.*, vol. XI, 1999, *La Boétie*, p. 45-60.

2. Vraisemblablement Jean Chaumeau, auteur d'une *Histoire de Berry* parue à Lyon en 1566.

3. Henri de Mesmes, « Contre La Boétie », *in* Nadia Gontarbert (éd.), *La Boétie. De la servitude volontaire ou Contr'un*, Paris, Gallimard, coll. « Tel », 1993, p. 191-211.

4. Paul Bonnefon publia le *Mémoire* à la suite du *Discours de la servitude volontaire* (Paris, Bossard, 1922).

5. Anne-Marie Cocula, « Les dernières années de La Boétie : revirement ou continuité ? », *M. St.*, vol. XI, n° 1-2 (1999), *La Boétie*, p. 29-43 ; André Tournon, « Épilogue d'une attribution erronée : La Boétie et l'instauration de l'*interim* », publié en annexe de son édition du *Discours de la servitude volontaire*, Paris, Vrin, 2014.

6. *Les Essais*, I, 28 (27 dans l'éd. de 1595), p. 184 a (190). Scévole de Sainte-Marthe parle aussi, au pluriel, de « quelques mémoires » (Nerina Clerici-Balmas « Le souvenir d'Étienne de La Boétie chez quelques écrivains de son époque », *in* Marcel Tetel (éd.), *Étienne de La Boétie sage révolutionnaire et poète périgourdin*, Paris, H. Champion, 2004, p. 393).

7. Attribué à Étienne de La Boétie, *Mémoire sur la pacification des troubles*, éd. par Malcolm Smith, Genève, Droz, 1983, p. 45.

8. La Boétie avait contribué par des annotations à la traduction latine faite par Le Ferron de l'*Erôtikos* (« De l'amour ») de Plutarque, publiée à Lyon en 1557, contribution dont le traducteur remercie son ami, ce nouveau Budé : voir Michel Magnien, « La Boétie traducteur des Anciens », *in* Marcel Tetel (éd.), *Étienne de La Boétie*, Paris, H. Champion, 2004, p. 23-24. M. Magnien croit cependant à l'attribution à La Boétie du

Mémoire découvert par Bonnefon ; il se fonde sur les analogies de style entre le *Mémoire* et le *Discours* (« Pour une attribution définitive du *Mémoire sur l'édit de Janvier* à Estienne de La Boétie », in *Cité des hommes, cité de Dieu. Travaux sur la littérature de la Renaissance en l'honneur de Daniel Ménager*, Genève, Droz, 2003, p. 123-132).

9. Bl. de Monluc, *Commentaires, op. cit.*, p. 494-496.

10. Épître à Michel de L'Hospital.

11. Ph. Desan, *Montaigne. Une biographie politique, op. cit.*, p. 216 et 226.

12. D. Knop et J. Balsamo, *De la servitude volontaire. Rhétorique et politique en France, op. cit.*, p. 54, 59.

13. Voir ci-dessus, chap. II, p. 74.

14. Épître à Henri de Mesmes.

15. *A.H.D.G.*, t. I, nouv. série, 1933-1936, p. 52-53.

16. G. Hoffmann, *La Carrière de Montaigne, op. cit.*, p. 81-83. Montaigne a en effet écrit, en comparant les conditions de publication qui lui furent faites à Bordeaux avec celles qu'il obtint à Paris en 1588 : « J'achète les imprimeurs en Guyenne, ailleurs ils m'achètent » : *Les Essais*, III, 2, p. 809 c (849).

17. Jean Balsamo, « Montaigne, le "sieur de Poiferré" et la comtesse de Guiche : documents nouveaux », *M. St.*, vol. XVI, 2004, *Documents sur Montaigne*, p. 75-91.

18. Michel Simonin, « Les papiers de La Boétie, Thomas de Montaigne et l'édition de la Chorographie du Médoc », in *L'Encre et la lumière, op. cit.*, p. 457-488.

19. Voir ci-dessus, chap. I, p. 33.

20. Michel Magnien a donné une juste évaluation de la qualité des sonnets : « De l'hyperbole à l'ellipse : Montaigne face aux sonnets de La Boétie », *M. St.*, vol. II, n° 1, 1990, p. 7-25.

21. *Les Essais*, II, 8, p. 385 a (404) ; II, 17, p. 653 a (692). Voir ci-dessus, p. 68.

22. *Ibid.*, III, 2, p. 805 b (845) ; III, 9, p. 981 c (1026).

23. *Ibid.*, I, 26 (25 dans l'éd. de 1595), p. 148 a (153).

24. Warren Boutcher, *The School of Montaigne in Early Modern Europe*, Oxford University Press, 2016, 2 vol., t. I, p. LIII-LV et 60-62.

25. *Les Essais*, II, 9, p. 405, note infrapaginale, et commentaire p. 1538 dans l'édition de 2007 de la Pléiade ; ce passage ne figure que dans les éditions publiées du vivant de Montaigne.

26. Michel Simonin, « Le Périgourdin au Palais. Sur le voyage des *Essais*, de Bordeaux à Paris », in *L'Encre et la lumière*, *op. cit.*, p. 509-522.

27. François Moureau, « Sur des exemplaires des *Essais* en vente à la foire de Francfort (automne 1581) », *B.S.A.M.*, vol. V, n° 9, 1974-1, p. 57-59.

28. Jean Starobinski, *Montaigne en mouvement*, Paris, Gallimard, 1982, p. 68-69.

29. *Les Essais*, III, 13, p. 1076 b (1123).

30. *Ibid.*, II, 6, p. 378 c (397).

31. À ce sujet, les analyses du sociologue Erving Goffman (*La Mise en scène de la vie quotidienne. La présentation de soi*, Paris, Éd. de Minuit, 1973) peuvent être éclairantes. Voir aussi Blandine Perona, *Prosopopée et persona à la Renaissance*, Paris, Classiques Garnier, 2013, p. 233, et W. Boutcher, *The School of Montaigne*, *op. cit.*, introduction au t. I, p. 3-6.

32. *Les Essais*, III, 9, p. 980 b (1025).

33. *Ibid.*, III, 2, p. 808 b (849).

34. *Ibid.*, p. 809 c (849).

35. *Ibid.*, p. 809 b (849-850).

36. Ph. Desan, *Montaigne. Une biographie politique*, *op. cit.*, p. 306.

37. *Les Bibliothèques françoises de La Croix du Maine et de Du Verdier*, nouv. éd., Paris, Saillant et Nyon, 1772-1773, 6 vol., t. II, p. 131.

38. Ph. Desan, *Montaigne. Une biographie politique*, *op. cit.*, p. 268-270 et 307-308.

39. Warren Boutcher fait observer que l'appréciation royale rapportée par La Croix du Maine, sur un livre qui venait tout juste de paraître, serait bien surprenante si elle avait été énoncée en 1580, même en supposant que Montaigne ait envoyé son œuvre au roi quelques jours avant l'audience ; elle est plus vraisemblable si elle date d'août 1582, donc après le voyage en Italie et son but présumé d'obtenir une ambassade (*The School of Montaigne*, *op. cit.*, t. I, p. 94, n. 2).

40. *Les Essais*, II, 17, p. 643 a (681), 651 a (690) et 653-654 a (692-693).

41. *Les Essais*, II, 17, p. 642-643 a (681-682) et note infrapaginale.

42. Robert J. Sealy, *The Palace Academy of Henry III*, Genève, Droz, 1981 ; Jacqueline Boucher, *Sociétés et mentalités autour de Henri III*, Paris, H. Champion, 2007, p. 700-708.

43. Ph. Desan a aussi évoqué cette hypothèse (*Montaigne. Une biographie politique*, *op. cit.*, p. 264).

44. Sue Farquhar, « "Toutes passions mises en arrière…" The Emotions in Legal Perspective : Montaigne and The Palace Academy at Blois », *Modern Language Notes*, vol. CXX, supplément, 2005, p. 124-140.

45. Alain Legros, « Montaigne politique malgré lui ? Réticences et aveux », *in* Ph. Desan (éd.), *Montaigne politique, op. cit.*, p. 113-126.

46. *Les Essais*, III, 13, p. 1077-1078 b et c (1125).

47. Platon, livre III de *La République*.

48. Alain Legros, « Montaigne, son livre et son roi », *Studi francesi*, vol. XLI, n° 2, 1997, p. 265.

49. Nicolas Le Roux, *La Faveur du roi. Mignons et courtisans au temps des derniers Valois (vers 1547-vers 1589)*, Seyssel, Champ Vallon, 2000, p. 320-321.

50. *Les Essais*, III, 4, p. 839 b (880-881).

51. *Ibid.*, p. 838 b (880).

52. Ph. Desan, *Montaigne. Une biographie politique, op. cit.*, p. 311 ; J. Balsamo, « Deux gentilshommes "nécessiteux d'honneur" » art. cité, p. 166.

VIII. À LA DÉCOUVERTE DE L'ÉTRANGER

1. Jean Balsamo, « Montaigne, Charles d'Estissac et le sieur du Hautoy », *in* Ph. Desan *et al.* (éd.), *Sans autre guide. Mélanges de littérature française de la Renaissance offerts à Marcel Tetel*, Paris, Klincksieck, 1999, p. 117-128.

2. Voir à la fin de ce chapitre la carte montrant l'itinéraire suivi par Montaigne. Philippe Desan donne d'intéressantes précisions matérielles sur les conditions du voyage dans son introduction à la reproduction de l'édition du *Voyage en Italie* procurée en 1774 par Meunier de Querlon (Paris, Société des textes français modernes, 2014, p. XLVI-LXIII).

3. Outre l'édition de 1774 existe une copie manuscrite incomplète découverte récemment par François Moureau, due au chanoine Guillaume-Vivien de Leydet. Sur les problèmes posés par cette trouvaille, voir Concetta Cavallini, « Le "Manuscrit original des *Voyages de Montaigne*" deux siècles et demi après sa découverte », *M. St.*, vol. XXVIII, 2016, p. 201-212.

4. Les références qui suivent renvoient à l'édition du *Journal de voyage* par François Rigolot (Paris, PUF, 1992). Pour la partie rédigée en italien,

Fr. Rigolot a donné la traduction effectuée par Meunier de Querlon ; des corrections et précisions peuvent être apportées grâce à l'édition bilingue d'Élisabeth Schneikert et Lucien Vendrame : *Journal de voyage. Partie en italien*, Paris, Classiques Garnier, 2012.

5. *Journal de voyage*, p. 61.

6. *Ibid.*

7. *Les Essais*, III, 9, p. 972 b (1017).

8. *Journal de voyage*, p. 32.

9. *Les Essais*, III, 9, p. 948-954 b et c (992-999).

10. *Journal de voyage*, p. 42.

11. *Ibid.*, p. 32 ; *Les Essais*, III, 9, p. 985 b (1031).

12. *Journal de voyage*, p. 34-35, 50-51, 81, 87, 259 ; *Les Essais*, III, 13, p. 1084 b (1131-1132).

13. Jean Balsamo, « Les écrivains français du xvie siècle et la peinture italienne : réévaluation d'un épisode de l'histoire du goût », *Studi di letteratura francese*, vol. XXI, 1996, p. 29-54.

14. *Journal de voyage*, p. 14, 50, 134-135.

15. *Ibid.*, p. 28, 41-44, 79-80, 83-84, 128-129.

16. *Les Essais*, I, 26 (25 dans l'éd. de 1595), p. 153 a (158).

17. *Journal de voyage*, p. 11 et 125.

18. *Ibid.*, p. 15, 68.

19. *Ibid.*, p. 111-114, 120-121, 126.

20. *Ibid.*, p. 121-122 ; 68-69.

21. *Ibid.*, p. 97, 110-111 ; *Les Essais*, II, 11, 432 a (453).

22. *Journal de voyage*, p. 125-126.

23. Michaël Screech, *Montaigne et la mélancolie*, Paris, PUF, 2002 ; Olivier Pot, *L'Inquiétante Étrangeté. Montaigne : la pierre, le cannibale, la mélancolie*, Paris, H. Champion, 1993.

24. *Journal de voyage*, p. 268 ; *Les Essais*, III, 9, p. 986 b (1032).

25. *Journal de voyage*, p. 162.

26. *Les Essais*, II, 37, p. 760 a (798) ; III, 13, p. 1091 b (1139).

27. Les deux premières de ces stations sont mentionnées dans un passage de l'édition de 1580 des *Essais*, remanié et étoffé dans celle de 1582 : II, 37, p. 775-777 (815-817) ; les deux autres dans le *Journal* (notamment p. 21, 71).

28. Anna Bettoni, Massimo Rinaldi et Mauricio Rippa Bonati (éd.),

Michel de Montaigne e il termalismo, Florence, Leo S. Olschki, 2010 ;
Catherine Goudéo-Thomas, « Le thermalisme médiéval, de "Flamenca"
à Michel de Montaigne », in *Villes d'eaux. Histoire du thermalisme*, actes
du 117ᵉ Congrès national des sociétés savantes, Clermont-Ferrand, 1992,
p. 11-26 ; Didier Boisseuil, *Le Thermalisme en Toscane à la fin du Moyen
Âge*, École française de Rome, 2002, p. 146-163.

29. *Journal de voyage*, p. 156-157 ; *Les Essais*, I, 14 (40 dans l'éd. de
1595), p. 63 b (272).

30. *Les Essais*, I, 37, p. 777 (817).

31. *Journal de voyage*, p. 245.

32. *Ibid.*, p. 21.

33. *Ibid.*, p. 10-12, 245.

34. *Les Essais*, I, 37, p. 776 (816).

35. *Journal de voyage*, p. 244, 245, 268. Dans sa copie (suivie par
Fr. Rigolot dans son édition du *Journal de voyage*), Meunier de Querlon,
n'ayant plus la même conception de l'âge, a rajouté avant « la vieillesse » :
« les approches de ». Le mot italien employé par Montaigne pour désigner son testicule est « il *sonaglio mio* », littéralement « ma sonnette »,
qu'É. Schneikert propose de traduire par « mon grelot » : *Journal de
voyage. Partie en italien, op. cit.*, p. 97.

36. *Journal de voyage*, p. 272.

37. *Les Essais*, III, 9, p. 977 b (1023).

38. Françoise Charpentier, « L'écriture de l'errance », *in* Zoé Samaras (dir.), *Montaigne : espace, voyage, écriture*, Paris, H. Champion, 1995,
p. 243-252.

39. *Les Essais*, III, 9, p. 978 b (1023).

40. *Journal de voyage*, p. 71.

41. *Ibid.*, p. 61.

42. Frédéric Tinguely, « Montaigne et le cercle anthropologique :
réflexions sur l'adaptation culturelle dans le *Journal de voyage* », *M. St.*,
vol. XV, 2003, *Le journal de voyage*, p. 22.

43. *Les Essais*, III, 9, p. 949 c (993).

44. *Ibid.*, III, 12, p. 1059-1060 b (1107).

45. *Journal de voyage*, p. 13-14.

46. *Ibid.*, p. 41-42.

47. *Ibid.*, p. 155, 250, 253.

48. *Ibid.*, p. 96.

49. *Ibid.*, p. 115, 229.

50. *Ibid.*, p. 237, 239-241.

51. *Ibid.*, p. 76, 115, 133, 287.

52. *Ibid.*, p. 104.

53. *Ibid.*, p. 256, 285.

54. *Ibid.*, p. 51-52.

55. Notamment Ph. Desan, *Montaigne. Une biographie politique, op. cit.*, p. 312.

56. *Lettres de Catherine de Médicis, op. cit.*, t. VII, p. 280, lettre du 29 août 1580, Saint-Maur-des-Fossés.

57. *Journal de voyage*, p. 75.

58. Concetta Cavallini, « Les Mosti : intermédiaires entre Montaigne et Le Tasse », *M. St.*, vol. XV, 2003, *Le journal de voyage*, p. 147-157 ; *Les Essais*, II, 12, p. 492 (518).

59. J. Balsamo, « Deux gentilshommes "nécessiteux d'honneur" », art. cité.

60. *Journal de voyage*, p. 94-95.

61. Elle est datée de Rome, 11 mars 1581 ; A. Legros l'a publiée (*Montaigne manuscrit, op. cit.*, p. 665). Voir aussi Jean-Robert Armogathe, « Michel de Montaigne, *civis romanus* », *in* Philippe Desan (dir.), *Montaigne à l'étranger*, Paris, Classiques Garnier, 2016, p. 305-313, et Warren Boutcher, « La citoyenneté romaine de Montaigne : la *supplica* des archives dans son contexte », *ibid.*, p. 293-304.

62. *Journal de voyage*, p. 127 ; *Les Essais*, III, 9, p. 999-1000 b (1045-1047).

63. *Journal de voyage*, p. 14-15 ; Fr. Tinguely, *Le Voyageur aux mille tours, op. cit.*, p. 200.

64. *Journal de voyage*, p. 251.

65. *Ibid.*, p. 92.

66. *Ibid.*, p. 87-88.

67. *Ibid.*, p. 153-154, 256.

68. *Ibid.*, p. 253-254.

69. *Ibid.*, p. 238, 250.

70. *Les Essais*, II, 12, p. 443 a (464).

71. *Journal de voyage*, p. 16, 31.

72. *Ibid.*, p. 33-34, 24.

73. *Ibid.*, p. 40-41.

74. *Ibid.*, p. 23-24.

75. *Ibid.*, p. 36, 41.

76. *Ibid.*, p. 100.

77. *Ibid.*, p. 277, 64.

78. *Ibid.*, p. 93.

79. Fausta Garavini, dans son édition du *Journal de voyage* (Paris, Gallimard, 1983, p. 423, n. 452), donne le sens de la *fistola*. Montaigne pensait sans doute que l'instrument servait à un « goûteur » qui buvait avant le pape.

80. *Journal de voyage*, p. 122.

81. *Ibid.*, p. 121.

82. *Ibid.*, p. 122-124.

83. *Ibid.*, p. 110, 125.

84. *Ibid.*, p. 102-103.

85. *Ibid.*, p. 6, 118.

86. *Ibid.*, p. 160-161.

87. Yves-Marie Bercé, *Lorette aux XVIe et XVIIe siècles. Histoire du plus grand pèlerinage des temps modernes*, Paris, PUPS, 2011.

88. *Journal de voyage*, p. 139.

89. *Ibid.*, p. 140-142. Sur l'emprisonnement de Montaigne à la Bastille, voir plus bas, chap. x, p. 283-284.

90. *Ibid.*, p. 286.

91. Marie-Christine Gomez-Géraud, « Autour du catholicisme de Montaigne : perspectives depuis le *Journal de voyage* », *M. St.*, vol. XV, 2003, *Le journal de voyage*, p. 31-41.

92. *Journal de voyage*, p. 119.

93. La liste complète de ce qui lui était reproché — par deux correcteurs — a été retrouvée dans les archives de l'Index et publiée par Peter Goldman, *The Saint as Censors. Robert Bellarmin between Inquisition and Index*, Leyde, Brill, 2000, p. 339-342, et par Philippe Desan, « Apologie de Sebond ou justification de Montaigne ? », *in* Ph. Desan (éd.), *Dieu à notre commerce et société, op. cit.*, p. 197-200. Les trente-huit points ont été très précisément commentés par Alain Legros, « Montaigne face à ses censeurs romains de 1581 (mise à jour) », *B.H.R.*, vol. LXXI, 2009, p. 7-33.

94. *Journal de voyage, op. cit.*, p. 119.

95. Vincent Carraud, « Avoir l'âme nette : scepticisme et rigorisme dans "Des prières" », *in* Ph. Desan (dir.), *Dieu à nostre commerce et société*, *op. cit.*, p. 73-89.

96. *Les Essais*, II, 11, p. 431 a (452) ; II, 27, p. 700 a (737) ; II, 5, p. 368 a (387).

97. *Journal de voyage*, p. 131.

98. *Les Essais*, I, 56, p. 317 (335), rajouté dans l'éd. de 1582, et p. 323 b (335 et 341) ; voir ci-dessus, chap. VI, p. 175-176.

99. *Ibid.*, II, 5, p. 369 c (387).

100. Jean-Robert Armogathe et Vincent Carraud, « Les *Essais* de Montaigne dans les archives du Saint-Office », *in* Jean-Louis Quantin et Jean-Claude Wacquet (dir.), *Papes, princes et savants dans l'Europe moderne. Mélanges à la mémoire de Bruno Neveu*, Genève, Droz, 2007, p. 76-96 ; Jean-Louis Quantin, « Les censures de Montaigne à l'Index romain : précisions et corrections », *M. St.*, vol. XXVI, 2014, p. 145-162.

101. *Journal de voyage*, p. 274.

IX. MAIRE DE BORDEAUX

1. Matignon reçut d'abord le titre officiel de commandant pour le service du roi en Guyenne.

2. *Lettres de Henri III*, t. V, éd. par Jacqueline Boucher et Henri Zuber, Paris, Société de l'histoire de France, Paris, 2000, p. 241, n° 4396. La lettre, envoyée à Rome alors que Montaigne en était déjà parti, ne rejoignit son destinataire qu'à Bordeaux.

3. *Les Essais*, III, 10, p. 1005 b (1050).

4. Voir ci-dessus, chap. III, p. 95.

5. « L'homme sans qualités » : titre d'un roman de Robert Musil.

6. Laurent Coste, *Le Lys et le chaperon. Les oligarchies municipales en France de la Renaissance à la Révolution*, Presses universitaires de Bordeaux, 2007, p. 138.

7. Gabriel de Lurbe, *Chronique bourdeloise* [...] *depuis continuée par Jean Darnal*, Bordeaux, 1619, fol. 23 v° du *Supplément* de Darnal.

8. Cité par A.-M. Cocula, *Montaigne. Les années politiques, op. cit.*, p. 12.

9. R. Cooper, « Montaigne dans l'entourage du maréchal de Matignon », art. cité, p. 105.

10. Ph. Desan, *Montaigne. Une biographie politique, op. cit.*, p. 402.

11. *A.H.D.G.*, t. XIII, 1871-1872, *Journal de François de Syrueilh, 1568-1585*, p. 341-342 ; Gr. Champeaud, *Le Parlement de Bordeaux, op. cit.*, p. 322.

12. J.-A. de Thou, *La Vie de Jacques-Auguste de Thou. I. Aug. Thuani vita, op. cit.*, II, IV, 4, p. 415.

13. Les deux discours de Loisel furent publiés en 1584 sous le titre général *De l'œil des Rois et de la Justice*, et réédités en 1595 ; la dédicace à Montaigne, datée du 1er novembre 1582, n'est publiée que dans l'édition de 1595.

14. M. Lazard, *Michel de Montaigne, op. cit.*, p. 290-291.

15. A. Legros (éd.), *Lettres de Michel de Montaigne, op. cit.*, lettre n° 3, adressée au Parlement, 28 avril 1582.

16. Jean-Pierre Gutton, *La Société et les pauvres en Europe (XVIe-XVIIIe siècle)*, Paris, PUF, 1974.

17. *Inventaire sommaire des registres de la jurade, 1520-1789*, vol. VIII, Bordeaux, E. Castéra, 1947, p. 76 ; *A.M.B.*, copie (*ca* 1770) des registres secrets du parlement de Bordeaux par François-Martial de Verthamon d'Ambloy, *op. cit.*, vol. XXVI, Ms. 783 (du 12 novembre 1580 au 23 décembre 1613), p. 537.

18. Paul Courteault, *Montaigne maire de Bordeaux*, Bordeaux, Delmas, 1933, p. 74 ; Anne-Marie Cocula, article « Phare de Cordouan » *in* Ph. Desan (éd.), *Dictionnaire de Michel de Montaigne, op. cit.*

19. *Supplément* de Jean Darnal à la *Chronique bourdeloise* de G. de Lurbe, *op. cit.*, fol. 56 v° ; Jacqueline Boucher, article « Henri III » *in* Ph. Desan (éd.), *Dictionnaire de Michel de Montaigne, op. cit.*

20. *Journal de François de Syrueilh, op. cit.*, p. 342.

21. A. Legros (éd.), *Lettres de Michel de Montaigne, op. cit.*, lettre n° 4, 30 octobre 1582.

22. *Journal de François de Syrueilh, op. cit.*, p. 347-350 ; R. Cooper, « Montaigne dans l'entourage du maréchal de Matignon », art. cité, p. 109.

23. *Les Essais*, III, 10, p. 1010 c (1056) ; *Journal de François de Syrueilh, op. cit.*, p. 352.

24. A. Legros (éd.), *Lettres de Michel de Montaigne, op. cit.*, lettre n° 5, aux jurats de Bordeaux, 21 mai 1583.

25. Roger Trinquet, « La réélection de Montaigne à la mairie de Bordeaux en 1583 », *B.S.A.M.*, n° 10-11, avril-décembre 1974, p. 17-46.

26. *Ibid.*

27. *Les Essais*, III, 10, p. 1005 b (1050).

28. A. Legros (éd.), *Lettres de Michel de Montaigne, op. cit.*, lettre de remontrance au roi, n° 6, 31 août 1583.

29. A.-M. Cocula, « Phare de Cordouan », art. cité.

30. A.-M. Cocula, *Montaigne. Les années politiques, op. cit.*, p. 65.

31. É. Viennot, *Marguerite de Valois, op. cit.*, p. 151-153. La date du 8 août habituellement donnée pour l'incident est sujette à caution (*ibid.*, p. 423, n. 48).

32. Olivier Poncet, *Pomponne de Bellièvre (1529-1607). Un homme d'État au temps des guerres de Religion*, Paris, École des chartes, 1998, p. 91 ; H. Daussy, *Les Huguenots et le roi, op. cit.*, p. 188-203.

33. Marguerite de Valois, *Correspondance, 1569-1564*, éd. par Éliane Viennot, Paris, H. Champion, 1998, lettre à Bellièvre, Coutras, 16-17 novembre 1583, p. 258 ; R. Cooper, « Montaigne dans l'entourage du maréchal de Matignon », art. cité, p. 110 ; Jean Balsamo, « "Le plus grand bien que j'atande de cete mienne charge publique" », *B.S.A.M.*, n° 48, 2008-2, *Montaigne et sa région*, p. 368.

34. Hugues Daussy, « Montaigne et Duplessis-Mornay : les mystères d'une correspondance », *M. St.*, vol. XVIII, 2006, p. 169-282 ; lettre du 25 novembre 1583 publiée en annexe, p. 178-179.

35. Lettre à Matignon du sénéchal de Bazas, Aymeri de Jaubert, sieur de Barrault, 12 décembre 1583, citée par R. Cooper, « Montaigne dans l'entourage du maréchal de Matignon », art. cité, p. 111.

36. A. Legros (éd.), *Lettres de Michel de Montaigne, op. cit.*, lettre n° 8, 14 décembre 1583 ; H. Daussy, « Montaigne et Duplessis-Mornay : les mystères d'une correspondance », art. cité, lettres de Duplessis-Mornay du 9 et du 18 décembre 1583 publiées en annexe, p. 179-181.

37. O. Poncet, *Pomponne de Bellièvre, op. cit.*, p. 92.

38. A. Legros (éd.), *Lettres de Michel de Montaigne, op. cit.*, lettres n° 9, 21 janvier 1584, et 10, 13 avril 1584 ; D. Frame, *Montaigne, une vie, une œuvre, op. cit.*, p. 252.

39. Paul Bonnefon, *Montaigne, l'homme et l'œuvre*, Bordeaux, G. Gounouilhou, 1893, p. 358-359. Le document faisait partie de la collection de Benjamin Fillon quand Bonnefon l'a consulté ; il porte en marge du titre :

« Soit communiqué par le sieur Duplessis au sieur de Montaigne avec le cayer ». Les notes placées en marge de chaque article représentent peut-être les réponses du Conseil souverain, avalisées par « De Mesme », signataire de la mention terminale, plutôt que les avis de Montaigne ; mais la phrase autographe placée à la fin et signée par l'auteur des *Essais* est bien de son cru.

40. A. Legros (éd.), *Lettres de Michel de Montaigne, op. cit.*, lettre n° 11, 12 juillet 1584.

41. *Ibid.*, lettre n° 12, 19 août 1584.

42. *Ibid.*, lettre n° 13, 10 décembre 1584 ; J.-M. Compain, « Montaigne et Henri de Navarre avant Coutras », art. cité, p. 48, n. 23.

43. *Les Essais*, III, 4, p. 835 b (876-877).

44. Cité par J.-P. Babelon, *Henri IV, op. cit.*, p. 349.

45. A. Legros (éd.), *Lettres de Michel de Montaigne, op. cit.*, lettres n°s 11 à 20, 18 et 26 janvier, 2, 8, 9, 12 et 13 février 1585 ; lettre n° 21, sans date (février 1585).

46. A.-M. Cocula, *Montaigne. Les années politiques, op. cit.*, p. 75-79.

47. *Inventaire sommaire des registres de la jurade, 1520-1789*, vol. VII, Bordeaux, E. Castéra, 1937, p. 165.

48. *A.H.D.G.*, t. X, 1868, p. 401-402, lettre du maire et des jurats à Henri III, 22 avril 1585 ; D. Frame, *Montaigne, une vie, une œuvre, op. cit.*, p. 256 ; R. Cooper, « Montaigne dans l'entourage du maréchal de Matignon », art. cité, p. 120-121.

49. *Les Essais*, I, 24 (23 dans l'éd. de 1595), p. 131 b (136).

50. A. Legros (éd.), *Lettres de Michel de Montaigne, op. cit.*, lettres n°s 22 et 23, 22 et 27 mai 1585.

51. Lettre citée par Jean-François Payen, *Nouveaux documents inédits ou peu connus sur Montaigne*, Paris, P. Jannet, 1850, p. 49-50, non datée, écrite vers la fin de mai 1585 selon R. Cooper.

52. R. Cooper, « Montaigne dans l'entourage du maréchal de Matignon », art. cité, p. 125-126 ; A. Legros (éd.), *Lettres de Michel de Montaigne, op. cit.*, lettre de Matignon du 13 juin 1586, publiée en annexe.

53. *A.H.D.G.*, t. XIV, 1873, p. 290, lettre de Matignon à Henri III du 30 juin 1585 ; lettre de Baude de Moncuq à Matignon, 28 juillet 1585, citée par R. Cooper, « Montaigne dans l'entourage du maréchal de Matignon », art. cité, p. 127.

54. G. de Lurbe, *Chronique bourdeloise, op. cit.*, fol. 45 r° ; *A.M.B.*, copie (*ca* 1770) des registres secrets du parlement de Bordeaux par François-

Martial de Verthamon d'Amhloy, vol. XXVI, Ms. 783 (du 12 novembre 1580 au 23 décembre 1613), *op. cit.*, p. 737-738.

55. Arrêts du parlement de Bordeaux des 19 juin, 5, 6, 17 et 30 juillet 1585, *Inventaire sommaire des registres de la jurade, 1520-1789*, vol. III, Bordeaux, F. Pech, 1905, p. 527-528.

56. *Les Essais*, III, p. 1007 b et c (1052), 1011-1012 b (1057), 1020-1021 b (1066-1067).

57. R. Cooper, « La correspondance politique de Montaigne », art. cité, p. 306.

58. Lettre du 25 novembre 1583 publiée par H. Daussy, « Montaigne et Duplessis-Mornay : les mystères d'une correspondance », art. cité, p. 178-179.

59. Hugues Daussy, article « Duplessis-Mornay », *in* Ph. Desan (éd.), *Dictionnaire de Michel de Montaigne*, *op. cit.*

60. *Les Essais*, III, 1, p. 794 b (833). Toutes les citations qui suivent sont tirées de la longue argumentation qui occupe les pages 791-795 b (830-835).

61. *Ibid.*, II, 18, 666-667 a (705) ; souligné par moi.

62. *Ibid.*, III, 1, p. 794 b (834). Voir à ce sujet les analyses de Biancamaria Fontana, *Montaigne en politique* [2008], trad. fr. par Françoise Stonborough, Marseille, Agone, 2013, p. 202-208.

63. *Ibid.*, III, 1, p. 792 b et 793 b (831 et 833).

64. *Ibid.*, p. 792 b et c (831).

65. Marcel Gauchet, « L'État au miroir de la raison d'État : la France et la chrétienté », *in* Yves Charles Zarka (dir.), *Raison et déraison d'État. Théoriciens et théories de la raison d'État aux XVIᵉ et XVIIᵉ siècles*, Paris, PUF, 1994, p. 193-244, rééd. in *La Condition politique*, Paris, Gallimard, 2005, p. 205-260.

66. *Les Essais*, III, 1, p. 792 b (831).

67. *Ibid.*, p. 795 b (834).

68. *Ibid.*, III, 10, p. 1023-1024 b (1070) ; A. Tournon, *Route par ailleurs*, *op. cit.*, p. 225.

X. ULTIMES EFFORTS DE CONCILIATION

1. Daniel Ménager, « La diplomatie de Montaigne », *in* Ph. Desan (éd.), *Montaigne politique, op. cit.*, p. 151.

2. *Les Essais*, III, 12, p. 1046 c (1092).

3. J.-A. de Thou, *La Vie de Jacques-Auguste de Thou. I. Aug. Thuani vita, op. cit.*, III, VIII, 23, p. 660-661.

4. David Maskell, « Montaigne médiateur entre Navarre et Guise », *B.H.R.*, t. XLI (1979), p. 541-553.

5. D. Maskell, après avoir accumulé les indices en faveur de la période de février à mai 1586, choisit curieusement celle qui va de novembre 1577 à mai 1578. D. Ménager se range pour sa part à l'hypothèse de février-mai 1586 (« La diplomatie de Montaigne », art. cité).

6. A. Legros, *Montaigne manuscrit, op. cit.*, p. 623.

7. Jérémie Foa a montré comment la notion de *protagonisme*, élaborée par l'historien italien Haïm Burstin à propos des situations révolution-naires, peut être appliquée aux guerres de Religion : « Les acteurs des guerres de Religion furent-ils des *protagonistes* ? », *Politix*, n° 112 (2015/4), p. 111-130.

8. René de Lucinge, *Lettres sur la cour d'Henri III, 1586*, éd. par A. Dufour, Genève, Droz, 1966, lettres du 20 février et du 26 juin 1586, p. 80 et 252-253.

9. *Les Essais*, III, 11, p. 1033 b (1079-1080).

10. Traduction d'A. Teissier-Esminger (*La Vie de Jacques-Auguste de Thou, op. cit.*).

11. *Les Essais*, III, 1, p. 791 b (831).

12. *Ibid.*, II, 17, p. 649 b (687) ; III, 13, p. 1087 b (1135).

13. *Ibid.*, III, 5, p. 875 c et 876 b (918 et 919).

14. *Ibid.*, III, 9, p. 986 b et 963 b (1032 et 1007). Sur l'expression « lieu de respect », voir ci-dessus, chap. II, p. 73.

15. *Les Essais*, III, 12, p. 1041 b (1087).

16. *Ibid.*, II, 32, p. 724 a (761).

17. *Ibid.*, III, 12, p. 1041 b et 1048-1049 b (1086-1087 et 1095).

18. *Ibid.*, p. 1048-1049 b (1094-1095).

19. *Lettres de Catherine de Médicis, op. cit.*, t. IX, p. 132, lettre à Raoul Féron, 31 décembre 1586.

20. *Ibid.*, t. VIII, p. 179, lettre à M. de Villeroy, 8 avril 1584 ; voir ci-dessus, chap. VI, p. 165.

21. *Les Essais*, III, 9, p. 970 b (1015).

22. *Ibid.*, III, 12, p. 1061 b (1109). Cette embuscade, relatée dans les

Essais publiés en 1588, est distincte de celle qui survint près de la forêt de Villebois et qu'il raconte dans une lettre du 16 février 1588 (citée plus bas), alors qu'il portait ces mêmes *Essais* à Paris pour les faire éditer.

23. Anne-Marie Cocula, « Dreux, Jarnac, Coutras : le rebondissement de la vendetta des Grands », *Avènement d'Henri IV. Quatrième centenaire. Colloque I. Coutras, 1587*, Pau, J&D Éditions, 1989, p. 17-37.

24. J.-P. Babelon, *Henri IV, op. cit.*, p. 387-388 ; H. Daussy, *Les Huguenots et le roi, op. cit.*, p. 344-346.

25. J.-P. Babelon, *Henri IV, op. cit.*, p. 389.

26. Ingrid A. R. De Smet, « Montaigne et Jacques-Auguste de Thou : une ancienne amitié mise au jour », *M. St.*, vol. XIII, n° 1-2, 2001, *La familia de Montaigne*, p. 223-240.

27. Lettre d'Odet de Thorigny à son père, 16 janvier 1588, citée par R. Cooper, « La correspondance politique de Montaigne », art. cité, p. 320 ; lettre de Philippe Duplessis-Mornay, 24 janvier 1588, citée par D. Frame, *Montaigne, une vie, une œuvre, op. cit.*, p. 293.

28. A. Legros (éd.), *Lettres de Michel de Montaigne, op. cit.*, lettre n° 27, Montaigne à Matignon, 16 janvier 1588. Grâce à Alain Legros, l'identité de l'agresseur est maintenant bien établie.

29. La lettre dit simplement : « Le voyage de Normandie est remis » ; mais la lettre de Thorigny du 16 janvier 1588, déjà citée, indique que la Cour avait l'intention de se rendre dans cette province.

30. Lettre adressée de Paris à René de Lucinge par l'avocat Mondragon, le 16 février 1588 (René de Lucinge, *Lettres de 1588. Un monde renversé*, éd. par J. Supple, Genève, Droz, 2006, p. 88).

31. Lettres de Stafford à Walsingham, 1er et 20 février 1588, *Calendar of State Papers, Foreign Series of the reign of Elizabeth, 1586-1588*, vol. XXI, 1re partie, Londres, Stationery Office, 1927, p. 488 et 510, citées et trad. par Ph. Desan, *Montaigne. Une biographie politique, op. cit.*, p. 480-482.

32. Lettres de Mendoza à Philippe II des 25 et 28 février 1588, citées par Raymond Ritter, *Cette grande Corisande*, Paris, Albin Michel, 1936, p. 254-255, et par D. Frame, *Montaigne, une vie, une œuvre, op. cit.*, p. 295.

33. Michel Magnien, article « Pierre de Brach », *in* Ph. Desan (éd.), *Dictionnaire de Michel de Montaigne, op. cit.*

34. Gabriel-André Pérouse a répertorié les éléments qui, dans *Les Apophtegmes du sieur Gaulard*, pouvaient effectivement faire penser à Montaigne (« Étienne Tabourot et les *Essais* de Montaigne », *in En filigrane des* Essais, Paris, H. Champion, 2008, p. 255-279).

35. *Les Essais*, III, 3, p. 820 b (860).

36. Marie de Gournay, Préface aux *Essais*, éd. par Jean Balsamo *et al.*, dans l'édition de la Pléiade, 2007, p. 4. La tournure de la phrase de Marie de Gournay est ambiguë et peut signifier que c'est Montaigne lui-même qui fit connaître à celle-ci, quand il la rencontra, l'éloge que lui avait décerné Juste Lipse dans deux lettres publiées en 1586.

37. Marie de Gournay, *Copie de la Vie de la Damoiselle de Gournay*, in *Œuvres complètes*, éd. par J.-Cl. Arnould *et al.*, Paris, H. Champion, 2002, 2 vol., t. II, p. 1863.

38. Acte publié par M. Simonin, « Françoise (de La Chassaigne) et (son ?) Michel », art. cité, p. 166-168.

39. J.-M. Compain, « Montaigne et Henri de Navarre avant Coutras », art. cité, p. 39.

40. Julien Le Paulmier, le médecin qui le soigna, quitta Paris avec sa femme pour la Normandie après la journée des Barricades, le 12 mai ; c'est donc avant cette date qu'il convient de situer cette maladie.

41. Lettre de Pierre de Brach à Juste Lipse, 4 février 1593, publiée par P. Villey, appendice III de l'édition Villey-Saulnier des *Essais*, Paris, PUF, 2004, p. 1317.

42. Kees Meerhoff et Paul J. Smith, « La lettre à Mlle Le Paulmier retrouvée », *in* P. J. Smith et K. A. E. Enenkel (dir.), *Montaigne and the Low Countries (1580-1700)*, Leyde et Boston, Brill, 2007, p. 305-321.

43. A. Legros (éd.), *Lettres de Michel de Montaigne, op. cit.*, lettre-dédicace à Mlle Le Paulmier, n° 28.

44. Notices sur ces différentes éditions par J. Balsamo et Ph. Desan *in* Ph. Desan (dir.), *Dictionnaire de Michel de Montaigne, op. cit.*

45. Robert Descimon, « Qui étaient les Seize ? Mythes et réalités de la Ligue parisienne, 1585-1594 », *Mémoires de la Fédération des sociétés historique et archéologique de Paris et Île-de-France*, Paris, Klincksieck, 1983, p. 7-300 ; Denis Crouzet, *Les Guerriers de Dieu. La violence au temps des troubles de Religion, vers 1525-vers 1610*, Seyssel, Champ Vallon, 1990, 2 vol., t. II, p. 361-425.

46. *Lettres de Catherine de Médicis, op. cit.*, t. IX, p. 376-377.

47. Amy Graves, « Crises d'engagement : Montaigne et la Ligue », *in* Ph. Desan (dir.), *Montaigne politique, op. cit.*, p. 343-351.

48. É. Pasquier, *Lettre à Monsieur de Pelgé* [Pellejay], *op. cit.*, p. 1324.

49. Michèle Fogel, *Marie de Gournay*, Paris, Fayard, 2004, p. 47.

50. Jean-Claude Arnould, article « *Le Proumenoir de Monsieur de Montaigne* », *in* Ph. Desan (dir.), *Dictionnaire de Michel de Montaigne, op. cit.*

51. Alain Legros, « Montaigne et Gournay en marge des *Essais* : trois petites notes pour quatre mains », *B.H.R.*, t. LXV-3, 2003, p. 613-630. Chacune des notes écrites par Marie de Gournay est initiée par un mot de l'écriture de Montaigne.

52. *Les Essais*, I, 23 (22 dans l'éd. de 1595), p. 120 c (124).

53. *Ibid.*, I, 24 (23 dans l'éd. de 1595), p. 129 c (134).

54. *Ibid.*, II, 21, p. 678-679 c (716-718).

55. Lettre publiée *in* M. de Gournay, *Œuvres complètes, op. cit.*, p. 1933, et traduite par M. Fogel, *Marie de Gournay, op. cit.*, p. 20. Michel Magnien, « Trois lettres de Juste Lipse à Montaigne (1587 [?]-1589) », *M. St.*, vol. XVI, 2004, p. 103-111, estime que la réponse de Lipse à Marie de Gournay date plutôt du 30 septembre 1587 et non 1588, correction de date contestée par W. Boutcher, *The School of Montaigne, op. cit.*, t. I, p. 226, n. 77.

56. M. Magnien, « Trois lettres de Juste Lipse à Montaigne », art. cité.

57. *Les Essais*, II, 17, p. 661-662 c (701).

58. Notamment *Égalité des hommes et des femmes*, ouvrage publié en 1622.

59. *Les Essais*, I, 14 (40 dans l'éd. de 1595), p. 60 c (269).

60. *Ibid.*, III, 5, p. 892 b et c (935-936) ; M. Fogel, *Marie de Gournay, op. cit.*, p. 50.

61. *Les Essais*, III, 12, p. 1057 c (1104).

62. J.-A. de Thou, *La Vie de Jacques-Auguste de Thou. I. Aug. Thuani vita, op. cit.*, III, VIII, 23, p. 660-661 ; I. A. R. De Smet, « Montaigne et Jacques-Auguste de Thou », art. cité.

63. É. Pasquier, *Lettre à Monsieur de Pelgé* [Pellejay], *op. cit.*, p. 1321 ; R. Cooper, « Montaigne dans l'entourage du maréchal de Matignon », art. cité, p. 133 ; George Hoffmann, « Croiser le fer avec le Géographe du Roi : l'entrevue de Montaigne avec Antoine de Laval aux États généraux de Blois en 1588 », *M. St.*, vol. XIII, 2001, *La familia de Montaigne*, p. 209-210.

64. Ph. Desan, *Montaigne. Une biographie politique, op. cit.*, p 511.

65. Paul-Alexis Mellet, *Les Traités monarchomaques. Confusion des temps, résistance armée et monarchie parfaite, 1560-1600*, Genève, Droz,

2007 ; Cornel Zwierlein, *The Political Thought of the French League and Rome (1585-1589)*, Genève, Droz, 2016.

66. *Les Essais*, II, 12, p. 443 c (463).

67. Jacques-Auguste de Thou, *Histoire universelle depuis 1543 jusqu'en 1607, traduite sur l'édition latine de Londres*, Londres, 1734, 16 vol., t. X, p. 396-397.

68. Étienne Pasquier, *Lettres historiques pour les années 1556-1594*, éd. par D. Thickett, Genève, Droz, 1966, p. 369-370, lettre non datée à M. Airault, lieutenant criminel d'Angers, sur l'assassinat des Guises.

69. *Les Essais*, III, 1, p. 791 c (830).

70. Pierre de L'Estoile, *Registre-Journal du règne de Henri III*, éd. par M. Lazard et G. Schrenck, Genève, Droz, 1992-2003, 6 vol., t. VI, p. 174.

71. Nicolas Le Roux, *Un régicide au nom de Dieu. L'assassinat d'Henri III*, Paris, Gallimard, « Les Journées qui ont fait la France », 2006.

72. Gr. Champeaud, *Le Parlement de Bordeaux, op. cit.*, p. 331.

XI. PENSER LA LIBERTÉ

1. *Les Essais*, III, 9, p. 964 c (1008).

2. *Ibid.*, III, 9, p. 957 b (1001).

3. *Ibid.*, I, 3, p. 20 c (44) ; I, 51, p. 305 a (325).

4. *Ibid.*, I, 42, p. 267 b (289) ; III, 8, p. 933 b (778).

5. *Ibid.*, III, 9, p. 957 b (1001).

6. Guy du Faur de Pibrac, *Les Quatrains. Les Plaisirs de la vie rustique, et autres poésies*, éd. par L. Petris, Genève, Droz, 2004, p. 186 (quatrain 109).

7. *Les Essais*, III, 9, p. 957 b (1002) ; Louis Le Jay, *De la dignité des Rois et princes souverains : du droict inviolable de leurs successeurs légitimes : et du devoir des peuples et subjectz envers eux*, Tours, M. Le Mercier, 1589, fol. 191 r° ; Louis Le Caron, *De la tranquillité d'esprit*, Paris, Jacques du Puys, 1588, p. 103.

8. *Les Essais*, III, 9, p. 956-957 b (1001).

9. *Ibid.*, II, 12, p. 580 b (616).

10. *Ibid.*, II, 17, p. 655 a (695) ; II, 12, p. 583 a (619) ; II, 8, p. 398 a (419) ; Paolo Slongo, « Montaigne et le problème de la constitution », *M. St.*, vol. XXVIII, 2016, *Montaigne et la philosophie politique*, p. 49-63.

11. *Les Essais*, II, 17, p. 655 a (694).

12. *Ibid.*, I, 43, p. 270 c (292).

13. *Ibid.*, II, 16, p. 629 a (667-668).

14. *Ibid.*, I, 23 (22), p. 122 b (127).

15. Frédéric Brahami, « "Être à soi" : la place du politique dans les *Essais* », *in* Ph. Desan (éd.), *Montaigne politique, op. cit.*, p. 46.

16. Mark Greengrass, « Montaigne and the Wars of Religion », *in* Philippe Desan (éd.), *The Oxford Handbook of Montaigne*, Oxford University Press, 2015, p. 138-157.

17. *Les Essais*, I, 23 (22 dans l'éd. de 1595), p. 119 b et c (123).

18. *Ibid.*, III, 9, p. 966 b et c (1011).

19. *Ibid.*, I, 23 (22 dans l'éd. de 1595), p. 122 b et c (127) ; III, 9, p. 994 b (1040).

20. *Ibid.*, I, 23 (22 dans l'éd. de 1595), p. 123 a (127).

21. A. Jouanna, *Le Pouvoir absolu, op. cit.*, p. 50-70.

22. *Les Essais*, III, 13, p. 1072 b (1119).

23. *Ibid.*, III, 8, p. 935 b (980-981) ; III, 7, p. 918 (962-963). Adam Blackwood, dans *Adversum Georgi Buchani dialogum [...] pro Regibus Apologia* (1581), réfuta les thèses du *De jure regni apud Scotos* (1579) de George Buchanan, l'ancien maître de Montaigne.

24. *Les Essais*, II, 19, p. 671-672 a (710). Voir ci-dessus, p. 166-167.

25. *Ibid.*, II, 12, p. 579 c ; II, 17, p. 656 a (695).

26. *Ibid.*, II, 30, p. 713 a (749).

27. Voir ci-dessus, chap. VIII, p. 225-226.

28. *Les Essais*, I, 3, p. 16 c (39).

29. *Ibid.*, III, 11, p. 1033 b (1079).

30. É. de La Boétie, *Discours de la servitude volontaire, op. cit.*, p. 30 ; voir ci-dessus, chap. III, p. 80.

31. Thierry Ménissier, « L'autorité dans les *Essais* de Montaigne. Nature et limite de la relation d'obéissance », *in* P. Magnard et Th. Gontier (dir.), *Montaigne, op. cit.*, p. 179-202.

32. Arlette Jouanna, *Le Prince absolu. Apogée et déclin de l'imaginaire monarchique*, Paris, Gallimard, 2014, p. 19 ; Emiliano Ferrari et Thierry Gontier (éd.), *L'Axe Montaigne-Hobbes. Anthropologie et politique*, Paris, Classiques Garnier, 2016.

33. *Les Essais*, III, 1, p. 796 b (837).

34. *Ibid.*, II, 8, p. 387 a (405).

35. *Ibid.*, I, 23 (22 dans l'éd. de 1595), p. 120 b (124-125) ; II, 17, p. 656 c (695).

36. *Ibid.*, I, 17, p. 74 c (76-77).

37. *Ibid.*, III, 9, p. 994 b (1040).

38. *Ibid.*, III, 8, p. 935 b (980).

39. Anna Maria Battista, « Morale privée et utilitarisme politique en France au XVIIᵉ siècle », *in* Christian Lazzeri (dir.), *Le Pouvoir de la raison d'État*, PUF, 1992, p. 191-230.

40. *Les Essais*, I, 3, p. 16 b (39).

41. *Les Essais*, III, 13, p. 1077 c (1124) ; Nicolas Le Roux, « Servir un roi méconnaissable : les incertitudes de la noblesse au temps de Montaigne », *in* Ph. Desan (éd.), *Montaigne politique, op. cit.*, p. 155-174.

42. *Les Essais*, I, 26 (25 dans l'éd. de 1595), p. 156 b (162).

43. *Ibid.*, III, 1, p. 797 c (837).

44. *Ibid.*, p. 799 c (840).

45. Voir ci-dessus, chap. VI, p. 163-164.

46. *Les Essais*, III, 1, p. 791 b (830) ; A. Tournon, *Route par ailleurs, op. cit.*, p. 269.

47. *Les Essais*, III, 1, p. 793 b (832) et 796 b (837). La citation de Tite-Live vient à l'appui du jugement porté sur celui qui resterait « chancelant et métis ».

48. *Ibid.*, III, 9, p. 972 b (1017).

49. *Ibid.*, III, 1, p. 792 c (831).

50. *Ibid.*, III, 9, p. 988 b et c (1034).

51. *Ibid.*, III, 1, p. 792 b (831) ; III, 10, p. 1007 b (1052).

52. Fr. Brahami, « "Être à soi" : la place du politique dans les *Essais* », art. cité, p. 48.

53. *Les Essais*, III, 10, p. 1003 b (1048), 1007 b (1053), 10012 b (1057).

54. *Ibid.*, III, 10, p. 1006 b (1051).

55. *Ibid.*, I, 26 (25 dans l'éd. de 1595), p. 155 c (160).

56. *Ibid.*, III, 1, p. 792 b (832).

57. *Ibid.*, III, 9, p. 994 b (1040).

58. *Ibid.*, III, 10, p. 1007 b (1052).

59. *Ibid.*, III, 9, p. 990 b (1036).

60. *Ibid.*, III, 9, p. 988 c (1034).

61. *Ibid.*, III, 13, p. 1107 c (1157).

62. Sur l'importance du corps pour Montaigne, voir les analyses de Thierry Gontier, *De l'homme à l'animal. Montaigne, Descartes, ou les Paradoxes de la philosophie moderne sur la nature des animaux*, Paris, Vrin, 1998, p. 131-146.

63. *Les Essais*, III, 13, p. 1085 b (1133) ; I, 21 (20 dans l'éd. de 1595), p. 103 c (105).

64. *Ibid.*, I, 21 (20 dans l'éd. de 1595), p. 102 c (104) ; III, 5, p. 887 b et c (931). Sur l'emprunt au vocabulaire juridique pour la plainte adressée à la Nature, voir A. Tournon, *Route par ailleurs, op. cit.*, p. 346.

65. *Les Essais*, III, 13, p. 1107 c (1157) ; III, 5, p. 877 b et c (920-921).

66. *Ibid.*, I, 50, p. 303 a (323).

67. *Ibid.*, III, 9, p. 1001 b (1047).

68. Jean Balsamo, « Les rires de Montaigne », *in* Marie-Madeleine Fontaine (éd.), *Rire à la Renaissance*, Genève, Droz, 2010, p. 219-232 ; Bruno Roger-Vasselin, *Montaigne et l'art du sourire à la Renaissance*, Saint-Genouph, Nizet, 2003.

69. *Les Essais*, III, 13, p. 1083 b-1106 b (1131-1156).

70. *Scaligerana*, cité par P. Villey, *Appendice I*, éd. Villey-Saulnier, p. 1202.

71. Boutade de Jules Brody, *Lectures de Montaigne*, Lexington, French Forum, 1982, p. 67, citée par Jean Céard, « La culture du corps. Montaigne et la diététique de son temps », *in* Marcel Tetel et G. Mallary Masters (éd.), *Le Parcours des Essais. Montaigne, 1588-1988*, Paris, Aux Amateurs de livres, 1989, p. 83.

72. Témoin le succès de traités comme le *De honesta voluptate et valetudine* (Du plaisir honnête et de la santé), rédigé à la fin du xvᵉ siècle par l'humaniste italien Bartolomeo Platina, ou encore la traduction française de l'œuvre du médecin montpelliérain Hiérosme de Monteux, *La Conservation de santé et prolongation de vie*, publiée à Paris en 1572.

73. M. Fumaroli, *La République des Lettres, op. cit.*, p. 313.

74. *Les Essais*, III, 13, p. 1070 c (1116) ; A. Tournon, *Route par ailleurs, op. cit.*, p. 193-215.

75. *Les Essais*, III, 13, p. 1066 b (1112) ; J. Céard, « La culture du corps », art. cité.

76. *Les Essais*, III, 2, p. 805 b (845).

77. *Ibid.*, III, 13, p. 1107 b (1157).

78. *Ibid.*, II, 12, p. 584-585 a et c (620-621).

79. Jacques Rossiaud, *Histoire de la prostitution*, Paris, Flammarion, 1988.

80. *Les Essais*, II, 12, p. 584 a (620).

81. *Ibid.*, III, 5, p. 889 c (932).

82. *Ibid.*, III, 5, p. 880-881 b (923) et 888 b (931).

83. Géralde Nakam, « Erôs et les Muses dans *Sur des vers de Virgile ou Les détours d'Erôs* », in *Montaigne. La manière et la matière*, nouv. éd. revue, Paris, H. Champion, 2006, p. 169-183.

84. *Les Essais*, III, 5, p. 857 b (900).

85. *Ibid.*, p. 892 b (935).

86. *Ibid.*, III, 5, p. 849 b (891).

87. *Ibid.*, III, 5, p. 896-897 b et c (940).

88. *Ibid.*, II, 12, p. 493 c (520).

89. *Ibid.*, III, 13, p. 1111 b (1162), 1113 b (1163), 1115 b (1166).

90. *Ibid.*, p. 1107 b (1157).

91. Jean-Yves Pouilloux, « "Connois-toi toi-même" : un commandement paradoxe », *in* N. Peacock et J. J. Supple (éd.), *Lire les Essais de Montaigne. Actes du colloque de Glasgow 1997*, Paris, H. Champion, 2001, p. 102.

92. *Les Essais*, I, 17 (16 dans l'éd. de 1595), p. 74 c (76-77).

93. *Ibid.*, II, 12, p. 559 b (592).

94. *Ibid.*, p. 505 a et c (533).

XII. DÉNOUEMENTS

1. *Les Essais*, I, 39 (38 dans l'éd. de 1595), p. 242 a et c (246).

2. *Ibid.*, I, 20 (19 dans l'éd. de 1595), p. 88 c (90) ; II, 28, p. 703 c (739) ; III, 9, p. 982 c (1027).

3. J.-P. Babelon, *Henri IV, op. cit.*, p. 468.

4. *Relatione delle divisioni di Francia*, in *Tesoro politico*, cité par J. Balsamo, « Deux gentilshommes "nécessiteux d'honneur" », art. cité, p. 158.

5. A. Legros (éd.), *Lettres de Michel de Montaigne, op. cit.*, lettre n° 30.

6. R. Cooper, « La correspondance politique de Montaigne », art. cité, p. 324.

7. *Les Essais*, II, 33, p. 732-733 a (769-770).

8. É. Pasquier, *Les Lettres*, in *Œuvres*, 1723, rééd. Genève, Slatkine, 1971, t. II, livre XVI, col. 477, lettre au sieur de Sainte-Marthe.

9. A. Legros (éd.), *Lettres de Michel de Montaigne, op. cit.*, lettre n° 32.

10. R. Cooper, « La correspondance politique de Montaigne », art. cité, p. 325.

11. Anne-Marie Cocula, « Montaigne et Henri IV : une impossible rencontre », *in* Claude-Gilbert Dubois (dir.), *Montaigne et Henri IV (1595-1995)*, Biarritz, Terres et hommes du Sud, 1996, p. 29-37.

12. *Les Essais*, III, 2, p. 844-815 c (855-856).

13. *Ibid.*, III, 9, p. 992 b et c (1038).

14. *Ibid.*, II, 17, p. 647 c (685) ; III, 9, p. 991-992 b et c (1037-1038) et 996 b (1043).

15. *Ibid.*, III, 5, p. 875 b (918).

16. *Ibid.*, III, 3, p. 820 b (861) et 823-824 b (865).

17. *Ibid.*, I, 57, p. 327-328 b (346-347) ; III, 9, p. 961-962 c (1006).

18. *Ibid.*, III, 9, p. 947 b (991).

19. *Ibid.*, III, 12, p. 1046 c (1092) ; III, 9, p. 960-961 b et c (1005-1006) ; III, 10, p. 1016 b (1062).

20. *Ibid.*, III, 13, p. 1095 c (1144).

21. *Ibid.*, III, 2, p. 817 b (859) et 1116 c (1166).

22. L'éloge de Charron par La Rochemaillet est publié avec l'édition posthume de *La Sagesse* en 1607.

23. M. Magnien, « Trois lettres de Juste Lipse à Montaigne », art. cité ; M. Magnien propose la datation du 30 août 1587 et non 1588 pour la première lettre conservée de Juste Lipse à Montaigne.

24. *Les Essais*, II, 12, p. 578 b (613-614) ; I, 26 (25 dans l'éd. de 1595), p. 148 c (153).

25. M. Magnien, « Trois lettres de Juste Lipse à Montaigne », art. cité.

26. Warren Boutcher, « Montaigne et Anthony Bacon : la *familia* et la fonction des lettres », *M. St.*, vol. XIII, 2001, *La familia de Montaigne*, p. 241-276.

27. *Les Essais*, III, 3, « De trois commerces ».

28. Ph. Desan, *Montaigne. Une biographie politique, op. cit.*, p. 557.

29. Pierre Villey, *Les Livres d'histoire moderne utilisés par Montaigne*, Paris, Hachette, 1908 ; Denis Bjaï, article « Chine », *in* Ph. Desan (éd.), *Dictionnaire de Michel de Montaigne, op. cit.*

30. *Les Essais*, II, 8, p. 402 c (423).

31. Cette traduction italienne, par Girolamo Naselli, fut publiée en 1590 à Ferrare.

32. *Les Essais*, III, 5, p. 875 b (918).

33. Voir ci-dessus, p. 279.

34. *Les Bibliothèques françoises de La Croix du Maine et de Du Verdier, op. cit.*, t. II, p. 131 ; préface de Marie de Gournay, publiée en tête de l'édition des *Essais* par J. Balsamo *et al.* (Bibl. de la Pléiade, 2007, p. 4, 7-11, 19).

35. *Les Essais*, III, 9, p. 980 b (1026) ; III, 5, p. 847 b (888).

36. André Tournon juge que ces majuscules sont des majuscules de scansion.

37. On peut en avoir une idée avec la *Reproduction en quadrichromie de l'exemplaire avec notes manuscrites marginales des* Essais *de Montaigne*, éd. par Ph. Desan, Fasano, Schena Editore, 2002, et avec le fac-similé numérique de l'Exemplaire de Bordeaux réalisé par les Bibliothèques humanistes virtuelles de l'université de Tours et par la Bibliothèque nationale de France, consultable sur Gallica.

38. L'original a disparu, mais on possède une copie publiée par J. Marchand, « Documents originaux relatifs à Montaigne et à sa famille », art. cité, p. 28-31.

39. Voir ci-dessus, chap. I, p. 33.

40. *Les Essais*, I, 46, p. 279 b (299).

41. C'est l'hypothèse vraisemblable avancée par G. Hoffmann, « Croiser le fer avec le géographe du roi », art. cité, p. 210, n. 11. Le contrat de mariage de Léonor précise que, sur les 20 000 livres tournois « revenant à la somme de six mille six cent soixante-six écus deux tiers, six mille écus seront versés à Léonor à la mort de son père et le reste à la mort de sa mère ».

42. *Les Essais*, III, 9, p. 998 b (1044). Voir à ce sujet Jean Balsamo, « La critique des dispositions testamentaires : un scepticisme peu philosophique », *in* M.-L. Demonet et A. Legros (éd.), *L'Écriture du scepticisme chez Montaigne, op. cit.*, p. 275-287.

43. Voir ci-dessus, chap. I, p. 33 et chap. VII, p. 191.

44. J. Balsamo, article « La Tour », *in* Ph. Desan, *Dictionnaire de Michel de Montaigne, op. cit.*

45. *Les Essais*, III, 9, p. 953 b (997).

46. *Ibid.*, p. 949 c (993).

47. Michel Simonin, « Éléonore de Montaigne », in *L'Encre et la lumière, op. cit.*, p. 597-645 ; A. Legros, article « Gamaches », *in* Ph. Desan, *Dictionnaire de Michel de Montaigne, op. cit.*

48. Roger Trinquet, « Un voisin et ami de Montaigne, le capitaine Roux », *B.H.R.*, t. XVI-1, 1954, p. 96-107.

49. J. Balsamo, « La critique des dispositions testamentaires : un scepticisme peu philosophique », art. cité.

50. Voir ci-dessus, chap. 1, p. 24-25.

51. Léonie Gardeau, « Le testament du marquis de Trans », *B.S.A.M.*, IVᵉ série, n° 13, 1968, p. 3-14.

52. *Les Essais*, II, 6, p. 375 b (393).

53. É. Pasquier, *Lettre à Monsieur de Pelgé* [Pellejay], *op. cit.*, p. 1323.

54. La lettre à Anthony Bacon a été publiée par W. Boutcher, « Montaigne et Anthony Bacon », art. cité, p. 264 ; celle à Juste Lipse par P. Villey, appendice III de l'édition Villey-Saulnier des *Essais*, Paris, PUF, 2004, p. 1317.

55. Bernard Automne, *Commentaire sur les coustumes generalles de la ville de Bourdeaux et pays Bourdelois*, Bordeaux, Simon Millanges et Claude Montgiroud, 1621, p. 330, cité par Michel Simonin, « Bernard Automne (1564-après 1628), témoin et lecteur de Montaigne », *M. St.*, vol. XIII (2001 1-2), *La* familia *de Montaigne*, p. 315-360.

56. Catherine Magnien, « Étienne Pasquier "familier" de Montaigne ? », *M. St.*, vol. XIII, 2001, *La* familia *de Montaigne*, p. 277-313.

57. Marie de Gournay, préface à l'édition de 1595, dans l'édition de la Pléiade de 2007, p. 23.

58. *Les Essais*, I, 19 (18 dans l'éd. de 1595), p. 79 a (81) ; A. Tournon, *Route par ailleurs, op. cit.*, p. 154.

59. *Les Essais*, I, 3, p. 19 b et c (43).

60. Ph. Desan, *Montaigne. Une biographie politique, op. cit.*, p. 571 ; Michel Simonin, « Montaigne et les Feuillants », in *L'Encre et la lumière, op. cit.*, p. 571-596.

61. Jean Balsamo, « Marie de Gournay et la famille de Montaigne :

les poèmes du *Proumenoir* et l'édition des *Essais* (1594-1599) », *Journal of Medieval and Renaissance Studies*, n° 25 (1995), p. 433-445.

62. Jean Balsamo et Claude Blum, article « Édition de 1595 », *in* Ph. Desan (éd.), *Dictionnaire de Michel de Montaigne, op. cit.*

63. Michel Simonin, « Aux origines de l'édition de 1595 », in *L'Encre et la lumière, op. cit.*, p. 523-549 ; Philippe Desan, « Cinq siècles de politiques éditoriales des *Essais* », in *Montaigne dans tous ses états*, Fasano, Schena, 2001, p. 121-191.

64. Les éditions procurées par Pierre Villey et Verdun-Louis Saulnier aux PUF (dernière édition en 2004) et par André Tournon à l'Imprimerie nationale en 1998 sont fidèles à l'Exemplaire de Bordeaux ; celle procurée par Jean Balsamo *et al.* chez Gallimard (Bibl. de la Pléiade, 2007) suit l'édition de 1595. Sur les discussions encore suscitées par le choix entre les deux options, voir le dialogue entre Alain Legros et André Tournon, *B.S.A.M.*, n° 49, 2008, p. 73-79.

65. M. Fogel, *Marie de Gournay, op. cit.*, p. 125.

66. M. Simonin, « Éléonore de Montaigne », in *L'Encre et la lumière*, *op. cit.*, p. 597-645.

67. Le projet MONLOE est porté par le programme « Bibliothèques virtuelles humanistes » (Centre d'études supérieures de la Renaissance, Université de Tours).

68. Michel Simonin, « Les derniers des Montaigne (Documents iné- dits sur la vente du château en 1811) », *in* Françoise Argod-Dutard (éd.), *Histoire et littérature au siècle de Montaigne. Mélanges offerts à Claude- Gilbert Dubois*, Genève, Droz, 2001, p. 237-253.

69. Abbé Joseph Neyrac, *Montaigne, le Château, Montaigne intime, Pierre Magne, la Paroisse*, Périgueux, 1904, p. 167-168, cité par Michel Simonin, « Les derniers des Montaigne », art. cité, p. 251-252.

ÉPILOGUE

1. *Les Essais*, III, 9, p. 981 b et 982 b (1028) ; III, 5, p. 844 (885).

2. *Ibid.*, III, 9, p. 1001 b (1047).

3. *Ibid.*, III, 13, p. 1108 c (1158).

4. *Ibid.*, III, 2, p. 809 b (849-850).

5. *Ibid.*, I, 37 (36 dans l'éd. de 1595), p. 229 c (234).

6. *Ibid.*, III, 13, p. 1079 b (1126) ; III, 12, p. 1052 b (1098).

7. J.-Y. Pouilloux, *Montaigne. L'éveil de la pensée*, *op. cit.*, p. 78.

8. A. Tournon, *Route par ailleurs*, *op. cit.*, p. 108.

9. *Les Essais*, I, 40 (39 dans l'éd. de 1595), p. 251 c (255).

10. Lettre de Marie de Gournay à Juste Lipse, datée de Cambrai, 25 avril 1593, publiée par J.-Fr. Payen, *Nouveaux documents sur Michel de Montaigne*, *op. cit.*, p. 1296-1301.

11. É. Pasquier, *Lettre à Monsieur de Pelgé* [Pellejay], *op. cit.* ; William M. Hamlin, « *Montagnes Moral Maxims* : A Collection of Seventeenth-Century English Aphorisms Derived from the *Essays* of Montaigne », *M. St.*, vol. XXI, 2009, *Montaigne et les philosophes*, p. 209-224.

12. Olivier Millet, *La Première Réception des* Essais *de Montaigne (1580-1640)*, Paris, H. Champion, 1995 ; W. Boutcher, *The School of Montaigne*, *op. cit.*

13. Le volume XIX, n° 1-2, 2007, de la revue *Montaigne Studies* est consacré au thème *Les Libertins et Montaigne*.

14. Publié par Tzvetan Todorov en 2001.

15. Fr. Charpentier, « Lire Montaigne dans le soupçon », art. cité ; *Psychoanalytical Approaches to Montaigne*, *M. St.*, vol. IX, 1997.

SOURCES ET BIBLIOGRAPHIE

SOURCES MANUSCRITES

Les manuscrits non encore publiés concernant Montaigne sont peu nombreux. Toutefois, les archives bordelaises ont livré quelques informations nouvelles ou incomplètement exploitées par les chercheurs : aux Archives municipales de Bordeaux, la copie (*ca* 1770) des registres secrets du parlement de Bordeaux par François-Martial de Verthamon d'Ambloy, vol. XV, Ms. 772 (du 7 juillet 1563 au 9 juin 1564) ; à la bibliothèque municipale de Bordeaux, le manuscrit 738-III (titres de la maison de Montaigne), notamment les folios 109-116 ; aux Archives départementales de la Gironde, les séries G 1729, en particulier au fol. 132 (règlement de la succession de Thomas Eyquem, oncle de Montaigne), et 2 E 1140 (sur Thomas de Montaigne, son frère).

SOURCES IMPRIMÉES

Les principaux documents sur Montaigne ont été publiés soit dans le périodique *Archives historiques du département de la Gironde*, soit par des chercheurs, notamment, depuis le XIXᵉ siècle jusqu'à nos jours, par Jean-François Payen, Théophile Malvezin, Paul Bonnefon, Roger Trinquet, Philippe Tamizey de Larroque, Jean Marchand, Paul Courteault, Louis Desgraves, Agnès Marcetteau-Paul, Michel Simonin, Jean Balsamo, Alain Legros, Philippe Desan, dont les travaux sont répertoriés ci-dessous.

L'*Inventaire sommaire des registres de la Jurade (1520-1789)* supplée à la disparition des originaux, en particulier le volume III, Bordeaux, F. Pech, 1905, et les volumes VII et VIII, Bordeaux, E. Castéra, 1937 et 1947.

Œuvres de Montaigne

Œuvres complètes, éd. par Albert Thibaudet et Maurice Rat, Paris, Gallimard, Bibl. de la Pléiade, 1962.

Essais de Michel de Montaigne, éd. par André Tournon, Paris, Imprimerie nationale, 3 vol., 1997-1998.

Les Essais, éd. par Verdun-Louis Saulnier et Pierre Villey, Paris, PUF, coll. « Quadrige », 2004.

Les Essais, éd. par Jean Balsamo, Michel Magnien et Catherine Magnien-Simonin, Paris, Gallimard, Bibl. de la Pléiade, 2007.

Reproduction en quadrichromie de l'exemplaire avec notes manuscrites marginales des Essais *de Montaigne*, éd. par Philippe Desan, Fasano, Schena Editore, 2002.

La Théologie naturelle de Raymond Sebon, traduicte nouvellement en françois par Messire Michel, seigneur de Montaigne, chevalier de l'ordre du Roy et gentilhomme ordinaire de sa chambre, Paris, G. Chaudière, 1569.

Journal de voyage, éd. par Fausta Garavini, Paris, Gallimard, 1983.

Journal de voyage, éd. par François Rigolot, Paris, PUF, 1992.

Journal de voyage. Partie en italien, éd. par Élisabeth Schneikert et Lucien Vendrame, Paris, Classiques Garnier, 2012.

Journal du voyage en Italie, reproduction de l'édition de 1774 procurée par Gabriel Meunier de Querlon, éd. par Philippe Desan, Paris, Société des textes français modernes, 2014.

Lettres de Michel de Montaigne, éd. par Alain Legros selon trois modes successifs, 2013, *Bibliothèques virtuelles humanistes*, www.bvh.univ-tours.fr.

Beuther annoté par Montaigne et sa famille, éd. par Alain Legros selon trois modes successifs, 2014, *Bibliothèques virtuelles humanistes*, www.bvh.univ-tours.fr.

Arrêts du Parlement de Bordeaux au rapport de Michel de Montaigne, éd. par Alain Legros selon trois modes successifs, 2015, *Bibliothèques virtuelles humanistes*, www.bvh.univ-tours.fr.

Autres œuvres du XVIe siècle

AUBIGNÉ, Agrippa d', *Histoire universelle*, éd. par André Thierry, Genève, Droz, 1993, 11 vol.

BRANTÔME, Pierre de BOURDEILLE, seigneur de, *Œuvres complètes*, éd. par L. Lalanne, Paris, Renouard, 1864-1882, 11 vol.

CASTIGLIONE, Baldassare, *Le Livre du Courtisan*, trad. par Alain Pons, Paris, Flammarion, 1987.

ÉRASME, *De pueris statim ac liberaliter instituendis*, 1529, éd. par Jean-Claude Margolin, Genève, Droz, 1966.

—, *De civilitate morium puerilium*, Bâle, 1530.

GOULART, Simon (éd.), *Mémoires de l'Estat de France sous Charles neu-fiesme*, 2ᵉ éd., Meidelbourg, Henry Wolf, 1578, 3 vol.

GOURNAY, Marie de, *Œuvres complètes*, éd. par Jean-Claude Arnould *et al.*, Paris, Honoré Champion, 2002, 2 vol.

L'ESTOILE, Pierre de, *Registre-Journal du règne de Henri III*, éd. par M. Lazard et G. Schrenck, Genève, Droz, 1992-2003, 6 vol.

LA BOÉTIE, Étienne de, *La Mesnagerie de Xénophon, Les Règles de mariage de Plutarque, Lettre de consolation de Plutarque à sa femme. Le tout traduict de Grec en François par feu M. Estienne de La Boëtie. Ensemble quelques vers latins et françois de son invention. Item, un Discours sur la mort dudit seigneur de La Boëtie, par M. de Montaigne*, Paris, Fédéric Morel, 1571.

—, *Vers françois de feu Estienne de La Boëtie*, Paris, Fédéric Morel, 1571.

—, *Discours de la servitude volontaire*, éd. par André et Louis Tournon, Paris, Vrin, 2002.

— (attribué à), *Mémoire sur la pacification des troubles*, éd par Malcolm Smith, Genève, Droz, 1983.

— *Œuvres complètes*, éd. par Louis Desgraves, Périgueux, William Blake & Co., 1991, 2 vol.

LA CROIX DU MAINE, François GRUDÉ, sieur de, *Les Bibliothèques françoises de La Croix du Maine et de Du Verdier*, nouvelle éd., Paris, Saillant et Nyon, 1772-1773, 6 vol.

LA NOUE, François de, *Discours politiques et militaires*, éd. par F. E. Sutcliffe, Genève, Droz, 1967.

LE CARON, Louis, *De la tranquillité d'esprit*, Paris, Jacques du Puys, 1588.

LE JAY, Louis, *De la dignité des Rois et princes souverains : du droict inviolable de leurs successeurs légitimes : et du devoir des peuples et subjectz envers eux*, Tours, M. Le Mercier, 1589.

Le Réveille-matin des François, éd. par Jean-Raymond Fanlo, Marino Lambiase et Paul-Alexis Mellet, Paris, Classiques Garnier, 2016.

Lettres de Catherine de Médicis, éd. par Hector de La Ferrière puis Gustave Baguenault de Puchesse, Paris, 1880-1909, 10 vol.

Lettres de Henri III, recueillies par P. Champion et M. François, éd. par J. Boucher, Paris, Société de l'histoire de France, Paris, 1960-2012, 7 vol. parus.

LOISEL, Antoine, *De l'œil des Rois et de la Justice* [1584], Paris, Abel L'Angelier, 1595.

LOYSEAU, Charles, *Traité des seigneuries*, Paris, Abel L'Angelier, 1608.

LUCINGE, René de, *Lettres sur la cour d'Henri III, 1586*, éd. par A. Dufour, Genève, Droz, 1966.

—, *Lettres de 1588. Un monde renversé*, éd. par J. Supple, Genève, Droz, 2006.

LURBE, Gabriel de, *Chronique bourdeloise* [...] *depuis continuée par Jean Darnal*, Bordeaux, 1619.

MARGUERITE DE VALOIS, *Correspondance, 1569-1614*, éd. par Éliane Viennot, Paris, H. Champion, 1998.

—, *Mémoires et autres écrits, 1574-1614*, éd. par Éliane Viennot, Paris, H. Champion, 1999.

MESMES, Henri de, « Contre La Boétie », *in* Nadia Gontarbert (éd.), *La Boétie. De la servitude volontaire ou Contr'un*, Paris, Gallimard, coll. « Tel », 1993.

MONLUC, Blaise de, *Commentaires*, éd. par P. Courteault, Paris, Gallimard, Bibl. de la Pléiade, 1964.

PASQUIER, Étienne, *Lettres historiques pour les années 1556-1594*, éd. par D. Thickett, Genève, Droz, 1966.

—, *Les Lettres*, in *Œuvres*, 1723, rééd. Genève, Slatkine, 1971.

PIBRAC, Guy du Faur de, *Les Quatrains. Les Plaisirs de la vie rustique, et autres poésies*, éd. par L. Petris, Genève, Droz, 2004.

PONTAYMERY, Alexandre de, *Académie ou Institution de la Noblesse françoise*, in *Œuvres*, Paris, J. Richer, 1599.

Recueil de plusieurs pièces des sieurs de Pybrac, d'Espeisses et de Bellièvre, Paris, P. Blaise, 1635.

SADOLET, Jacques, *De liberis recte instituendis*, Lyon, S. Gryphe, 1533.

SYRUEILH, François de, *Journal, 1568-1585*, A.H.D.G., t. XIII, 1871-1872, p. 244-357.

THOU, Jacques-Auguste de, *La Vie de Jacques-Auguste de Thou. I. Aug. Thuani vita*, éd. et trad. par Anne Teissier-Ensminger, Paris, H. Champion, 2007.

—, *Histoire universelle depuis 1543 jusqu'en 1607, traduite sur l'édition latine de Londres*, Londres, 1734, 16 vol.

ÉTUDES

ALMQUIST, Katherine, « Examining the Evidence : Montaigne in the Registres Secrets du Parlement de Bordeaux, *M. St.*, vol. XVI, 2004, *Documents sur Montaigne*, p. 45-74.

—, « Montaigne Judging with Henri de Mesmes (May-June 1565) », *M. St.*, vol. XVI, 2004, *Documents sur Montaigne*, p. 37-40.

—, « Montaigne et la politique du parlement de Bordeaux », *in* Ph. Desan (dir.), *Montaigne politique*, Paris, H. Champion, 2006, p. 127-138.

—, « Les insultes et les injures dans les rues et au parlement de Bordeaux », *B.S.A.M.*, n° 48 (2008-2), *Montaigne et sa région*, p. 290-291.

ARMOGATHE, Jean-Robert, « Michel de Montaigne, *civis romanus* », *in* Ph. Desan (dir.), *Montaigne à l'étranger*, Paris, Classiques Garnier, 2016, p. 305-313.

ARMOGATHE, Jean-Robert, et CARRAUD, Vincent, « Les *Essais* de Montaigne dans les archives du Saint-Office », *in* J.-L. Quantin et J.-Cl. Wacquet (dir.), *Papes, princes et savants dans l'Europe moderne. Mélanges à la mémoire de Bruno Neveu*, Genève, Droz, 2007, p. 76-96.

ARNOULD, Jean-Claude, et FAYE, Emmanuel, *Rouen 1562. Montaigne et les Cannibales*, Publications numériques du CÉRÉDI, Actes de colloque, n° 8, 2013, http://ceredi.labos.univ-rouen.fr.

AUDEGEAN, Philippe, « Morale et politique de la servitude volontaire », *in* A. et L. Tournon (éd.), *Discours de la servitude volontaire*, Paris, Vrin, 2002, p. 87-113.

BABELON, Jean-Pierre, *Henri IV*, Paris, Fayard, 1982.

BAKEWELL, Sarah, *Comment vivre ? Une vie de Montaigne en une question et vingt tentatives de réponse*, Paris, Albin Michel, 2013.

BALSAMO, Jean, « Marie de Gournay et la famille de Montaigne : les poèmes du *Proumenoir* et l'édition des *Essais* (1594-1599) », *Journal of Medieval and Renaissance Studies*, n° 25, 1995, p. 433-445.

—, « Les écrivains français du XVIe siècle et la peinture italienne : réévaluation d'un épisode de l'histoire du goût », *Studi di Letteratura francese*, vol. XXI, 1996, p. 29-54.

—, « Montaigne, le style (du) cavalier, et ses modèles italiens », *Nouvelle revue du XVIᵉ siècle*, vol. XVII, n° 2, 1999, p. 253-267.

—, « Montaigne, Charles d'Estissac et le sieur du Hautoy », *in* Ph. Desan et al. (éd.), *Sans autre guide. Mélanges de littérature française de la Renaissance offerts à Marcel Tetel*, Paris, Klincksieck, 1999, p. 117-128.

—, « Deux gentilshommes "nécessiteux d'honneur" : Montaigne et Pressac », *M. St.*, vol. XIII, 2001, *La* familia *de Montaigne*, p. 141-173.

—, « Montaigne, le "sieur de Poiferré" et la comtesse de Guiche : documents nouveaux », *M. St.*, vol. XVI, 2004, *Documents sur Montaigne*, p. 75-91.

—, « La critique des dispositions testamentaires : un scepticisme peu philosophique », *in* M.-L. Demonet et A. Legros (éd.), *L'Écriture du scepticisme chez Montaigne*, Genève, Droz, 2004, p. 275-287.

—, « Un gentilhomme et ses patrons : remarques sur la biographie politique de Montaigne », *in* Ph. Desan (éd.), *Montaigne politique*, Paris, H. Champion, 2006, p. 223-242.

—, « Un gentilhomme et sa théologie », *in* Ph. Desan (dir.), *Dieu à nostre commerce et société. Montaigne et la théologie*, Genève, Droz, 2008, p. 105-126.

—, « Montaigne avant Montaigne ou les scénarios de Roger Trinquet », *M. St.*, vol. XX, n° 1-2, 2008, *Biographies of Montaigne*, p. 129-144.

—, « "Le plus grand bien que j'atande de cete mienne charge publique" », *B.S.A.M.*, n° 48 (2008-2), *Montaigne et sa région*, p. 359-375.

—, « Des *Essais* pour comprendre les guerres civiles », *B.H.R.*, vol. LXXI, n° 3, 2010, p. 521-540.

—, « Les rires de Montaigne », *in* M.-M. Fontaine (éd.), *Rire à la Renaissance*, Genève, Droz, 2010, p. 219-232.

BARDYN, Christophe, *Montaigne. La splendeur de la liberté*, Paris, Flammarion, 2015.

BATTISTA, Anna Maria, « Morale privée et utilitarisme politique en France au XVIIᵉ siècle », *in* Ch. Lazzeri (dir.), *Le Pouvoir de la raison d'État*, PUF, 1992, p. 191-230.

BÈGE-SEURIN, Denise, « Michel Eyquem de Montaigne général-conseiller à la cour des aides de Périgueux », *B.S.A.M.*, n° 48, 2008-2, *Montaigne et sa région*, p. 271-288.

BERCÉ, Yves-Marie, *Lorette aux XVIᵉ et XVIIᵉ siècles. Histoire du plus grand pèlerinage des temps modernes*, Paris, PUPS, 2011.

BETTONI, Anna, RINALDI, Massimo, et RIPPA BONATI, Mauricio (éd.), *Michel de Montaigne e il termalismo*, Florence, Leo S. Olschki, 2010.

BILLACOIS, François, *Le Duel dans la société française des XVIe-XVIIe siècles*, Paris, Éd. de l'EHESS, 1986.

BLOCH, Jean-Richard, *L'Anoblissement en France au temps de François Ier* [1924], éd. de 1934, Paris, Félix Alcan.

BLUM, Claude, *La Représentation de la mort dans la littérature française de la Renaissance. De l'*Institution de la religion chrétienne *de Calvin aux* Essais *de Montaigne*, Paris, H. Champion, 1989, 2 vol.

BOASE, Alan, « Montaigne annoté par Florimond de Raemond », *Revue du seizième siècle*, t. XV, 1928, p. 239-240.

BOISSEUIL, Didier, *Le Thermalisme en Toscane à la fin du Moyen Âge*, École française de Rome, 2002.

BONNEFON, Paul, *Montaigne, l'homme et l'œuvre*, Bordeaux, G. Gounouilhou, 1893.

BOUCHER, Jacqueline, *Sociétés et mentalités autour de Henri III*, Paris, H. Champion, 2007.

BOURGEON, Jean-Louis, « Montaigne et la Saint-Barthélemy », *B.S.A.M.*, n° 37-38, juillet-décembre 1994, p. 101-109.

BOURQUIN, Laurent, *Noblesse seconde et pouvoir en Champagne aux XVIe et XVIIe siècles*, Paris, PUPS, 1994.

BOUTCHER, Warren, « Montaigne et Anthony Bacon : la *familia* et la fonction des lettres », *M. St.*, vol. XIII, n° 1-2, 2001, *La* familia *de Montaigne*, p. 241-276.

—, « La citoyenneté romaine de Montaigne : la *supplica* des archives dans son contexte », *in* Ph. Desan (dir.), *Montaigne à l'étranger*, Paris, Classiques Garnier, 2016, p. 293-304.

—, *The School of Montaigne in Early Modern Europe*, Oxford University Press, 2016, 2 vol.

BOUTRUCHE, Robert (dir.), *Bordeaux de 1453 à 1715*, Bordeaux, Fédération historique du Sud-Ouest, 1966.

BRAHAMI, Frédéric, « "Être à soi" : la place du politique dans les *Essais* », *in* Ph. Desan (éd.), *Montaigne politique*, Paris, H. Champion, 2006, p. 39-56.

BRIOIST, Pascal, et DRÉVILLON, Hervé, *Croiser le fer : violence et culture de l'épée dans la France moderne, XVIe-XVIIIe siècle*, Seyssel, Champ Vallon, 2002.

BRUNET, Serge, « *De l'Espagnol dedans le ventre !* » *Les catholiques du Sud-Ouest face à la Réforme (vers 1540-1589)*, Paris, H. Champion, 2007.

Busson, Henri, *Le Rationalisme dans la littérature française de la Renaissance (1533-1601)*, Paris, Vrin, 1957.

Cameron, Keith, et Willett, Laura (éd.), *Le Visage changeant de Montaigne. The Changing Face of Montaigne*, Paris, H. Champion, 2003.

Cardoso, Sergio, « Trois points de repère et trois "avis au lecteur" du III, 1 », *B.S.A.M.*, n° 56, 2012-2, p. 206-224.

Carraud, Vincent, « L'imaginer inimaginable : le Dieu de Montaigne », *in* V. Carraud et J.-L. Marion (dir.), *Montaigne : scepticisme, métaphysique, théologie*, Paris, PUF, 2004, p. 137-171.

—, « Avoir l'âme nette : scepticisme et rigorisme dans "Des prières" », *in* Ph. Desan (dir.), *Dieu à nostre commerce et société*, Genève, Droz, 2008, p. 73-89.

Carraud, Vincent, et Marion, Jean-Luc (dir.), *Montaigne : scepticisme, métaphysique, théologie*, Paris, PUF, 2004.

Cavaillé, Jean-Pierre, « Libertinage, irréligion, incroyance, athéisme dans l'Europe de la première modernité (XVIe-XVIIe siècles). Une approche critique des tendances actuelles de la recherche (1998-2002) », *Les Dossiers du Grihl*, 2007-02, http://dossiersgrihl.revues.org/279.

Cavallini, Concetta, « Les Mosti : intermédiaires entre Montaigne et Le Tasse », *M. St.*, vol. XV, n° 1-2, 2003, *Le journal de voyage*, p. 147-157.

—, « Le "Manuscrit original des *Voyages de Montaigne*" deux siècles et demi après sa découverte », *M. St.*, vol. XXVIII, n° 1-2, 2016, p. 201-212.

Céard, Jean, *La Nature et les prodiges : l'insolite au XVIe siècle*, 2e éd. revue et augmentée, Genève, Droz, 1996.

—, « La culture du corps. Montaigne et la diététique de son temps », *in* Marcel Tetel et G. Mallary Masters (éd.), *Le Parcours des* Essais. *Montaigne, 1588-1988*, Paris, Aux Amateurs de livres, 1989, p. 83-96.

Champeaud, Grégory, *Le Parlement de Bordeaux et les paix de Religion (1563-1600). Une genèse de l'édit de Nantes*, [Narrosse], Éd. d'Albret, 2008.

Charpentier, Françoise, « Lire Montaigne dans le soupçon », *in* Ilana Zinguer (éd.), *Le Lecteur, l'auteur et l'écrivain*, Paris, H. Champion, 1993, p. 17-27.

—, « L'écriture de l'errance », *in* Zoé Samaras (dir.), *Montaigne : espace, voyage, écriture*, Paris, H. Champion, 1995, p. 243-252.

Christin, Olivier, *Une révolution symbolique. L'iconoclasme huguenot et la reconstruction catholique*, Paris, Éd. de Minuit, 1991.

Clerici-Balmas, Nerina, « Le souvenir d'Étienne de La Boétie chez quelques écrivains de son époque », *in* Marcel Tetel (éd.), *Étienne de La Boétie sage révolutionnaire et poète périgourdin*, Paris, H. Champion, 2004, p. 385-398.

COCULA, Anne-Marie, « Dreux, Jarnac, Coutras : le rebondissement de la vendetta des Grands », *Avènement d'Henri IV. Quatrième centenaire. Colloque I. Coutras, 1587*, Pau, J&D Éd., 1989, p. 17-37.

—, *Étienne de La Boétie*, Bordeaux, Éd. Sud-Ouest, 1995.

—, « Crises et tensions d'un parlement au temps des guerres civiles : le parlement de Bordeaux dans la seconde moitié du XVIᵉ siècle », *in* J. Poumarède et J. Thomas (éd.), *Les Parlements de province. Pouvoirs, justice et société du XVᵉ au XVIIIᵉ siècle*, Toulouse, Framespa, 1996, p. 721-731.

—, « Montaigne et Henri IV : une impossible rencontre », *in* Cl.-G. Dubois (dir.), *Montaigne et Henri IV (1595-1995)*, Biarritz, Terres et hommes du Sud, 1996, p. 29-37.

—, « L'événement bordelais de la Saint-Jean 1570 et le clan Montaigne », in *Regards sur les sociétés modernes, XVIᵉ-XVIIIᵉ siècle. Mélanges offerts à Claude Petitfrère*, Tours, Université de Tours, 1997, p. 71-81.

—, « Les dernières années de La Boétie : revirement ou continuité ? », *M. St.*, vol. XI, nᵒ 1-2, 1999, *La Boétie*, p. 29-43.

—, « Réapprendre à obéir librement : le *Discours* de La Boétie », *Nouvelle revue du seizième siècle*, nᵒ 22-1 (2004), *Métaphysique et politique de l'obéissance*, p. 71-87.

—, *Montaigne, les années politiques*, Bordeaux, Confluences, 2011.

—, *Étienne de La Boétie et le destin du* Discours de la servitude volontaire, Paris, Classiques Garnier, 2017.

COCULA, Anne-Marie, et LEGROS, Alain, *Montaigne aux champs*, [Bordeaux], Éd. Sud-Ouest, 2011.

COLLIARD, Lauro-Aimé, « Montaigne et l'affaire Mattecoulon : dernières trouvailles », *M. St.*, vol. XIX, nᵒ 1-2, 2007, *Les libertins et Montaigne*, p. 213-224.

COMPAGNON, Antoine, *Nous, Michel de Montaigne*, Paris, Éd. du Seuil, 1980.

COMPAIN, Jean-Marie, « Les relations de Montaigne avec son voisin et son protecteur le marquis de Trans », in *Les Écrivains et la politique dans le Sud-Ouest de la France autour des années 1580*, Presses universitaires de Bordeaux, 1982, p. 101-111.

CONSTANT, Jean-Marie, « Un groupe socio-politique stratégique dans la France de la première moitié du XVIIᵉ siècle : la noblesse seconde », *in* Ph. Contamine (éd.), *L'État et les aristocraties (France, Angleterre, Écosse)*, *XIIᵉ-XVIIᵉ siècles*, Paris, Presses de l'ENS, 1989, p. 279-304.

COOPER, Richard, « Montaigne dans l'entourage du maréchal de Matignon », *M. St.*, vol. XIII, nº 1-2, 2001, *La familia de Montaigne*, p. 99-140.

—, « La correspondance politique de Montaigne », *in* Ph. Desan (dir.), *Montaigne politique*, Paris, H. Champion, 2006, p. 305-328.

COSANDEY, Fanny (éd.), *Dire et vivre l'ordre social*, Paris, Éd. de l'EHESS, 2005.

COSTE, Laurent, *Le Lys et le chaperon. Les oligarchies municipales en France de la Renaissance à la Révolution*, Presses universitaires de Bordeaux, 2007.

COURTEAULT, Paul, *Montaigne maire de Bordeaux*, Bordeaux, Delmas, 1933.

—, « La mère de Montaigne », in *Mélanges de littérature, d'histoire et de philologie offerts à Paul Laumonier*, Genève, Droz, 1935, p. 305-327.

CROUZET, Denis, *La Genèse de la Réforme française (1520-1562)*, Paris, SEDES, 1996.

—, *Les Guerriers de Dieu. La violence au temps des troubles de Religion, vers 1525-vers 1610*, Seyssel, Champ Vallon, 1990, 2 vol.

DAUBRESSE, Sylvie, *Le Parlement, ou la Voix de la raison (1559-1589)*, Genève, Droz, 2005.

DAUSSY, Hugues, *Les Huguenots et le roi. Le combat politique de Philippe Duplessis-Mornay (1572-1600)*, Genève, Droz, 2002.

—, « Montaigne et Duplessis-Mornay : les mystères d'une correspondance », *M. St.*, vol. XVIII, nº 1-2, 2006, p. 169-282.

DE SMET, Ingrid A. R., « Montaigne et Jacques-Auguste de Thou : une ancienne amitié mise au jour », *M. St.*, vol. XIII, nº 1-2, 2001, *La familia de Montaigne*, p. 225-226.

DELACOMPTÉE, Jean-Michel, *Adieu Montaigne*, Paris, Fayard, 2015.

DEMONET, Marie-Luce, *À plaisir. Sémiotique et scepticisme chez Montaigne*, Orléans, Paradigme, 2002.

DEMONET, Marie-Luce, et LEGROS, Alain (éd.), *L'Écriture du scepticisme chez Montaigne*, Genève, Droz, 2004.

DERUELLE, Benjamin, *De papier, de fer et de sang : chevaliers et chevalerie à l'épreuve de la modernité, ca 1460-ca 1620*, Paris, PUPS, 2015.

DESAN, Philippe, *Montaigne dans tous ses états*, Fasano, Schena, 2001.

—, *Portraits à l'essai. Iconographie de Montaigne*, Paris, H. Champion, 2007.

—, *Montaigne. Une biographie politique*, Paris, Odile Jacob, 2014.

— (dir.), *Montaigne politique*, Paris, H. Champion, 2006.

— (dir.), *Dictionnaire de Michel de Montaigne*, Paris, H. Champion, 2ᵉ éd., 2007.

— (dir.), *Dieu à nostre commerce et société. Montaigne et la théologie*, Genève, Droz, 2008.

— (dir.), *Montaigne à l'étranger. Voyages avérés, possibles et imaginés*, Paris, Classiques Garnier, 2016.

DESCIMON, Robert, « Qui étaient les Seize ? Mythes et réalités de la Ligue parisienne, 1585-1594 », *Mémoires de la Fédération des sociétés historique et archéologique de Paris et Île-de-France*, Paris, Klincksieck, 1983.

DESGRAVES, Louis, *Inventaire des fonds Montaigne conservés à Bordeaux*, Paris, H. Champion, 1995.

DUMONT, François (éd.), *Inventaire des arrêts du Conseil Privé : règnes de Henri III et de Henri IV*, Paris, Éd. du CNRS, 1969-1978, 2 tomes en 5 volumes.

ESPAÑOL, Emmanuel, *Dictionnaire historique du protestantisme en Périgord, Guyenne, Agenais*, Le Pontet, Éd. Barthélemy, édition augmentée, 2012.

FARQUHAR, Sue, « "Toutes passions mises en arrière…" The Emotions in Legal Perspective : Montaigne and The Palace Academy at Blois », *Modern Language Notes*, vol. CXX, supplément, 2005, p. 124-140.

FAYE, Emmanuel, *Philosophie et perfection de l'homme, de la Renaissance à Descartes*, Paris, Vrin, 1998.

FERRARI, Emiliano, *Montaigne. Une anthropologie des passions*, Paris, Classiques Garnier, 2014.

FERRARI, Emiliano, et GONTIER, Thierry (éd.), *L'Axe Montaigne-Hobbes. Anthropologie et politique*, Paris, Classiques Garnier, 2016.

FOA, Jérémie, *Le Tombeau de la paix. Une histoire des édits de pacification (1560-1572)*, Limoges, PULIM, 2015.

—, « Les acteurs des guerres de Religion furent-ils des *protagonistes* ? », *Politix*, n° 112 (2015/4), p. 111-130.

FOGEL, Michèle, *Marie de Gournay*, Paris, Fayard, 2004.

FOISIL, Madeleine, *Le Sire de Gouberville : un gentilhomme normand au XVIᵉ siècle*, Paris, Aubier-Montaigne, 1981.

FONTAINE, Marie-Madeleine (éd.), *Rire à la Renaissance*, Genève, Droz, 2010.

FONTANA, Biancamaria, *Montaigne en politique* [2008], trad. fr. par F. Stonborough, Marseille, Agone, 2013.

FORD, Philip, « George Buchanan et Montaigne », *M. St.*, vol. XIII, n° 1-2, 2001, *La familia de Montaigne*, p. 45-63.

FRAME, Donald, *Montaigne, une vie, une œuvre, 1533-1592* [1965], trad. fr. par J.-Cl. Arnould, N. Dauvois et P. Eichel, Paris, H. Champion, 1994.

FRIEDRICH, Hugo, *Montaigne* [1949], trad. fr. par R. Rovoni, Paris, Gallimard, 1968.

FUMAROLI, Marc, *La Diplomatie de l'esprit, de Montaigne à La Fontaine*, Paris, Gallimard, 2001.

—, *La République des Lettres*, Paris, Gallimard, 2015.

GARAVINI, Fausta, *Monstres et chimères. Montaigne : le texte et le fantasme*, Paris, H. Champion, 1993.

GARDEAU, Léonie, « Les moulins de la seigneurie de Montaigne », *B.S.A.M.*, 3ᵉ série, n° 17-18, 1961, p. 5-8.

—, « Le testament du marquis de Trans », *B.S.A.M.*, IVᵉ série, n° 13, 1968, p. 3-14.

GARDEAU, Léonie, et FEYTAUD, Jacques de, *Le Château de Montaigne*, Bordeaux, Société des Amis de Montaigne, 1971.

GAUCHET, Marcel, « L'État au miroir de la raison d'État : la France et la chrétienté », *in* Yves Charles Zarka (dir.), *Raison et déraison d'État. Théoriciens et théories de la raison d'État aux XVIᵉ et XVIIᵉ siècles*, Paris, PUF, 1994, p. 193-244, rééd. in *La Condition politique*, Paris, Gallimard, 2005, p. 205-260.

GENDRE, André, « Les 29 sonnets de La Boétie publiés dans les *Essais* de Montaigne », *M. St.*, vol. XI, n° 1-2, 1999, *La Boétie*, p. 45-60.

GEONGET, Stéphan, et GERBIER, Laurent (éd.), *Amitié et compagnie. Autour du Discours de la servitude volontaire de La Boétie*, Paris, Classiques Garnier, 2012.

GERMA-ROMANN, Hélène, *Du « bel mourir » au « bien mourir ». Le sentiment de la mort chez les gentilshommes français (1515-1643)*, Genève, Droz, 2001.

GLIOZZI, Giuliano, *Adam et le Nouveau Monde. La naissance de l'anthropologie comme idéologie coloniale*, Lecques, Éd. Théétète, 2000.

GOFFMAN, Erving, *La Mise en scène de la vie quotidienne. La présentation de soi*, Paris, Éd. de Minuit, 1973.

GOLDMAN, Peter, *The Saint as Censors. Robert Bellarmin between Inquisition and Index*, Leyde, Brill, 2000.

GOMEZ-GÉRAUD, Marie-Christine, « Autour du catholicisme de Montaigne : perspectives depuis le *Journal de voyage* », *M. St.*, vol. XV, n° 1-2, 2003, *Le journal de voyage*, p. 31-41.

GONTIER, Thierry, *De l'homme à l'animal. Montaigne, Descartes, ou les Paradoxes de la philosophie moderne sur la nature des animaux*, Paris, Vrin, 1998.

—, « La notion de "doctrine", de la traduction du Prologue de la *Théologie naturelle* de Sebond aux *Essais* », *in* Ph. Desan (dir.), *Dieu à nostre commerce et société. Montaigne et la théologie*, Genève, Droz, 2008, p. 157-174.

GORRIS CAMOS, Rosanna, « "Toujours il a frayé avec des hommes de cette farine" : André de Gouvéa, principal du collège de Guyenne et ses "Bordaleses" », *M. St.*, vol. XIII, n° 1-2, 2001, *La* familia *de Montaigne*, p. 13-43.

GOUDÉO-THOMAS, Catherine, « Le thermalisme médiéval, de "Flamenca" à Michel de Montaigne », *in Villes d'eau. Histoire du thermalisme*, actes du 117ᵉ Congrès national des sociétés savantes, Clermont-Ferrand, 1992, p. 11-26.

GOYET, Francis, *Les Audaces de la prudence. Littérature et politique aux XVIᵉ et XVIIᵉ siècles*, Paris, Classiques Garnier, 2009.

—, « Montaigne et l'orgueil de l'"humaine prudence" », *in* P. Magnard et Th. Gontier (dir.), *Montaigne*, Paris, Éd. du Cerf, 2010, p. 111-112.

GRAVES, Amy, « Crises d'engagement : Montaigne et la Ligue », *in* Ph. Desan (dir.), *Montaigne politique*, Paris, H. Champion, 2006, p. 343-351.

GREENGRASS, Mark, « Montaigne and the Wars of Religion », *in* Ph. Desan (éd.), *The Oxford Handbook of Montaigne*, Oxford University Press, 2015, p. 138-157.

GRÜN, Alphonse, *La vie publique de Michel de Montaigne*, Paris, Librairie d'Amyot, 1855.

GUTTON, Jean-Pierre, *La Société et les pauvres en Europe (XVIᵉ-XVIIIᵉ siècle)*, Paris, PUF, 1974.

HABERT, Mireille, « Aspects sceptiques de la traduction de Sebond », *in* M.-L. Demonet et A. Legros (éd.), *L'Écriture du scepticisme chez Montaigne*, Genève, Droz, 2004, p. 77-105.

—, *Montaigne traducteur de la* Théologie naturelle. *Plaisantes et sainctes imaginations*, Paris, Classiques Garnier, 2010.

HADDAD, Élie, « Noble Clienteles in France in the Sixteenth and Seventeenth Centuries : A Historiographical Approach », *French History*, n° 20-1, 2006, p. 75-109.

—, « Les substitutions fidéicommissaires dans la France d'Ancien Régime : droit et historiographie », *Mélanges de l'École française de Rome — Italie et Méditerranée*, n° 124-2, 2012, http://mefim.revues.org/690.

HAMLIN, William M., « *Montagnes Moral Maxims* : A Collection of Seventeenth-Century English Aphorisms Derived from the *Essays* of Montaigne », *M. St.*, vol. XXI, 2009, *Montaigne et les philosophes*, p. 209-224.

HAUCHECORNE, François, « Une intervention ignorée de Montaigne au parlement de Bordeaux », *B.H.R.*, t. IX, 1947, p. 164-168.

HENDRICK, Philip, *Montaigne et Sebond. L'art de la traduction*, Paris, H. Champion, 1996.

—, « Le théologien malgré lui : Montaigne traducteur de Sebond », *in* Ph. Desan (dir.), *Dieu à nostre commerce et société, Montaigne et la théologie*, Genève, Droz, 2008, p. 127-137.

HIRSTEIN, James, « La Boétie et la justification difficile d'une amitié précoce : le début (vers 1-32) de la "Satyre latine" (*Poemata*, XX) et le *Laelius* de Cicéron », *M. St.*, vol. XI, n° 1-2, 1999, *La Boétie*, p. 121-137.

HOFFMANN, George, « Croiser le fer avec le Géographe du Roi : l'entrevue de Montaigne avec Antoine de Laval aux États généraux de Blois en 1588 », *M. St.*, vol. XIII, 2001, *La* familia *de Montaigne*, p. 207-222.

—, « Le roi "débonnaire" : Duplessis-Mornay, Montaigne et l'image de Henri de Navarre en 1583-1584 », *in* Ph. Desan (dir.), *Montaigne politique*, Paris, H. Champion, 2006, p. 289-304.

—, *La Carrière de Montaigne* [1998], trad. par Pierre Gauthier, Paris, H. Champion, 2009.

—, « Montaigne's Lost Years », *M. St.*, vol. LV, n° 1, 2012, p. 121-141.

IMBACH, Ruedi, « Notule sur quelques réminiscences de la théologie scolastique chez Montaigne », *in* V. Carraud et J.-L. Marion (dir.), *Montaigne : scepticisme, métaphysique, théologie*, Paris, PUF, 2004, p. 91-106.

JOUANNA, Arlette, *Le Devoir de révolte. La noblesse française et la gestation de l'État moderne (1559-1661)*, Paris, Fayard, 1989.

—, *La Saint-Barthélemy. Les mystères d'un crime d'État*, Paris, Gallimard, « Les Journées qui ont fait la France », 2007.

—, *Le Pouvoir absolu. Naissance de l'imaginaire politique de la royauté*, Paris, Gallimard, « L'Esprit de la cité », 2013.

—, *Le Prince absolu. Apogée et déclin de l'imaginaire monarchique*, Paris, Gallimard, « L'Esprit de la cité », 2014.

KETTERING, Sharon, *Patrons, Brokers and Clients in Seventeenth-Century France*, New York et Oxford, Oxford University Press, 1986.

—, *Patronage in Sixteenth and Seventeenth-Century France*, Aldershot, Ashgate, 2002.

KNOP, Déborah, et BALSAMO, Jean, *De la servitude volontaire. Rhétorique et politique en France sous les derniers Valois*, Mont-Saint-Aignan, Presses universitaires de Rouen et du Havre, 2014.

KRYNEN, Jacques, *L'Empire du roi. Idées et croyances politiques en France, XIIIe-XVe siècle*, Paris, Gallimard, 1993.

LAFOND-GRELLETY, Jacques, « Le pays de Montaigne en Périgord », *B.S.A.M.*, n° 48, 2008-2, *Montaigne et sa région*, p. 157-168.

LANGER, Ulrich, *Perfect Friendship. Studies in Literature and Moral Philosophy from Boccaccio to Corneille*, Genève, Droz, 1994.

LARMORE, Charles, « Un scepticisme sans tranquillité : Montaigne et ses modèles antiques », *in* V. Carraud et J.-L. Marion (dir.), *Montaigne : scepticisme, métaphysique, théologie*, Paris, PUF, 2004, p. 15-31.

LAZARD, Madeleine, *Michel de Montaigne*, Paris, Fayard, 1993.

LE ROUX, Nicolas, *La Faveur du roi. Mignons et courtisans au temps des derniers Valois (vers 1547-vers 1589)*, Seyssel, Champ Vallon, 2000.

—, *Un régicide au nom de Dieu. L'assassinat d'Henri III*, Paris, Gallimard, « Les Journées qui ont fait la France », 2006.

—, « Servir un roi méconnaissable : les incertitudes de la noblesse au temps de Montaigne », *in* Ph. Desan (éd.), *Montaigne politique*, Paris, H. Champion, 2006, p. 155-174.

LEGROS, Alain, « Montaigne, son livre et son roi », *Studi francesi*, vol. XLI, n° 2, 1997, p. 259-274.

—, « Travail de deuil et art de vivre : les deux inscriptions votives de la tour de Montaigne », *M. St.*, vol. XI, n° 1-2, 1999, *La Boétie*, p. 137-154.

—, « La dédicace de l'*Adversus Mathematicos* au cardinal de Lorraine, ou du bon usage de Sextus Empiricus selon Gentian Hervet et Montaigne », *B.S.A.M.*, juillet-décembre 1999, p. 51-72.

—, *Essais sur poutres. Peintures et inscriptions chez Montaigne*, Paris, Klincksieck, 2000.

—, « Montaigne et Maldonat », *M. St.*, vol. XIII, n° 1-2, 2001, *La familia de Montaigne*, p. 65-98.

—, « Montaigne et Gournay en marge des *Essais* : trois petites notes pour quatre mains », *B.H.R.*, vol. LXV-3, 2003, p. 613-630.

— *Montaigne, Essais, I, 56, « Des prières »*, Genève, Droz, 2003.

—, « Montaigne politique malgré lui ? Réticences et aveux », *in* Ph. Desan (éd.), *Montaigne politique*, Paris, H. Champion, 2006, p. 113-126.

—, « Montaigne face à ses censeurs romains de 1581 (mise à jour) », *B.H.R.*, vol. LXXI, 2009, p. 7-33.

—, *Montaigne manuscrit*, Paris, Classiques Garnier, 2010.

—, « Buchanan et Cicéron chez Montaigne : deux sentences inédites de sa "librairie" », *M. St.*, vol. XXVI, n° 1-2, 2014, p. 171-175.

—, « Montaigne, son Éphéméride et la Saint-Barthélemy : réflexions autour d'un silence », communication présentée à la journée d'études organisée par E. Ferrari et Th. Gontier : *Montaigne : penser en temps de guerres de Religion*, Université de Lyon 3, 14 octobre 2016, à paraître.

LEMERCIER, Claire, « Analyse de réseaux en histoire », *R.H.M.C.*, n° 52-2, 2005-2, p. 88-112.

LESTRINGANT, Frank, *Le Cannibale. Grandeur et décadence*, Paris, Perrin, 1994.

—, « Gonzalo's books : La république des Cannibales, de Montaigne à Shakespeare », *Actes des congrès de la Société française Shakespeare*, 21, 2004, http://shakespeare.revues.org/170.

—, *Le Brésil de Montaigne*, Paris, Chandeigne, 2005.

—, « Montaigne, le Brésil et l'unité du genre humain », *M. St.*, vol. XXII, 2010, *Montaigne et le Nouveau Monde*, p. 9-21.

LESTRINGANT, Frank, MOREAU, Pierre-François, et TARRÊTE, Alexandre (dir.), *L'Unité du genre humain. Race et histoire à la Renaissance*, Paris, PUPS, 2014.

LLINÀS BEGON, Joan Lluis, « "Des cannibales" : Montaigne en dialogue avec Platon », *M. St.*, vol. XXII, 2010, *Montaigne et le Nouveau Monde*, p. 159-172.

MACPHAIL, Eric, « Montaigne and the Conciliators (I, 27) », *B.H.R.*, vol. LXXVII, 2015, p. 313-323.

MAGNARD, Pierre, « Montaigne et la docte ignorance », *M. St.*, vol. XLV, n° 1, 2007, p. 73-81.

MAGNARD, Pierre, et GONTIER, Thierry (dir.), *Montaigne*, Paris, Éd. du Cerf, 2010.

MAGNIEN, Catherine, « Montaigne historien de "l'expédition" de Henri d'Anjou en Pologne (1573-1574) ? Hypothèses », *in* Fr. Argod-Dutard (éd.), *Histoire et littérature au siècle de Montaigne*, Genève, Droz, 2001, p. 195-206.

—, « Étienne Pasquier "familier" de Montaigne ? », *M. St.*, vol. XIII, n° 1-2, 2001, *La* familia *de Montaigne*, p. 277-313.

MAGNIEN, Michel, « De l'hyperbole à l'ellipse : Montaigne face aux sonnets de La Boétie », *M. St.*, vol. II, n° 1, 1990, p. 7-25.

—, « Pour une attribution définitive du *Mémoire sur l'édit de Janvier* à Estienne de La Boétie », in *Cité des hommes, cité de Dieu. Travaux sur la littérature de la Renaissance en l'honneur de Daniel Ménager*, Genève, Droz, 2003, p. 123-132.

—, « Trois lettres de Juste Lipse à Montaigne (1587 [?]-1589) », *M. St.*, vol. XVI, 2004, p. 103-111.

—, « La Boétie traducteur des Anciens », *in* M. Tetel (éd.), *Étienne de La Boétie. Sage révolutionnaire et poète périgourdin*, Paris, H. Champion, 2004, p. 15-44.

MALVEZIN, Théophile, *Michel de Montaigne, son origine, sa famille*, Bordeaux, Charles Lefebvre, 1875.

MANENT, Pierre, *Montaigne, la vie sans lois*, Paris, Flammarion, 2014.

MARCETTEAU-PAUL, Agnès, *Montaigne propriétaire foncier*, Paris, H. Champion, 1995.

MARCHAND, Jean, « Documents originaux relatifs à Montaigne et à sa famille », *B.S.A.M.*, 4ᵉ série, n° 19, juillet-décembre 1969, p. 9-42.

MARGOLIN, Jean-Claude, « D'Érasme à Montaigne : l'écriture de l'opinion et la double voie de la croyance », *in* M.-L. Demonet et A. Legros (éd.), *L'Écriture du scepticisme chez Montaigne*, Genève, Droz, 2004, p. 109-129.

MASKELL, David, « Montaigne médiateur entre Navarre et Guise », *B.H.R.*, vol. XLI, 1979, p. 541-553.

MATHIEU-CASTELLANI, Gisèle, *Montaigne. L'écriture de l'essai*, Paris, PUF, 1988.

—, « Les *Confessions* de saint Augustin dans les *Essais* de Montaigne », *in* N. Peacock et J. J. Supple (éd.), *Lire les* Essais *de Montaigne*, Paris, H. Champion, 2001, p. 211-226.

MEERHOFF, Kees, et SMITH, Paul J., « La lettre à Mlle Le Paulmier retrouvée », *in* P. J. Smith et K. A. E. Enenkel (dir.), *Montaigne and the Low Countries (1580-1700)*, Leyde et Boston, Brill, 2007, p. 305-321.

MELLET, Paul-Alexis, *Les Traités monarchomaques. Confusion des temps, résistance armée et monarchie parfaite, 1560-1600*, Genève, Droz, 2007.

MÉNAGER, Daniel, « La culture héroïque de Montaigne », *B.S.A.M.*, n° 9-10, 1998, p. 39-52.

—, « La diplomatie de Montaigne », *in* Ph. Desan (éd.), *Montaigne politique*, Paris, H. Champion, 2006, p. 139-153.

—, « Montaigne : la mission et l'imprévu », *Cahiers de recherches médiévales et humanistes*, n° 22, 2011, http://crm.revues.org/12551.

MÉNISSIER, Thierry, « L'autorité dans les *Essais* de Montaigne. Nature et limite de la relation d'obéissance », *in* P. Magnard et Th. Gontier (dir.), *Montaigne*, Paris, Éd. du Cerf, 2010, p. 179-202.

MILLET, Olivier, *La Première Réception des* Essais *de Montaigne (1580-1640)*, Paris, H. Champion, 1995.

MOUREAU, François, « Sur des exemplaires des *Essais* en vente à la foire de Francfort (automne 1581) », *B.S.A.M.*, vol. V, n° 9, 1974-1, p. 57-59.

MOUSNIER, Roland, *Les Institutions de la France sous la monarchie absolue*, Paris, PUF, 2 vol., t. I, 1974.

NAKAM, Géralde, *Montaigne et son temps. Les événements et les* Essais. *L'histoire, la vie, le livre*, Paris, Gallimard, 1993.

—, *Les* Essais *de Montaigne, miroir et procès de leur temps. Témoignage historique et création littéraire*, Paris, H. Champion, éd. revue, 2001.

—, « Erôs et les Muses dans *Sur des vers de Virgile* ou Les détours d'Erôs », in *Montaigne. La manière et la matière*, nouv. éd. revue, Paris, H. Champion, 2006, p. 169-183.

NAYA, Emmanuel, « Traduire les *Hypotyposes pyrrhoniennes* : Henri Estienne entre la fièvre quarte et la folie chrétienne », *in* P.-Fr. Moreau (dir.), *Le Scepticisme aux XVIe et XVIIe siècles*, Paris, Albin Michel, 2001, p. 48-101.

PANICHI, Nicola, *La Virtù eloquente. La civil conversazione nel Rinascimento*, Urbino, Montefeltro, 1994.

PAYEN, Jean-François, *Nouveaux documents inédits ou peu connus sur Montaigne*, Paris, P. Jannet, 1850.

—, *Recherches sur Montaigne. Documents inédits*, Paris, Techener, 1856.

PERONA, Blandine, *Prosopopée et persona à la Renaissance*, Paris, Classiques Garnier, 2013.

PÉROUSE, Gabriel-André, « Étienne Tabourot et les *Essais* de Montaigne », in *En filigrane des* Essais, Paris, H. Champion, 2008, p. 255-279.

PETRIS, Loris, *La Plume et la tribune. Michel de L'Hospital et ses discours (1559-1562)*, Genève, Droz, 2002.

PLATTARD, Jean, « Montaigne à Poitiers », *Bulletin de la Société des antiquaires de l'Ouest*, 1930, p. 679-681.

PONCET, Olivier, *Pomponne de Bellièvre (1529-1607). Un homme d'État au temps des guerres de Religion*, Paris, École des chartes, 1998.

POT, Olivier, *L'Inquiétante Étrangeté. Montaigne : la pierre, le cannibale, la mélancolie*, H. Champion, 1993.

POUILLOUX, Jean-Yves, *Montaigne. L'éveil de la pensée*, Paris, H. Champion, 1996.

—, « L'injuste », *B.S.A.M.*, n° 21-24 (janvier-juin 2001), *La Justice*, p. 133-139.

—, « "Connois-toi toi-même" : un commandement paradoxe », *in* N. Peacock et J. J. Supple (éd.), *Lire les* Essais *de Montaigne. Actes du colloque de Glasgow 1997*, Paris, H. Champion, 2001, p. 91-106.

POWIS, Jonathan K., « Order, Religion and the Magistrates of a Provincial Parlement in Sixteenth-Century in France », *Archiv für Reformationsgeschichte*, vol. LXXI, 1980, p. 180-197.

QUANTIN, Jean-Louis, « Les censures de Montaigne à l'Index romain : précisions et corrections », *M. St.*, vol. XXVI, n° 1-2, 2014, p. 145-162.

RITTER, Raymond, *Cette grande Corisande*, Paris, Albin Michel, 1936.

ROCHE, Daniel, « Montaigne cavalier. Un témoin de la culture équestre dans la France du XVIe siècle » *in* B. Barbiche et Y.-M. Bercé (éd.), *Études sur l'ancienne France offertes en hommage à Michel Antoine*, Paris, École des chartes, 2003, p. 325-346.

ROGER-VASSELIN, Bruno, *Montaigne et l'art du sourire à la Renaissance*, Saint-Genouph, Nizet, 2003.

SEALY, Robert J., *The Palace Academy of Henry III*, Genève, Droz, 1981.

SÈVE, Bernard, *Montaigne. Des règles pour l'esprit*, Paris, PUF, 2007.

SCREECH, Michael, *Montaigne's Annotated Copy of Lucretius*, Genève, Droz, 1998.

—, *Montaigne et la mélancolie*, Paris, PUF, 2002.

SGATTONI, Marco, « Les *libri prohibiti* de Montaigne », *in* Rosanna Gorris Camos et Alexandre Vanautgaerden (éd.), *Les Labyrinthes de l'esprit. Collections et bibliothèques à la Renaissance*, Genève, Droz, 2015, p. 173-192.

SIMONIN, Michel, « La préhistoire de l'*Apologie de Raimond Sebond* », *in* Claude Blum (dir.), *Montaigne, Apologie de Raimond Sebond. De la* Theologia *à la* Théologie, Paris, Champion, 1990, p. 85-116.

—, « Les derniers des Montaigne (Documents inédits sur la vente du château en 1811) », *in* Françoise Argod-Dutard (éd.), *Histoire et littérature au siècle de Montaigne. Mélanges offerts à Claude-Gilbert Dubois*, Genève, Droz, 2001, p. 237-253.

—, « Françoise (de La Chassaigne) et (son ?) Michel : du ménage chez Montaigne », *in* Fr. Lecercle et S. Perrier (éd.), *La Poétique des passions à la Renaissance. Mélanges offerts à Françoise Charpentier*, Paris, H. Champion, 2001, p. 155-184.

—, « Bernard Automne (1564-après 1628), témoin et lecteur de Montaigne », *M. St.*, vol. XIII, n° 1-2, 2001, *La* familia *de Montaigne*, p. 315-360.

—, *L'Encre et la lumière*, Genève, Droz, 2004.

SLONGO, Paolo, « Montaigne et le problème de la constitution », *M. St.*, vol. XXVIII, n° 1-2, 2016, *Montaigne et la philosophie politique*, p. 49-63.

SMITH, Malcolm, *Montaigne and Religious Freedom. The Dawn of Pluralism*, Genève, Droz, 1981.

SMITH, Pauline M., *The Anti-Courtier Trend in Sixteenth Century French Literature*, Genève, Droz, 1966.

SOLIGNAT, Anne-Valérie, « Fidéicommis et hégémonie politique de la noblesse auvergnate au XVIᵉ siècle », *Mélanges de l'École française de Rome — Italie et Méditerranée*, n° 124-2, 2012, http://mefim.revues.org/734.

STAROBINSKI, Jean, *Montaigne en mouvement*, Paris, Gallimard, 1982.

TAMIZEY DE LARROQUE, Philippe, *Notes et documents inédits pour servir à la biographie de Christophe et de François de Foix-Candale*, Bordeaux, C. Lefebvre, 1877.

TINGUELY, Frédéric, « Montaigne et le cercle anthropologique : réflexions sur l'adaptation culturelle dans le *Journal de voyage* », *M. St.*, vol. XV, n° 1-2, 2003, *Le journal de voyage*, p. 21-30.

—, *Le Voyageur aux mille tours. Les ruses de l'écriture du monde à la Renaissance*, Paris, H. Champion, 2014.

TODOROV, Tzvetan, *Montaigne ou la découverte de l'individu*, Tournai, La Renaissance du livre, 2001.

TOURNON, André, « "Notre liberté volontaire" : le "Contr'un" en marge des *Essais* », *Europe*, 1990, p. 70-82.

—, *La Glose et l'essai. Édition revue et corrigée, précédée d'un Réexamen*, Paris, Champion, 2000.

—, *Route par ailleurs. Le « nouveau langage » des* Essais, Paris, H. Champion, 2006.

—, « Épilogue d'une attribution erronée : La Boétie et l'instauration de l'*interim* », publié en annexe de son édition du *Discours de la servitude volontaire*, Paris, Vrin, 2014.

TRINQUET, Roger, « Un voisin et ami de Montaigne, le capitaine Roux », *B.H.R.*, vol. XVI-1, 1954, p. 96-107.

—, « La lettre sur la mort de La Boétie, ou Lancelot de Carle inspirateur de Montaigne », *Mélanges d'histoire littéraire (XVIᵉ-XVIIᵉ siècles) offerts à Raymond Lebègue*, Paris, Nizet, 1969, p. 115-125.

—, *La Jeunesse de Montaigne. Ses origines familiales, son enfance, ses études*, Paris, Nizet, 1972.

—, « La réélection de Montaigne à la mairie de Bordeaux en 1583 », *B.S.A.M.*, n° 10-11 (avril-décembre 1974), p. 17-46.

TURCHETTI, Mario, *Concordia o tolleranza ? François Bauduin (1520-1573) e i « moyenneurs »*, Genève, Droz, 1984.

VIENNOT, Éliane, *Marguerite de Valois. Histoire d'une femme, histoire d'un mythe*, Paris, Payot, 1993.

VILLEY, Pierre, *Les Livres d'histoire moderne utilisés par Montaigne*, Paris, Hachette, 1908.

ZWIERLEIN, Cornel, *The Political Thought of the French League and Rome (1585-1589)*, Genève, Droz, 2016.

INDEX

ADONIS : 130, 318

ALBE, Fernando Alvarez de Toledo, duc d' : 56

ALBRET, Jeanne d', reine de Navarre : 59, 113

ALCIBIADE : 145

ALEXANDRE LE GRAND : 196

AMMANATI, Bartolomeo : 210

AMMIEN MARCELLIN : 166

AMYOT, Jacques : 71, 133, 286

ANACHARSIS : 299

ANACRÉON : 94

ANDOUINS, Antoinette d' : 340

ANDOUINS, Diane d', dite Corisande, comtesse de Guiche : 142, 145, 190-191, 246, 251, 256, 275, 277-278, 340

ANTIPATER, général macédonien : 309

APOLLON : 316, 333, 354

AQUIN, Thomas d' : 58, 104

ARIOSTE, Ludovico Ariosto, dit l' : 184, 218

ARISTIPPE DE CYRÈNE : 315

ARISTOTE : 37, 84, 200, 334

ARSAC, Jacquette d' : 46, 191

ARSAC, Jean d' : 83

ATTICUS, Titus Pomponius : 115, 312

AUBIGNÉ, Agrippa d' : 168-169, 329

AUGUSTIN (saint) : 138, 386

AULU-GELLE : 307

AUMALE, Charles de Lorraine, duc d' : 255

AUTOMNE, Bernard : 343, 345

BACON, Anthony : 334, 343

BACON, Francis : 334

BACQUET, Jean : 22, 367

BAÏF, Jean-Antoine de : 184

BALAGNY, Jean de : 344

BALBI, Gasparo : 335

BALBUS, Lucius Thorius : 149

BAUDE DE MONCUQ, sieur de La Motte : 258

BELCIER, famille : 39

BELCIER, Monsieur de : 155, 340

BELLIÈVRE, Pomponne de : 240, 250, 252

BELOT, Jean : 65

BENOIST DE LAGEBASTON, Jacques : 63-65, 164

BENZONI, Girolamo : 92

BERNARD (saint) : 346

BERNYER, Pierre : 123

BERTIN, Mathurin : 292

BERZIAU, Hurozius de, sieur de La Marselière : 261

BÉTHUNE, dame de : 250

BEUTHER, Michaël : 29, 40, 128, 153, 162, 254, 274, 339, 368

BÈZE, Théodore de : 40, 103, 231, 292

BIRON, Armand de Gontaut, baron de : 188, 237, 239-240, 248, 259

BLACKWOOD, Adam : 303

BLANCASTEL, seigneur de : 155

BONNEFON, Paul : 185-186

BOTERO, Giovanni : 309

BOUCHARD, David de, vicomte d'Aubeterre : 159

BOUCHARD, Isabeau de : 159

BOUCHER, Guillaume : 194

BOURBON, Catherine de : 113

BOURBON, Charles de, cardinal : 255, 296, 326

BOURBON, Henri Ier de, prince de Condé : 168, 202, 276

BOURBON, Louis Ier de, prince de Condé : 113, 254, 273

BOURBON, Louis III de, duc de Montpensier : 70, 156, 165, 376

BOURBON, maison de : 253, 269

BOURDEILLE, André de : 165

BRACH, Anne de : 279

BRACH, Pierre de : 279, 281-282, 333-334, 336, 342-343, 345

BRANTÔME, Pierre de Bourdeille, seigneur de : 88, 147, 154, 165, 239

BRENIEU, Anne de : 159

BRENIEU, Jacques de : 159

BRISSAC, Charles de Cossé, comte de, maréchal de France : 67

BRISSAC, Charles-Timoléon de Cossé, comte de : 67

BUCHANAN, George : 37-38, 40, 67, 130, 231

BUDÉ, Guillaume : 202

BUNEL, Pierre : 44, 101, 103-104

BUONVISI, famille : 213

BURY, Charles de Coucy, seigneur de : 84

CALVIMONT, Jean de : 79, 83

CALVIN, Jean : 40, 59, 103, 225

CAMAIN, Jeanne de, nièce de Montaigne : 341

CAMAIN, Thibaud de, seigneur de La Tour-Carnet : 28, 341

CARLE, Lancelot de : 83, 85

CARLE, Marguerite de : 83, 184, 190

CARNAVALET (KERNEVENOY), François de : 68

CASAUX, Pierre : 66

CASTIGLIONE, Baldassare : 71, 145, 271, 320

CATHERINE DE MÉDICIS : 56, 62, 68, 102, 161-162, 165, 167, 186-187, 197, 220, 237, 244, 250-251, 272-273, 284-285, 294

CATON LE JEUNE : 145

CATULLE : 133, 319

CAUMONT, famille : 60

CAUMONT-LA FORCE, seigneur de : 341

CAUPÈNE, Marguerite de : 97

CAUPÈNE, Pierre-Bertrand de Monluc, baron de : 97

CAZALIS, Bernard de, seigneur de Freyche : 29, 205, 213

CÉSAR : 116-117, 133, 139, 328

CHARLES III, duc de Lorraine : 68

CHARLES IX, roi de France : 56, 61, 68-70, 83, 90-92, 140, 161-163

CHARLES QUINT : 202

CHARRON, Pierre : 177, 245, 308, 333, 357

CHASTEIGNER, Louis, seigneur de La Rocheposay : 198, 210, 220, 229

CHATEAUBRIAND, René de : 209
CHAUDIÈRE, Guillaume : 107
CHAUMONT, sieur de : 284-285
CHAUVETON, Urbain : 92
CICÉRON : 84, 115-116, 133, 138, 149, 262, 312, 334
CIMON : 130
CLAUDE DE FRANCE, duchesse de Lorraine : 68
CLÉANTHE : 115
CLÉMENT, Jacques : 296
COLBERT, Jean-Baptiste : 21
COLIGNY, Gaspard de Châtillon, amiral de : 113, 161-164, 294
CONDÉ : voir BOURBON
CORAS, Jean de : 39
CORDIER, Mathurin : 36, 38
CRASSUS, Marcus Licinius : 307
CRITOBULE, disciple de Socrate : 290
CURSOL, Guillaume de : 246
CUSA, Nicolas de : 179, 215

DAILLON DU LUDE, famille : 147
DÉMOCRITE : 316
DES CARS, François de Pérusse : 64-65, 247
DES CARS, Jacques de Pérusse, seigneur de Merville : 240, 247, 292
DESPORTES, Philippe : 200
DIABONO POMPEO (POMPÉE), danseur : 71
DIOGÈNE : 318
DIOGÈNE LAËRCE : 334
DIVIZIA, paysanne : 218
DORAT, Jean : 40, 184
DORLAND, Pierre : 101
DRUSUS, Julius (Marcus Livius Drusus) : 195-196
DU BARTAS, Salluste : 168
DU BELLAY, Guillaume : 133, 139
DU BELLAY, Jean : 197
DU BELLAY, Martin : 133, 139, 218
DU FERRIER, Arnaud : 210, 261

DU FOUR, Jeanne : 21
DU HAUTOY, sieur : 205, 221
DU PUY-MONTBRUN, Charles : 88
DU VERDIER, Antoine : 194
DUBOIS, Jacques, dit Sylvius : 40
DUMAS, Jean : 123
DUPLESSIS-MORNAY, Philippe : 250-253, 260-261, 274, 276-277, 292
DUPUY, Claude : 127
DURAS, Jean de Durfort, vicomte de : 142, 156, 169
DURAS, Marguerite d'Aure-Gramont, vicomtesse de : 142, 193, 250

ELBEUF, Charles de Lorraine, duc d' : 255-256, 284-285
ÉLISABETH DE VALOIS, reine d'Espagne : 56, 165
ELIZABETH Iʳᵉ, reine d'Angleterre : 277, 326
EMMANUEL-PHILIBERT, duc de Savoie : 165, 269
ÉPERNON, Jean-Louis de Nogaret, duc d' : 201, 253, 270
ÉPICTÈTE : 173
ÉRASME, Didier : 35, 95, 176, 202
ESPAGNET, Jean d' : 348
ESPARZAT, sieur d' : 147
ESTE, Alphonse, duc d' : 220
ESTIENNE, Henri : 35, 111, 174
ESTISSAC, Charles de Madaillan, seigneur d' : 203, 205, 207, 213, 216, 219-220
ESTISSAC, Jean de Madaillan d', doyen de Saint-Hilaire de Poitiers : 165
ESTISSAC, Louis de Madaillan, baron d' : 142, 203
ESTISSAC, Louise de La Béraudière, baronne d' : 118, 142, 147, 165, 192
EYMAR, capitaine : 162
EYMAR, Charlotte d' : 340
EYMAR, famille : 39

EYMAR, Joseph d' : 54

EYQUEM, Arnaud, dit le capitaine Saint-Martin : 28-29, 48, 368

EYQUEM, Bertrand de, seigneur de Mattecoulon : 29, 31, 60, 128, 147, 156, 205, 207, 213, 219, 221, 254, 340

EYQUEM, Blanquine : 39, 340

EYQUEM, Grimon : 20-25, 28

EYQUEM, Jeanne, épouse de Richard de Lestonnac : 23, 28, 36, 54, 60

EYQUEM, Léonor, épouse de Thibaud de Camain : 23, 28, 128, 341

EYQUEM, Marie, épouse de Bernard de Cazalis : 23, 28, 128, 205

EYQUEM, Pierre : 10-11, 13, 19, 23-29, 31-37, 39-40, 42-44, 46, 49, 70, 100-102, 105, 122, 126, 128, 139, 183, 212, 223, 238, 312, 338

EYQUEM, Pierre, seigneur de La Brousse : 28-29, 31, 36, 66, 84, 128, 169, 344

EYQUEM, Pierre, sieur de Gaujac : 23, 32, 39, 45, 52, 97, 125

EYQUEM, Pierre-Mathias : 33

EYQUEM, Ramon : 20-22, 25, 337

EYQUEM, Raymond, seigneur de Bussaguet : 23, 32, 39-40, 45, 54, 67-68, 125

EYQUEM, Thomas, curé de Saint-Michel de Montaigne : 23, 125

EYQUEM, Thomas, seigneur de Beauregard : 28, 31-33, 36, 46, 60, 66, 125, 191, 253, 338

FABRI, Sisto : 230

FARNÈSE, Alexandre, duc de Parme : 329

FARNÈSE, famille : 210

FERDINAND Ier, empereur : 219

FERDINAND, archiduc d'Autriche : 219

FERRAIGNES, Isabeau de : 21

FERRARE, Luigi d'Este, cardinal de : 210

FICIN, Marsile : 317, 334

FLORIO, John : 357

FOIX, Louis de, ingénieur : 155, 243

FOIX, Louis de, comte de Gurson : 144, 155, 244

FOIX, Odet de, vicomte de Lautrec : 23

FOIX, Paul de : 39, 183-184, 188, 190, 198, 229, 299

FOIX-CANDALE, Christophe de : 61

FOIX-CANDALE, Diane de, comtesse de Gurson : 142, 144, 244

FOIX-CANDALE, famille : 61, 63-64, 143, 152, 244

FOIX-CANDALE, François de : 143

FOIX-CANDALE, Frédéric de : 61, 63

FOIX-GURSON, famille : 14, 152

FOIX-GURSON, Germain-Gaston de, marquis de Trans : 61, 63, 142, 152-153, 155-156, 166, 237, 261, 269, 296, 341

FRANCHI, Girolamo : 335

FRANCO, Veronica : 211

FRANÇOIS Ier, roi de France : 23, 40, 59, 70, 78-79, 83, 202

FRANÇOIS Ier, grand-duc de Toscane : 223

FRANÇOIS II, roi de France : 68

FRANÇOIS, duc d'Alençon puis d'Anjou : 166, 250, 253, 268, 293

FUMEL, François de Séguenville, baron de : 61

GAMACHES, Charles de, vicomte de Raimont : 339

GAMACHES, Jeanne de : 220, 339

GAMACHES, Marie de : 339

GAUJAC, Ramon de : 20

GELIDA, Jean : 36-37

GENTILLET, Innocent : 230

GIUSEPPE, soldat : 228

GONDI, famille : 217

GONZAGUE, François de, général des cordeliers : 222, 244

GOUBERVILLE, Gilles de : 149

GOULART, Simon : 162, 189

GOURBIN, Gilles : 197

GOURDON DE GENOUILLAC, Louis Ricard, baron de Vaillac : 240, 246-247, 256

GOURGUES, Ogier de : 244, 249, 257

GOURNAY, Marie Le Jars de : 128, 191, 279-280, 285-289, 321, 334-336, 343-344, 346-347, 356

GOUVÉA, André de : 36-37

GOUVÉA, Antoine de : 36

GOYON DE MATIGNON, Lancelot de, évêque de Coutances : 285

GRAMONT, Philibert de, comte de Guiche : 142, 156, 169, 202, 207, 246

GRÉGOIRE XIII : 220-221, 227, 245

GROUCHY, Nicolas : 37-38

GUÉRENTE, Guillaume : 37-38

GUERRE, Martin : 39

GUICHE : voir GRAMONT et ANDOUINS

GUILLART, Charles : 79

GUISE, famille : 162, 247, 269, 285

GUISE, François, duc de : 85, 142, 145

GUISE, Henri, duc de : 14, 164, 255, 267-270, 275, 277, 281-282, 284, 287, 292, 294-296, 326

GUISE, Louis de Lorraine, cardinal de : 294-296

HACQUEVILLE, Jeanne de : 285

HENRI D'ANJOU, devenu HENRI III, roi de France : 14, 140, 161, 164, 188, 197-203, 206, 220, 233, 237-238, 243, 245-246, 250-251, 253, 255, 257-258, 263, 267, 274-275, 278, 280-282, 284, 287, 293-296, 308-309, 313, 326

HENRI, roi de Navarre, devenu HENRI IV, roi de France : 14, 39, 59, 61, 66, 68, 86, 88, 109, 113, 141, 152, 156, 158-162, 167-168, 237, 239, 244, 250-252, 254-257, 260, 263, 268-269, 274-276, 278, 280, 287, 292-293, 295-296, 311, 313, 326-329, 334, 341

HENRI II, roi de France : 45, 68, 78-79, 90-91

HÉRACLITE : 316

HERMÈS TRISMÉGISTE : 143

HERVET, Gentien : 174

HOBBES, Thomas : 306

HORACE : 133, 316

HORSTANUS, médecin : 35

HOTMAN, François : 210, 225, 292, 306

IVAN IV LE TERRIBLE : 211

JAMYN, Amadis : 200

JEAN CASIMIR DE BAVIÈRE, comte palatin : 222

JOYEUSE, Anne de, duc de : 201, 270, 274-275, 277

JOYEUSE, Claude de, baron de Saint-Sauveur : 274, 277

JULIEN L'APOSTAT : 166-167, 231-232

JUVÉNAL : 316

JUVÉNAL DES URSINS, Jean : 79

L'ANGELIER, Abel : 282-283, 297, 346, 348

L'ESTOILE, Pierre de : 295, 339

L'HOSPITAL, Michel de : 40-41, 58, 62, 67-68, 91, 102, 130, 146, 182-183, 186-188

LA BARRIÈRE, Jean de : 345

LA BOÉTIE, Antoine de : 83

LA BOÉTIE, Étienne de : 13, 28, 41, 45-47, 54, 57, 60, 70-71, 74, 76-84, 87-90, 92, 96, 100, 112,

114-115, 117, 121, 130, 142, 145, 157, 182-192, 194, 204, 212, 216, 222, 242, 246, 248, 306, 309, 338, 347, 353

La Chassaigne, Adrienne de : 23, 46

La Chassaigne, Françoise de : 35, 46-48, 62, 127-129, 131, 139, 143, 183, 208, 220, 229, 273, 280, 337-338, 340, 342-343, 345-348

La Chassaigne, Geoffroy Ier : 39, 46, 54, 62

La Chassaigne, Geoffroy II : 23, 129, 143, 203, 220, 280, 327, 339-340

La Chassaigne, Guillaume de, abbé de Verteuil : 340

La Chassaigne, Jean de : 46

La Chassaigne, Joseph de : 46-47, 54, 66

La Chassaigne, Louise de : 46

La Croix du Maine, François Grudé, sieur de : 197-198, 335

La Force, famille : 60

La Motte-Gondrin, Antoine-Arnaud de Pardaillan, seigneur de : 155

La Motte-Gondrin, Hector de Pardaillan, seigneur de : 155

La Noue, François de : 124, 139, 145, 165

La Rochemaillet, Gabriel de : 333

La Rocque, sieur de : 86-87

La Taulade, Bertrand de : 340

La Tour d'Auvergne, famille : 338

La Tour de Limeuil, famille : 338

La Tour, François de, seigneur d'Yvier : 337-339

La Tour, Françoise de : 338

La Trémoïlle, François de, marquis de Noirmoutier : 218

La Villate, sieur de : 147

Lagebaston : voir Benoist

Lalanne, Sarran de : 54, 69

Lambin, Denis : 177

Lanci, Giovanni Battista : 230

Lancre, Pierre de : 178

Lange, Jean : 62

Lansac : voir Saint-Gelais

Larchant, Nicolas de Grimouville, seigneur de : 284

Las Casas, Bartolomé de : 96

Laval, Antoine de : 292

Le Caron, Louis : 300

Le Ferron, Arnoul : 186

Le Jay, François : 299

Le Lignou : 276

Le Paulmier, Julien : 281

Le Paulmier, Marguerite de Chaumont : 281-282

Le Roy, Louis : 200

Leclerc, Jean : 284

Lefèvre d'Étaples, Jacques : 59

Lefèvre, Noël : 243

Lelong, Jacques : 191

Léry, Jean de : 93

Lescours, Catherine de : 47

Lestonnac, Pierre de : 162

Lestonnac, Richard de : 28, 36, 54, 57, 66, 84, 247

Lestonnac, Roger de : 60

Limeuil, sieur de : 165

Lipse, Juste : 280-282, 288, 300, 333-334, 343-344

Loisel, Antoine : 241-242, 282

Lomagne, famille : 60

López de Gómara, Francisco : 96

Lorraine, Charles de, cardinal : 269

Louis XI, roi de France : 153

Louis XII, roi de France : 220

Louppes de Villeneuve, Antoine de : 24

Louppes de Villeneuve, Antoinette (ou Antonine) de : 24-25,

28-29, 33-35, 39, 43, 49, 54, 128-129, 341

LOUPPES DE VILLENEUVE, Pierre de : 24, 39

LOYSEAU, Charles : 123

LUBÉAC, famille : 40

LUCINGE, René de : 269

LUCRÈCE : 133, 173, 177, 319

LUR, famille : 47

LURBE, Gabriel de : 252, 259

LUR-LONGA, Guillaume de : 83

LUR-SALUCES, famille : 348

LUR-SALUCES, Madeleine (ou Claude-Madeleine) : 348

LUSIGNAN, Jean de : 41

LUTHER, Martin : 59, 101, 225-226

MACHIAVEL, Nicolas : 58, 262, 301

MAGNE, Pierre : 349

MALDONAT, Jean : 178, 210, 228

MARGUERITE DE NAVARRE : 59

MARGUERITE DE VALOIS : 68, 71, 109, 144, 156, 161-162, 167-169, 200, 244, 250-251, 256-257

MARIE DE HABSBOURG, veuve de l'empereur Maximilien II : 230

MARS : 130, 318

MARTEAU, Michel, sieur de La Chapelle : 229, 284

MARTIAL : 133, 319

MARTIN, Jean : 102

MASSIP, sieur de : 256

MATIGNON, Jacques de Goyon, comte de, maréchal de France : 86, 158-159, 202, 237, 239-240, 244, 246-247, 251-254, 256-261, 263, 266, 269, 275-278, 281, 292, 296, 327-330, 342

MATTHIEU, Pierre : 255

MAUREVERT, Charles de Louviers, seigneur de : 162

MAYENNE, Charles de Lorraine, duc de : 255-256, 326, 329

MÉDICIS, famille : 210, 223

MÉDICIS, Julien de : 320

MENDOZA, Don Bernardino de : 277-278

MENDOZA, Juan Gonzalez de : 335

MERCŒUR, Philippe Emmanuel de Lorraine, duc de : 256

MESMES, Henri de : 39, 56-57, 183, 185, 187-188, 200

MÉTIVIER, Pierre de : 292

MEUNIER DE QUERLON, Anne-Gabriel : 206

MÉZIÈRES, Philippe de : 79

MICHEL (saint) : 131, 153, 171

MILLANGES, Simon : 138, 189, 191, 194, 197, 204, 240, 282

MOLLUCH (MULEY-ABD-EL-MELEK), roi de Fez : 288

MONEINS, Tristan de : 25, 257

MONLUC, Blaise de : 60-63, 97, 113, 139, 186, 218, 344

MONLUC, Jean-Blaise de : 218

MONTAIGNE, François, secrétaire de Catherine de Médicis : 165, 273

MONTAIGNE, Geoffroy Eyquem de, seigneur de Bussaguet : 32-33, 125, 247, 341, 344

MONTAIGNE, Léonor de : 32-33, 126, 128, 139, 192, 229, 337-339, 341, 343, 345-348

MONTAIGNE, Robert Eyquem de, sieur de Breilhan : 125

MONTAIGNE, Thoinette de : 32, 47, 229

MONTBRUN : voir DU PUY-MONTBRUN

MONTDORÉ, Paul de : 40

MONTESQUIOU, François de, sieur de Sainte-Colombe : 280

MONTFERRAND, Charles de : 165

MONTGOMERY, Gabriel de Lorges, comte de : 68

MONTMORENCY, Anne de, conné-
table : 142
MOREL, Fédéric : 183-184
MÜNSTER, Sébastien : 209
MURET, Marc-Antoine : 37-38, 210
MUSOTTI, Paolo : 221

NASELLI, Girolamo : 232
NÉRON : 163
NESMOND, François de : 249
NEVERS, Henriette de Clèves, duchesse
de : 200
NEYRAC, Joseph, abbé : 349

OCHINO, Bernardino : 177
OLIVIER, François : 75, 146
OSSAT, Arnauld d' : 334
OVIDE : 38, 133, 319

PALISSY, Bernard : 284
PALUEL (PALVALLO), Ludovico,
danseur : 71
PÂRIS : 130
PASCAL, Blaise : 175, 357
PASQUIER, Étienne : 19, 173, 178,
271, 282, 285, 291-292, 294, 329,
342-345, 347, 357
PAUL (saint) : 170, 173
PAUL IV, pape : 104
PAULMIER, Binot, sieur de Gonne-
ville : 90
PELLEJAY, Claude de : 285, 342-343
PELLETIER, Jacques : 143-144
PELLEVÉ, Nicolas de : 217
PÉROUSE, Fulvio Giulio della Corgna,
cardinal de : 217
PERREAU, Huguette : 123
PERSE : 316
PHILIPPE II, roi d'Espagne : 160,
165, 250, 277-278, 294, 342
PHILOPŒMEN : 142, 303
PIBRAC, Guy du Faur de : 39, 200,
299-300

PICCOLOMINI, Silvio : 219
PINARD, Claude : 284
PITHOU, Pierre : 241
PLATINA, Bartolomeo : 415
PLATON : 96, 133, 146, 299, 315, 334
PLATTER, Félix : 210, 225
PLAUTE : 38, 133
PLINE LE JEUNE : 133, 138
PLUTARQUE : 57, 71, 84, 91, 133, 183,
188, 195, 200, 208, 210, 286, 302,
309, 334
POLIGNAC, famille : 40
POMPÉE (POMPEIUS), dit le Grand :
139, 312
POMPÉE : voir DIABONO
PONTAC, Jean de : 247
PONTAC, Thomas de : 292
PONTAYMERY, Alexandre de : 150
PONTBRIANT, Hector de, seigneur
de Montréal : 155
POYFERRÉ, Cyprien de : 190-191
PRÉVOST DE SANSAC, Antoine :
63-64, 245, 247
PRUNIS, Joseph, abbé : 206, 214
PYRRHON : 110-111, 173-174, 324
PYRRHUS, roi d'Épire : 91

RAEMOND, Florimond de : 41, 48,
57, 333, 336, 343
RAM, Thomas de : 247
REGULUS, Marcus Atilius : 149
RENÉ D'ANJOU, roi de Sicile : 68
RENÉE DE FRANCE : 220
RETZ, Claude Catherine de Clermont,
maréchale de : 200
RICHELIEU, Armand Du Plessis, car-
dinal de : 348
RICHER, Jean : 283
ROCHEFORT, Godefroy de : 348
ROFFIGNAC, Christophe de : 53,
62-64, 68-69
RONSARD, Pierre de : 40, 78, 184,
188, 200

ROQUELAURE, Antoine de : 261
ROUSSEL, Gérard : 59
ROUX, capitaine : 340
RUTHERFORD, John : 44

SADOLET, Jacques : 35
SAINT-BERNARD, dom Marc-Antoine de : 348
SAINT-GELAIS, Louis de, seigneur de Lansac : 183, 188, 248
SAINT-GELAIS, Mellin de : 188
SAINT-GELAIS, Octavien de : 188
SALLEBEUF, Mademoiselle de : 155, 340
SALUTATI, Coluccio : 81
SAUVAGE, Denis : 268
SAVIGNAC, Jean de Lescours, baron de : 128, 340
SAVONAROLE, Jérôme : 81
SCALIGER, Joseph-Juste : 317
SCHOMBERG, Gaspard de : 128
SÉBASTIEN, roi de Portugal : 288
SEBOND, Raymond : 13, 44, 70, 100-102, 104-110, 112, 117, 168, 182, 216, 231
SÉGUIER, Pierre : 241
SÉGUR, Élie-Isaac de : 349
SÉGUR, famille : 47, 159, 348
SÉGUR, Isaac de : 159
SÉGUR, Jeanne de, dame de Mauriac : 159
SÉGUR-MONTAIGNE, Alexandre de : 349
SÉGUR-MONTAIGNE, Jean de : 349
SELVE, Georges de : 101
SÉNÈQUE : 115, 133, 200, 203, 210, 334, 341
SERSINES, Mademoiselle de : 340
SEXTUS EMPIRICUS : 56, 111, 173-174
SHAKESPEARE, William : 168
SIMMLER, Josias : 230
SOCRATE : 148, 196, 290, 334
SOLON : 344

STAFFORD, sir Edward : 277-278
STENDHAL (Henri BEYLE) : 209
STROZZI, Jean-Baptiste : 223
STROZZI, Pierre : 145, 223
SULLY, Maximilien de Béthune, duc de : 169
SYRUEILH, François de : 245

TABOUROT DES ACCORDS, Étienne : 279, 335
TACITE : 300, 334
TAILLEFER, Antoine de : 159
TAILLEMONT, Claude de : 286
TASSE, Torquato Tasso, dit le : 220
TÉRENCE : 38, 133, 161, 167
THALÈS : 280, 333
THEVET, André : 93
THORIGNY, Odet de Goyon-Matignon, comte de : 276-278, 282, 285, 292
THOU, Jacques-Auguste de : 79, 128, 241, 268, 270, 275, 278, 282, 291-293
TIBULLE : 137
TOUSSAINT, Jacques : 40
TULLIUS MARCELLINUS : 115
TURENNE, Henri de La Tour, vicomte de : 256, 258, 277
TURNÈBE, Adrien : 40, 104, 146, 334
TYARD, Pontus de : 200

VAILLAC : voir GOURDON DE GENOUILLAC
VALZERGUES, René de, sieur de Céré : 155
VASCOSAN, Michel : 40
VÉNUS : 130, 318, 320
VERRES, sieur de : 127, 253
VESPASIEN, empereur : 287
VESPUCCI, Amerigo : 89
VILLANI, Matteo : 81
VILLEGAGNON, Nicolas Durand de : 93

VILLENEUVE, Jean de : 247
VILLEROY, Nicolas de : 248, 284
VILLEY, Pierre : 131
VINET, Élie : 37
VIRGILE : 38, 133, 149, 286, 319, 321, 336
VULCAIN : 318

WALSINGHAM, sir Francis : 277

XÉNOPHON : 183, 188, 248, 334

ZÉNON : 315
ZWINGLI, Huldrych : 225

REMERCIEMENTS

J'ai plaisir à acquitter ici plusieurs dettes de reconnaissance envers celles et ceux dont la bienveillance et la compétence ont accompagné la genèse de ce livre : les membres de ma famille, Danielle, Anne, Pierre et Jessica, mes premiers lecteurs ; Anne-Marie Cocula, dont la familiarité avec La Boétie et Montaigne m'a éclairée ; Alain Legros, qui a aimablement répondu aux questions que je lui ai posées ; Mark Greengrass, qui m'a fait connaître le dernier livre de Warren Boutcher ; Élie Pélaquier, dont j'ai sollicité les talents cartographiques ; les conservateurs du fonds *Patrimoine* de la Bibliothèque municipale de Bordeaux, Géraldine Doret et Frédéric Fourgeaud, qui ont facilité mes recherches ; enfin et surtout Ran Halévi, qui a bien voulu m'ouvrir à nouveau l'une des collections qu'il dirige, sans oublier Philippe Bernier, vigilant gardien de la correction de la langue, ni Arnaud Jamin et son inlassable dévouement.

Introduction   9

I

UNE LENTE NAISSANCE À SOI-MÊME
(1533-1571)

I.   Le conditionnement familial et social   19

Une ascension programmée vers la noblesse, 20 — Une éducation soignée, 34. — Les années obscures, 38. — Enfin établi, 44.

II. Servitudes parlementaires et auliques   51

Les années de magistrature, 52 — Les dissensions religieuses au parlement de Bordeaux, 59. — La tentation de la Cour, 67.

III. Être libre : l'ami et le sauvage   76

Un texte appelant à l'étonnement, 77 — Le miracle de l'amitié, 82. — La liberté du sauvage, 89.

IV. L'expérience du dogmatisme et de la mort   100

La traduction du traité de Raymond Sebond, 101 — Une apologie paradoxale, 107. — La chute de cheval, 112.

II

LES EXPLORATIONS
D'UN GENTILHOMME PÉRIGOURDIN
(1571-1581)

v.   Du bon usage de la retraite   121

*La gestion de la seigneurie et de la « maison », 122. — Les essais
du jugement, 132. — Un nouvel idéal nobiliaire, 140.*

vi.   Vivre au cœur des guerres de Religion   151

*Une autonomie fragile, 152. — Les dangers des affrontements reli-
gieux, 160. — Le doute, salutaire garde-fou, 171.*

vii.   Le choix de la publication   182

*La publication des œuvres de La Boétie, 183. — L'ouverture de
l'arrière-boutique au public, 192. — La présentation des* Essais *à
Henri III, 197.*

viii.   À la découverte de l'étranger   205

*Un dépaysement salvateur, 206. — Plaisirs et aléas des cures ther-
males, 212. — La mesure de la considération sociale et politique,
215. — L'inventaire de la diversité religieuse, 224.*

III

LE SERVICE DÉSENCHANTÉ DU BIEN COMMUN
(1581-1592)

ix.   Maire de Bordeaux   237

*Un premier mandat relativement paisible, 238. — Un second man-
dat à l'épreuve du malheur public, 247. — Le renseignement au
risque de la trahison, 259.*

x.   Ultimes efforts de conciliation   267

*Entremetteur de paix, 268. — Mission et publication au péril des
troubles, 276. — Promenades à Gournay, 285. — Renversements
de fortune, 291.*

xi.   Penser la liberté   297

*La liberté politique, 298. — Obéir à la raison publique, 307. —
Rire et jouir de son corps, 314.*

Table 459

XII. Dénouements   325

Servir une dernière fois le roi, 326. — *Vieillir en pays sauvage*,
331. — *Joies et désillusions familiales*, 337. — *Une mort édifiante ?*, 342.

ÉPILOGUE

Lire Montaigne   353

APPENDICES

Abréviations   361

Avertissement   363

Notes   365

Sources et bibliographie   423

Index   445

Remerciements   455

DANS LA COLLECTION NRF BIOGRAPHIES

Laure Adler
MARGUERITE DURAS

Claude Arnaud
JEAN COCTEAU

Antoine de Baecque, Serge Toubiana
FRANÇOIS TRUFFAUT

Jean-Claude Berchet
CHATEAUBRIAND

Jacques Body
JEAN GIRAUDOUX

Laurence Campa
APOLLINAIRE

Jung Chang et Jon Halliday
MAO

Alain Cresciucci
ANTOINE BLONDIN

Philippe Forest
ARAGON

Georges Forestier
JEAN RACINE

Henri Godard
CÉLINE

Jean-Paul Goujon
LÉON-PAUL FARGUE

Stéphane Guégan
THÉOPHILE GAUTIER

Patrice Gueniffey
BONAPARTE

Mireille Huchon
RABELAIS

Tullio Kezich
FELLINI

Bernard Lecomte
JEAN-PAUL II

Jean-Pierre Martin
HENRI MICHAUX

Mark Polizzotti
ANDRÉ BRETON

Éric Roussel
CHARLES DE GAULLE

Éric Roussel
PIERRE MENDÈS FRANCE

Stéphanie de Saint Marc
NADAR

Rémy Stricker
GEORGES BIZET

Olivier Todd
ANDRÉ MALRAUX

Jean-Yves Tadié
MARCEL PROUST

Michel Winock
FLAUBERT

Michel Winock
FRANÇOIS MITTERRAND

Jackie Wullschläger
CHAGALL

Jean-Claude Yon
JACQUES OFFENBACH

Composition : Nord Compo
Achevé d'imprimer
par Normandie Roto Impression s.a.s.
61250 Lonrai, en septembre 2017
Dépôt légal : septembre 2017
Numéro d'imprimeur : 1703588
ISBN 978-2-07-014706-9 / Imprimé en France

271714